Histoire de Fla

Kervyn de Lettenhove

Alpha Editions

This edition published in 2023

ISBN : 9789357958677

Design and Setting By
Alpha Editions
www.alphaedis.com
Email - info@alphaedis.com

Contents

BEYAERT-DEFOORT, ÉDITEUR

1874

Il est devenu aujourd'hui à peu près inutile d'insister sur l'importance des études historiques. Aux enseignements d'une longue expérience qu'y cherchent les esprits sérieux s'unit, pour les imaginations plus ardentes et plus vives, le charme d'un tableau dont les épisodes variés n'empruntent leurs couleurs et leur mouvement qu'à la vérité. Grandeur ou décadence, prospérité ou misère, victoires ou désastres, tout y offre des leçons et des exemples, et tandis que les peuples parvenus au faîte de leurs destinées aiment à jeter un regard en arrière sur le marais d'Evandre pour y découvrir leur modeste berceau,

Rara domorum

Tecta... quæ nunc romana potentia cœlo

Aequavit.

d'autres qui ont vu s'effacer leur influence et leur force se sentent encore plus irrésistiblement entraînés à recueillir leurs souvenirs et à entourer d'un culte pieux les ruines de leur puissance éteinte.

La Flandre a cette mission à remplir. Elle le doit aux générations qui l'élevèrent si haut qu'elle fut, pendant tout le moyen-âge, la métropole de l'industrie et le centre de la civilisation. Les palmes des conquêtes lointaines immortalisèrent ses princes et ses chevaliers plantant leurs bannières à Jérusalem ou à Constantinople, et ses communes présentèrent un spectacle non moins admirable en alliant au milieu des guerres les plus sanglantes l'héroïsme et l'abnégation du dévouement qui protége la patrie et le génie des arts utiles qui la rendent florissante.

Il faut surtout rechercher dans les annales de la Flandre les causes qui la maintinrent pendant longtemps à son apogée et celles qui la précipitèrent tout à coup vers sa chute. On ne saurait trop le remarquer: malgré les invasions du dehors et les luttes intérieures si fréquentes sous des princes hostiles à la Flandre par leur naissance, leur ambition et leurs intérêts, elle fut libre et forte tant que ses institutions et ses mœurs, se soutenant mutuellement et entourées du même respect, restèrent également libres et fortes. Le jour où la corruption passa dans les mœurs, l'anarchie pénétra dans les institutions, et dès lors, condamnée à perdre sa glorieuse individualité, il ne lui était réservé d'autre consolation que de se confondre, sous une main qui ne lui était pas étrangère, dans le grand empire de Charles-Quint.

Cette appréciation des faits généraux de notre histoire est plus exacte que celle des écrivains qui, sans tenir compte de l'esprit propre à chaque siècle, ont voulu juger nos communes tantôt d'après les systèmes de l'antiquité, tantôt d'après des théories toutes modernes.

Si les communes flamandes exercèrent une si notable influence sur toutes les communes de l'Europe, si la liberté dont on y jouissait était si équitable et si tutélaire que le commerce de toutes les nations y trouvait un asile, c'est par le caractère religieux, loyal et probe des populations qu'il faut expliquer la stabilité et la durée de l'organisation communale qui, après avoir dominé comme règle politique pendant quatre siècles, se conserva comme règle administrative pendant quatre autres siècles.

Asseoir le sentiment national sur ces bases traditionnelles, le développer en montrant sans cesse une loi providentielle et morale associée à la succession des événements, telle est la double tâche qu'il importe, en Flandre comme ailleurs, de poursuivre avec persévérance, en se plaçant au-dessus des passions du moment, pour lier l'avenir au passé.

LIVRE PREMIER
1700 AV. J.-C.—792 APR. J.-C.

**Les Galls, les Kymris, les Romains.
Invasion des barbares.
Conquêtes des Franks.—Établissements des Saxons.
Naissance et progrès du christianisme.**

Pendant longtemps, les premières migrations descendues des plateaux de l'Asie poursuivirent leur marche incertaine au sein des immenses solitudes qui s'étendaient entre le Tanaïs, l'Elbe et le Danube. Ce ne fut que vers le dix-septième siècle avant l'ère chrétienne que les Galls ou Celtes parurent au delà du Rhin, et donnèrent leur nom à la Gaule.

A l'invasion des Galls succéda, à un intervalle de mille années, celle des Kymris. On remarquait, parmi ces nations, les Bolgs ou Belges qui occupèrent la Belgique, c'est-à-dire la partie septentrionale de la Gaule. Quelques-uns de ces Belges, appelés *Brythons*, s'arrêtèrent au bord de l'Océan, dans un pays couvert de bois et de marais; mais ils n'y firent qu'un court séjour, et traversèrent la mer pour aborder dans l'île d'Albion, qui depuis fut la Bretagne ou Brythons-Land. Ceux d'entre eux qui refusèrent de les accompagner durent à la situation des lieux qu'ils continuèrent à habiter le nom de *Morins*. Ce rivage, que visitèrent peut-être les flottes phéniciennes, est la patrie des générations dont j'écris l'histoire.

Cependant les Galls, fuyant l'invasion des Kymris, se dirigeaient vers la forêt Hercynienne et les collines de l'Étrurie. Les Belges avaient étendu leur domination jusqu'au Rhône, et, dans leur ardeur belliqueuse, ils ne tardèrent point à prendre part aux lointaines expéditions des Galls.

Le plus redoutable des chefs qui accompagnent en Macédoine le brenn Kerthwrys se nomme Belgius. Alexandre, en voyant ces hommes qui ne craignaient rien, si ce n'est la chute du ciel, put pressentir quels périls allaient menacer la monarchie de ses pères: ses successeurs réussissent à peine à la défendre contre les Belges. Ptolémée périt en les combattant, avant que les guerriers de Sosthène parviennent à les arrêter, en invoquant le nom du héros macédonien. Enfin le brenn Kerthwrys disparaît à Delphes, au milieu d'une tempête, percé, comme le racontent les anciens, par les flèches que lancent sur sa tête Apollon, Diane et Minerve, divinités outragées de ces sacrés vallons. Dès ce jour les vainqueurs de la Grèce se dispersent, et désormais ils prêteront l'appui de leur nom et de leur courage à toutes les ambitions et à toutes les conquêtes. C'est ainsi qu'ils servent tour à tour Pyrrhus et Carthage, et méritent que Mithridate rende hommage à leurs exploits.

Lorsqu'un autre brenn entra à Rome et assiégea le Capitole, des Belges qui étaient venus s'établir successivement dans le nord de l'Italie partagèrent également sa gloire. Ces Belges continuèrent pendant plusieurs siècles à combattre les Romains; Claudius Marcellus s'illustra en les repoussant. «Claudius, dit Properce, arrêta les ennemis qui avaient traversé l'Éridan et porta à Rome le bouclier du Belge Virdumar, leur chef gigantesque, qui se vantait d'avoir le Rhin pour auteur de sa race.»

La conquête romaine avait pénétré dans le midi de la Gaule quand une seconde invasion de Kymris parut sur le Rhin. Ils reconnurent les populations, issues d'une commune origine, qui les avaient précédés, s'allièrent aux Belges du nord de la Gaule, et soutinrent ceux qui campaient sur la Garonne. Marius, en les exterminant à Aix et à Verceil, mérita, après Romulus et Camille, le glorieux surnom de troisième fondateur de Rome.

Un demi-siècle après ces victoires, une nouvelle invasion se présente; mais elle est moins redoutable: c'est celle des Suèves. A César est réservée la gloire de les vaincre. Ce consul ambitieux, aux yeux vifs, au front chauve, à la barbe négligée, en qui Sylla avait vu plusieurs Marius, et qui, sortant de la préture, avouait à ses amis qu'il était jaloux d'Alexandre, avait choisi entre les divers gouvernements des provinces celui de la Gaule, parce qu'il lui promettait le plus de victoires. Il extermina les Helvètes, et rejeta les Suèves au delà du Rhin; puis, se trouvant trop faible pour lutter seul contre toute la Gaule, il se déclara le défenseur du culte des druides, et s'allia aux Kymris du centre contre les Belges du nord. Parmi ceux-ci, les Nerviens étaient les plus intrépides. Ils occupaient les pays situés à l'est de l'Escaut, et ils avaient eu soin de reléguer dans des marais inaccessibles aux ennemis leurs femmes et tous ceux que leur âge rendait inutiles à la guerre. Leur résistance fut héroïque. Pendant quelques jours Rome trembla pour ses légions, et ne vit dans César qu'un perfide violateur de la paix, digne d'être livré aux ennemis. Mais, lorsqu'il revint victorieux, elle le reçut avec de longues acclamations, et le sénat décréta des fêtes publiques pour remercier les dieux de leur protection signalée. «Jamais dit Plutarque, on n'avait tant fait pour aucune victoire.»

Cependant une nouvelle ligue se forma contre les Romains. Elle comprenait les peuples armoriques, c'est-à-dire tous ceux qui habitaient le rivage de la mer, depuis la Loire jusqu'au Rhin. Les Morins y prirent part; on y remarquait aussi les Ménapiens, qui, après avoir été l'un des peuples les plus puissants de la Belgique, s'étaient, à mesure qu'ils s'affaiblissaient, rapprochés de plus en plus de la mer. Les Belges de la Bretagne avaient promis leur appui, et l'on espérait celui des nations germaniques, toujours empressés à franchir le Rhin. Tous s'étaient engagés à agir d'un commun accord, à partager la même fortune, et à défendre contre le joug romain la liberté qu'ils avaient reçue de leurs pères. Les Ménapiens et les Morins n'avaient jamais envoyé de députés à César: loin de se soumettre à l'approche des armées romaines, ils résolurent, par une tactique différente de celle qu'avaient adoptée les autres nations gauloises, d'éviter le combat et de chercher un refuge dans leurs marais et dans leurs vastes forêts. César, réduit à s'ouvrir un passage, la cognée et l'épée à la main, avait à peine dévasté quelques champs et brûlé quelques villages, lorsque les pluies de l'automne le contraignirent à donner le signal de la retraite.

L'année suivante, César arrêta sur le Rhin une autre invasion, celle des Usipiens et des Tenchtères. Quelques vaincus se réfugièrent à l'est du Rhin chez les Sicambres; César leur fit redemander les fugitifs, mais ils lui répondirent: «Le Rhin forme la limite de la puissance romaine; si vous voulez commander au delà du fleuve, reconnaissez aussi aux Germains le droit de le franchir.» Trois siècles s'écouleront avant que les fils de ces Sicambres aillent demander raison aux successeurs de César de la violation de leurs frontières, en envahissant celles de l'empire romain.

Pendant que César se préparait à passer en Bretagne, il conclut un traité d'alliance avec les Morins qui avaient résisté à ses armes. Ils s'excusèrent en alléguant leur ignorance des usages des conquérants d'avoir osé leur résister et remirent quelques otages. Deux lieutenants de César pénétrèrent dans le pays des Ménapiens, toujours protégés par leurs forêts. Un autre de ses lieutenants reçut, au retour de l'expédition de Bretagne, l'ordre de réprimer une attaque dirigée par les Morins contre quelques légionnaires isolés et parvint, grâce aux chaleurs de l'été qui avaient désséché les marais, à leur imposer la paix.

Les Ménapiens seuls continuaient à repousser le joug romain. Ils s'empressèrent d'entrer dans la confédération qui eut pour chef Ambiorix, roi des Éburons, nation intrépide et voisine des bords de la Meuse. Mais leur courage ne put les sauver. Assaillis de toutes parts avant qu'ils eussent pu se préparer à la défense, ils perdirent leurs troupeaux et virent brûler leurs habitations et leurs moissons. Leurs otages furent conduits au camp de César, et Ambiorix apprit bientôt qu'il ne pouvait plus espérer de trouver au milieu d'eux un appui dans la victoire ou un asile dans le revers.

L'insurrection vaincue chez les Belges se ranima chez les Arvernes. La voix du vercingétorix fut entendue jusqu'aux extrémités de la Gaule. Les Morins accoururent au siége d'Alésie; Comius, chef atrébate auquel César avait confié le soin d'observer les Ménapiens, avait abandonné le parti des Romains, et trahissait leur alliance et leurs bienfaits: tant était grande l'ardeur des Gaulois à recouvrer leur liberté et leur ancienne gloire!

César rêvait désormais d'autres conquêtes; il voulait opposer à la jalousie de Pompée et à la haine du sénat la puissance victorieuse de son glaive. Il ne songea plus qu'à s'attacher les peuples de la Gaule qui n'avaient pas oublié la route de Rome, et il les incorpora dans les légions qui combattirent à Pharsale.

Les Ménapiens et les Morins partagent, depuis cette époque, le sort des autres nations gauloises. Aux agitations de la liberté menacée succède la longue paix de la servitude, et bientôt, au milieu des splendeurs de la cour d'Auguste, Virgile, gravant sur le bouclier d'Enée les brillantes destinées de Rome, rappelle dans les mêmes vers la honte du Rhin et celle de l'Euphrate, la défaite des peuples nomades de la Libye et la soumission des Morins, les plus reculés des hommes.

... Incedunt victæ longo ordine gentes,

Quam variæ linguis, habitu tam vestis et armis.

Hic Nomadum genus et discinctos Mulciber Afros,

Hic Lelegas, Carasque, sagittiferosque Gelonos

Finxerat. Euphrates ibat jam mollior undis,

Extremique hominum Morini, Rhenusque bicornis.

Rome est arrivée au faîte de sa puissance, quand une ville obscure de la Judée devient le berceau de la rénovation du monde. Le Christ, que l'Orient attend, oppose à l'orgueilleuse corruption des sociétés antiques les ineffables mystères d'une chasteté et d'une humilité inconnues jusqu'alors; puis, confirmant ses divins préceptes par l'agonie du sacrifice expiatoire, il dit à ses disciples: «Allez enseigner toutes les nations.» Ceux-ci se hâtent d'obéir; conquérants pacifiques, ils se partagent le monde. Pierre et Paul, appelés aux bords du Tibre, vont dans la ville éternelle sceller de leur sang le fondement d'une puissance plus durable que celle des Césars.

Tibère succéda à Auguste, Caligula à Tibère. Caligula conduisit une expédition romaine dans les régions septentrionales de la Gaule. Arrivé sur le rivage de la mer avec ses balistes et ses machines de guerre, il ordonna aux légionnaires de ramasser dans leurs casques les coquillages épars sur le sable, afin, disait-il, que le Capitole reçût les dépouilles de l'Océan. Un monument plus utile de ce voyage fut la construction, au bord de la mer, d'une tour élevée, où l'on allumait des feux pendant la nuit pour diriger la marche incertaine des navires.

Après Caligula vint Claude, puis Néron qui chantait sur sa lyre le crime d'Oreste, moins affreux que le sien; puis Galba, Othon, Vitellius, princes faibles et vils qui fléchirent tour à tour sous le fardeau impérial. «*Suscepere imperium populi romani transferendum*, dit Tacite, *et transtulerunt.*» Une influence fatale semble dominer le trône des Césars: Domitien est le frère de Titus; Commode recueille l'héritage de Marc Aurèle.

Un incendie a consumé le Capitole qu'abandonnent les génies protecteurs de la cité de Romulus. Les soldats prétoriens nomment à l'encan des empereurs qu'ils massacrent le lendemain. Enfin, sous le règne des empereurs Valérien et Gallien, les menaçantes invasions des peuples germaniques répandent de toutes parts une terreur profonde. Les ruines des villes qu'ils dévastent attestent la faiblesse des Romains et l'audace des barbares, *ruinæ signa miseriarum et nominum indicia servantes.*

Valérien confia à Posthumus le soin de défendre les frontières de l'empire. Posthumus arrêta toutes les invasions, et maintint la paix dans les provinces confiées à son administration. La Gaule reconnaissante le proclama empereur à la mort de Valérien; mais il périt victime de l'ambitieuse jalousie d'un de ses lieutenants, nommé Lollianus, qui l'assassina.

Une femme, dont le nom semble d'un heureux présage, Victoria, qui prend le titre d'Augusta et de Mère des camps, venge Posthumus et donne la pourpre à Victorinus qui continue à défendre et à protéger la Gaule. Victorinus rendit à la plupart des cités leur ancienne organisation municipale, et mérita d'être comparé aux Trajan, aux Nerva et aux Antonin. Il fit écrire sur ses médailles: *Fortuna redux*, allusion heureuse à des espérances trop promptement démenties. Victorinus périt, comme Posthumus, dans une sédition militaire.

Un armurier (il s'appelait Marius) régna pendant trois jours; il avait dit: «Qu'on ne me reproche point ma profession, c'est avec le fer qu'on fonde les empires.» Un de ses soldats lui répliqua, en lui donnant la mort: «Ne te plains donc pas; ce glaive qui te frappe, c'est toi qui l'as forgé.»

Victoria, disposant toujours de l'autorité suprême, la transmit à Tetricus, qui se fit proclamer à Bordeaux. L'empire gaulois créé dans la Belgique s'étendait vers la Méditerranée; Aurélien s'alarma en Italie: «Je m'étonne, pères vénérables, écrivit-il aux sénateurs romains, que vous hésitiez si longtemps à consulter les livres des sibylles, comme si vous délibériez dans une église chrétienne, et non dans le temple de tous les dieux.»

L'épée d'Aurélien était plus puissante que les oracles sibyllins. Elle renversa dans les Gaules l'autorité de Victoria, et sur l'Euphrate celle de la reine Zénobie. L'Orient et l'Occident portaient les mêmes fers: Tetricus, revêtu d'une chlamyde de pourpre au-dessus des braies gauloises, parut au triomphe d'Aurélien, à côté de Zénobie, qui, ornée de pierres précieuses, traînait des chaînes d'or. Zénobie obtint une retraite à Tibur; Tetricus acheva ses jours sur le mont Cœlius.

A la chute de l'empire gaulois, on voit redoubler les efforts des nations barbares, impatientes de briser les dernières barrières qui protègent encore le vieux monde romain. Elles se pressent sur le Rhin, tandis que leurs flottes cherchent par l'Océan une autre route qui, à travers les tempêtes, les conduise à la victoire et au butin. Toutes accourent des limites de la Scandinavie, patrie féconde des envahisseurs. Elles se sont arrêtées quelque temps près de l'Elbe, et c'est là que nous apercevons l'Héligoland ou l'île sainte des Saxons et la Merwungania des Merwings, de même que plus tard nous y découvrirons le berceau des Danes et des Normands. De ces rivages s'élancent sans cesse ces colonies aventureuses guidées par leurs bersekirs, générations jeunes et cruelles qui ne connaissent que les joies du sang, et sourient en recevant la mort. On les désigne tantôt sous le nom de Saxons qu'elles doivent à leurs longs couteaux, tantôt sous celui de Franks, qui rappelle peut-être le *ver sacrum* des peuples du Nord, et qui serait dans cette hypothèse synonyme de celui des Flamings, que nous retrouverons plus tard. «Les Franks et les Saxons, écrivait l'empereur Julien, sont les plus belliqueux de tous les peuples, et une ligue étroite les unit les uns aux autres.»—«Les Franks et les Saxons, ajoute Orose, ravageaient les rivages de la Gaule.» Dès le quatrième siècle, ils avaient fondé des établissements sur les côtes de la Frise, où ils se mêlèrent aux Saliens de l'Yssel et aux Sicambres dont les aïeux avaient été relégués par Auguste aux bouches du Rhin.

Tous les historiens ont célébré l'intrépidité des Seekongars et l'audace qu'ils montraient en parcourant les mers: leurs poétiques mythologies racontaient que les dieux avaient créé l'homme d'un tronc d'arbre qui flottait sur les ondes; l'Océan était leur première patrie. «Autant de rameurs, autant de pirates, dit Sidoine Apollinaire, tous commandent et obéissent, enseignent et apprennent à la fois l'art de piller. Ces ennemis sont plus terribles que tous les autres. Lorsqu'on ne les attend point, ils attaquent; si vous êtes prêts à les combattre, ils vous échappent. Ils accablent ceux qu'ils surprennent, et se rient de ceux qui résistent. S'ils vous poursuivent, ils vous atteignent; s'ils fuient, ils se dérobent à vos coups. Les naufrages les instruisent; ils se réjouissent des dangers au milieu des flots et des écueils.»

Lorsque Aurélien et Tacite eurent régné, Probus ceignit la pourpre impériale. Il opposa une résistance énergique à toutes les invasions des barbares, les força à repasser le Rhin, leur prit soixante et dix villes et leur tua quatre cent mille hommes. Puis il dirigea ses armes contre la ligue des Franks et les vainquit au fond de leurs marais. Quelques-uns de ces Franks, conduits au Pont-Euxin par l'ordre de l'empereur, s'y emparèrent de quelques barques où ils trouvèrent un asile. Insultant tour à tour les rivages de l'Asie et ceux de l'Europe, pillant Syracuse, menaçant Carthage, ils revinrent dans la Batavie sans que la puissance romaine eût pu châtier leur audace.

Bientôt un nouveau mouvement éclata dans la Gaule. Il arriva que, dans une fête donnée à Lyon, le jeu fut dix fois de suite favorable à Proculus. Selon un ancien usage, ses amis s'amusèrent à le parer d'un manteau de pourpre. Cependant ils craignirent que cette innocente plaisanterie ne leur devînt fatale. Un complot se forma. Proculus voulut garder son manteau impérial: la Bretagne, l'Espagne et la Belgique le soutinrent. Vaincu par Probus, il se réfugia chez les Franks, qui le livrèrent. Probus avait pacifié tout l'empire et se vantait de n'avoir plus besoin de ses armées. Cette parole imprudente le fit assassiner par ses soldats.

Marcus Aurélius Carus, citoyen de la Gaule Narbonnaise, régna deux années. Dioclétien, à qui une druidesse de Tongres avait autrefois promis l'empire, lui succéda et vainquit Carinus, fils de Carus, qui avait recueilli au nord des Alpes l'autorité de son père. Dès ce moment, l'indépendance gauloise s'humilia et se transforma en une longue agitation, qu'entretinrent les Bagaudes, laboureurs chassés de leurs terres par les ravages des guerres ou l'avidité du fisc.

Cependant les Saxons, montés sur leurs légers cyules, continuaient à parcourir, à pleines voiles, les mers orageuses que leurs poètes nommaient la route des cygnes. Leurs succès encourageaient leur audace, et chaque jour leurs débarquements se multipliaient sur le rivage septentrional de la Gaule, désigné quelques années plus tard sous le nom de *Littus Saxonicum*. Le césar Maxence, qui résidait à Trèves, leur opposa Carausius, chef habile et plein de courage, qui était né lui-même dans le pays des Ménapiens.

A peine Carausius avait-il pris le commandement de la flotte de Boulogne qu'on le vit, soit qu'il écoutât son ambition, soit qu'il fût guidé par des sympathies puisées dans une commune origine, favoriser les Franks et les Saxons qu'il devait combattre; il apprit que Dioclétien et Maximien avaient résolu sa mort, et se proclama empereur. De nombreux navires se trouvaient sous ses ordres; une légion romaine, formée probablement d'auxiliaires germains, le soutenait: la Bretagne même invoquait sa protection. Enfin, à sa voix, les Franks, s'élançant de leurs marais, avaient occupé la cité de Boulogne.

La rébellion de Carausius porta l'effroi à Rome. Dans les ports de la Gaule méridionale et même dans ceux de l'Italie, on se hâta de construire des vaisseaux pour combattre la flotte ennemie, et un panégyriste romain remarque, comme une preuve signalée de la protection des dieux, que pendant toute une année, tandis qu'on tissait les voiles et qu'on préparait les bois nécessaires aux navires, le ciel demeura constamment serein afin que le zèle des ouvriers ne se ralentît point. Cinq années s'écoulèrent avant que la flotte romaine parût dans l'Océan. Constance avait quitté les bords du Rhin pour la seconder avec une puissante armée; Boulogne fut reconquise, et les Romains, favorisés par la sécheresse de l'été, poussèrent leur expédition jusqu'au centre des terres ménapiennes, «contrée tellement envahie par les eaux, dit Eumène dans le panégyrique de Constance, qu'elle semble flotter sur des abîmes et frémit sous les pas.»

Dans l'armée qui s'éloigna de l'Italie pour combattre Carausius se trouvait cette célèbre légion thébéenne, composée de chrétiens, qui, à Agaune et sous les murs de Cologne, s'offrit au martyre sans toucher à son épée. Dès le premier siècle de l'ère chrétienne, saint Materne, disciple de saint Pierre, avait porté dans la Belgique les féconds enseignements de la foi nouvelle. Ses progrès avaient été rapides, lorsque la persécution dioclétienne soumit à une terrible et dernière épreuve les néophytes de toutes les parties de l'empire. Le préfet Rictiover la dirigea dans les Gaules. A Trèves, le nombre des chrétiens immolés fut si considérable que leur sang rougit les eaux de la Moselle. La vierge Macra fut brûlée vive à Reims. Quintinus, Romain de race sénatoriale, périt dans la cité des Veromandui, qui, depuis, garda son nom. L'évêque Firminus, à Amiens, Gentianus, Victorius, Fuscianus, dans le pays de Térouane, Eubert, Piat et Chrysolius, chez les Ménapiens, méritèrent par les mêmes tortures la palme du martyre. La persécution se ralentit lorsque Constance vient gouverner les Gaules; il traite les Gaulois avec douceur, vit en paix avec les Franks et protége les disciples d'une religion à laquelle il est secrètement favorable. Enfin Constantin, fils de Constance, aperçoit dans les airs, aux limites de la Belgique, une croix lumineuse qu'il place sur son labarum. Il triomphe par ce signe, renverse les cruels tyrans de l'Italie et inaugure le christianisme au Capitole.

A la mort de Constantin, l'empire se divise. Un de ses fils, qui porte le même nom, fait la guerre à ses frères, enrôle des Franks dans son armée et meurt à Aquilée. Les Franks s'établissent de plus en plus sur les côtes septentrionales de la Gaule; leur puissance augmente chaque jour. Constant, autre fils de Constantin, la sanctionne par des traités et la confirme en périssant assassiné par l'ordre du Frank Magnentius, qui se proclame empereur à Autun. Ni la défaite de Magnentius, ni la mort de Sylvanus, autre Frank qui usurpe la pourpre, ne fortifient l'autorité romaine. Les Franks conservent, sous de nouveaux chefs, une position menaçante. On leur oppose enfin un écolier d'Athènes, à peine âgé de vingt-trois ans, à la taille difforme, à l'esprit orgueilleux et cynique, mais capable des plus grandes choses. C'est le césar Julien. Il arrive dans la Gaule avec trois cent soixante soldats, réunit les débris des armées romaines et repousse les barbares qui avaient envahi l'empire depuis Autun jusqu'au Rhin.

Les Franks Saliens avaient occupé la Toxandrie: Julien les surprit et leur imposa la paix. Le disciple de Platon, qui demandait à des enchantements les secrets de l'avenir, semble, en protégeant les Franks, avoir reçu la révélation de leur puissance future. Déjà, ils occupaient le premier rang parmi les nations germaniques, terribles pendant la guerre, redoutables pendant la paix, tour à tour auxiliaires et ennemis. Julien avait besoin des Franks. Il souffrit que dans une sédition militaire on le proclamât empereur et qu'on l'élevât sur un bouclier, suivant la coutume des barbares. Il n'avait pu résister, écrivait-il au sénat d'Athènes, aux volontés de son génie. Il régna, et lorsque plus tard il crut pouvoir rétablir l'antique puissance de Rome, en forçant les chrétiens à relever les autels du Capitole, il leur disait: «Ecoutez-moi; les Allemands et les Franks m'ont écouté.»

Après la mort de Julien, Valentinien recueillit l'empire d'Occident. Pendant les premières années de son règne, des troupes innombrables de Saxons traversèrent l'Océan et s'établirent sur le rivage de la Gaule. De là ils s'avancèrent jusqu'aux bords du Rhin et défirent le comte Nannianus. Mais, ayant appris que l'empereur avait réuni une armée considérable pour les combattre, ils demandèrent à pouvoir se retirer en abandonnant leur butin. Les Romains feignirent de le leur permettre, et profitèrent de leur confiance pour les attirer dans des embûches où ils périrent presque tous. «Valentinien, dit Orose, vainquit, aux limites du pays des Franks, les nations saxonnes, nations redoutables par leur courage et leur agilité, qui, placées aux bords de l'Océan et dans des marais inaccessibles, menaçaient les frontières de l'empire et se préparaient à de formidables invasions.»

Vers la fin du quatrième siècle, un autre Carausius s'élève au nord de l'empire: c'est Maxime, soldat dont la naissance est inconnue, mais qu'Orose appelle un homme intrépide et digne d'être auguste. Proclamé empereur en Bretagne, il aborde aux bouches du Rhin. Les Franks le soutiennent. Deux chefs de cette nation, Rikomir et Baudo, sont ses consuls. Mellobald, autre Frank, naguère créé *comes domesticorum* par Valentinien, le fait reconnaître à Paris. Maxime conserva l'empire pendant cinq années. Son ambition le perdit: il voulut envahir l'Italie et périt à la bataille d'Aquilée. La trahison du Frank Arbogast avait hâté sa chute. Arbogast, redoutable par son audace, son courage et sa puissance, tint l'empereur Valentinien II enfermé dans Vienne jusqu'à ce qu'il l'eût réduit à se tuer; puis il lui donna pour successeur le rhéteur Eugène, qu'il arracha aux jeux de l'école pour lui ordonner de relever l'autel antique de la Victoire Romaine, naguère vainement défendu par l'éloquence de Symmaque: autres jeux, tels qu'ils convenaient à un barbare devenu l'arbitre du monde, et plein de mépris pour la pourpre qu'il dédaignait.

Le chrétien Théodose, issu d'une famille espagnole, venge Valentinien II. «Où est le Dieu de Théodose?» s'écrie-t-il en menant ses troupes au combat contre celles d'Arbogast, dans une vallée des Alpes. A sa voix s'élève une effroyable tempête qui engloutit la fortune des Franks. N'oublions pas toutefois que, dans cette célèbre journée, les soldats de Théodose étaient des Goths, parmi lesquels il s'en trouvait un nommé Alarik. Les barbares, vainqueurs ou vaincus, avaient déjà tout envahi.

Pendant ces guerres sanglantes, le christianisme continuait à se propager vers le Nord. Victricius, soldat romain devenu évêque de Rouen, fut le plus illustre de ses apôtres. «Tyticus nous a appris, lui écrit saint Paulin de Nôle, quelle clarté brillante le Seigneur a répandue sur des régions jusqu'à ce jour livrées aux ténèbres. Le pays des Morins, placé aux limites du monde, que l'Océan frappe en grondant de ses flots barbares, voit aujourd'hui les peuples relégués sur ses côtes sablonneuses se réjouir de la lumière que tu leur as portée et soumettre au Christ leurs cœurs féroces. Là où il n'y avait que des forêts et des plages désertes, dévastées par les pirates qui y abordaient ou s'y étaient établis, les chœurs vénérables et angéliques des fidèles s'élèvent pacifiquement des églises et des monastères, dans les villes et dans les bourgs, au milieu des îles et des bois. Le Christ a fait de toi son vase d'élection dans les lointaines contrées du rivage nervien que la foi avait à peine effleuré de son souffle. Il t'a choisi pour que sa gloire retentît jusqu'aux bords des mers où se couche le soleil.»

Après la mort de Théodose, Stilicon gouverna la Gaule au nom d'Honorius. Stilicon, objet des poétiques adulations de Claudien, était un Vandale qui trahissait les Romains. Il voulait élever son fils à l'empire, et appela les barbares. «Il croyait, dit Orose, qu'il serait aussi facile de les arrêter que de les mettre en mouvement et sacrifiait le salut du monde pour donner la pourpre à un enfant.» Tous les peuples germaniques s'élancèrent au delà du Rhin. Les Quades, les Vandales, les Sarmates, les Alains, les Gépides, les Saxons, les Burgundes, les Allemans, ravagèrent tous les pays qui s'étendent entre les Alpes, les Pyrénées, le Rhin et l'Océan. Mayence, ville illustre autrefois, fut conquise et détruite. Les puissants habitants de Reims, ceux d'Amiens, d'Arras et de Tournay, les Morins, les plus éloignés des hommes, subirent le même sort. Dans l'Aquitaine, dans la Novempopulanie, dans la Lyonnaise et la Narbonnaise, rien n'échappa à la dévastation. Enfin Alarik assiégea la cité impériale du Tibre avec une armée de Goths, s'en empara et la pilla pendant six jours; tandis que saint Jérôme répétait aux descendants des Gracques et des Scipions, réfugiés à Bethléem, les vers où la muse désolée de Virgile raconta la ruine d'Ilion, les appliquant aux malheurs de Rome, fille de Pergame:

Quis cladem illius noctis, quis funera fando

Explicet, aut possit lacrymis æquare labores?

Urbs antiqua ruit, multos dominata per annos.

Cependant les habitants du rivage armorique et ceux d'autres provinces des Gaules avaient pris les armes pour se défendre, et leur premier soin avait été de remplacer les magistrats romains par une administration indépendante. «Les Franks, qui étaient voisins du pays des Armoriques, dit Procope, remarquèrent qu'ils s'étaient donné une nouvelle forme de gouvernement et voulurent leur imposer leur joug et leurs lois. Ils commencèrent par piller leurs biens, puis les attaquèrent ouvertement. Les Armoriques se conduisirent vaillamment dans cette guerre, et les Franks, ne pouvant les soumettre par la force, leur proposèrent leur alliance et s'unirent à eux par des mariages.» Quels étaient ces Armoriques? les Ménapiens, derniers représentants des nations gauloises vers le nord.

Ainsi les Saliens s'établirent en amis et en alliés sur les rives de l'Escaut. Il appartenait à ces contrées, illustre asile des fières et tumultueuses libertés du moyen âge, d'être le berceau de la grandeur des Franks.

La royauté des Franks, qui, soumis à l'autorité romaine, n'avaient eu longtemps que des chefs de guerre (*unterkonings, duces, subreguli*), s'était reconstituée. Vers l'an 426, Hlodi, fils de Teutmir et petit-fils de Rikomir, si puissant au temps de Maxime, fut élu roi des Franks.

Hlodi, après s'être emparé de Tournay et de Cambray, étendit ses expéditions jusqu'à la Somme. Le chef des Romains, le Scythe Aétius, qui avait recueilli le génie et l'ambition du Vandale Stilicon, marcha au devant des Franks, accompagné du jeune césar Majorien, et les rencontra près du bourg d'Helena. «Au sommet d'une colline, dit Sidoine Apollinaire dans le *Panégyrique de Majorien*, les Franks célébraient un bruyant hyménée. Au milieu de leurs danses barbares, une blonde fiancée acceptait un blond époux. On raconte que Majorien vainquit les Franks. Les casques retentissaient sous les coups, et la cuirasse repoussait, de ses écailles, les atteintes redoublées de la hache. Enfin les ennemis lâchèrent pied. On voyait briller sur leurs chars fugitifs les ornements épars de cet étrange hyménée, les vases et les mets du festin, les marmites couronnées de fleurs où trempait le poisson. Le vainqueur s'empara des chars et de la fiancée. Moins digne de mémoire fut la lutte où le fils de Sémélé entraîna les Lapythes et les monstres de Pholoé, lorsqu'au milieu des brûlantes orgies des bacchantes, ils invoquaient Mars et Vénus et, prenant leurs coupes pour traits, rougissaient de leur sang les sommets de l'Othrys. Qu'on ne célèbre plus les querelles des enfants des nuages... Majorien dompte aussi des monstres qui relèvent, au haut de leur front, leurs cheveux d'un roux ardent, afin que leur tête, privée de chevelure, paraisse plus hideuse. Leur œil bleu lance un humide et pâle regard. Leur figure est rasée de toutes parts, et le peigne, au lieu de barbe, ne rencontre que de longues moustaches. C'est pour eux un jeu que de lancer les framées rapides à travers les airs, de chercher l'endroit où ils vont frapper, d'agiter leurs boucliers, de se précipiter au-dessus des haches croisées, et de se hâter d'accourir vers l'ennemi.»

Aétius, vainqueur de Hlodi, voulant châtier les peuples armoriques qui avaient refusé d'obéir au lieutenant romain Littorius, les livra à Eochar, roi des Alains. Ils ne pouvaient plus rien espérer des Franks: aux vengeances d'Aétius, à la fureur avide des Alains, ils opposèrent le pieux zèle d'un prêtre chrétien. Dans les murs d'Auxerre vivait l'évêque Germanus, vénérable ami de la vierge Genowèfe, qui fut plus tard la protectrice des *Parisii* menacés. Germanus, cédant aux prières des députés de l'Armorique, se rend au-devant des Alains qui s'avançaient déjà, et saisit par la bride le coursier d'Eochar. Le chef barbare recule devant la parole de ce vieillard désarmé; et l'évêque d'Auxerre, voulant consolider son triomphe, va mourir à Ravenne en plaidant, auprès de Valentinien et de Placidie, la cause de l'Armorique, effrayée par la colère d'Aétius.

Après la défaite et la mort de Hlodi, la plus grande partie des Franks avaient reconnu l'autorité romaine, et, sous les auspices d'Aétius, ils avaient élevé à la royauté un de leurs chefs qui lui était dévoué, Merwig, fils de Merwig, de la tribu des Merwings, qui, originaire des bords de l'Elbe, s'était mêlée aux Marcomans et aux Sicambres avant d'occuper dans la Batavie l'une des rives du Wahal qui conserva son nom.

Cependant le plus jeune des fils de Hlodi, adolescent à la blonde chevelure, se rendit à Rome pour réclamer l'héritage de son père. Quelques présents et le vain titre d'*ami du peuple romain* furent tout ce qu'il obtint. L'autre, Hlodibald, alla trouver Attila, chef terrible de la grande et féroce nation des Huns, et réclama l'appui de ses armées.

Attila réunit cinq cent mille barbares. L'Occident entier frémit d'épouvante. Aravatius, évêque de Tongres, était à Rome. Saint Pierre lui apparut et lui dit: «Il a été arrêté dans les desseins de Dieu que les Huns ravageront la Gaule. Hâte-toi d'aller mettre l'ordre dans ta maison; prends un blanc linceul et prépare ton tombeau.» A Troyes, une autre vision annonce l'arrivée des barbares à l'évêque Lupus.

Armé du glaive de Mars et de l'anneau d'Honoria, le roi des Huns, tel qu'une sombre tempête portée par l'aquilon, s'avance dans la Belgique; les Gépides, les Hérules, les Bructères, les Thorings et quelques autres peuples franks ripewares, le suivent. Aétius, qui trouve dans cette invasion le moyen d'affaiblir les barbares déjà établis dans la Gaule, oppose à la nation des Huns les Westgoths de la Septimanie, les Franks Saliens de Merwig et quelques Allemans, débris d'anciennes cohortes auxiliaires. Les innombrables armées d'Aétius et d'Attila se rencontrèrent dans les plaines Catalauniques, arène immense, longue de cent lieues et large de soixante et dix. Trois cent mille cadavres jonchèrent le champ de bataille, et l'on vit un faible ruisseau qui traversait le théâtre de cette lutte gigantesque devenir un torrent de sang. Impuissant à s'ouvrir un passage à travers les soldats d'Aétius, Attila se retira dans son camp où il resta toute la journée du lendemain, faisant sonner ses trompettes et prêt à se précipiter, si sa retraite était forcée, dans un bûcher formé des selles de ses chevaux. Le rugissement du lion dans son antre effraya le vainqueur.

Attila s'éloigna sans être poursuivi; mais l'année suivante, comme il avait envahi l'Italie, il périt d'une mort soudaine, digne des récits qui entourèrent sa vie de terreur. Sa monarchie s'éteignit avec lui. Valentinien, ne redoutant plus qu'Aétius, fit assassiner le vainqueur des Huns. A la mort d'Aétius, dit la chronique de Marcellin, finit l'empire d'Occident.

Hildrik, fils de Hlodibald, avait profité de l'abaissement de l'autorité romaine pour rétablir la domination de son aïeul. Repoussé par le *magister militum* Egidius, qui prend le titre de *princeps Romanorum*, il se réfugie chez les Thorings, reparaît, étend ses conquêtes jusqu'à la Loire, et revient mourir à Tournay.

L'an 476, un chef des Hérules, trouvant le titre d'empereur trop vil, l'abolit, et relègue Augustule, dernier successeur d'Auguste, dans une villa habitée autrefois par Marius et Lucullus, et située sur le promontoire Misène qui avait reçu son nom d'Enée, illustre aïeul des Césars.

L'an 481, Hlodwig, fils de Hildrik, est élevé à la royauté des Franks. Il inaugure son règne en dispersant l'armée du *rex Romanorum* Syagrius, fils d'Egidius; puis, impatient de profiter des discordes des Burgundes, il épouse Hlotilde, nièce de l'usurpateur Gundbald. Hlotilde était chrétienne; et bientôt le farouche Hlodwig, cédant à ses prières, demanda à Remigius, évêque de Reims, de répandre les ondes sacrées du baptême sur sa longue chevelure. A son exemple, trois mille Franks consentent à renoncer solennellement au culte des idoles. Les chrétiens saluent dès ce moment avec enthousiasme la monarchie de Hlodwig qui, telle que la basilique dont sa frankiske a marqué la place dans la cité des *Parisii*, porte une croix à son sommet, mais ne repose à sa base que sur le fer d'un barbare. Le christianisme, que n'a pu ébranler la redoutable invasion des peuples septentrionaux, est appelé à recueillir désormais le fruit de leurs triomphes.

Vers cette époque, l'évêque Vedastus releva l'église d'Arras dont les ruines, cachées sous les ronces, servaient de retraite aux bêtes sauvages.

Dans une cabane située près de Reims vivait un solitaire nommé Antimund. Remigius lui ordonna, au nom des devoirs de la charité, de se dévouer à la rude et active carrière de l'apostolat. «Ceux que tu dois convertir au culte du Christ, ajoutait l'évêque de Reims, sont les Morins qui, bien que les plus reculés des hommes, ne seront bientôt plus éloignés de Dieu. C'est une nation dure et obstinée; mais souviens-toi que ceux qui résistent au glaive se soumettent à la parole du Seigneur.» Plusieurs années s'écoulèrent toutefois avant qu'Antimund parvînt à établir au milieu de ces peuples barbares le siége de son épiscopat.

Depuis les persécutions de Maximien, les chrétiens de Tournay avaient cherché un refuge hors de leur cité. Eleuthère était leur évêque au temps de la conversion de Hlodwig, et son hagiographe raconte que onze mille Franks reçurent de lui le baptême.

Les Franks ne renoncèrent toutefois que lentement à leurs superstitions et à leurs usages. Chrétiens humbles et dociles au pied des autels, ils retrouvaient dans leurs banquets les mœurs féroces de leurs pères. Nous savons d'ailleurs qu'une grande partie des Franks qui suivaient Hlodwig refusèrent d'abandonner leurs idoles, et allèrent rejoindre sur les bords de l'Escaut et de la Lys Raganher et Riker, autres rois franks issus, comme Hlodwig, de la race de Hlodi.

La victoire de Voglé, où les Westgoths et les Arvernes succombèrent, avait affermi la domination des Franks. Hlodwig reçut de l'empereur d'Orient Anastase les insignes du consulat, la chlamyde et la robe de pourpre; ensuite il alla à cheval, distribuant au peuple des pièces d'or et d'argent, se faire couronner dans la basilique de Tours.

Hlodwig, auguste, consul et chrétien, oublia les liens étroits qui l'unissaient autrefois aux Franks idolâtres du Nord, et ne se souvint plus que de la nécessité de préserver de nouvelles invasions la monarchie qu'il avait fondée. Il commença par la ruse l'œuvre que la violence devait achever. Il fit d'abord assassiner Sigbert, roi des Franks de Cologne, par son fils Hloderik lui-même; puis il adressa ce discours aux Franks de Sigbert: «Apprenez ce qui est arrivé: tandis que je naviguais sur l'Escaut, Hloderik, fils de mon parent Sigbert, attentait aux jours de son père, prétendant que c'était moi qui voulais sa mort. Hloderik a péri également, frappé par je ne sais quelle main; mais je suis complètement étranger à ces événements, car je ne puis répandre le sang de mes parents, ce qui serait un crime. Cependant, puisqu'il en est ainsi, je vous donnerai un conseil: si vous le trouvez bon, tournez-vous vers moi, afin que vous soyez sous ma protection.» Ainsi dit Hlodwig, et la royauté de Sigbert fut à lui.

Khararik, autre prince frank, fut livré avec son fils à Hlodwig, qui les dégrada en faisant raser leur chevelure pour les reléguer ensuite dans un cloître. Khararik pleurait de honte. Son fils lui dit: «C'est sur une tige verte que le feuillage a été coupé; mais il ne tardera pas à reparaître et à croître de nouveau. Puisse celui qui l'a fait tomber périr aussi promptement!» Ces paroles arrivèrent aux oreilles de Hlodwig. Il ne respecta plus la tige vigoureuse, impatiente de porter au loin ses altiers rameaux.

Le roi Raganher régnait à Cambray, et son domaine s'étendait vers le *Littus Saxonicum*. Hlodwig corrompit ses leudes en leur donnant des pièces de monnaie, des bracelets et des baudriers en airain recouvert d'or. Raganher, trahi par son armée, voulait fuir; mais il fut arrêté par les siens et conduit avec son frère Riker devant Hlodwig. «Pourquoi, dit Hlodwig à Raganher, as-tu déshonoré notre race en te laissant enchaîner? Il eût mieux valu mourir.» Et il abaissa sa hache sur sa tête. Puis s'adressant à Riker, il ajouta: «Si tu avais porté secours à ton frère, il n'aurait pas été enchaîné.» Et il frappa Riker d'un coup de hache. Les leudes de Raganher se plaignaient d'avoir été payés en fausse monnaie: «Ceux qui trahissent leurs maîtres n'en méritent point d'autre,» leur répondit le vainqueur, plein de mépris pour ceux dont il n'avait plus besoin. «Malheur à moi! s'écria Hlodwig lorsque l'œuvre de destruction fut achevée; tel qu'un voyageur dans des régions étrangères, je n'ai plus de parents qui puissent m'aider si les jours d'adversité arrivaient.» Il parlait ainsi, dit Grégoire de Tours, non qu'il regrettât ses crimes, mais par ruse, afin de découvrir s'il ne lui restait pas quelque parent qu'il eût oublié de faire périr. La mort exauça la plainte hypocrite du roi frank, et le réunit dans la tombe aux princes de sa race qu'avait immolés sa main.

Les amis de Raganher avaient cherché un refuge dans les colonies saxonnes établies au bord de la mer, et réclamèrent leur appui. Peu d'années après, sur une flotte qui cinglait du rivage des Danes vers les limites de l'empire des fils de Hlodwig, se trouvait un guerrier frank qui se disait issu de la race de Hlodi. C'était un fils de Raganher. Il tenta de reconquérir par les armes l'autorité de son père, fut défait et ne reparut plus.

Les Saxons repoussés par les successeurs de Hlodwig se consolèrent par d'autres conquêtes. Vers le milieu du cinquième siècle, deux de leurs chefs, Hengst et Horsa, avaient abordé en Bretagne. Lorsque l'expédition du fils de Raganher échoua, leurs colonies, mêlées à celles des Angles, autre peuple dane, dominaient déjà sur les rivages de l'Angleterre.

Après la mort de Hlodwig ses Etats avaient été partagés entre ses fils. L'un d'eux, Hlother, règne à Soissons et sur les pays situés au nord et à l'ouest; mais il recueille plus tard tout l'empire frank des Gaules. Soutenu par les populations idolâtres et féroces qui avaient obéi à Raganher, il fait périr son fils Chram et livre aux flammes la célèbre basilique de Tours. Puis, se croyant poursuivi par la colère du Dieu des chrétiens, il expire à Compiègne en disant: «Quelle est donc la puissance de ce roi du ciel qui tient dans sa main la vie des plus grands princes?»

Sous le règne de Hlother, l'évêque de Tournay Eleuthère mourut frappé par ceux que la sainte éloquence de sa parole n'avait pu désarmer. Son ami Médard, évêque de Noyon, lui donna la sépulture et fut son successeur. Médard joignit à l'évêché de Noyon celui de Tournay; mais il n'oublia point quels soins et quel zèle réclamaient les pays jadis confiés à l'apostolat d'Eleuthère.

«Personne n'ignore, écrit l'auteur anonyme de sa vie, combien d'injures et d'insultes il souffrit dans ces contrées, combien de fois il fut poursuivi par les menaces des habitants de Tournay et exposé au supplice par l'intrépidité de ses prédications. Cette nation était féroce et barbare, c'était un peuple rude et implacable qui, encore soumis aux rites des idoles, défendait avec obstination le culte de ses dieux. Le pieux pontife Médard réunit à son Eglise les féroces nations de la Flandre, et, pendant bien des années, bien qu'elles fussent éloignées de lui, il ne cessa de les instruire dans le culte de Dieu.» Nous rencontrons, pour la première fois, le nom de la Flandre dans ce récit des travaux apostoliques de l'évêque de Noyon; nous le retrouverons au septième siècle dans les écrits de l'évêque de Rouen, saint Audoène.

Après Hlother, l'empire frank se divisa de nouveau entre ses fils. Hilprik régna à Soissons qui devint le centre du royaume d'Occident, nommé *Wester-ryk* ou Neustrie, par opposition à l'*Ooster-ryk* ou Austrasie. La lutte entre la Neustrie et l'Austrasie n'est autre que celle des Saliens et des Ripewares, des peuples qui, sous Hlodwig, ont pris possession de la Gaule, et de ceux qui, soutenus et attaqués tour à tour par les nations transrhénanes, veulent renouveler les faits de la conquête. Sigbert, roi de Metz, combat Hilprik, roi de Soissons. Cette rivalité se dessine de plus en plus lorsque la reine d'Austrie, l'astucieuse Brunhilde, de la maison des princes west-goths d'Espagne, se trouve placée en face de Fredegund, qui ne s'est élevée en Neustrie au rang de reine que par le meurtre de Galswinthe, sœur de Brunhilde et épouse du roi Hilprik. Fredegund, entourée de devineresses, nous apparaît dans l'histoire du sixième siècle comme une de ces belles et cruelles prêtresses des mythologies druidiques, dont la faucille d'or était sans cesse rougie du sang des victimes.

A l'heure des revers, Tournay est le refuge du roi Hilprik et de Fredegund. C'est de là qu'elle envoie au camp de Sigbert deux jeunes gens nés dans les colonies saxonnes du pays de Térouane: on sait qu'excités par des potions enivrantes, ils enfoncèrent dans les flancs du roi de Metz le scharmsax, arme particulière à leur race.

Lorsque Merwig, fils d'Hilprik, suivant l'exemple donné par Chram, fils de Hlother, s'insurge contre son père, c'est également dans le pays de Térouane qu'elle prépare les embûches au milieu desquelles le jeune prince trouvera la mort.

De graves dissensions avaient éclaté dans la cité de Tournay. Deux familles, excitées par des querelles domestiques, la troublaient par leurs haines. Dans un premier combat, la lutte avait été si obstinée qu'à l'exception d'un seul homme, tous ceux qui y prirent part y avaient succombé. Fredegund voulut mettre un terme à ces discordes. Après avoir essayé vainement de les calmer par ses exhortations, elle invita à un banquet Karivald, Leudovald et Walden, que sa parole n'avait pu toucher, et les fit asseoir sur le même siége. Le banquet dura longtemps; la nuit vint. Selon l'usage des Franks, on enleva la table. Karivald, Leudovald et Walden n'avaient point quitté leur siége, tandis que leurs serviteurs appesantis par le vin sommeillaient dans les coins de la salle. Ils s'entretenaient à haute voix lorsque des hommes envoyés par Fredegund s'approchèrent par derrière, levèrent les trois haches qu'ils avaient apportées, et renversèrent les trois convives d'un même coup. Au bruit de ce cruel châtiment une sédition éclata; mais Fredegund, retenue quelques jours captive à Tournay, fut bientôt délivrée.

Les dernières années de la reine de Neustrie furent signalées par d'importants succès; car, avant d'achever sa longue et sanglante carrière, elle rétablit dans la ville des *Parisii* et dans d'autres cités la domination barbare des Franks septentrionaux.

Brunhilde survivait à Fredegund. Tour à tour chrétienne zélée ou persécutrice impie, elle favorisa le passage de l'abbé italien Augustinus qui allait prêcher la foi aux Anglo-Saxons, et chassa le moine irlandais Columban de la retraite qu'il avait fondée à Luxeuil, au milieu des solitudes des Vosges. Tandis qu'Augustinus abordait au promontoire de Thanet, Columban se retirait dans les États du roi Hlother, qui régnait, dit l'hagiographe, sur les Franks fixés aux extrémités de la Gaule, sur les bords de la mer.

Le génie ardent de saint Columban est l'héritage qu'il laisse à ses disciples. Des cloîtres auxquels il a donné sa règle sortent des moines éclairés par une science profonde, animés d'un zèle intrépide. Tels furent Attala, abbé de Bobbio; Eustatius, abbé de Luxeuil, qui, comme son maître, vit Hlother aux limites de la Gaule, près de l'Océan; Waldebert, Chagnoald, Raganher, Odomar, qui devinrent plus tard évêques de Meaux, de Lyon, de Noyon, de Térouane; Gallus, Magnus, Theodorus, Wandregisil, Waldolen, Walerik, Bertewin, Mummolen, Eberthram, qui fondèrent d'illustres monastères.

Les temps étaient favorables à la propagation du christianisme.

Parmi les familles les plus puissantes de la Gaule septentrionale, il en était une dont les vastes domaines s'étendaient depuis le Fleanderland et le pays de Térouane jusqu'aux bords de la Meuse, aux limites de l'Austrasie et du pays des Frisons; le nom de Karlman ou Karl y était héréditaire. Le berceau de cette famille semble avoir été placé au milieu des colonies des Flamings: le nom qu'elle portait, étranger à la langue franke, lui assigne également une origine saxonne. A quelle époque avait-elle abordé sur nos rivages? Le fils de Raganher l'y avait-il laissée dans sa fuite, afin qu'un jour elle vengeât la mort du roi de Cambray sur les derniers successeurs de Hlodwig? Y était-elle venue à une époque plus reculée? Carausius (Karlos) ne serait-il point l'aïeul des Karlings?

Les Karlman, ambitieux et pleins de génie, s'étaient mêlés aux agitations de l'Austrasie, arène toujours ouverte aux invasions et aux révolutions inopinées. Grégoire de Tours les montre associés à des complots contre Brunhilde; le poëte Venantius Fortunatus trouvait dans la traduction romaine de leur nom une vague révélation de leur grandeur.

Peppin, fils de Karlman, avait épousé Iduberge, issue d'une famille aquitaine et sœur de Modoald, évêque de Trèves. Il était uni par une étroite amitié à l'évêque de Metz, Arnulf, dont le fils Anségisil eut plus tard pour femme Begge, fille de Peppin. L'an 622, Peppin et Arnulf reçurent de Hlother la tutelle de son fils Dagbert qu'il avait élevé à la royauté d'Austrasie. C'est ainsi que la Gaule méridionale trouva dans le nord de puissants protecteurs pour ses missionnaires.

L'Aquitain Amandus, disciple de saint Austrégisil, qui était le successeur d'un Apollinaire sur le siége épiscopal de Bourges, s'était rendu à Rome pour prier au tombeau des apôtres, lorsqu'il y crut entendre la voix de saint Pierre qui lui ordonnait de retourner dans la Gaule pour y prêcher la foi. Il obéit et se dirigea vers les provinces septentrionales. Il visita d'abord celle de Sens; mais bientôt il apprit «qu'il y avait au delà de l'Escaut un pays connu sous le nom de *Gand*. Les habitants de ces lieux, accablés sous le joug odieux du démon, oubliaient Dieu pour adorer des arbres et construire des temples et des idoles. La férocité de cette nation ou la situation de la contrée où elle vivait avait détourné tous les prêtres d'y aller prêcher, et personne n'osait y annoncer la parole de Dieu.»

Amandus s'adressa à Riker, évêque de Noyon, dont le diocèse comprenait le territoire de Gand, pour que le roi Dagbert, qui venait de recueillir l'héritage de la Neustrie et avait conservé Peppin pour *major domus*, accordât à ses efforts la protection de son autorité.

«Qui pourrait raconter, continue l'hagiographe, les injures qu'il souffrit pour le nom du Christ, et combien de fois il fut frappé par les habitants de Gand, repoussé avec outrage par les femmes et les cultivateurs des champs, et même précipité dans l'Escaut? Ses compagnons l'abandonnèrent et le laissèrent seul; mais, persévérant dans sa prédication, il cherchait de ses propres mains les aliments nécessaires à sa vie, et rachetait un grand nombre de captifs auxquels il donnait le baptême.»

Amandus, un moment banni par Dagbert, ne tarda point à reprendre les travaux de son apostolat. Il retourna aux bords de l'Escaut où il termina le monastère de Gand, et en fonda un autre, également en l'honneur de saint Pierre, sur le mont Blandinium. «Près de Gand s'élève une admirable montagne dont le nom est Blandinium; elle s'étend en longueur du nord au midi, en largeur de l'est à l'ouest: à l'orient le fleuve qu'on nomme l'Escaut, et celui qu'on nomme la Lys à l'occident, laissent leurs ondes fameuses s'égarer en méandres sinueux. C'est la montagne de Dieu, la montagne fertile que Dieu a choisie pour sa demeure et où il habitera éternellement.»

Amandus appela dans ces monastères quelques clercs à la tête desquels il plaça, en 636, l'abbé Florbert.

Parmi les Karlings, il en était un qui avait conservé toute la féroce énergie de sa race, de telle sorte que ceux qui écrivirent sa vie lui ont donné le surnom d'*Allowin* et l'épithète de *Prædo impiissimus*. Il se nommait Adhilek et était fils d'Eiloph. Il ne put résister à l'éloquente parole d'Amandus, et, s'étant rendu à Gand auprès de lui, il le supplia de le recevoir au nombre de ses disciples, afin qu'à jamais lié par la règle du cloître, il pût désormais repousser avec plus de force les tentations de sa vie passée. Amandus le conduisit dans l'église de Gand, et là, après avoir fait tomber sa barbe et sa chevelure au pied de l'autel de Saint-Pierre, il l'admit dans la milice chrétienne. Le farouche Allowin, devenu le doux Bavon, s'empressa de renoncer à l'agitation du monde pour se cacher dans le creux d'un hêtre dans les bois de Beyla. Tant qu'il y habita, les larges rameaux de l'arbre séculaire restèrent constamment couverts de feuillage et de fleurs. Bientôt, troublé par la foule qu'attirait la renommée de ses vertus, Bavon chercha un autre asile au nord de Gand, dans une épaisse forêt située au milieu des marais de Medmedung. Il s'y construisit une cellule, et passa ainsi huit années vivant des fruits des bois et se désaltérant aux ondes limpides d'un ruisseau. Mais comme le peuple avait retrouvé la route de sa pieuse retraite, il rentra au monastère de Gand, s'y creusa une grotte tellement étroite, qu'il ne pouvait ni s'y coucher, ni s'y asseoir, et y expia, dans les rigueurs de la pénitence la plus austère, les crimes et les passions de ses premières années. Enfin, lorsqu'il sentit que le terme de sa vie approchait, il fit appeler le prêtre Domlinus dont l'église s'élevait dans la forêt de Thor. La route était longue et traversait de vastes solitudes. Un ange eut soin, selon le récit des légendaires, de conduire auprès de Bavon le vénérable anachorète qui lui ferma les yeux.

Tel fut l'éclat des vertus d'Adhilek que le monastère de Gand conserva le nom de Saint-Bavon.

Amandus mourut en 679 dans le monastère d'Elnone. Le souvenir de ses vertus ne devait point s'éteindre. Il laissait après lui de durables et nombreux monuments de son intrépide apostolat. A sa voix, les filles des Karlings avaient prodigué leurs trésors pour construire des monastères où elles cherchaient un refuge dans la paix du Seigneur. Iduberge, veuve de Peppin, reçut le voile de la main d'Amandus. Sa fille Gertrude fonda l'abbaye de Nivelles; Begge, sœur de Gertrude, se retira, après la mort d'Anségisil, au monastère d'Andenne; Amelberge, petite-fille de Karlman, fut mère de Reinhilde, d'Ermelinde, de Gudule, de Pharaïlde, toutes vénérées comme saintes. Bertile, autre nièce de Peppin, eut pour filles Waldetrude et Aldegunde, dont la piété ne fut pas moins célèbre. Lorsque Aldegunde entra au cloître, une colombe déposa sur son chaste front le voile sans tache des vierges consacrées au Christ. Adeltrude vit en songe les étoiles descendre du firmament pour l'inviter aux noces mystiques que le ciel lui préparait. Il faut nommer aussi Madelberte, Riktrude, Hlotsende, Gerberte, Adalsende, Eusébie, dans cette pieuse génération des Karlings, que quelques années à peine séparent de Peppin le Bref et de Karl le Grand.

Tandis que la mission de l'Aquitain Amandus s'exerçait sur les rives de l'Escaut et au nord de l'Austrasie, les disciples de saint Columban catéchisaient les féroces populations du pays de Térouane, qui, depuis la mort d'Antimund, étaient redevenues complètement idolâtres. Odomar renversa à Térouane et à Boulogne le temple des idoles, et reçut d'un noble nommé Adroald, qu'il avait admis parmi ses néophytes, le don du domaine de Sithiu, situé sur l'Aa, qui comprenait des moulins, des fermes, des forêts et des prés. Mummolen, Bertewin, Eberthram, ignorant dans quel endroit ils construiraient un monastère, se placèrent dans une nacelle et parcoururent, en chantant des psaumes, le golfe de Sithiu. Ils répétaient le verset: *Hæc requies mea in sæculum sæculi, hic habitabo quoniam elegi eam*, lorsque la barque s'arrêta tout à coup, et abordant aussitôt sur la rive, ils y fondèrent l'abbaye de Sithiu qui porta depuis le nom de Saint-Bertewin.

L'influence de la règle mystique de saint Columban s'était étendue jusqu'aux ministres de Dagbert. Son trésorier Eligius, animé d'un zèle extrême, avait établi des monastères à Limoges, à Bourges et à Paris, lorsqu'il fut appelé par l'élection du peuple à l'évêché de Noyon. Il semblait qu'un homme d'une si haute vertu fût nécessaire pour gouverner un diocèse auquel appartenaient des peuples livrés aux erreurs et aux superstitions du paganisme.

Eligius se hâta de visiter les contrées confiées à son apostolat. «Cependant les Flamings, les Anversois, les Frisons, les Suèves et tous les peuples barbares qui habitent les bords de la mer, relégués dans des contrées où personne n'avait jamais tracé le sillon de la prédication, le reçurent d'abord avec haine et mépris; mais bientôt la plus grande partie de ces nations cruelles, quittant ses idoles, se convertit au vrai Dieu et se soumit au Christ: Eligius bravait les fureurs des barbares, n'ayant d'autre bouclier que la puissance de la foi... Ses travaux furent grands dans le Fleanderland; il lutta avec un courage persévérant à Anvers; il convertit aussi un grand nombre de Suèves; enfin, il renversa plusieurs temples profanes, et partout où il rencontra le culte des idoles, il le détruisit complètement.»

Eligius cherchait sans cesse à élever par sa douce éloquence l'esprit de ces hommes violents et grossiers à l'amour de la vie céleste. Il les exhortait à se réunir dans les églises, à fonder des monastères et à servir Dieu par une vie sainte. Combien se hâtèrent de faire pénitence, de distribuer leurs richesses aux pauvres, de donner la liberté à leurs esclaves! Combien, arrachés aux erreurs des gentils par le zèle d'Eligius, suivirent son exemple et embrassèrent la vie monastique! Quelle foule nombreuse s'empressait aux solennités de

Pâques, lorsque sa main répandait les ondes sacrées du baptême! A la multitude des enfants se mêlaient les vieillards aux membres tremblants, au front chargé de rides, qui venaient recevoir la robe blanche des néophytes et qui, prêts à quitter la vie bornée de l'humanité, demandaient à Dieu une vie qui ne devait point finir.

Voici quels étaient les discours qu'Eligius adressait au peuple pour le détourner de ses superstitions: «Je vous exhorte à renoncer aux coutumes sacriléges des païens, à ne plus honorer les devins, ni les sorciers, ni les enchanteurs. N'observez plus les augures, ni les diverses manières d'éternuer. Si vous voyagez, n'ayez plus égard au chant des oiseaux. Qu'aucun chrétien ne considère quel jour de la semaine il sort de sa maison, ni quel jour il y rentre, car Dieu a créé tous les jours. Que personne ne se guide sur la lune pour entreprendre un travail. Qu'aux kalendes de janvier personne ne s'habille en vieille femme ou en jeune cerf, choses criminelles et ridicules, n'apprête des repas pendant la nuit, ne cherche des étrennes ou de longs banquets. Qu'aucun chrétien ne croie aux runes, ni ne se guide par leurs caractères magiques. Qu'à la fête de saint Jean ou aux autres solennités des saints, personne n'honore le solstice, ni ne se livre à des danses, à des courses, à des jeux coupables ou à des chœurs diaboliques. Que personne n'invoque la puissance du démon, ni Neptune, ni Pluton, ni Diane, ni Minerve, ni les génies. Que personne, hors des fêtes sacrées, n'honore le jour de Jupiter en cessant tous les travaux, ni au mois de mai, ni en aucun autre temps; que personne ne célèbre la fête des Chenilles, ni celle des Souris, ni aucune autre fête, si ce n'est celle du Seigneur. Qu'aucun chrétien n'allume des lampes, ni ne prononce des vœux dans les temples, aux bords des fontaines, au pied de certains arbres, dans les forêts ou dans les carrefours; que personne ne suspende des amulettes au cou de l'homme ou des animaux; que personne ne fasse des lustrations, ni ne compose des charmes avec des herbes, ni ne fasse passer ses troupeaux par un arbre creux ou à travers une excavation dans le sol pour les consacrer aux démons. Que les femmes ne se parent point de colliers d'ambre, et qu'en tissant ou en teignant la toile elles n'invoquent ni Minerve, ni aucune divinité funeste. Ne croyez ni au destin, ni à la fortune, ni à aucune influence qui aurait présidé à votre naissance. Ne placez point de simulacres de pieds à l'embranchement des chemins. Ne poussez point de cris lorsque la lune s'obscurcit; ne craignez point de commencer quelque ouvrage au temps de la nouvelle lune. N'appelez point le soleil et la lune vos dieux, et ne jurez point par eux. N'adorez ni le ciel, ni la terre, ni les étoiles, ni aucune chose créée. Si le ciel est élevé, si la terre est vaste, si les étoiles sont brillantes, combien plus grand et plus éclatant est celui qui les a fait sortir du néant!»

Faustinus, évêque de Noyon, avait condamné les superstitions qui régnaient au nord de la Gaule. Un siècle après la prédication d'Eligius, un concile, réuni au palais de Leptines près de Cambray, s'occupa de nouveau des mêmes superstitions. En 743, les actes du concile de Leptines rappellent à peine les simulacres de pieds consacrés aux dieux lares et se taisent sur les orgies de Janus; mais ils mentionnent le culte des forêts et des fontaines, les repas qui avaient lieu sur la tombe des morts, l'antique usage d'entourer d'un sillon les habitations récemment construites, les courses auxquelles on prenait part les vêtements déchirés et pieds nus. Ils donnent le nom de *Neod-Fyr*, aux feux de la Saint-Jean qu'on allumait par le frottement de deux pièces de bois, et qui étaient destinés à faire périr les chenilles. Ils nous font connaître que les peuples qui étaient restés étrangers au christianisme n'avaient pas cessé de croire que les femmes exerçaient un pouvoir surnaturel sur les régions de la lune, et communiquaient un enthousiasme merveilleux au cœur des hommes.

Afin qu'au septième siècle rien ne manque aux splendeurs du christianisme qui, pour emprunter le langage de saint Audoène, s'élève comme un rayon lumineux au milieu des ténèbres de la barbarie, d'autres missionnaires traversent la mer pour aborder sur nos rivages. Les Scots Guthago et Gildo prêchent dans le pays où depuis fut bâtie Oostkerke. Willebrod aborde dans l'île de Walachria où l'on adorait Woden. Winnok et ses frères fondent un monastère sur le Scove-berg. Enfin en 651, avec Folian, Kilian et Elie, paraît Liebwin, le plus illustre des disciples de saint Augustinus.

Si le vol d'un aigle révéla dans une vision à la mère d'Eligius la sainteté de son fils, des signes non moins remarquables annoncèrent la grandeur de Liebwin. On racontait qu'au moment où saint Augustinus le baptisa, on vit une main éclatante sortir d'une colonne de lumière pour le bénir. Un ange le conduisit, dit-on, par la main sans qu'il eût besoin de navire, sans que le flot blanchît d'écume le bord de sa tunique; car, à mesure qu'il marchait, les abîmes de l'Océan se changeaient en de vastes prairies semées de lis et de roses.

Liebwin arriva à Witsand, traversa le pays de Térouane, visita le monastère de Saint-Bavon, puis il alla prêcher dans le Brakband. Tel était le nom que portait la contrée, couverte de bois, qui s'étendait entre l'Escaut et la Meuse. Une femme pauvre mais pieuse, nommée Kraphaïlde, lui donna l'hospitalité au village d'Houthem. Ce pays, peu éloigné de Gand, était, dit l'auteur de la vie de Liebwin, vaste, plein de délices et fécondé par les bienfaits de Dieu. Le lait et le miel, les moissons et les fruits y abondaient. Ses habitants étaient d'une taille élevée, et se distinguaient par leur courage dans les combats; mais ils s'abandonnaient au vol et au parjure, et on les voyait, avides d'homicides, s'égorger les uns les autres.

Au milieu des dangers qui l'entouraient, Liebwin se souvint de sa jeunesse que la science avait instruite, que la poésie avait bercée de ses rêves les plus doux. Les vers que de sa retraite d'Houthem il adresse à l'abbé de Saint-

Bavon, Florbert, semblent un dernier et suave adieu aux riantes illusions de la vie, tracé par le confesseur intrépide qui attend la mort.

«Peuple impie du Brakband, pourquoi me poursuis-tu dans tes barbares fureurs? Je te porte la paix, pourquoi me rends-tu la guerre?... La cruauté qui t'anime me présage un heureux triomphe et me promet la palme du martyre... Houthem, pays coupable, pourquoi, malgré ta riche agriculture, ne donnes-tu au Seigneur d'autres moissons que l'ortie et l'ivraie?... Le modeste ruisseau qui abreuve mes lèvres fatiguées s'échappe d'une faible source. Semblable à son onde humble et lente est ma muse aujourd'hui. Jadis on louait en moi un poète; on disait que, nourri aux fontaines de Castalie, je savais faire résonner le vers dictéen sur ma lyre; mais mon âme est devenue triste: le doux rhythme de la poésie ne lui sourit plus... Dieu est ma seule espérance.»

La palme du martyre ne manqua point aux généreux efforts de Liebwin. Un jour le Christ lui apparut et lui dit: «Réjouis-toi, et que ton courage ne s'ébranle point: je te recevrai aujourd'hui dans mon royaume et tu y habiteras éternellement.» Liebwin réunit aussitôt ses disciples, leur annonça qu'il allait les quitter, les bénit, les embrassa en versant des larmes; puis, voulant répandre la parole de Dieu jusqu'à la dernière heure de sa vie, il se dirigea vers le bourg d'Essche, où il périt en la prêchant.

Tandis que l'influence religieuse des Karlings protégeait le développement du christianisme, que devenait leur pouvoir dans l'ordre politique? Peppin, qui était *major domus* sous Dagobert, conserva sous Sigbert ces fonctions importantes, peu inférieures à la royauté même. Simples officiers de la maison des rois au sixième siècle, les maires du palais, à mesure que les princes franks s'humilient, essayent de s'élever au rang de ces anciens chefs de la nation, non moins puissants par l'autorité de leur courage que les rois par les priviléges de leur naissance. On les désigne sous le nom de *subreguli*, *unter-konings*, comme autrefois Sunnon, Markomir ou Viomade. Dans le langage des historiens, diriger le palais signifie gouverner la nation. C'est le maire du palais qui proclame les résolutions adoptées au Champ de mars, et personne ne s'étonnera bientôt de voir s'asseoir sur le trône celui qui, à la guerre et dans les assemblées du peuple, est déjà le véritable chef de la nation.

A l'époque de la mort de Peppin, la mairie de Neustrie était occupée par Erkembald, dont le père avait épousé la Karlinge Gerberte, fille de sainte Gertrude. Ses vastes domaines se trouvaient dans le Fleanderland, sur les bords de la Lys, dans le Pevelois, l'Artois et l'Oosterband. Au maire Erkembald, héritier d'une race sainte et chrétien zélé, succède Eberwin, représentant énergique de ces peuples exilés aux extrémités de la Neustrie, que le christianisme n'a pu adoucir. Il renverse les monastères, opprime les amis des Karlings, relève la Neustrie des temps anciens, et fait trembler l'Austrasie. Implacable dans ses vengeances, redoutable par son courage, terrible par la profondeur de ses desseins, il domine toute son époque par ses haines et son sombre génie. Eberwin se souvient de Fredegund.

Un complot s'était formé en Bourgogne et en Austrasie contre Eberwin, qui succomba dans la lutte et fut enfermé au monastère de Luxeuil. Liderik, fils d'Erkembald, prit alors possession de la mairie du palais du roi Hildrik II; mais sa puissance fut de peu de durée. Eberwin s'enfuit de Luxeuil dès qu'il a vu reparaître sa longue chevelure. Il réunit ses amis de Neustrie, surprend le pont Saint-Maxence, traverse l'Oise, et réduit Liderik à se retirer précipitamment au nord de la Somme, vers ses domaines d'Artois ou de Flandre; puis, lui proposant une entrevue dans le Ponthieu pour y délibérer de la paix, il l'y fait assassiner.

Liderik exerça-t-il sur les vastes contrées, couvertes de bois et de marais, qui s'étendaient jusqu'aux rivages de la mer, l'autorité de forestier? Si cette tradition ne s'appuie sur aucun témoignage ancien, rien ne la rend invraisemblable; car, à la même époque, Maurontus, neveu d'Erkembald, était forestier de Crécy.

Eberwin, victorieux en Neustrie, attaqua les chefs de la race à laquelle appartenait Liderik, les puissants Karlings du Brakband. Il défit, en Champagne, l'armée du jeune Peppin d'Héristal; puis ayant attiré Martin, neveu d'Anségisil, dans des embûches semblables à celles où avait péri le fils d'Erkembald, il l'y immola par une seconde trahison. Rien ne manquait à son triomphe, lorsqu'un Frank dévoué à Peppin lui donna la mort.

Pendant trente années, l'histoire reste obscure: chaos ténébreux d'où doit sortir un nouveau monde.

La grande lutte de la Neustrie et de l'Austrasie se réduit à des querelles domestiques dans la maison des maires du palais. Warad, successeur d'Eberwin en Neustrie, s'était allié à Peppin. Gislemar et Berther, le premier, fils de Warad, l'autre, son gendre, prirent les armes tour à tour pour usurper la mairie de Neustrie. Peppin vainquit Berther à la bataille de Textry, où combattit, dit-on, près de lui Burkhard, fils de Liderik.

Peppin appartient au siècle d'Eberwin. Quoique petit-fils de saint Peppin de Landen, il rappelle par sa féroce énergie les barbares aïeux de Karlman. Il est l'auteur du martyre de l'évêque de Liége Landbert, et conclut un traité avec Radbod, ce roi des Frisons qui préférait d'aller rejoindre dans l'enfer d'autres rois, ses ancêtres, que de partager le ciel des chrétiens avec quelques pauvres obscurs. Une fille de Radbod épouse Grimoald, fils de Peppin, que son père a élevé à la mairie de Neustrie. Cette alliance encourage la nation des Frisons, indomptable et pleine d'audace comme toutes les autres races saxonnes. Dès que Radbod apprend que Peppin, malade à Jupille, touche à sa dernière heure, il se hâte de rompre tous les liens qui le condamnaient à un honteux repos, et les sacrifiant à sa vengeance, il fait assassiner son gendre Grimoald, en même temps qu'il réveille, aux limites du pays des Franks, l'ancienne faction d'Eberwin, qui crée Ragenfred maire de Neustrie, et étend ses conquêtes jusqu'à la Meuse.

Cependant un fils de Peppin, qui porte le nom patronymique de Karl (c'est Karl le Martel), se proclame maire en Austrasie. Radbod et Ragenfred se préparent à le combattre. Radbod paraît le premier et attaque les amis du fils de Peppin, qu'il réduit à fuir; mais à peine les Frisons sont-ils rentrés dans leurs foyers, que Karl surprend à Amblève les Neustriens de Ragenfred et disperse leur armée. Karl s'illustre par une seconde victoire à la sanglante journée de Vincy et s'avance jusqu'à Paris; puis, retournant vers le Rhin, il s'empare à Cologne des trésors de Peppin d'Héristal, et court au delà du Weser semer la terreur parmi les peuplades germaniques dont ses ennemis espéraient le secours. Enfin, à la bataille de Soissons, il triomphe de nouveau de la faction de Ragenfred, qu'Eudes, duc d'Aquitaine appuie en vain et qui ne se relèvera plus. Karl consolide ces succès par une admirable activité. Vainqueur des Suèves et des Boiowares, il envahit l'Aquitaine et arrête, devant Poitiers, la cavalerie des Sarrasins, qui, maîtres de l'Espagne, menaçaient la Gaule. Les Frisons attaquaient la Neustrie septentrionale. Déjà, selon le récit de nos chroniqueurs, ils avaient occupé tous les pays situés entre la Lys et la mer. Karl les repousse, équipe une flotte pour conquérir leurs îles, et réunit au royaume des Franks la West-Frise qui touchait à la Flandre.

Karl mourant divisa, après avoir pris l'avis des chefs franks, son principat entre ses fils. L'aîné, Karlman, reçut l'Austrasie, l'Allemagne et la Thoringie; le second, Peppin, la Neustrie, la Bourgogne et la Provence; mais Karl, en réglant ce partage des provinces de l'empire frank, ne put donner à ses successeurs une part égale de génie. Peppin domina Karlman, l'entraîna avec lui partout où il fallait combattre, et se montra le véritable chef des deux principats, soit qu'il repoussât les Boiowares sur le Lech, soit qu'il accablât les Gallo-Romains sur la Loire. Enfin, lorsque sur toutes les frontières la paix eut été rétablie, les Franks apprirent que Karlman abandonnait à son frère son autorité et son fils enfant, pour aller habiter un cloître en Italie; et Peppin, ajoutent les *Annales* d'Éginhard, ajourna toutes les expéditions de cette année, pour veiller à l'accomplissement des vœux de Karlman et préparer son départ.

Cependant plusieurs chefs Franks accompagnèrent Karlman. Un plus grand nombre de Franks le suivirent à Rome et allèrent l'honorer comme leur ancien seigneur. Peppin s'alarma et obtint que son frère se retirât d'abord sur le Soracte et ensuite au mont Cassin; mais les amis de Karlman espéraient qu'un jour viendrait où, de nouveau paré de sa longue chevelure, il reparaîtrait au milieu d'eux.

Peppin, appelé par l'élection de l'assemblée de Soissons à succéder à Hildrik III qu'il avait relégué dans le monastère de Sithiu, reçut en 754 l'onction royale du pape Étienne et renonça à l'alliance des peuples aussi cruels qu'impies de la Lombardie. Aistulf portait la couronne des monarques Lombards. Il tira Karlman du cloître et l'envoya en France pour qu'il rappelât à Peppin qu'un roi lombard l'avait jadis adopté, selon l'usage des barbares, en coupant la première mèche de sa chevelure. Aistulf, voyant cette tentative sans résultat, forma de plus profonds desseins. S'associant à tous ceux qu'écrasait le joug de Peppin, aux Aquitains comme aux Boioware, il appela en Italie les ambassadeurs de l'empereur d'Orient, afin qu'ils prononçassent la réhabilitation de Karlman. Cependant Peppin triompha. Le roi des Franks fit enfermer son frère dans un monastère de Vienne, et se hâta de passer les Alpes pour vaincre les armées d'Aistulf. A son retour, Karlman ne vivait plus. «Ses fils furent tondus,» dit brièvement le seul chroniqueur qui ait jugé utile de rappeler les sort de ces princes, petits-fils de Karl le Martel et cousins de Karl le Grand.

Peppin, premier roi des Franks de la dynastie des Karlings, renouvelle le partage du dernier des maires du palais. L'aîné de ses fils, Karl, reçoit toutes les provinces situées entre les Vosges, les Pyrénées et la mer; l'autre Karlman, n'obtient que le domaine de l'infortuné frère de Peppin, dont il porte le nom et dont il partagera la destinée.

Karlman expire à vingt ans. Déjà des discordes de funeste présage ont éclaté entre son frère et lui. Il ne doit qu'à sa fin prématurée l'honneur de mourir roi. Sa veuve et ses enfants se réfugient en Italie; mais Karl les y suit, les assiége dans Vérone et les contraint à se livrer entre ses mains. L'histoire ne parlera plus des fils de Karlman.

Bernhard, frère de Peppin, vivait retiré au monastère de Saint-Gall. Il avait trois fils et deux filles. Ses fils plaignirent le sort des prisonniers de Vérone et furent réduits à réclamer l'asile du cloître comme leur père, comme leurs sœurs, qui furent reléguées l'une au monastère de Soissons, l'autre à Sainte-Radegunde de Poitiers.

Ainsi a disparu successivement toute la postérité de Karl le Martel. Karl résume en lui seul toutes les gloires du passé, toutes les espérances de l'avenir. En vingt ans, il dirige vingt-deux expéditions contre les Saxons, les Lombards, les Boioware, les Huns et les Slaves, les Aquitains et les Arabes de l'Espagne. L'Herman-Saül, mystérieux palladium des tribus germaniques, a été renversé. La Bavière et la Lombardie ont cessé d'être indépendantes. L'Espagne obéit à Karl; les Anglo-Saxons le respectent; tout s'incline et se tait devant lui: les traditions du droit antique de la dynastie des Merwings comme les jalousies et les haines soulevées par une élévation récente, les dissensions intérieures comme les menaces des nations étrangères; et déjà le pape Léon l'attend à Rome pour le proclamer empereur d'Occident.

LIVRE DEUXIÈME
792-863.

Le Fleanderland.—Les Flamings.
Le duc Angilbert et le forestier Liderik.
Invasions des Normands.

Quoique le nom de la Flandre remonte au delà du cinquième siècle, on ne le retrouve point dans les écrits des derniers historiens romains et c'est après le règne de Hlodwig qu'il paraît pour la première fois. A cette époque reculée, il ne s'applique qu'aux rivages de la mer situés entre les frontières des Gaules et la Frise, où des colonies saxonnes étaient venues successivement s'établir. Le nom du *Fleander-land*, celui de *Flamings* que portent ses habitants, appartiennent à la même langue et aux mêmes traditions; ils désignent la terre des bannis, le sol où la conquête a donné aux pirates un port pour leurs navires, une tente pour leurs compagnons et leurs captives.

Salvien, peignant le caractère des nations septentrionales avait dit: «Les Saxons sont cruels,» et l'histoire a confirmé ce témoignage. Mille récits flétrissent leur barbarie; mais la rudesse de leurs mœurs excluait les passions honteuses et la corruption: comme toutes les générations filles du Nord, ils avaient horreur de la servitude et aimaient la liberté plus que la vie; car si les hommes ne disposent point de leur vie, leur liberté du moins est entre leurs mains. Ils étaient chastes, fiers, intrépides, mais avides et portés aux larcins. Lorsqu'ils se réjouissaient au milieu des flots de sang, ils croyaient s'égaler aux héros et se préparer un délicieux breuvage dans les salles du Walhalla; si, dans leurs luttes intestines, ils se combattaient les uns les autres, homme contre homme, famille contre famille, c'est que la vengeance était à leurs yeux le culte de la piété filiale; s'ils recherchaient et respectaient le triomphe de la force, c'est qu'ils considéraient le courage, la plus haute vertu qu'ils connussent, comme un don des dieux et le signe de leur protection.

Les Flamings eurent-ils des chefs, des rois de mer? Retrouve-t-on parmi eux les trois classes constitutives des sociétés septentrionales, le *iarl*, le *karl* et le *trœlle*, c'est-à-dire les *Ethelings*, les *Frilings* et les *Lazte*? Une profonde incertitude règne à cet égard; toutefois, il est probable qu'à une époque où les flottes saxonnes menaçaient la Bretagne, la Gaule et l'Ibérie, les seekongars les plus redoutables poursuivirent sur d'autres rivages leurs aventureuses expéditions, entraînant avec eux les iarls non moins ambitieux. Si le Fleanderland ne posséda ni iarls ni seekongars, l'existence des karls saxons y a laissé des traces importantes. Le karl, tour à tour guerrier pendant la guerre et laboureur pendant la paix, associait à la fois le travail et la gloire à la liberté. Dans ces siècles où le monde romain ne connaissait que le citoyen oisif et l'esclave attaché à la glèbe, il appartenait aux peuples du Nord, appelés par une mission providentielle à renouveler la face de la société, de réhabiliter les arts utiles, et de placer à côté de l'épée qui frappe et détruit, le soc de la charrue qui ne déchire la terre que pour la féconder.

C'est avec le même sentiment d'admiration qu'en pénétrant au milieu de ces tribus, nous y découvrons une noble et touchante fraternité qui s'est fortifiée au milieu des périls et des tempêtes. Sur les côtes sablonneuses du Fleanderland comme au bord des torrents de la Scandinavie, on vit sans doute les Flamings se réunir fréquemment pour déposer dans le trésor commun le denier destiné à soulager les misères et les infortunes de chacun de leurs frères: de là le nom de *gilde* que portaient ces associations. Leurs banquets étaient tumultueux comme ceux des Germains de Tacite: armés du scharm-sax et de la massue de Thor, ils faisaient circuler à la ronde de larges coupes auxquelles ils donnaient le nom de *minne*, parfois appliqué à leurs assemblées mêmes. On vidait la première en l'honneur d'Odin pour obtenir la victoire; puis, après les coupes de Niord et de Freya, venait celle qui était consacrée à rappeler le souvenir des héros et des braves morts en combattant. Dans ces réunions solennelles, on délibérait sur les questions les plus importantes et l'on choisissait les chefs de la gilde investis de l'autorité supérieure. Tous les convives s'engageaient par les mêmes serments les uns vis-à-vis des autres, en se promettant un mutuel appui.

Karl le Grand, héritier du principat de Karl le Martel et de la royauté de Peppin le Bref, avait fondé un empire; son autorité avait atteint les dernières limites de la puissance, et lorsqu'au milieu des assemblées du Champ de mai il dictait les capitulaires destinés à former la loi suprême de tous les pays soumis à sa domination, il ne pouvait permettre que d'autres assemblées, le plus souvent séditieuses, cherchassent à entraver ce vaste mouvement de centralisation et d'unité.

En 779, Karl fit publier une loi conçue en ces termes: «Que personne n'ait l'audace de prêter ces serments par lesquels on a coutume de s'associer dans les gildes. Quelles que soient les conventions qui aient été faites, que personne ne se lie par des serments au sujet de la contribution pécuniaire pour les cas de naufrage et d'incendie.»

Cette défense devait surtout rencontrer une résistance opiniâtre parmi les tribus de Fleanderland, où la gilde semble avoir tenu lieu de tout autre lien social. Les Flamings du huitième siècle étaient restés tels que ceux que saint Amandus et saint Eligius avaient visités tour à tour: «Vers les limites de la Gaule, au bord de la mer de Bretagne, écrit l'auteur de la *Vie de saint Folkwin*, habite un peuple peu nombreux mais redoutable. Ses mœurs sont féroces, et il préfère les armes à la raison. Rien n'est plus difficile que de soumettre sa barbarie indomptable et sa tendance continue vers le mal.» L'évêque Halitgar, qui vivait dans les premières années du neuvième siècle, s'exprime à peu près dans les mêmes termes.

Il est intéressant d'examiner comment, en présence d'une résistance aussi vive, s'exerçait l'autorité de Karl le Grand et quel était à cette époque le gouvernement de la Flandre.

L'un des hommes les plus illustres du huitième siècle, Angilbert, avait reçu de Karl, dont il avait épousé la fille, le duché de la France maritime. Les chroniques flamandes rapportent de plus que Karl le Grand créa en 792 un forestier de Flandre, afin que ses ordres fussent sévèrement exécutés. Elles le nomment *Liderik*, mais elles ne s'accordent point sur son histoire. Quelques historiens racontent qu'une princesse luisitanienne lui avait donné le jour à Lisbonne et que, fuyant la cruauté des Sarrasins, il s'était réfugié dans le camp de Karl le Martel. Une autre opinion, plus sage, plus conforme à la vérité historique, lui attribue le domaine d'Harlebeke et place parmi ses aïeux Liderik, fils d'Erkembald. Depuis longtemps l'autorité de forestier était héréditaire parmi les ancêtres de Liderik. La famille d'Erkembald, devenue la plus puissante de la Neustrie par l'émigration des chefs de la maison des Karlings dont elle était issue, avait continué à y représenter leur influence. Conquise au christianisme par l'Aquitaine sainte Riktrude, comme celle de saint Peppin de Landen l'avait été par l'Aquitaine Iduberge, elle favorise également le progrès des idées religieuses. C'est à sa générosité et à sa protection qu'on doit les monastères de Marchiennes et de Saint-Riquier, les travaux apostoliques de saint Fursæus, de saint Madelgisil, de saint Vulgan, de saint Adalgise.

Entre la forêt de Crécy, jadis gouvernée par Maurontus, qui s'étend de la Lys jusqu'à la Somme, et la vaste forêt des bords de l'Escaut confiée quelques années plus tard au forestier Theodrik, le Skeldeholt, que borne le Wasda, c'est-à-dire *le pays des vertes prairies*, se place la forêt de la Lys, le Lisgaauw, dont le centre paraît avoir été le château d'Harlebeke.

Que l'institution des forêts soit une tradition germanique ou bien une imitation romaine, c'est ce qu'il est impossible de déterminer. Les empereurs romains possédaient des forêts impériales dirigées par des fonctionnaires spéciaux, les *procuratores saltuum rei dominicæ*. Les empereurs francs emploient la même désignation: *silvæ dominicæ, forestes dominicæ*. La possession des *forests* était le privilége des rois et il n'était point permis d'en établir sans leur consentement. «Nous voulons, porte un capitulaire de l'an 800, que nos forêts soient bien surveillées. Nos forestiers garderont avec soin les bêtes sauvages qui s'y trouvent, et ils entretiendront des faucons et des éperviers pour notre usage.» On lit également dans les capitulaires que les forestiers sont chargés de recueillir le cens qui se paye à l'empereur; ils nous apprennent aussi que les forestiers poursuivaient les serfs rebelles ou fugitifs, et, à ce titre, il ne serait point étonnant que leur juridiction se fût étendue sur les tribus tumultueuses des Flamings.

Les historiens de la Flandre qui n'ont tenu aucun compte de l'établissement des colonies saxonnes sur nos rivages, ont toutefois conservé un vague écho des querelles des forestiers de Karl le Grand et des peuples redoutables qu'ils étaient chargés de contenir: «J'ai lu quelque part, dit Meyer, que Liderik repoussa de la Flandre une certaine race d'hommes.»—«Liderik, ajoute Despars, ne cessa de réprimer les brigands, assassins et autres malfaiteurs, qui tenaient presque tout le pays en leur pouvoir. Leurs cruelles dévastations se ralentirent à l'arrivée de Liderik; mais, quels que fussent ses efforts, il ne put atteindre leurs chefs, car, dès qu'ils avaient terminé leurs excursions et exécuté leurs sanglantes entreprises, ils se réfugiaient dans de vastes forêts.»

Les colonies saxonnes, placées près de l'Océan aux limites de l'empire frank, vis-à-vis de l'Angleterre conquise par les seekongars, semblaient appeler d'autres invasions. Les Danes ne cessaient de parcourir les mers sur leurs légers esquifs, dévastant tour à tour tous les rivages où les jetaient les tempêtes. Eginhard raconte que, la première année du neuvième siècle, Karl quitta son palais d'Aix pour aller visiter les pays menacés par leurs débarquements, qu'il voulait désormais prévenir. Cependant dix ans plus tard, le Dane Godfried, suivi de deux cents navires, abordait de nouveau en Frise, y levait des tributs et se vantait d'entrer triomphant à Aix. Afin que ces tentatives ne se renouvelassent plus, Karl ordonna que dans tous les ports et à l'embouchure de tous les fleuves des flottes fussent sans cesse prêtes à combattre les Danes, déjà plus connus sous le nom d'*hommes du Nord* ou *Normands*, et il se rendit lui-même l'année suivante à Boulogne, puis à Gand sur les bords de l'Escaut, pour inspecter les vaisseaux destinés à repousser les pirates.

Deux petits-fils de Karl le Martel, nés dans le domaine d'Huysse près d'Audenarde, Adhalard et Wala, ont quitté le cloître et dominent les derniers jours de la vie de Karl le Grand; ils favorisent les prétentions de Bernhard, petit-fils de l'empereur, dont le père se nommait Karlman, et obtiennent qu'il soit envoyé en Italie avec le titre de roi. On craignait même qu'ils ne tentassent quelque rébellion en son nom, lorsque Lodwig le Pieux succéda à son père le 28 janvier 814.

Lodwig était le troisième fils de Karl le Grand. Ses frères, Karl et Peppin, étaient morts avant lui. S'ils avaient vécu, il aurait sans doute été relégué dans quelque monastère, et il semble qu'ayant accepté d'avance avec une complète résignation le sort qui l'attendait, il ne soit plus parvenu, lors de son élévation imprévue à l'empire, à se dérober à l'influence des premières impressions de sa vie. «Il était, dit Thégan, d'une stature médiocre, mais fort érudit dans les langues grecque et latine. Il connaissait fort bien le sens moral, spirituel et mystique des Écritures; mais il méprisait les poésies des païens qu'il avait apprises pendant sa jeunesse, et ne voulait ni les lire, ni les entendre, ni permettre qu'on les enseignât. Tous les jours, il allait prier dans l'église et il y restait longtemps agenouillé, le front humblement incliné jusqu'à terre. Sa générosité était si grande qu'il donna à ses fidèles tous les domaines royaux de son père, de son aïeul et de son trisaïeul, pour qu'ils les convertissent en possessions perpétuelles. Il n'éleva jamais la voix pour rire. Il agissait avec prudence; mais, sans cesse occupé de ses lectures et du chant des psaumes, il se laissait trop diriger par ses conseillers.»

Le faible Lodwig se tourne du côté de la Germanie, parce que sa position est la plus menaçante. La première assemblée du peuple qu'il convoque se tient au delà du Rhin. Il protége les Saxons et les Danes de Frise. «Quelques-uns pensaient, raconte un historien, qu'il agissait imprudemment, et disaient que ces nations, accoutumées à leurs mœurs féroces, devaient être retenues sous le joug; mais l'empereur croyait qu'il se les attacherait plus étroitement en les comblant de ses bienfaits.»

En 817, dans une assemblée générale tenue à Aix, Lodwig institue son fils Lother son successeur à l'empire, malgré les vaines protestations de Lodwig et de Peppin, frères de Lother. L'ami d'Adhalard et de Wala, le roi Bernhard, se révolta le premier, soutenu par les Lombards; mais lorsqu'il vit que l'empereur réunissait une armée immense pour passer les Alpes, il vint lui-même, comme le frère de Peppin le Bref au huitième siècle, offrir la paix à Lodwig et se remettre entre ses mains. Lodwig, sans respect pour les lois de l'hospitalité jadis si sacrées pour les peuples barbares, permit qu'on crevât les yeux à Bernhard, qui mourut le troisième jour après ce douloureux supplice. Drogon, Hug, Theodrik, frères de Lodwig, qui paraissent ne pas avoir été étrangers à la rébellion du roi d'Italie, furent rasés. L'un de ces fils de Karl le Grand devint abbé du monastère de Sithiu, où leur aïeul avait relégué le dernier héritier de Hlodwig.

Lorsque Lodwig épouse Judith, fille du comte Welf, qui lui donne bientôt un fils nommé Karl, on voit éclater de nouvelles dissensions. La Carniole s'agite; les Sarrasins prennent les armes. Lodwig le Pieux croit apercevoir dans ces calamités la main de Dieu qui venge la mort cruelle de Bernhard. Il met un terme à l'exil d'Adhalard et de Wala; il demande à se réconcilier avec ses frères; puis, à l'assemblée d'Attigny, il se soumet volontairement à une pénitence publique. Lother se rend en Italie où Wala l'accompagne. Peppin va régner en Aquitaine. Lodwig, plus jeune que ses frères, obtient plus tard le royaume des Boiowares.

Pendant ces années tristes et agitées, les Normands avaient reparu. Dès le commencement de son règne, Lodwig le Pieux avait fait garder les rivages de l'Océan. En 820, treize vaisseaux danes abordèrent en Flandre. Après y avoir brûlé quelques chaumières et enlevé quelques troupeaux, les Normands allèrent menacer les bords de la Seine et piller l'Aquitaine. Les markgrafs ne s'occupaient plus que des soins de la guerre. Moins opprimées sous le joug et sentant peut-être davantage la nécessité de leur propre défense, les populations d'origine saxonne profitaient de l'affaiblissement de l'autorité supérieure pour se réunir en gildes, malgré les défenses de Karl le Grand. Un capitulaire de l'empereur Lodwig rappelle cette situation; il est conçu en ces termes: «Nous voulons que les comtes choisis pour défendre le rivage de la mer, qui résident dans leurs districts, ne puissent pas s'abstenir, à cause de leur charge, de rendre la justice, mais qu'ils le fassent avec le concours des échevins. Nous voulons que nos *missi* ordonnent à ceux qui possèdent des serfs dans la Flandre et dans le Mempiscus, de réprimer leurs associations, et qu'ils sachent qu'ils devront payer une amende de soixante sous, si leurs serfs osent former de semblables associations.»

Les monastères de l'Escaut et de la Lys avaient recouvré, au temps de la pénitence de Lodwig, leur influence et leur pouvoir. Au moment où ils donnaient saint Ansker à l'Europe chrétienne, Eginhard devenait leur hôte et leur protecteur. Ansker appartenait à la race saxonne du Fleanderland. Wala, qui, par sa mère, n'y était peut-être pas étranger, l'aimait, et vanta sa science et son zèle à l'empereur. Un roi des Danes venait de recevoir le baptême à Mayence. Ansker réclama la périlleuse mission de l'accompagner et de poursuivre, au delà des mers du Nord, l'œuvre de l'apostolat chrétien. Il prêcha avec succès en Suède, et fonda à Hambourg la métropole de l'Église septentrionale. S'il était permis d'ajouter foi à des documents anciens quoique d'une authenticité douteuse, Ansker aurait connu des pays que les glaces et les tempêtes couvraient d'un voile mystérieux: l'Islande, les îles Feroé, le Groenland et peut-être l'Amérique. Lodwig avait donné à Ansker le monastère de Thorholt, situé dans le pays où il était né. C'est là qu'il envoyait les enfants slaves ou danes qu'il parvenait à racheter de l'esclavage, afin que de cette pieuse école sortissent d'autres missionnaires. Quelquefois Ansker, retournant dans sa patrie, allait les visiter; et un jour, comme il remarquait aux portes de l'église de Thorholt un enfant dont les traits respiraient une noble gravité, il l'appela à lui. Cet enfant, qui se nommait Rembert, s'associa plus tard à tous les dangers que brava Ansker et fut son successeur à l'archevêché de Hambourg.

Après Wala, personne n'occupait auprès de Lodwig le Pieux une position plus élevée qu'Eginhard. L'illustre historien de la vie de Karl le Grand reçut en 826 les abbayes de Gand et de Blandinium, et obtint que l'empereur confirmât leurs immunités et étendît leurs priviléges. Eginhard fit reconstruire le monastère de Gand qui avait été détruit par un incendie, et s'y retira en 830 afin, comme il le dit dans une de ses lettres, d'implorer le secours du ciel lorsqu'il n'y avait plus rien à espérer de la terre.

De nouvelles discordes agitaient l'empire des Franks. Lother et Peppin avaient pris les armes contre leur père. L'influence des nations germaniques sauva l'empereur. Wala fut réduit à rentrer au cloître. Bientôt une nouvelle rébellion éclata. Lodwig le Pieux, trahi par ses leudes au Champ du Mensonge, fut déposé à Soissons, mais il recouvra bientôt son autorité. Au moment où il quittait ses vêtements de deuil pour reprendre les insignes impériaux, une violente tempête dont les ravages avaient été affreux sembla tout à coup se calmer. Les Franks, toujours superstitieux et un instant rassurés par ce phénomène d'heureux présage, s'abandonnèrent à de nouvelles terreurs lorsqu'en 837 ils virent s'élever dans les airs une comète aux lugubres clartés. «Ce signe, s'écria tristement Lodwig, annonce un changement de règne et ma mort!» Et il prépara tout pour sa fin. Il divisa l'empire entre Lother, à qui il avait pardonné, et Karl, fils de Judith. Lother reçut les contrées germaniques. Le royaume de Karl devait s'étendre du Rhin à la Seine. Parmi les pays qui en faisaient partie se trouvaient l'Ardenne, la Hesbaye, le Brakband, la Flandre, le Mempiscus, le Hainaut, l'Oosterband, ou frontière orientale de la Neustrie, Térouane, Boulogne, Quentovic, Cambray et le Vermandois.

Lodwig, fils de l'empereur Lodwig le Pieux, n'avait point cessé de combattre son père. Non moins terribles que ces discordes civiles, les invasions des Normands semaient la terreur sur toutes les frontières maritimes. On racontait qu'un saint prêtre avait eu une vision dans laquelle une voix lui disait: «Pendant trois jours et trois nuits un épais nuage couvrira la terre, et aussitôt après les païens viendront avec un nombre immense de navires et détruiront, par la flamme et le fer, les chrétiens et les contrées qu'ils habitent.» Au neuvième siècle, en annonçant des malheurs, il était facile d'être prophète. Les Normands ne tardent point en effet à dévaster la Frise, où l'Océan, s'associant à leurs fureurs, engloutit plus de deux mille habitations. En 837, une de leurs flottes brûle le château d'Anvers et ils envahissent l'île de Walcheren, où deux grafs périssent sous leurs coups. Après avoir pillé les bords de l'Escaut, ils se dirigent vers la Seine et menacent Rouen. «Malheur à moi, répétait l'empereur Lodwig, malheur à moi dont la vie s'achève au milieu de ces calamités!» Plein de ces tristes images et poursuivi par les souvenirs de l'ingratitude de ses fils, il expira en traversant le Rhin. L'île solitaire et à demi cachée par les larges eaux du fleuve qui reçut le dernier soupir de Lodwig le Pieux était située au pied de la colline où s'élevait le splendide et majestueux palais qui avait vu naître Karl le Grand. Que de grandeurs et d'infortunes resserrées dans cette vallée! Quel abîme entre ce berceau et cette tombe!

Les discordes qui avaient ensanglanté le règne de Lodwig n'étaient point des querelles personnelles. Derrière ses fils marchaient la Bavière, la Provence, l'Aquitaine. Sigebert de Gemblours remarque que Lodwig, en favorisant l'influence germanique, lui assura une prééminence qu'elle conserva longtemps. Sous le règne de Karl, fils de Lodwig, la célèbre bataille de Fontenay ne fut que la manifestation sanglante de ces luttes anciennes. «Dans ce combat, dit l'annaliste de Metz, les forces des Franks furent tellement affaiblies, leur courage si vanté fut tellement abattu, que loin d'étendre désormais leurs frontières ils ne purent même plus les défendre.»

On voit les rois franks, ne trouvant plus de peuple de leur race assez redoutable pour les protéger, recourir tour à tour aux divers éléments qui les environnent. Lodwig était soutenu par la Germanie. Karl, qui fut surnommé le Chauve parce que la nature lui avait refusé le signe extérieur de la royauté, s'appuya sur l'Eglise de Neustrie avant de se confier aux comtes des bords de la Loire.

A la fin du neuvième siècle, l'Eglise de Neustrie conserve ses puissants évêques et ses riches abbés. De son sein est sorti Hincmar, qui occupe le siége archiépiscopal de Reims, l'homme le plus illustre de ce siècle par l'austère autorité de son génie. Né près de Boulogne aux limites du Fleanderland, il est moins sévère pour la gilde que Karl le Grand et Lodwig le Pieux. S'il défend les banquets où l'ivresse et le désordre éveillent les haines et provoquent les luttes sanglantes, il autorise les eulogies où l'on prend un peu de pain et de vin en signe de fraternité; il consent même à approuver les associations qu'on nomme gildes (*geldoniæ*), pourvu que rien n'y blesse ni l'ordre, ni la raison. Karl le Chauve oublia trop tôt les conseils d'Hincmar. On le vit piller les trésors des églises et s'emparer des grandes abbayes de Saint-Denis, de Saint-Quentin, de Saint-Vaast. Il priva même le pieux archevêque de Hambourg Ansker du monastère de Thorholt, qui fut donné au graf Reginher. L'école que le saint apôtre du Nord y avait établie fut détruite, et, dans les contrées lointaines où il remplissait sa périlleuse mission, il fut réduit à une pauvreté si grande que tous ceux qui l'accompagnaient l'abandonnèrent. Enfin le fils de Lodwig et de Judith mit le comble à ces persécutions, en frappant celui qui, tant de fois, l'avait soutenu par sa sagesse. Le siége archiépiscopal de Reims perdit la primatie des Gaules, et Hincmar fut relégué au monastère de Saint-Bertin, où il devint l'historien d'une époque qu'il honorait par des vertus si rares dans ce temps.

Les monastères de la Neustrie septentrionale qui, au commencement du huitième siècle, avait reçu les Ursmar, les Foilan, les Etton, les Madelgher, conservaient seuls encore quelque éclat sous le règne de Karl le Chauve. Auprès des noms à jamais fameux d'Hincmar, d'Ansker, d'Eginhard, viennent se placer ceux des moines Milon, Hucbald et Grimbald.

Milon appartenait à l'abbaye d'Elnone, fondée par saint Amandus. Il avait suivi à l'école de Saint-Vaast d'Arras les leçons d'Haimin, qui était disciple d'Alcwin. Karl le Chauve, au temps de la puissance d'Hincmar, lui avait confié l'éducation de deux de ses fils, Peppin et Drogon, ce qui engagea un grand nombre de nobles franks à envoyer aussi leurs enfants près de lui. Peppin et Drogon moururent jeunes et furent ensevelis dans l'abbaye d'Elnone. Milon fit pour eux une touchante épitaphe: «O roi Karl! ô notre père! si vous daignez visiter notre tombe, ne gémissez point sur notre mort. Portés de la terre dans des régions heureuses, nous jouissons avec les saints d'un repos éternel. O notre père! souvenez-vous de nous et soyez heureux!» Milon n'était pas seulement poète, il se distingua aussi par sa science. On écrivit sur son tombeau: «Sous cette pierre repose Milon, poète et philosophe, qui composa en vers harmonieux un livre sur la sobriété, et écrivit avec art la vie de saint Amandus.»

Hucbald, neveu de Milon, autre moine d'Elnone, releva les lettres dans l'Eglise de Reims et créa à Paris, avec Remigius d'Auxerre, cette célèbre école publique qui devint plus tard l'université de Paris.

Grimbald était encore fort jeune lorsqu'il entra au monastère de Saint-Bertin. Le roi de Wessex, Alfred, qui l'avait vu en se rendant à Rome, voulut ranimer dans ses Etats la science qui y était éteinte. Il envoya une solennelle ambassade à Grimbald pour l'engager à venir habiter l'Angleterre, alla lui-même au-devant de lui pour le recevoir, et le pria de lui enseigner la langue latine, honneur qu'il partagea avec Asser, Plegmund et Jean l'Erigène. Vers l'époque où Hucbald établissait l'école de Paris, Grimbald fondait en Angleterre une autre école qui fut depuis l'université d'Oxford.

Vers ce temps, l'abbaye de Saint-Riquier possédait une belle bibliothèque. On y remarquait la Rhétorique de Cicéron, les Eglogues de Virgile, les œuvres de Pline le Jeune, et les poëmes d'Homère, auxquels étaient joints ceux de Darès le Phrygien et de Dictys de Crète. Celle du comte Eberhard, fondateur du monastère de Cysoing, comprenait plus de cinquante ouvrages, parmi lesquels se trouvaient le recueil des lois des Franks, la Cité de Dieu de saint Augustin, les sept livres d'Orose, la vie de saint Martin et les œuvres d'Alcwin.

La science, tradition expirante de la glorieuse domination de Karl le Grand, lui avait survécu de quelques années. C'était le dernier rayon d'une lumière qui avait déjà disparu. Bientôt il s'évanouit et tout devint ténèbres.

«Hlother, dit Nithard, craignait que son peuple ne l'abandonnât, et cherchait des secours partout et de quelque manière qu'il en pût trouver. Il appela les Normands à son aide, et, soumettant à leur autorité une partie des nations chrétiennes, il leur permit de piller toutes les autres.»

Les dévastations des Normands effacèrent le souvenir de ce que leurs invasions précédentes avaient offert de plus affreux. De nombreuses troupes de loups les suivaient, attirées par l'appât du carnage: une prophétesse de Germanie annonçait la fin du monde. En 845, les Normands ravagèrent les bords de la Seine et livrèrent aux flammes le monastère de Sithiu. Dès qu'ils se furent éloignés, les moines de Gand, pleins de terreur, se hâtèrent de fuir à Laon, après avoir déposé leurs châsses et leurs reliques dans le sanctuaire de Saint-Omer, qui était entouré d'une forte muraille et défendu par des tours. Elles y restèrent quarante années.

Cinq années après, les Normands paraissent de nouveau sur les côtes de la France. Ils pillent le Mempiscus et le pays de Térouane. D'autres Normands, abordant en Frise, s'avancent vers l'Escaut, incendient les monastères de Blandinium, de Tronchiennes et de Saint-Bavon, et poursuivent leur marche vers Beauvais. L'année suivante, une de leurs flottes, composée de deux cent cinquante-deux navires, dévaste le rivage de la Frise. Un chef normand, Godfried, fils de ce roi des Danes qu'Ansker avait jadis accompagné dans le Nord, s'établit aux bords de l'Escaut. Karl réunit une armée pour le combattre; mais, arrivé près de l'Escaut, il négocie et confirme aux chefs normands Godfried et Rorik leurs conquêtes, à condition qu'ils le reconnaîtront pour roi par la vaine cérémonie de l'hommage.

Karl le Chauve multiplie les capitulaires. Son empire est divisé en douze districts que parcourent de nombreux *missi*. Le troisième, dont les *missi* sont l'évêque Immon, l'abbé Adhalard, Waltcaud et Odelrik, comprend Noyon, le Vermandois, l'Artois, Courtray, la Flandre et le comté d'Engelram. Toutes ces tentatives restent stériles. Les Normands continuent leurs invasions. En 853, ils brûlent Saint-Martin de Tours et remontent la Loire jusqu'à Orléans. En 857, ils se montrent sur la Seine et s'emparent de Paris, qu'ils livrent aux flammes. En 859, ils saccagent les rives de l'Escaut et de la Somme, pillent Amiens et arrivent à Noyon, où l'un des *missi*, l'évêque Immon, est pris et mis à mort. En 861, ils parcourent le pays de Térouane et dévastent pour la seconde fois le monastère de Sithiu. Humfried, évêque de Térouane, voulait renoncer au périlleux honneur de l'épiscopat. Le pape Nicolas lui écrivit: «S'il n'est point permis au pilote d'abandonner son navire pendant le calme, combien ne serait-il point plus coupable de le faire pendant la tempête!»

Cependant les Normands étendaient leurs conquêtes et marchaient de victoire en victoire. Karl le Chauve, ne pouvant assurer le repos de son royaume par le fer, l'acheta avec de l'or. Les Normands promirent de ne plus piller, et leur duc Weeland reçut cinq ou six mille livres d'argent, beaucoup de blé et de nombreux troupeaux.

Parmi les chefs normands qui s'illustrèrent par leurs aventureuses expéditions, il n'y en eut point de plus intrépide que Regnar Lodbrog. Son fameux chant de mort, au milieu des serpents auxquels le livra le Northumbre Ella, retrace ses excursions en Flandre:

«J'étais encore jeune lorsque avec mes guerriers je me dirigeai à l'est du Sund. Les oiseaux de proie reçurent une abondante nourriture. La mer s'enfla du sang des morts. Nous avons frappé avec le glaive!

«J'avais 20 ans quand nous nous élançâmes au loin dans les combats. Le fer gémissait sur les cuirasses; la hache brisait les boucliers. Nous avons frappé avec le glaive!

«Devant l'île de Bornholm, nous couvrîmes le rivage de cadavres. Les nuages de la grêle déchiraient les armures; l'arc lançait le fer. Nous avons frappé avec le glaive!

«Dans le royaume des Flamings, nous ne triomphâmes qu'après avoir vu tomber le roi Freyr. L'aiguillon sanglant de la blessure perça l'armure brillante de Hœgne. Les vierges pleurèrent sur le combat du matin et les loups furent amplement rassasiés. Nous avons frappé avec le glaive!»

Où est la tombe du roi Freyr? que devinrent les armes brillantes de Hœgne, sa longue épée, sa hache de pierre et son anneau d'or? Rien ne rappelle leurs noms sur les rivages de la Flandre: les pirates du Nord avaient laissé aux ruines des cités qu'ils ravageaient le soin de raconter leur passage et leurs vengeances.

LIVRE TROISIÈME.
863-989.

**Baldwin Bras de Fer, premier comte de Flandre.
Baldwin le Chauve. Arnulf le Grand.
Baldwin le Jeune. Arnulf le Jeune.
Guerres civiles et étrangères. Désastres et discordes.**

Les mêmes symptômes d'abaissement et de décadence étaient communs à l'empire frank et aux princes qui le gouvernaient: les divisions privées ne contribuaient que trop à favoriser les progrès de l'anarchie publique.

Karl le Chauve avait trois fils. L'un d'eux, qui s'appelait Karl comme lui, périt dans une querelle avec un noble frank. Le second éveilla par son ambition les soupçons de son père, qui le fit enfermer dans un monastère et priver de la vue. Mais ce cruel châtiment n'empêcha point le troisième, nommé Lodwig, de conspirer. Le joug de l'autorité paternelle ne paraissait pas moins accablant à Judith, fille de Karl le Chauve, qui avait épousé successivement Ethelwulf, roi des Anglo-Saxons de Wessex, puis son fils Ethelbald. Aussi instruite que belle, elle avait présidé à l'éducation d'un fils d'Ethelwulf, qui fut depuis Alfred le Grand, et, lorsqu'elle avait quitté l'Angleterre, elle s'était retirée à Senlis, où, sous la protection des évêques, elle vivait avec toute la dignité qu'exigeait son titre de reine.

La même année que Karl le Chauve se rendit tributaire de Weeland, deux autres Normands, Guntfried et Gozfried, l'engagèrent à recevoir parmi ses feudataires un des chefs les plus redoutables des bords de la Loire. Il se nommait Rotbert et était d'origine saxonne; quelques historiens racontent que les passions d'une vie aventureuse l'avaient éloigné de la Germanie; mais il paraît plus vraisemblable qu'il appartenait à l'une des colonies qui, vers le quatrième siècle, s'étaient fixées sur le *Littus Saxonicum*. Cependant l'influence de Rotbert, à qui le roi accordait sans cesse de nouveaux domaines, ne tarda point à exciter la jalousie et la haine de ses anciens amis. Guntfried et Gozfried trouvaient déjà en lui un rival plus puissant qu'eux-mêmes. Ils résolurent de le renverser, et soutenus par Lodwig, fils de Karl le Chauve, ils appelèrent à leur aide un chef du Fleanderland, nommé Baldwin, fils d'Odoaker.

Karl le Chauve se trouvait à Soissons, lorsqu'il apprit que Baldwin avait enlevé Judith de Senlis et que son fils Lodwig avait rejoint Guntfried et Gozfried, chez les Normands. Le roi de France réunit aussitôt les grands du royaume, et lorsqu'ils eurent prononcé leur jugement selon la loi civile et politique, il invita les évêques à frapper d'anathème le ravisseur et sa complice.

Le complot de Lodwig avait échoué; les Normands, surpris près de Meaux, déposèrent les armes. Mais Baldwin et Judith avaient cherché un refuge dans les Etats de Lother, fils et successeur de l'empereur Lother. La situation était grave. Lother, en protégeant Baldwin, semblait vouloir intervenir dans les discordes qui agitaient la France: Guntfried et Gozfried auraient pu aisément réveiller l'ardeur belliqueuse des Normands. Hincmar était rentré à Reims: il comprit le péril qui menaçait la monarchie et interposa sa médiation; son premier soin fut de charger l'évêque Hunger d'engager le duc de Frise, Rorik, déjà prêt à prendre les armes, à ne pas s'allier à Baldwin et à faire pénitence de ses mauvais desseins; bientôt après Lodwig le Germanique invita Karl le Chauve à une entrevue qui eut lieu à Toul. Lother y fit déclarer qu'il était prêt à respecter les sentences ecclésiastiques, et l'excommunication prononcée à cause de l'appui qu'il avait donné à Baldwin fut aussitôt levée.

Baldwin et la veuve d'Ethebald s'étaient rendus à Rome et y avaient réclamé la protection du pape Nicolas Ier. Elle ne leur manqua point. «Votre vassal Baldwin, écrivait-il au roi de France, a cherché un refuge au seuil sacré des bienheureux princes des apôtres, Pierre et Paul, et s'est approché avec d'ardentes prières de notre siége pontifical. Du sommet de notre puissance apostolique, nous vous demandons que pour l'amour de Notre-Seigneur Jésus-Christ et des apôtres Pierre et Paul, dont Baldwin a préféré l'appui à celui des rois de la terre, vous vouliez bien lui accorder votre indulgence et un oubli complet de son offense, afin que, soutenu par votre bonté, il vive en paix comme vos autres fidèles; et lorsque nous prions Votre Sublimité de lui pardonner, ce n'est pas seulement en vertu du pieux amour que nous devons porter à tous ceux qui implorent la miséricorde et le secours du siége apostolique, mais c'est aussi parce que nous craignons que votre colère ne réduise Baldwin à s'allier aux Normands impies et aux ennemis de la sainte Eglise, et à préparer ainsi de nouveaux malheurs au peuple de Dieu.» Le pape écrivit de nouveau au roi de France l'année suivante: «L'apôtre a dit: Considérez les temps, car les mauvais jours arrivent. Les périls qu'il annonce vous menacent déjà. Veillez à ne pas faire naître de plus terribles désastres, et ayez assez de modération pour surmonter la douleur de votre cœur et ne pas vous montrer éternellement inexorable et inflexible vis-à-vis de Baldwin.»

Le ressentiment de Karl le Chauve ne devait céder qu'aux nécessités politiques, qu'aggravait la faiblesse de la royauté. En 862, Lodwig, en se réconciliant avec son père, se fit donner le comté de Meaux et la riche abbaye de Soissons. Karl le Chauve ne tarda point aussi à pardonner à sa fille: il la reçut, le 25 octobre 863, au palais de Verberie et permit que son mariage avec Baldwin fût solennellement célébré à Auxerre. «Le roi ne voulut point y assister, écrivit l'archevêque Hincmar au pape Nicolas; mais il y a envoyé les ministres et les officiers de l'Etat, et, selon votre demande, il a accordé les plus grands honneurs à Baldwin.»

Tandis que Rotbert, créé successivement comte d'Anjou et abbé de Saint-Martin de Tours, consolidait sa puissance sur les deux rives de la Loire, Baldwin recevait une autorité supérieure sur les marches du nord, voisines de la Lys et de l'Escaut, qui formèrent depuis le comté de Flandre. Baldwin habita sur la Reye dans un lieu qui devait au pont qui y existait son origine et son nom de Brugge ou Bruggensele. Baldwin y plaça un burg ou château entouré de fortes murailles de pierres, puis il y fit construire la maison des Echevins, un édifice destiné à recevoir les otages, captifs temporaires, les seuls que connussent les lois frankes, et une chapelle où il fit porter les reliques de saint Donat, qui lui avaient été envoyées par Ebbon, archevêque de Reims. Aux portes du burg se trouvaient, d'un côté, la montagne du Mâl (Mâl-berg) où se tenait l'assemblée des hommes libres, et, de l'autre, des hôtelleries pour les nombreux marchands qui ne pouvaient être reçus dans le château du comte.

Baldwin, que son courage avait fait surnommer Bras de Fer, repoussa les Normands qui avaient tenté un débarquement sur nos rivages. La puissance du markgraf de Flandre était grande. Il soutint Karl le Chauve contre la rébellion de son fils Karlman, et lorsque le roi de France, impatient d'aller en Italie disputer l'autorité impériale au fils de Lodwig le Germanique, quitta ses Etats, qu'il ne devait plus revoir, Baldwin fut chargé avec Reinelm, évêque de Tournai, Adalelm, comte d'Arras et dix autres illustres feudataires, de la tutelle de l'héritier du royaume, Lodwig le Bègue, qui ne régna que deux ans.

Karl le Chauve, avant de traverser les Alpes, avait fait publier un capitulaire par lequel il assurait aux fils des comtes la confirmation héréditaire de leurs honneurs. Baldwin partagea ses comtés entre ses deux fils. Rodulf fut comte de Cambray. Baldwin le Chauve succéda au markgraviat de son père. Il épousa Alfryte, fille du roi des Anglo-Saxons, Alfred le Grand, et s'était donné le surnom qu'il portait, en mémoire de son aïeul. Mais en voulant rappeler la naissance illustre de Karl le Chauve, il ne parvint qu'à retracer sa honte et sa faiblesse vis-à-vis des pirates du Nord. Baldwin, fils d'Audoaker, était à peine descendu dans la tombe lorsqu'une formidable expédition de Normands, repoussée par Alfred en Angleterre, aborda en Flandre. Au mois de juillet 879, ils pillèrent Térouane, puis ils entrèrent dans la terre des Ménapiens, qui fut abandonnée aux mêmes désastres sans que personne osât leur résister. Enfin, ils passèrent l'Escaut et envahirent le Brakband. Les annales de Saint-Vaast racontent qu'au mois de novembre les Normands, avides de sang humain, de dévastations et d'incendies, s'arrêtèrent au monastère de Gand pour y passer l'hiver. Dès que le printemps fut arrivé, ils allèrent brûler Tournay et détruisirent toutes les abbayes voisines de l'Escaut, immolant ou emmenant captives à leur suite les populations de toutes les contrées qu'ils traversaient.

Cependant les fils de Lodwig le Bègue, Lodwig et Karlman, avaient réuni une armée contre les Normands de Gand. L'abbé Gozlin la commandait, mais il commit la faute de la diviser, afin d'attaquer les Normands sur les deux rives de l'Escaut, et fut vaincu. En 880, les Normands élevèrent des retranchements à Courtray, et y établirent leur résidence d'hiver. De là ils poursuivirent les Ménapiens et les Suèves, et en firent un horrible carnage. La flamme et le fer ravagèrent leurs campagnes et leurs foyers.

Le 26 décembre 881, une troupe de Normands brûla le monastère de Sithiu et ne respecta que l'église de Saint-Omer, qu'on avait fortifiée avec soin. Le même jour, une seconde troupe de Normands s'empara du monastère de Saint-Vaast d'Arras. Le 28 décembre, d'autres Normands pillaient Cambray et le monastère de Saint-Géry. Courtray reçut leur butin, et dès les premiers jours de février ils s'avancèrent vers Térouane et dévastèrent tour à tour Saint-Riquier, Amiens et Corbie. Au mois de juillet, on apprit avec effroi qu'ils avaient traversé la Somme et menaçaient Beauvais. La désolation était universelle; personne n'osait se présenter pour défendre les châteaux qu'on avait construits contre les ennemis et qui leur servaient d'abri et de refuge. Lodwig tenta un dernier effort: aidé des grafs de Neustrie, il attaqua les Normands à Saulcourt en Vimeu.

«Dieu protégeait Lodwig; il l'entoura de comtes, héros illustres: il lui donna le trône de France. Lodwig leva son étendard pour combattre les Normands. Il saisit son bouclier et sa lance et pressa les pas de son coursier. Il s'avançait plein de courage. Tous chantaient en chœur: *Kyrie Eleison!* Ils achevèrent le cantique, et le combat commença. Chacun était impatient de se venger, personne plus que Lodwig. Lodwig était né vaillant et audacieux. Il frappa les uns de sa hache, il perça les autres de son épée. Amer fut le breuvage qu'il versa à ses ennemis et ils se retirèrent de la vie.»

Les Normands étaient rentrés dans leur camp de Gand; mais dès l'année suivante, ils s'avancèrent de nouveau jusqu'à la Somme. En 883, avant d'occuper Amiens, ils se dirigèrent vers les bords de la mer et chassèrent de leurs foyers les habitants du Fleanderland. Que faisait le comte Baldwin pendant que les Normands exterminaient ses peuples? Après avoir combattu avec quelque succès une de leurs troupes dans la forêt de Mormal, il s'était réfugié dans le château de Bruges et il y avait fait élever de nouveaux retranchements avec des pierres tirées des ruines d'Aldenbourg. Il semblait que son énergie et son audace ne dussent se ranimer qu'au milieu des discordes civiles.

En 884, trois ans après la victoire de Saulcourt, Karlman, frère de Lodwig, qui ne vivait plus, obtint la paix des Normands, en leur payant douze mille livres pesant d'argent. Cette somme énorme, qui était le prix du rachat de la France, leur fut remise vers l'automne dans leur camp d'Amiens; aussitôt après, ils se retirèrent vers le port de Boulogne où ils s'embarquèrent; mais, sans s'éloigner du rivage, ils tournèrent la proue vers le nord, et, se dirigeant vers la Lotharingie, ils se fixèrent à Louvain.

Dans les premiers jours de décembre 884, Karlman mourut. De la postérité de Lodwig le Bègue, il ne restait qu'un enfant qui s'appelait Karl comme son aïeul. Les vassaux du royaume de France méprisèrent sa jeunesse qui le rendait incapable de les défendre, et offrirent le sceptre à l'empereur Karl le Gros, fils de Lodwig le Germanique. Se souvenant que des partages multipliés avaient affaibli la monarchie karlingienne, ils espéraient lui rendre sa force en la reconstituant dans son unité. La race royale dégénérait rapidement; Karl le Gros (tel est le surnom que porte au neuvième siècle l'héritier de Karl le Martel et de Karl le Grand) accourt avec une nombreuse armée devant Paris, que menaçait une nouvelle invasion normande; mais, saisi de terreur au moment de combattre, il achète la paix des Normands, et, pour sauver Paris, il leur permet de piller la Bourgogne. Cependant tous les peuples s'indignent d'une si coupable pusillanimité, et, de leur assentiment unanime, Karl le Gros est déposé à la diète de Tribur. Un petit-fils de Lodwig le Germanique, Arnulf, règne aux bords du Rhin, tandis qu'Ode, fils de Rotbert, se fait sacrer roi à Compiègne. L'Allemagne et la France se séparent.

Baldwin soutenait Arnulf; mais Ode affermit sa puissance en la méritant. Le 24 juin 888, il vainquit une nombreuse armée de Normands dans la forêt de l'Argonne. «Cette victoire, dit l'annaliste de Saint-Vaast, le couvrit de gloire. Baldwin, abandonnant ses alliés, se rendit près du roi Ode et promit de lui être fidèle. Ode le reçut avec bonté et confirma les honneurs qu'il possédait.» Ode et Arnulf ne tardèrent point à conclure la paix à Worms, et le roi de Germanie, arrière-petit-fils de Karl le Grand, fit don d'une couronne d'or au roi de France. L'héritier des rois franks reconnaissait les droits du prince qui s'appuyait sur l'élection des populations d'origine gauloise ou romaine.

Ode combattit de nouveau une troupe de Normands qui s'était établie à Amiens; Arnulf obtint une victoire complète sur ceux qui occupaient Louvain. Dans la Neustrie, l'honneur de la résistance appartint aux populations d'origine saxonne. Entre la Seine et la Loire, depuis Evreux jusqu'à Bayeux, vers les bords de l'Orne, où le nom du pays de Séez (*Saxia*) rappelle leurs colonies, elles avaient formé une étroite association contre les Normands. Les gildes, condamnées sous Karl le Chauve, proscrites de nouveau sous Karlman et sans cesse en butte à la haine des grands feudataires du royaume de France, conservaient toute leur puissance dans le Nord de la Neustrie. Le second dimanche après les fêtes de Pâques 891, on aperçut du haut de la tour de Saint-Omer une troupe de Normands de Noyon, qui descendaient de la colline d'Helfaut, où les martyrs Victoricus et Euscianus avaient jadis fondé la plus antique église de la Morinie. Les karls de ces contrées, dont les progrès du christianisme avaient à peine adouci les mœurs cruelles, avaient cherché un refuge dans le bourg de Saint-Omer. Dès qu'ils apprirent l'approche des Normands, ils se réunirent dans l'abbaye: «Selon la coutume des habitants de ce pays, dit le livre des miracles de saint Bertewin, ils avaient leurs armes toujours prêtes et se donnèrent la main les uns aux autres en signe de liberté.»

Les Normands s'étaient dispersés dans les prairies de l'Aa pour enlever les troupeaux qui y paissaient. Les défenseurs de Sithiu firent aussitôt une sortie et immolèrent trois cent dix de leurs terribles ennemis sous les chênes de Windighem. Lorsque ceux des Normands qui s'étaient éloignés revinrent vers leur camp et aperçurent les cadavres sanglants de leurs frères, leur fureur fut extrême. Ils quittèrent leurs chevaux, se dirigèrent précipitamment vers le bourg de Saint-Omer, remplirent les fossés de paille qu'ils allumèrent, et lancèrent au-dessus des murailles des morceaux de fer fondu et des projectiles brûlants. Mais soudain une brise se leva qui éloigna la flamme de l'enceinte du monastère; les défenseurs de Sithiu y virent le gage de la protection céleste: ils plaçaient leur confiance dans l'appui des saints, illustres et vénérés fondateurs de leur église. Un jeune moine prit un arc et le tendit au hasard; la flèche frappa le chef des Normands. Sa mort répandit le découragement parmi les siens. Au son lugubre de leurs trompes retentissantes, ils se dirigèrent vers Cassel; de là ils poursuivirent leur marche vers le Brakband. Ils revenaient à Noyon lorsque le roi Ode les attaqua et les vainquit. Enfin, en 893, les Normands de la Somme, harcelés de toutes parts et pressés par une famine générale, quittèrent le nord de la France. On les vit se retirer sur leurs flottes et s'éloigner du rivage de la Flandre.

«Pourquoi nous arrêter plus longtemps, s'écrie Adroald de Fleury, à raconter les malheurs de la Neustrie? Depuis le rivage de l'Océan jusqu'à l'Auvergne, il n'est point de pays qui ait conservé sa liberté. Il n'est pas une ville, pas un village que n'aient accablé les furieuses dévastations des païens. Ces malheurs se sont prolongés pendant trente années, et ne faut-il point les attribuer à la colère de Dieu, selon la menace exprimée par le prophète Jérémie:—Parce que vous n'avez point écouté ma parole, j'appellerai tous les peuples de l'Aquilon. Je leur soumettrai cette terre avec tous ses habitants et toutes les nations qui l'entourent.»

Tel est le spectacle que présentait la Flandre à la fin du neuvième siècle. Plus que toutes les autres provinces de la France, elle avait profondément souffert des invasions des pirates septentrionaux. Les Normands n'avaient pas cessé de la dévaster. Ses rivages étaient le port vers lequel cinglaient leurs flottes; ses cités, le camp où leurs armées déposaient leur butin et préparaient leurs conquêtes. On n'y trouvait plus que des campagnes stériles où se réunissaient les Flamings fugitifs et quelques familles ménapiennes ou suèves, derniers restes de ces races exterminées par le fer et la flamme des ennemis.

Un comte nommé Rodulf, petit-fils d'Audoaker comme Baldwin le Chauve, avait pris possession des abbayes de Saint-Vaast et de Saint-Bertin. Il mourut le 5 janvier 892. Les châtelains ou chefs chargés de la garde du château d'Arras envoyèrent aussitôt le graf Ecfried vers le roi Ode pour lui en donner avis; mais trois jours s'étaient à peine écoulés depuis la mort de l'abbé Rodulf, lorsque les habitants d'Arras se laissèrent corrompre par l'argent qu'Eberhard, émissaire du comte de Flandre, avait répandu parmi eux et se livrèrent à lui. Baldwin se hâta d'annoncer au roi qu'avec son assentiment il voulait conserver les abbayes de son cousin Rodulf. «Je lui abandonnerai plutôt, répondit le roi Ode, l'autorité que je tiens de Dieu.» Baldwin ne cédait point. Un incendie avait consumé l'église et le château d'Arras: il ne fit reconstruire que le château, mais il ordonna qu'on le fortifiât avec soin pour qu'il pût résister aux attaques de ses ennemis.

L'archevêque de Reims Foulques avait convoqué un synode où siégèrent les évêques de Laon, de Noyon, de Soissons et de Térouane. Il y exposa les plaintes formées contre Baldwin, qui faisait battre les prêtres de verges, les chassait de leurs paroisses et s'attribuait les biens et les dignités de l'Eglise. Dodilon, évêque de Cambray, reçut la mission d'aller remettre au comte de Flandre ou à son archidiacre des lettres où on l'exhortait à ne point persévérer dans ses entreprises criminelles, en le menaçant d'une sentence d'excommunication. L'évêque de Cambray avait toutefois été autorisé, s'il craignait trop la colère de Baldwin, à se contenter de faire lire ces lettres à Arras. Le roi de France, prêt à le soutenir, avait réuni une armée pour reconquérir l'abbaye de Saint-Vaast; mais Baldwin accourut de la Flandre, et Ode fut réduit à se retirer.

De nouvelles dissensions favorisaient la résistance de Baldwin. Aux bords de l'Oise vivait un comte nommé Herbert, arrière-petit-fils de Karl le Grand; il possédait de nombreux châteaux, et son autorité était grande. Les hommes de race franke aimaient peu le roi Ode, qui leur était étranger par son origine. Arrêtés d'une part vers le sud par les populations nationales qui se réveillaient, pressés de l'autre vers le nord par l'ambition envahissante des peuples allemands, ils se groupaient autour de ce Karling moins illustre, mais plus puissant que les descendants de Karl le Chauve. Herbert opposa à la monarchie toute récente et encore mal affermie des fils de Rotbert le Fort, la légitimité héréditaire de la succession royale chez les Karlings. De concert avec l'archevêque de Reims, il proclama roi et fit sacrer le jeune Karl le Simple, fils de Lodwig le Bègue. Le comte de Flandre seconda cette révolution; cependant, lorsque le roi de Germanie Zwentibold, fils d'Arnulf, parut prétendre à la couronne de France, Baldwin et son frère Rodulf, comte de Cambray, quittèrent le parti de Karl le Simple pour se tourner du côté de l'Allemagne; mais bientôt abandonnés eux-mêmes par le roi de Germanie, qui avait renoncé à ses desseins, ils se trouvèrent sans appui et sans alliés. Le roi Ode, profitant d'un traité qu'il avait conclu avec le roi Karl, se hâta de mettre le siége devant l'abbaye de Saint-Vaast. Les leudes de Baldwin, peu préparés à se défendre, en ouvrirent les portes et remirent des otages; Ode, qui cherchait à s'allier à Baldwin, se contenta d'aller prier dans l'église de Saint-Vaast, puis il rendit aux châtelains du comte de Flandre les clefs du monastère, et lui en confirma la possession ainsi que celle de tous ses autres honneurs. Herbert l'apprit: sa jalousie s'accrut, et bientôt il y eut guerre ouverte entre ses leudes et ceux des comtes de Flandre et de Cambray. Rodulf enleva au comte de Vermandois les châteaux de Péronne et de Saint-Quentin, les perdit, puis essaya de les reconquérir. Enfin il périt dans un combat où Herbert, aidé d'une troupe de mercenaires normands, le frappa, dit-on, de sa propre main. La mort du comte de Cambray devait être cruellement vengée.

Ode, aux derniers jours de son règne, se reprocha son usurpation. «Le seigneur de mes ennemis, répétait-il, est fils de celui que j'honorai moi-même autrefois comme mon seigneur.» A sa mort, Karl le Simple retrouva toute la puissance de son père Lodwig le Bègue. L'archevêque de Reims, ami d'Herbert, dominait auprès de lui, et Baldwin mécontent se dispensa d'aller lui rendre hommage, en lui envoyant seulement des députés qui protestèrent de sa fidélité. Un frère du roi Ode, Rotbert, qui considérait déjà le trône de France comme son héritage, soutenait le comte de Flandre dans sa haine, et ne cessait de lui représenter qu'il serait facile de renverser la royauté de Karl le Simple, en faisant périr un seul homme, l'archevêque Foulques, qui avait protégé Karl depuis son enfance et avait plus que tout autre des grands feudataires contribué à son élévation. Ces complots ne restèrent point ignorés. Leur dénoûment n'en fut que plus soudain et plus terrible.

Le roi Karl le Simple s'était hâté d'enlever à Baldwin le château et l'abbaye d'Arras, qu'il donna à l'archevêque de Reims. Baldwin eut une entrevue avec le roi Karl, près de Cambray, et le pria humblement de lui faire rendre les honneurs dont on l'avait privé; mais Herbert s'opposa à toutes ses demandes, et Foulques fit connaître par un refus altier qu'il ne renoncerait point aux bénéfices qu'il tenait de la générosité du roi. Néanmoins Baldwin, plein de dissimulation, se réconcilia avec Herbert et chargea ses députés, Eberhard, Winnemar de Lillers et Rotger de Mortagne, d'aller assurer Foulques de son amitié en lui offrant des présents considérables. Foulques les accueillit avec mépris. Peu de jours après, le 17 juin 900, l'archevêque de Reims quittait le synode des évêques de la Neustrie, qu'on appelait déjà depuis longtemps la France, mais qui dans les documents ecclésiastiques conservait le nom romain de Belgique. Il traversait la forêt de Compiègne, suivi d'un petit nombre de serviteurs, lorsque tout à coup il se vit entouré des leudes de Baldwin, et l'un d'eux, Winnemar, le frappa de sept coups de lance. En vain quelques-uns des serviteurs de l'archevêque essayèrent-ils de le défendre: leur dévouement ne put le sauver.

Dix-sept jours après le meurtre de Foulques, Hervée fut élu archevêque de Reims. Il s'empressa de faire prononcer contre les députés du comte de Flandre une sentence solennelle d'anathème: «L'an 900 de l'Incarnation de Notre-Seigneur, la veille des nones de juillet, c'est-à-dire le jour où Hervée fut ordonné évêque, l'excommunication suivante fut lue dans l'église de Reims, en présence des évêques de Rouen, de Soissons, de Noyon, de Cambray, de Térouane, d'Amiens, de Beauvais, de Châlons, de Laon, de Senlis et de Meaux: Qu'il soit connu des fidèles de la sainte Eglise de Dieu que l'Eglise qui nous est confiée a été plongée dans une profonde douleur par un crime sans exemple depuis les persécutions des apôtres, le meurtre de notre père et pasteur Foulques, cruellement immolé par les leudes du comte Baldwin, Winnemar, Eberhard, Ratfried et leurs complices. Cependant puisqu'ils n'ont pas craint de commettre dans notre siècle un forfait tel que l'Eglise n'en vit jamais accomplir, si ce n'est peut-être par le bras des païens, au nom de Dieu et par la vertu du Saint-Esprit, grâce à l'autorité divinement accordée aux évêques par le bienheureux Pierre, prince des apôtres, nous les retranchons du sein de leur mère la sainte Eglise, nous les frappons de l'anathème d'une perpétuelle malédiction. Qu'ils soient maudits dans les cités et hors des cités: maudit soit leur grenier et maudits soient leurs ossements; maudites soient les générations qui sortiront d'eux et les moissons que leurs champs porteront, ainsi que leurs bœufs et leurs brebis! Qu'ils soient maudits en franchissant le seuil de leurs foyers pour les quitter ou y rentrer; qu'ils soient maudits dans leurs demeures! Qu'ils errent sans abri dans les campagnes; que leurs entrailles se déchirent comme celles du perfide Arius! Puissent les accabler toutes les malédictions dont le Seigneur, par la voix de Moïse, menaça son peuple infidèle à la foi divine! Qu'ils attendent dans l'anathème le jour du Seigneur où ils seront condamnés; et de même que ces flambeaux lancés par nos mains s'éteignent aujourd'hui, qu'ils s'éteignent à jamais dans les ténèbres!» A ces mots, tous les évêques jetèrent sur le pavé de la basilique leurs cierges allumés. Une terreur profonde pénétra l'esprit du peuple. Dans toutes les églises, on chantait en l'honneur de Foulques des hymnes où l'on dépeignait Winnemar habitant la terre, mais déjà effacé par Dieu du nombre des vivants. Selon d'anciens récits, Winnemar ne tarda point à succomber à une maladie affreuse, qui, telle qu'un feu dévorant, consumait tous ses membres. «Il fut, dit Rikher, arraché de cette vie, chargé d'opprobe et de crimes.»

Herbert survivait à Foulques. Baldwin lui proposa une étroite alliance, que devait confirmer le mariage de son fils Arnulf avec Adelhéide, fille d'Herbert, qui était encore au berceau. Pendant qu'on célébrait la fête des fiançailles, un meurtrier envoyé par le comte de Flandre assassina le comte de Vermandois.

Karl le Simple était trop faible pour punir les crimes de Baldwin. Il s'adressa aux Normands de la Seine, et offrit à leur chef Roll, s'il consentait à quitter

Rouen, tout le territoire que le comte de Flandre occupait. Déjà Baldwin avait fait augmenter les fortifications de Saint-Omer et élever des remparts autour d'Ypres et de Bergues pour résister à l'invasion dont il se croyait menacé; mais Roll rejeta les propositions du roi, et, en 911, le traité de Saint-Clair-sur-Epte lui assura la possession définitive de cette partie de la Neustrie, qui, depuis cette époque, porta le nom de Normandie.

Baldwin le Chauve mourut le 2 janvier 918. Avec ce même orgueil qui l'avait engagé à porter le surnom de son aïeul l'empereur Karl le Chauve, il avait donné à l'aîné de ses fils le nom d'Arnulf, en souvenir de saint Arnulf qui avait uni au sang germanique des Karlings celui de la race romaine issue de Troie. Un autre fils de Baldwin, Adolf, reçut les comtés de Boulogne et de Saint-Pol et l'abbaye de Saint-Bertin.

Arnulf recueillit toutes les traditions de Baldwin le Chauve, son ambition et sa perfidie, ses tendances et ses haines. De même que son père, il étendit la puissance de la Flandre. Lorsque Rotbert parvint à gagner à son parti le nouveau comte de Vermandois, Herbert II, qui épousa sa sœur, Arnulf réunit son armée à celle des Allemands et des Lotharingiens qui soutenaient Karl le Simple. Une sanglante bataille se livra près de Soissons. Comme à Fontenay, l'invasion germanique fut repoussée, mais Rotbert y périt.

Herbert seul voit son pouvoir s'accroître. Le roi Rodulf le redoute, et tel est le respect que lui portent les hommes de race franke, qu'il oblige leur roi, Karl le Simple, à se livrer entre ses mains. Enfin une invasion de Normands force le comte Arnulf à rechercher son alliance. Lorsqu'en 925 Roll rompt la paix pour soutenir les Normands établis aux rives de la Loire, Herbert est le véritable chef de la guerre. A sa voix, Arnulf, Hilgaud de Montreuil et d'autres comtes des pays voisins de la mer, attaquent les limites septentrionales de la Normandie et s'emparent du château d'Eu. Vers la fin de cette année, Hug, fils du roi Rotbert, conclut une trêve avec les Normands; mais les domaines d'Arnulf de Flandre, d'Adolf de Boulogne, de Rodulf de Gouy et d'Hilgaud de Montreuil y restèrent étrangers, et, dès les premiers jours de l'année suivante, Roll conduisit une armée victorieuse jusqu'aux portes d'Arras.

Vers cette époque, un chef normand, nommé Sigfried, aborda près du promontoire de Witsand, enleva une sœur du comte Arnulf, nommée Elstrude, et se fixa à Guines. Il y fit construire un rempart élevé défendu par un double fossé, et, sans reconnaître l'autorité du comte de Flandre, il assujettit à la sienne toute la contrée qui l'entourait.

La triste vie de Karl le Simple s'éteint, en 929, à Péronne. A sa mort, la puissance d'Herbert s'ébranle; mais le comte de Flandre le soutient et il reconnaît ce secours en donnant pour époux à sa sœur Adelhéide le fils du comte Baldwin, qui avait fait assassiner son père.

Arnulf, fortifié par son alliance avec le comte de Vermandois, devient chaque jour plus redoutable. Il figure comme médiateur dans les négociations du roi Lodwig, fils de Karl le Simple, avec Herbert et la Lotharingie, et fait excommunier par les évêques de France le successeur du duc Roll, Wilhelm de Normandie, qui avait incendié quelques villages situés aux limites de ses Etats. Le roi vient lui-même aider Arnulf dans ses luttes contre Sigfried; mais les Normands conservent Guines, et peu de temps après Sigfried s'étant rendu dans le bourg de Saint-Omer avec une prince dane nommé Knuut, Arnulf reçoit son hommage et lui confirme ses possessions.

Arnulf avait déjà enlevé Mortagne à Rotger, fils de Rotger. Il voulut également s'emparer du château de Montreuil, qui appartenait à Herluin, fils du comte Hilgaud. Pour atteindre ce but, Arnulf ordonna à quelques-uns de ses espions d'aller trouver le châtelain de Montreuil, Rotbert, qu'il espérait corrompre. «Rotbert, lui dirent-ils en lui présentant deux anneaux, l'un d'or, l'autre de fer, vois-tu cet anneau de fer? il te figure les chaînes d'une prison; l'autre te représente de précieuses récompenses. Montreuil ne tardera point à être livré aux Normands. La mort ou l'exil te menacent; mais si tu embrasses le parti du comte Arnulf, tu obtiendras des dons considérables et de vastes domaines. Choisis.» Le traître accepta l'anneau d'or, et lorsque la nuit fut venue, il prit une torche allumée et la plaça près d'une porte qu'il avait laissée ouverte. A ce signal, Arnulf se précipite avec les siens dans les murs de Montreuil. A peine Herluin a-t-il le temps de fuir. Sa femme et ses fils tombent au pouvoir du comte de Flandre, qui les remet à son allié, le roi anglo-saxon Athelstan, dont la flotte le soutient contre les Normands.

Herluin se hâta d'aller raconter au duc de France, Hug, par quelle ruse perfide d'Arnulf il avait perdu son domaine; comme Hug montrait peu de zèle à prendre part à sa querelle, il se dirigea vers Rouen et se jeta aux pieds du duc de Normandie. «Pourquoi, lui dit Wilhelm, ton seigneur Hug de France ne te console-t-il point en réparant le malheur qui t'a frappé? Retourne près de lui, et cherche à apprendre si par d'instantes prières tu ne peux t'assurer son appui et s'il verrait avec colère que tu reçusses d'autres secours.» Herluin se rendit auprès du duc de France, mais il ne put rien obtenir. «Arnulf et moi, lui répondit Hug, nous sommes unis par le serment d'une étroite alliance, et nous ne voulons point à cause de toi rompre les liens de notre concorde et de notre amitié.—Ne soyez donc point irrité, répliqua Herluin, si je réclame un autre protecteur.» Hug, le voyant suppliant, crut qu'il était abandonné de tous et le congédia en lui disant avec mépris: «Quel que soit celui qui te doive défendre, il n'aura rien à redouter de moi.»

Dès que Wilhelm connut la réponse du duc de France, il réunit une nombreuse armée et se dirigea vers Montreuil. «Voulez-vous, s'écria-t-il en s'adressant aux Normands de Coutances, voulez-vous vous élever au-dessus de tous et dans ma faveur et par votre gloire? Allez arracher les palissades des remparts du château de Montreuil et amenez-moi prisonniers ceux qui l'occupent.» Les Normands obéissent. Les plus nobles et les plus riches des Flamands qui se trouvaient à Montreuil sont gardés comme des otages qui répondront des fils d'Herluin, captifs en Angleterre; les autres périssent. Puis le duc Wilhelm ordonne qu'on lui prépare un banquet sur les ruines du château pris d'assaut, et exige que le comte de Montreuil, confondu parmi ses serviteurs, le serve humblement dans cette cérémonie. Enfin, lorsque l'orgueil du fils de Roll fut satisfait, il appela Herluin et lui dit: «Je te rends le château que le duc des Flamands t'avait injustement enlevé.—Seigneur, interrompit tristement le fils d'Hilgaud, comment pourrais-je l'accepter, puisqu'il m'est impossible de le garder et de le défendre contre le duc Arnulf?» Dudon de Saint-Quentin, toujours favorable aux Normands, place dans la bouche de leur chef cette altière réponse: «Je te protégerai de mon appui, je te soutiendrai et te défendrai. Je ferai reconstruire pour toi un château inexpugnable par la force de ses tours et la solidité de son rempart, et je le remplirai de froment et de vin. Si Arnulf commence la guerre, je m'empresserai de te secourir avec mes nombreuses armées. S'il demande une trêve, nous la lui accorderons. Si, préférant l'équité et la justice, il consent à venir à notre plaid, nous nous y rendrons pour le juger de l'avis de nos leudes. Si, d'un cœur obstiné, il ravage tes domaines, nous livrerons ses Etats aux flammes.»

«Personne, ajoute le doyen de Saint-Quentin, n'osait chercher querelle au duc Wilhelm. Les princes de la nation franke et les comtes de Bourgogne étaient ses serviteurs. Les Danes et les Flamands, les Anglais et les Irlandais lui obéissaient.» Une si vaste puissance paraissait un joug trop accablant à Hug et Arnulf. Ils se réunirent pour examiner ce qu'il convenait de faire. Ils disaient que s'ils faisaient périr Wilhelm par le glaive, leur autorité serait plus grande en toutes choses, et que par la mort d'un seul homme ils pourraient obtenir plus aisément du roi tout ce qu'ils voudraient; que si, au contraire, ils respectaient sa vie, de nouvelle discordes, des luttes nombreuses, de sanglants combats résulteraient de leur faiblesse. Ils apercevaient de toutes parts de graves difficultés, puisque sa mort devait les rendre coupables d'un crime, et que sa vie les menaçait d'une prochaine oppression. Rotbert et Baldwin le Chauve avaient autrefois arrêté d'un commun accord l'assassinat de l'archevêque Foulques: leurs fils résolurent celui du duc Wilhelm.

Ils décidèrent qu'on enverrait des députés au duc de Normandie, pour l'engager à accepter aux bords de la Somme une entrevue où l'on multiplierait les protestations de confiance et d'amitié, et que dès qu'il s'éloignerait, on le rappellerait à grands cris comme si quelque affaire sérieuse avait été oubliée. Les leudes d'Arnulf devaient se munir de bons chevaux, afin de se dérober à la poursuite des Normands, et le comte de Flandre espérait qu'absent de la scène du crime, il paraîtrait y être resté étranger. Ce fut un fils du comte

Rodulf de Cambray, Baldwin, surnommé Baldzo, qu'Arnulf choisit pour exécuter ses desseins contre le duc Wilhelm.

Le comte de Flandre avait chargé ses députés d'exposer au prince normand que devenu infirme, boiteux et accablé par la goutte, il désirait voir la fin des agitations de la guerre et achever ses jours dans le repos. Après un mois qui s'écoula en pourparlers, Wilhelm accepta une entrevue. Il fut convenu qu'elle aurait lieu sur la Somme, dans l'île de Pecquigny, et elle fut fixée au 20 décembre 943.

Arnulf y vint soutenu par deux de ses leudes. Il se plaignit longuement au fils de Roll du roi Lodwig, du duc Hug et d'Herbert, et le pria de le protéger contre leurs jalousies. «Je veux, ajoutait-il, être ton tributaire, et après ma mort, tu possèderas tous mes Etats.» Le jour se passa ainsi en vaines protestations, et, lorsque le soir arriva, le duc de Normandie donna au comte de Flandre le baiser de paix et de réconciliation, avant de monter dans sa barque qui ne portait qu'un pilote et deux jeunes hommes sans armes, mais qui était escortée d'un grand nombre d'autres barques normandes. A peine s'était-il retiré, que Baldzo et ses amis Eric, Rotbert et Ridulf lui crièrent du rivage de l'île: «Seigneur! seigneur! ramenez un instant, nous vous en prions, votre nacelle: notre seigneur nous a quitté gêné par la goutte, mais il vous mande une chose importante qu'il a négligé de vous dire.» Wilhelm, trompé par leur ruse, ordonne au pilote de le ramener près des Flamands. Aussitôt Balzo tire un poignard caché sous son manteau de peaux et en frappe le duc de Normandie.

Les Normands qui avaient accompagné Wilhelm sur leurs barques virent de loin tomber leur prince: ils se hâtèrent de ramer ver l'île de Pecquigny, mais lorsqu'ils y arrivèrent, Wilhelm ne vivait plus. Ses deux serviteurs avaient partagé son sort. Le pilote couvert de blessures respirait encore. Bientôt l'armée normande, qui occupait la rive méridionale du fleuve, apprit ce qui avait eu lieu. Elle voulut poursuivre le comte de Flandre, mais elle ne trouve point de gués pour traverser la Somme, et déjà les Flamands, pressant leurs chevaux, s'étaient éloignés.

Telle était la haine qu'on portait aux Normands que le meurtre du duc Wilhelm parut en Flandre aussi glorieux qu'une victoire. Il semblait légitime d'opposer la ruse à la ruse, la trahison à la perfidie, et on louait Baldzo comme le libérateur de la patrie.

Le roi Lodwig s'empressa de profiter du crime d'Arnulf. Rikhard, fils de Wilhelm, était encore enfant. Le roi Lodwig se présenta à Rouen comme le vengeur du martyr de Pecquigny. «Je veux, disait le roi de France aux habitants de cette cité, détruire les remparts des Flamands et enlever leurs biens à main armée. Quel que soit le lieu où se trouve Arnulf, j'y conduirai mes fidèles, et si jamais je puis l'atteindre je le punirai comme il le mérite.» Il obtint par ces astucieux discours qu'on lui confiât le jeune héritier du duché de Normandie. Cependant dès qu'il eut quitté les bords de la Seine, il reçut des députés du comte de Flandre qui s'exprimèrent en ces termes «On accuse notre seigneur d'avoir pris part à l'injuste mort du duc Wilhelm, mais il est prêt à soutenir le contraire par l'épreuve du feu. De plus, notre seigneur vous adresse ce conseil important: Gardez à jamais Rikhard, fils de Wilhelm, afin d'assurer dans vos mains le repos du royaume.»

Le roi de France agréa les protestations d'Arnulf et approuva son conseil; mais il le suivit avec peu d'habileté. Le jeune Rikhard s'échappa de sa prison. Lodwig trembla: il redoutait et la colère des Normands et l'ambition du duc Hug, prêt à profiter de toutes les dissensions. Dominé par ses craintes et ne sachant à quelle résolution il devait s'arrêter, il appela près de lui, à Rhétel, le comte de Flandre. «Je redoute, il est vrai, répondit Arnulf, que le duc Hug ne s'allie aux Normands. Hâtez-vous donc, seigneur, de le combler de présents et de bienfaits. Accordez-lui la haute Normandie, depuis la Seine jusqu'à la mer, afin de pouvoir conserver paisiblement les pays situés sur la rive septentrionale du fleuve. Diviser la Normandie, c'est l'affaiblir et la rendre impuissante à nous combattre.» Le roi Lodwig, docile à ces conseils, cherche à s'attacher le duc Hug par les plus brillantes promesses; il parvient même à réconcilier Arnulf et Herluin, et bientôt, accompagné d'une nombreuse armée, il envahit la Normandie. Au combat d'Arques, le comte de Flandre défait les Normands de Rikhard. Lodwig entre bientôt à Rouen; mais, égaré par l'orgueil de son triomphe, il méprise l'alliance du duc Hug et lui refuse les dépouilles qui lui avaient été promises. Aussitôt une émeute, à laquelle Hug, sans doute, n'était point étranger, éclate parmi les Normands. Herluin, qui, après avoir été la première cause de la mort du duc Wilhelm, était devenu l'allié d'Arnulf et le rival du duc de France, y périt. Lodwig lui-même, retenu quelques jours prisonnier, ne recouvre sa liberté qu'après avoir solennellement reconnu tous les droits héréditaires du jeune duc de Normandie, qui épouse la fille du duc Hug le Grand.

Les conseils du comte de Flandre ne manquèrent point au roi Lodwig dans ses revers: «Avez-vous oublié, lui dit-il de nouveau, l'usurpation du comte Robert? Son fils Hug, animé par une semblable ambition, cherche à vous enlever le sceptre de ce royaume, et s'allie au duc des Normands pour nous perdre complètement l'un et l'autre, vous, seigneur, qui êtes roi, et moi qui suis votre fidèle.—Apprends-moi donc, répliqua le roi Lodwig, à quels moyens je dois recourir pour résister à l'orgueil du duc Hug et défendre ma personne et mon royaume.» Arnulf continua en ces termes «Il faut céder la Lotharingie à votre beau-frère, le roi Othon de Germanie, s'il consent à s'avancer jusqu'à Paris pour ravager le domaine du duc Hug, et à faire ensuite la conquête de Rouen; car la terre des Normands vous est plus précieuse que la Lotharingie.—Il convient, repartit le roi, qu'un comte aussi illustre, qu'un prince aussi habile et aussi prévoyant que toi, exécute fidèlement le sage conseil qu'il a donné à son seigneur. Or, puisque tu es le plus célèbre, le plus redoutable, le plus digne de foi de tous mes vassaux, je te prie d'aller engager le roi Othon à tenter cette expédition que ta prudence me fait désirer, afin que, guidé par ta puissante intervention, il assemble toutes les vaillantes armées de son royaume, ravage la terre du duc Hug jusque sous les murs de Paris, et fasse éprouver aux Normands ce que peut le courage de ses leudes.»

A une autre époque, la Lotharingie avait été promise au roi d'Allemagne, Henrik l'Oiseleur, pour prix de sa coopération à la guerre que termina la bataille de Soissons. Le comte de Flandre l'offrit de nouveau à son fils. Le roi Othon, persuadé par ses astucieux discours, réunit ses armées, chassa Hug de son duché et se dirigea avec le roi Lodwig vers Rouen. Arnulf ne cessait de flatter l'esprit d'Othon de l'espoir d'un triomphe facile. «Où sont les clefs de Rouen?» demanda le roi de Germanie arrivé sur l'Epte. Enfin, lorsque après un sanglant combat où périrent un grand nombre des siens, le roi Othon apprit que la Seine empêchait de bloquer Rouen, il regretta son expédition et convoqua les chefs de son armée: «Voyez, leur dit-il, ce qu'il convient que nous fassions. Trompés par les prières du roi Lodwig et les ruses du comte Arnulf, nous sommes venus en ces lieux chercher la honte et les revers. Je veux, si tel est votre avis, saisir Arnulf, ce perfide séducteur, et le remettre chargé de chaînes au duc Rikhard, afin qu'il venge son père.»

Dès qu'Arnulf connut le projet du roi de Germanie, il ordonna à ses leudes de replier leurs tentes, les fit charger sur ses chariots, et s'éloigna pendant la nuit pour chercher un asile en Flandre. Le départ des Flamands répandit une extrême confusion dans le camp des Allemands: ils se retirèrent précipitamment et les Normands les poursuivirent jusqu'auprès d'Amiens. Othon, de plus en plus irrité, ne rentra dans ses Etats qu'après avoir semé la terreur dans ceux d'Arnulf. On attribue à Othon la fondation d'un château situé près de la Lys, aux limites de la France et de la Lotharingie, vis-à-vis du château que les comtes de Flandre avaient élevé sur la Lieve. Il était destiné à protéger la ville de Gand et l'abbaye de Saint-Bavon, qui se trouvaient sur les terres de l'empire. Othon y établit pour châtelain Wigman, issu de la famille des grafs frisons auxquels une charte de Lodwig le Germanique avait accordé le gouvernement de la forêt de Waes.

Il ne paraît point que le comte de Flandre se soit opposé à la construction du château de Wigman. Une infirmité cruelle l'accablait, et il avait fait appeler près de lui l'abbé de Brogne pour le supplier de guérir ses douleurs; mais le pieux cénobite se contenta de lui répondre: «Elève tes pensées vers le Seigneur, et puisque tu as réuni des richesses si considérables, prends-en quelque chose pour soulager les pauvres: c'est ainsi que tu pourras effacer l'énormité de tes crimes.»

Depuis le siége de Rouen, et malgré la déplorable issue de l'expédition dirigée contre les Normands, Arnulf restait le soutien de la royauté de Lodwig. Hug le poursuivait avec toute la haine qu'il portait au roi de France et se disposait même à envahir la Flandre, mais il se retira bientôt après avoir inutilement tenté de mettre le siège devant quelques forteresses. Arnulf profita de son absence pour conquérir Montreuil et le château d'Amiens. En 949, il s'avança avec le roi Lodwig jusqu'aux portes de Senlis.

Au milieu des ces guerres parut une invasion de Madgiars hongrois, peuples d'origine asiatique accourus des bords du Tanaïs, qui n'obéissaient qu'au fouet de leurs maîtres. Ils avaient obtenu la permission de traverser la Lotharingie en s'engageant à ne point la piller, et le 24 avril 953 ils campèrent aux bords de l'Escaut dans les prairies qui entourent la cité de Cambray. Dès leur première attaque, ils perdirent un de leurs principaux chefs. La soif de la vengeance rendit leurs assauts plus terribles. L'évêque priait prosterné devant les reliques des saints, puis parfois il montait sur les remparts et disait aux combattants: «C'est la cause de Dieu que vous soutenez contre ces barbares, c'est la cause de Dieu qui triomphera.» Les Hongrois s'éloignaient, quand un clerc, placé au clocher du monastère de Saint-Géry, qui était situé hors de l'enceinte de la ville, lança une flèche au milieu d'eux; son imprudente audace réveilla la colère des barbares; ils revinrent, s'emparèrent de l'église de Saint-Géry, et la livrèrent aux flammes après avoir immolé tous ses défenseurs. Ces hordes féroces, privées de ces recrues continuelles qui avaient fait la force des Normands, ne tardèrent point à disparaître complètement.

Arnulf le Grand gouvernait la monarchie flamande depuis près de quarante années; son influence s'affaiblissait à mesure que sa carrière penchait vers son déclin. Lorsque le roi Lodwig eut achevé, le 8 septembre 954, au milieu des revers, sa triste et courte vie, son fils Lother, instruit par son exemple, se hâta d'aller se placer sous la protection du duc Hug, et la Flandre se trouva de nouveau isolée. Cependant Arnulf avait abandonné toute l'autorité à son fils Baldwin. La puissance militaire de la Flandre sembla se relever un moment. En 957, Baldwin combat Rotger, fils d'Herluin, qui lui disputait le château d'Amiens. En 961, lorsque le duc Rikhard s'avance de Rouen vers Soissons, il conduit une armée au secours du roi Lother et défait les Normands; mais, au retour de cette expédition, il meurt au monastère de Saint-Bertin, laissant après lui un fils encore au berceau, qui portait le nom de son aïeul.

Ainsi, le comte Arnulf se vit réduit à reprendre les soins du gouvernement. Accablé par la décrépitude des ans, il cherchait le repos et ne le trouvait point: c'était en vain qu'il restituait aux monastères les biens que jadis il leur avait enlevés, qu'il fondait à Bruges le chapitre de Saint-Donat et envoyait aux basiliques de Reims de précieux reliquaires et des livres enrichis d'or et d'argent; c'était en vain qu'il croyait apaiser la justice du ciel en écrivant dans ses actes publics: «Moi, Arnulf, je me reconnais coupable et pécheur:» le remords ramenait sans cesse autour de lui le trouble et l'inquiétude. Dans sa maison, au sein de sa propre famille, un de ses neveux conspirait. Arnulf, toujours impitoyable, lui fit trancher la tête. Celui qui périt avait un frère qui voulut venger sa mort. Le comte de Flandre allait peut-être répandre de nouveau le sang des siens et ordonner un second supplice, lorsque le roi Lother intervint, fit accepter une réconciliation et força le comte Arnulf à remettre sa terre entre ses mains, en lui permettant de la posséder tant que sa vie se prolongerait. Elle ne dura que deux années, et se termina le 27 mars 964; mais Arnulf le Grand se survécut à lui-même en donnant pour tuteur à son petit-fils le confident et l'instrument de ses vengeances, le comte de Cambray, Baldwin Baldzo.

Dès que le roi Lother apprit la mort du comte Arnulf, il réunit une armée de Franks et de Bourguignons, s'empara d'Arras et s'avança jusqu'à la Lys. Par son ordre, le comte Wilhelm de Ponthieu occupa le pays de Térouane. Mais bientôt Baldwin Baldzo repoussa le roi de France, et le força à restituer Arras et à recevoir l'hommage du nouveau comte de Flandre. Wilhelm de Ponthieu ne conserva ses possessions qu'en devenant le vassal d'Arnulf le Jeune.

Lorsque Arnulf le Jeune prit dans ses mains les rênes du gouvernement de la Flandre, l'empereur Othon, sur les plaintes des habitants du Hainaut, venait de déposer leur comte Reginher, et avait placé leur pays sous la protection du compte Arnulf de Flandre et de Godfried d'Ardenne, qui obtint plus tard la main de Mathilde de Saxe, veuve de Baldwin, fils d'Arnulf le Grand. Cependant les fils de Reginher rentrèrent en Hainaut: l'un avait épousé la fille du duc Karl de Lotharingie, frère du roi Lother; l'autre, Hedwige, fille de Hug Capet, fils et successeur de Hug le Grand. Soutenus par la France, ils recouvrèrent leur patrimoine après un sanglant combat, où l'on vit, si l'on peut ajouter foi au récit du continuateur de Frodoard, Arnulf de Flandre se déshonorer par une fuite honteuse, tandis que le comte d'Ardenne, percé d'un coup de lance, restait étendu à terre, et privé de tout secours, jusqu'au coucher du soleil.

Le roi Lother mourut en 986. Son successeur Lodwig ne régna qu'un an et ne laissa point de postérité. Le duc Karl de Lotharingie, frère du roi Lother, devenait l'héritier de la couronne; mais, au lieu d'accepter la tutelle des ducs de France, il s'allia aux comtes de Vermandois et épousa la fille d'Herbert de Troyes, tandis que Hug Capet se faisait proclamer roi à Noyon. Le comte Arnulf de Flandre soutint le frère de Lother dans ses guerres, et bientôt après le roi Karl vainquit l'armée du roi Hug. Il avait conquis le château de Montaigu, occupait Reims et menaçait Soissons, lorsque la perfidie de l'évêque de Laon le livra à ses ennemis. Pendant longtemps, chez les hommes de race franke, on méprisa la royauté du duc de France, en maudissant le nom des traîtres qui avaient assuré son triomphe. «De quel droit, écrivait l'illustre Gerbert, l'héritier légitime du royaume a-t-il été déshérité et dépouillé?»

Malgré ces plaintes et ces regrets qui ne s'effacèrent que lentement, la dynastie karlingienne périssait: elle disparaît à Orléans dans les ténèbres d'une prison, puis s'éteint, humble et ignorée, aux bords de la Meuse, non loin du manoir paternel d'Héristal, où Peppin et Alpaïde virent naître Karl le Martel, illustre aïeul de l'infortuné Karl de Lotharingie.

Arnulf le Jeune mourut vers le temps où le roi Karl fut conduit captif à Orléans.

Depuis la Meuse jusqu'aux Pyrénées tout est tumulte et confusion. L'Aquitaine, l'Anjou, la Normandie, la Champagne, la Bourgogne, le Vermandois s'agitent et s'abandonnent à des luttes intestines: la royauté, entre les mains de Hug Capet, n'est plus qu'un domaine menacé par l'ambition germanique.

En Flandre, la même désorganisation existe. Les successeurs de Sigfried et de Wilhelm de Ponthieu se partagent les comtés de Guines, de Saint-Pol, de Boulogne. A peine le comte Arnulf a-t-il fermé les yeux que le comte Eilbode se rend indépendant à Courtray.

Ainsi s'achève la période la plus triste et la plus stérile de notre histoire. Le siècle d'Arnulf le Grand ne présente aux regards qu'une sanglante arène, où les combats et les crimes se succèdent sans relâche. La civilisation languit et refuse sa douce lumière au monde féodal qui la méprise. Dans la patrie des Hincmar, des Milon, des Hucbald, on ne trouve plus à cette époque un seul homme qui brille par sa science ou son génie. Les priviléges des cités épiscopales et des monastères ne sont plus respectés. De toutes parts, les comtes et les hommes de guerre accourent pour s'arroger les abbayes, et lorsqu'ils les abandonnent à quelque moine pauvre et obscur, il se réservent, sous le nom d'avoués, la surveillance et l'administration des biens ecclésiastiques qu'ils pillent impunément: ils dépouillent les clercs de leurs anciennes libertés pour les soumettre à leurs usages barbares. A Gand, le monastère de Saint-Pierre donne un fief de sept mesures de terre à Hug de Schoye pour qu'il défende l'abbé en duel. Otbert, abbé de Saint-Bertin, auquel un noble avait déféré le combat judiciaire, ne connaissait personne qui voulût descendre en champ clos pour soutenir sa querelle, lorsque l'apparition merveilleuse de deux colombes lui fait trouver un champion.

Si dans l'ordre politique tout est ruine et décadence, les mêmes symptômes de dissolution se reproduisent dans la vie intérieure de la société et jusqu'au sein de la famille. L'an 1000 approchait. L'accord unanime des superstitions populaires avait fixé à cette année la fin du monde; mais les uns la comptaient depuis la Nativité du Sauveur, d'autres, en plus grand nombre, du jour de la Passion. A mesure que cette époque devenait moins éloignée, les terreurs augmentaient: l'imagination du peuple se montrait de plus en plus vivement frappée, et dans les malheurs qui l'accablèrent il crut apercevoir les signes précurseurs de l'accomplissement des prophéties.

En 1007, une peste épouvantable désola la Flandre. Elle se déclara de nouveau vers l'an 1012. Quelques boutons se formaient sur le palais; si l'on ne prenait soin de les percer aussitôt, le mal était sans remède. Ses ravages étaient prompts et affreux. Plus de la moitié des populations succomba, et parmi ceux qui survécurent il n'y en avait point, dit un hagiographe, qui, en rendant les derniers honneurs à leurs parents et à leurs amis, ne s'attendissent à les suivre bientôt dans le tombeau.

Aux ravages de la peste succédèrent ceux des inondations. «Une chose digne de pitié et d'admiration, raconte l'annaliste de Quedlinburg, arriva le 29 septembre 1014 dans le pays de Walcheren et en Flandre. Pendant trois nuits, d'effroyables nuages, s'arrêtant dans une merveilleuse immobilité, menacèrent tous ceux dont ils frappèrent les regards; enfin le troisième jour, le tonnerre, éclatant avec un bruit épouvantable, souleva les ondes furieuses de la mer jusqu'au milieu des nuées. L'antique chaos semblait renaître. Les habitants fuyaient en faisant entendre de longs gémissements; mais l'invasion subite des flots fit périr beaucoup de milliers d'hommes, qui ne purent se dérober à la colère du Seigneur.»

«On croyait, ajoute Rodulf Glaber, que la révolution des siècles écoulés depuis le commencement des choses allait conduire l'ordre des temps et de la nature au chaos éternel et à l'anéantissement du genre humain. Cependant, au milieu de la stupeur profonde qui régnait de toutes parts, il y avait peu d'hommes qui élevassent et leurs cœurs et leurs mains vers le Seigneur. Une cruelle famine se répandit sur toute la terre et menaça les hommes d'une destruction presque complète. Les éléments semblaient se combattre les uns les autres et punir nos crimes. Les tempêtes arrêtaient les semailles; les inondations ruinaient les moissons. Pendant trois années, le sillon resta stérile.»

Si la plupart des hommes étrangers aux sublimes sentiments de la résignation, qui n'appartiennent qu'à la vertu, se livraient tour à tour aux conseils de leur désespoir, ou aux caprices de leur imagination en délire, il y en eut d'autres qui se montrèrent plus pieux et plus sages. Plusieurs seigneurs, dans l'attente de la fin du monde, affranchirent les colons de leurs domaines; dans toute la France les guerres particulières furent suspendues par la trêve de Dieu, et quelques pèlerins se dirigèrent vers Jérusalem.

La société croyait mourir: elle allait commencer à vivre.

LIVRE QUATRIÈME.
989-1119.

**Baldwin le Barbu.—Baldwin ou Baudouin le Pieux.
Baudouin le Bon.—Arnould le Simple.
Robert le Frison.—Robert de Jérusalem.—Baudouin à la Hache.
Reconstitution de la société.
Développements de la civilisation.—Les croisades.**

Le fils d'Arnulf le Jeune était appelé à une tâche glorieuse. Si Baldwin Bras de Fer avait élevé la puissance de la Flandre, Baldwin le Barbu, en la maintenant, lui assigna son caractère et ses véritables destinées.

«Il était illustre et courageux, célèbre par sa renommée, distingué par sa piété; ses richesses étaient immenses. Il marcha à la tête de ses armées et sema la terreur parmi ses ennemis. Aux triomphes du glaive, il ajouta ceux de l'intelligence. Il honora la justice, corrigea les lois iniques, défendit la patrie et protégea l'Eglise. Sévère pour les déprédateurs et les hommes orgueilleux, il était vis-à-vis des personnes humbles et douces également humble et doux.»

Le onzième siècle voit s'ouvrir une ère nouvelle; les hommes, éprouvés par de longs malheurs, sentent le besoin de se rapprocher; quelques-uns même racontent que la voix du ciel s'est fait entendre pour ordonner que la paix soit rétablie sur la terre. «Ne songez plus, répètent les évêques, à venger votre sang, ni celui de vos proches; mais pardonnez à vos ennemis.»

Sous cette heureuse influence, le commerce s'étendait rapidement par les relations qui existaient entre la Flandre et l'Angleterre. Un grand nombre de navires abordaient à Montreuil et à Boulogne; mais c'était dans la cité de Bruges qu'affluaient le plus grand nombre de marchands, et, dès le onzième siècle, les richesses qu'ils y apportaient de toutes parts l'avaient rendue célèbre.

A Gand, les populations qui habitaient l'enceinte des monastères fondés par saint Amandus descendaient de la colline où elles avaient trouvé un asile, pour s'établir au milieu des prairies resserrées par l'Escaut, la Lys et le fossé qu'Othon avait fait creuser pour qu'il servît de limite entre la France et l'empire. Elles y formèrent une *minne*, et le port qu'elles créèrent devint le centre d'une cité florissante. Le voisinage de deux fleuves favorisait l'extension de leur commerce.

Si les habitants de Gand et de Bruges s'associaient au mouvement de civilisation et de progrès qui se manifestait de toutes parts, leur exemple fut toutefois stérile pour la plupart des Flamings, qui préféraient une vie tumultueuse et agitée à la paix des villes. Leurs gildes restaient campées aux bords des flots, derrière les monticules de sable qui conservaient le nom gaulois de *dunes*, entre le monastère de Muenickereede, cette autre Jona, fondée par des Scots, et les étangs de Wasconingawala, dans le comté de Guines. Elles s'étendaient jusqu'à la forêt de Thor, au delà des plaines de Varsnara, et occupaient Alverinckehem, Letfingen, Aldenbourg, Liswege, Uytkerke, que les vagues de l'Océan ne baignaient déjà plus, Oostbourg dont le port allait bientôt disparaître comme celui d'Uytkerke.

Souvent, à l'occasion d'une solennité religieuse, quelques prêtres intrépides chargeaient sur leurs épaules les châsses des saints les plus vénérés et les portaient au milieu des Flamings, en appelant par leurs prières la miséricorde du ciel sur ces populations inaccessibles à la pitié. Un hagiographe rapporte, comme un fait remarquable, que la puissante intercession de saint Ursmar n'adoucit pas seulement les habitants du Mempiscus et du pays de Waes, mais les Flamings eux-mêmes. «Nous arrivâmes, dit-il, à un village situé près de Stratesele, où quelques karls étaient si hostiles les uns aux autres, que personne n'avait pu rétablir la paix parmi eux. Des discordes profondes les divisaient depuis si longtemps, qu'il n'y en avait point qui n'eussent à pleurer un père, un frère ou un fils.» Telle était la férocité de ces karls, que les prêtres chargés des reliques de saint Ursmar furent réduits à se dérober à leur colère par une fuite rapide. A Blaringhem, ils placèrent leurs châsses au milieu de deux factions prêtes à se combattre et parvinrent à les arrêter. A Bergues-Saint-Winoc, ils apaisèrent de semblables dissensions. A Oostbourg, les haines étaient si vives que les karls ne sortaient de leurs demeures qu'accompagnés de troupes nombreuses d'hommes armés. Ils cherchaient ardemment à se poursuivre les uns les autres, et en satisfaisant leurs vengeances, ils en préparaient sans cesse de nouvelles et se livraient des combats que d'autres combats devaient suivre.

A l'ouest, vers le Wasconingawala, les karls du comté de Guines conservaient également toute la belliqueuse énergie de leurs mœurs. Un Flaming de Furnes, Herred, surnommé Kraugrok, parce qu'il avait coutume de relever le sayon qu'il portait lorsqu'il dirigeait sa charrue, avait épousé Athèle de Selvesse, nièce de l'évêque de Térouane. Le château de Selvesse était situé dans une position inaccessible, au milieu d'un marais qu'entouraient des forêts épaisses. Plus loin, parmi les fleurs diaprées d'une vaste prairie, un brasseur de bière avait construit quelques maisons, où les agriculteurs de la contrée se réunissaient dans leurs jeux et dans leurs banquets. On racontait qu'autrefois quelques Italiens, envoyés par le pape en ambassade vers un roi anglo-saxon, s'y étaient arrêtés, et avaient, en souvenir de leur patrie, donné le nom d'Ardres à ces chaumières ignorées, les saluant de ces vers immortels:

Locus Ardea quondam

Dictus avis: et nunc magnum manet Ardea nomen;

Sed fortuna fuit.

Ce nom leur resta par un jeu bizarre de la fortune, qui relevait la cité de Turnus, minée sous le beau ciel des Rutules, chez les Morins, que Virgile appelait les plus reculés des hommes. Ardres prospéra; la fertilité de ses campagnes y appelait sans cesse de nouveaux habitants. Herred voulut aussi aller, avec Athèle de Selvesse, y fixer son séjour; mais ses parents et ses amis, hostiles à tout ce qui rappelait l'union et la paix, l'exhortèrent à ne point quitter le sombre donjon de sa forteresse.

Cependant le comte Rodulf de Guines essaya de réduire par la force ces populations d'origine saxonne. Non-seulement il soumit les karls à un impôt qui était d'un denier chaque année et de quatre deniers le jour de leur mariage ou de leur mort, mais il ordonna aussi qu'ils renonçassent à leurs couteaux pour ne garder que leurs massues. Après le scharm-sax, l'arme nationale des races saxonnes, la massue à laquelle elles donnaient le nom de *colf* était celle qu'elles chérissaient le plus. Consacrée au dieu Thor, protecteur de leurs colonies, que l'Edda nous montre portant une massue dans ses combats contre les géants, elle était pour elles le symbole de la conquête qui élevait leur gloire et de l'association qui faisait leur force. Lambert d'Ardres attribue à la défense du comte Rodulf l'origine du nom des *colve-kerli*, ou karls armés de massues, que conservèrent les cultivateurs du pays de Guines.

En abordant le récit d'une période historique signalée par les désastres des Saxons d'Angleterre, il ne paraîtra peut-être point inutile que nous nous occupions un instant des autres colonies saxonnes, sœurs et compagnes des populations flamandes, dont elles avaient partagé les migrations et l'établissement sur le *Littus Saxonicum*. Au nord de la Flandre, elles s'étaient fixées en grand nombre dans les marais de la Frise, sur les rives de la Meuse et du Rhin. A l'exemple des bourgeois de Bruges, celles qui occupaient la ville de Thiel entretenaient un commerce important avec l'Angleterre et jouissaient de la liberté la plus étendue. Leurs gildes se réunissaient, à diverses époques de l'année, en de solennels banquets qu'égayait leur grossière ivresse, et elles conservaient l'usage de la contribution pécuniaire à laquelle elles devaient leur nom. Cependant des pirates de races diverses ne cessaient d'aborder sur le rivage de la mer, abandonné sans défense à leurs fureurs. Arnulf de Gand, fils de Wigman, avait trouvé la mort en les combattant, et sur l'instante prière de sa veuve Lietgarde de Luxembourg, dont la sœur Kunegund avait épousé l'empereur Henrik II, une flotte allemande avait été armée pour châtier leur audace. Theodrik, fils d'Arnulf de Gand, qui avait succédé aux possessions de son père en Frise, voulut soumettre à un impôt onéreux les marchands de Thiel et les karls dont il usurpait les terres. Ceux-ci, blessés dans leurs droits d'hommes libres, adressèrent leurs plaintes à l'empereur qui les écouta; mais Arnulf refusait de se conformer à sa décision, et on le vit, oubliant quelles mains avaient frappé son père pour n'écouter que son ambition, s'allier aux pirates de la forêt de Merweede et triompher avec eux à la sanglante journée de Vlaerdingen. Theodrik, fils d'Arnulf de Gand, fut l'aïeul des comtes de Hollande.

Au sud de la Flandre, vers les bords de la Seine, les vicomtes et les seigneurs normands persécutaient les hommes de race saxonne. De même que Theodrik en Frise, ils les chassaient de leurs champs et entravaient leur commerce sur les rivières. Leurs gildes, jadis opprimées par Karl le Chauve, se réunirent: «Quoi! s'écrièrent les karls de Normandie, dont les plaintes répétèrent sans doute celles de leurs frères de la Meuse, on nous charge d'impôts et de corvées! Il n'y a nulle garantie pour nous contre les seigneurs et leurs sergents; ils ne respectent aucun pacte. Et ne sommes-nous pas libres comme eux? Lions-nous par des serments; jurons de nous soutenir les uns les autres, et s'ils nous attaquent, nous avons nos glaives et nos massues.»— Ils voulaient, d'après Guillaume de Jumièges, rétablir l'autorité de leurs lois, et nommèrent des députés qui devaient former une assemblée supérieure, le wittenagemot de leur association; mais les Normands étouffèrent par la force ce mouvement qui s'étendait dans les bois et dans les plaines, et les karls se virent réduits à leurs charrues.

Le mouvement de rénovation qui caractérise le onzième siècle se fait surtout sentir au milieu des populations chrétiennes, que l'approche de l'an 1000 a remplies de terreur; dès qu'elles se croient épargnées par la clémence du ciel, elles se hâtent de relever leurs églises, et les cloîtres, longtemps profanés, redeviennent l'asile de la méditation et de la piété. Lausus, qui avait accompagné saint Poppo dans son voyage en Syrie, bâtit à son retour l'église de Saint-Jean de Gand, depuis dédiée à saint Bavon. Déjà saint Gérard, abbé de Brogne, avait réformé l'abbaye de Saint-Bertin et celle de Blandinium, où il remplaça des moines qui n'écoutaient que la violence et la haine par d'autres religieux, qui ranimèrent les études littéraires en copiant des manuscrits qu'ils envoyaient au célèbre Gerbert, archevêque de Reims: noble exemple que l'archevêque Dunstan de Canterbury, alors exilé en Flandre, imita plus tard dans les monastères anglo-saxons.

Tandis que la Flandre se relevait de ses ruines, les comtes de Toulouse, de Blois et de Chartres voyaient leur influence s'accroître; les Capétiens acceptaient la tutelle des ducs de Normandie, qui soutenaient leur royauté pourvu qu'elle restât humble et faible. Lorsqu'en 966 Hug Capet engage le roi Lother à envahir la Flandre, le duc de Normandie intervient pour qu'il ne poursuive point sa conquête. En 987, le duc de Normandie interpose de nouveau sa médiation pour l'empêcher de combattre Arnulf le Jeune, qui, comme descendant de Karl le Grand, refusait de reconnaître les droits de son heureuse et récente usurpation.

Rotbert, successeur de Hug Capet, fut un prince pacifique et timide. Il attendit et chercha à mériter par une patiente résignation qu'une époque vînt où sa dynastie serait assez forte pour se suffire à elle-même et secouer le joug. C'est ainsi qu'épousant tour à tour Berthe, veuve d'Eudes de Blois, issue des comtes de Vermandois, et Constance, fille des comtes de Toulouse et nièce des comtes d'Anjou, il s'abaissa devant ses ennemis, rechercha leur alliance et partagea avec eux l'autorité du gouvernement.

En France

...Dose pers... estoient

Qui la terre en douse partoient.

Chacun des douse un fié tenoit

Et roi appeler se faisoit.

Parmi les pairs, il faut citer les ducs de Normandie et de Bourgogne, les comtes de Toulouse et de Champagne. Le comte Baldwin le Barbu fut, au sein de l'aréopage féodal, le représentant de la Flandre, devenue, entre tous les comtés du royaume, la première pairie de France.

Le roi Rotbert ne songeait qu'à maintenir la paix: la guerre vint de l'Allemagne. Après la mort d'Othon, fils de Karl, dernier roi de la race karlingienne, l'empereur Henrik II avait donné le duché de Lotharingie à Godfried d'Ardenne. Les comtes de Namur et de Louvain, qui avaient épousé les sœurs d'Othon, protestèrent. Le plus puissant des comtes qui appuyèrent leurs prétentions fut Baldwin le Barbu. Il saisit le prétexte de ces dissensions pour passer l'Escaut et s'empara de Valenciennes. L'empereur vint l'y assiéger; mais l'approche des armées du roi de France et du duc de Normandie, qui se disposaient à secourir les Flamands, le réduisit à se retirer. Impatient de venger sa honte, Henrik II reparut l'année suivante, et, du haut du château jadis confié par le roi Othon à Wigman, il dirigea les attaques de ses hommes de guerre contre le port de Gand défendu par Baldwin. Cependant il échoua de nouveau dans ses efforts, et ses succès se bornèrent à ravager quelques plaines et à incendier quelques villages. Enfin la paix fut conclue à Aix. L'empereur, menacé par d'autres vassaux, abandonna au comte de Flandre, à titre de fief, la cité de Valenciennes, et peu après, dans une assemblée tenue à Nimègue, il y ajouta l'île de Walcheren et d'autres domaines qui avaient fait partie de la donation de Lodwig le Germanique au comte Théodrik.

La puissance du comte de Flandre s'accroissait chaque jour. Son fils, qui se nommait aussi Baldwin, fut fiancé à Athèle, fille du roi Rotbert et de Constance de Toulouse, qui lui porta pour dot la ville de Corbie: il n'avait pas vingt ans lorsque le mariage fut célébré. L'éclat de ce royal hyménée échauffa son présomptueux orgueil. Soutenu par quelques hommes obscurs, il demanda que son père renouvelât en sa faveur l'abdication d'Arnulf le Grand; mais sa rébellion fut presqu'aussitôt comprimée, grâce à l'intervention du duc Rikhard de Normandie. Afin que le souvenir même de ces déplorables divisions fût complètement effacé, une assemblée solennelle fut tenue à Audenarde. Là, en présence de l'évêque de Noyon et de tous les nobles de Flandre, on apporta processionnellement les reliques des saints les plus vénérés. La châsse de saint Gérulf s'avançait la première, parce que saint Gérulf, né au village de Meerendré dans le Mempiscus, appartenait par sa naissance à la Flandre; puis venaient celles de saint Wandrégisil, de saint Amandus, de saint Bertewin, de saint Vedastus et d'autres saints, illustres patrons des villes ou des monastères. La paix y fut proclamée, et tous les nobles jurèrent de la respecter.

Ce fut le dernier acte de la vie de Baldwin IV; elle s'acheva le 30 mai 1036, après un règne de quarante-huit années.

Baldwin le Pieux succéda aux utiles travaux et à la gloire de son père. Il voulut consolider la paix proclamée à Audenarde et fit publier dans ses Etats la trêve du Seigneur.

«Que les moines et les clercs, les marchands et les femmes, et tous les hommes généralement, à l'exception des gens de guerre, vivent en paix pendant tous les jours de la semaine. Que tous les animaux jouissent de la même protection, sauf les chevaux qui servent à la guerre. Pendant trois jours, c'est à savoir le lundi, le mardi et le mercredi, l'attaque dirigée contre un homme de guerre ou contre celui qui n'observe point la paix ne sera point considérée comme une infraction de la paix; mais si, pendant les quatre autres jours, quelque attaque a lieu, celui qui l'aura tentée sera considéré comme violateur de la paix sainte, et puni selon le jugement qui sera prononcé.»

Baldwin le Pieux ne tarda point à intervenir dans les guerres civiles de la France. Il soutint le roi Henrik, fils de Rotbert, contre la ligue féodale, qui comptait pour chefs Theodbald et Etienne, comtes de Blois, de Chartres et de Champagne; ensuite il rétablit la paix en Normandie, où il protégea le jeune Wilhelm, petit-fils du duc Rikhard, que menaçaient les comtes des bords de la Loire.

L'appui que la Flandre donna aux Normands ne contribua pas moins à resserrer les liens qui l'unissaient à l'Angleterre. La reine Elfgive, sœur du duc Rikhard de Normandie, chassée par les intrigues du comte Godwin, fils d'Ulnoth, vint chercher un refuge à Bruges. Baldwin l'accueillit avec toute la générosité qui convenait à un grand prince. Elfgive se hâta d'envoyer des messagers en Danemark, où régnait un de ses fils nommé Hardeknuut. Celui-ci réunit dix navires, et après avoir eu, pendant sa navigation, une merveilleuse vision qui lui annonça la victoire, il arriva à Bruges, où il trouva une solennelle ambassade qui venait lui annoncer la mort du roi Harold et lui offrir son sceptre. Lorsque la reine Elfgive quitta, heureuse et triomphante, cette cité où elle était venue, proscrite et désolée, réclamer la protection du comte Baldwin, les habitants de Bruges la suivirent jusqu'au rivage de la mer en élevant leurs mains vers le ciel pour la saluer une dernière fois, et leurs naïfs regrets émurent si vivement le cœur d'Elfgive, qu'en recevant leurs adieux elle mêla ses larmes à celles qu'elle leur voyait verser, et ne voulut s'éloigner qu'après les avoir embrassés tour à tour comme des frères bien-aimés.

Une fille de la reine Elfgive, nommée Kunegund, que l'empereur Henrik le Noir avait répudiée malgré son innocence et sa beauté, n'avait pas quitté le château de Bruges: à peine âgée de vingt-trois ans, elle y trouva, le 21 août 1042, l'oubli de ses douleurs dans la paix de la tombe. Vers la même époque, une autre princesse exilée, Gunilde, veuve du roi Harold, chercha également un refuge à Bruges avec ses fils Hemmung et Turkill.

Henrik le Noir se plaignit-il de l'asile accordé à Kunegund? Une haine secrète succéda-t-elle à d'inutiles menaces? On l'ignore; mais lorsque le duc Godfried de Lotharingie combattit l'empereur en 1046, on vit le comte de Flandre prendre une part active à sa rébellion. Baldwin s'empara du château impérial de Gand et le donna à un de ses chevaliers, nommé Landbert, qui avait puissamment contribué à ce succès. De Landbert descendirent les châtelains héréditaires de Gand.

L'année suivante, l'empereur, réunissant une nombreuse armée, traversa le pays de Cambray, menaça Arras, où le comte Baldwin s'était enfermé, et se dirigea vers le bourg d'Arques qui dépendait de l'abbaye de Saint-Bertin. Il espérait y trouver un passage pour entrer en Flandre; mais il n'y réussit point. Un rempart, défendu par un fossé et garni de palissades, s'étendait depuis Wormholt jusqu'à la Bassée. Un si grand zèle animait ceux qui prirent part à ce travail de défense nationale, qu'en trois jours et en trois nuits ce retranchement, qui se prolongeait pendant neuf lieues, fut complètement achevé. Henrik le Noir, étonné de la puissance de la Flandre, se retira: Baldwin le poursuivit jusqu'au Rhin, et livra aux flammes le palais impérial de Nimègue.

Toute l'Allemagne s'émut: le pape Léon IX se rendit au synode de Mayence pour y prononcer l'excommunication solennelle de Godfried et de Baldwin, perturbateurs de la paix de l'empire. Godfried céda, mais Baldwin ne se soumit point. N'ayant plus d'alliés et réduit à ses propres forces, il paraissait encore si redoutable que l'empereur, avant de le combattre, se confédéra avec Zwan, roi de Danemark, et Edward, roi des Anglo-Saxons; les Danois et les Anglo-Saxons étaient toutefois secrètement favorables à la Flandre: Zwan n'agit point, et le roi Edward se contenta de réunir une flotte qui ne quitta point le port de Sandwich. L'empereur avait traversé l'Escaut près de Valenciennes et s'était emparé de Tournay. Là s'arrêta son expédition: des négociations s'ouvrirent à Aix. Les concessions que l'empereur Henrik III se vit réduit à faire à Baldwin le Pieux rappelèrent celles que l'empereur Henrik II avait, après des guerres également malheureuses, accordées à Baldwin le Barbu. Le traité qui fut conclu en 1043 assura à la Flandre la possession de toute la partie du Brabant comprise entre Gand et Alost, ce qu'on nomma depuis la Flandre impériale.

Tandis que la guerre éclatait entre la Flandre et l'Allemagne, l'un des fils de ce comte Godwin, dont Elfgive avait fui la haine arrivait à Bruges. Il se nommait Sweyn. Exilé par le pieux roi Edward le Confesseur, il s'arrêta peu de temps dans les Etats du comte Baldwin et se rendit en Danemark. Là, il recruta quelques pirates. Dociles à sa voix, ils pillèrent Sandwich et les côtes de l'Est-sex, et vendirent en Flandre l'or, l'argent et tout le butin qu'ils avaient réuni. Sweyn resta dans les Etats du comte Baldwin, jusqu'à ce que son père se crût assez puissant pour le rappeler près de lui.

Le roi Edward s'éloignait de plus en plus des Anglo-Saxons. Il leur préférait les Normands, chez lesquels il avait passé sa jeunesse, et ils accouraient en foule en Angleterre; mais parmi ceux-ci il ne faut plus s'attendre à ne trouver que les descendants des Danes qui partagèrent les exploits d'Hasting et de Lodbrog. Lorsque la paix et le repos avaient succédé aux agitations de la conquête, on avait vu les vainqueurs s'unir par de nombreuses alliances aux nations qu'ils avaient vaincues, et leurs frères du Nord ne les désignaient plus, comme les autres nations neustriennes, que par le nom de Français, Wallons ou Romains. Tandis que la Flandre conservait, comme l'a remarqué Roderic de Tolède, un dialecte de l'idiome saxon, les langues septentrionales étaient devenues tellement inconnues aux bords de la Seine, que les ducs de Normandie envoyaient leurs fils à Bayeux, pour qu'ils y apprissent celle qu'avaient parlée leurs ancêtres. Les Normands employaient la langue française, dérivée de la langue vulgaire latine ou romane. Les Franks faisaient retentir les consonnes, mettant peu de soin à prononcer les voyelles. Dans la langue française, il n'en est plus ainsi: les noms teutoniques de Baldwin, Wilhelm, Roll, Theodbald, Rotbert, Edward, Walter, Henrik, Arnulf, se modifient et font place aux noms moins rudes de Baudouin, Guillaume, Rou, Thibaut, Robert, Edouard, Gauthier, Henri, Arnould. Lorsque l'affection que le roi Edouard portait aux Normands cessa d'être comprimée par la puissance de Godwin, la langue française devint celle des grands et des courtisans.

Déjà les Normands et leurs amis obtenaient tout ce qu'ils demandaient. Un moine de Jumièges, nommé Robert, occupa le siége primatial de Canterbury; d'autres Normands furent évêques de Londres et de Lincoln. Les populations anglo-saxonnes, dont les traditions et les coutumes n'étaient plus qu'un objet de risée, courbaient le front et gémissaient. Réunies dans leurs gildes, elles se contentaient de maudire la funeste union du roi Ethelred avec une princesse normande, et faisaient des vœux pour le retour de leurs chefs exilés. Godwin s'était retiré en Flandre avec sa femme Githa, ses fils Gurth et Tostig, et ses trésors les plus précieux. Sweyn avait accompagné son père à Bruges; mais les malheurs de ce second exil réveillèrent dans son âme d'accablants remords. Il crut avoir attiré par ses crimes la colère du ciel sur tous les siens, et voulut l'apaiser par un pèlerinage à Jérusalem. Il l'avait achevé lorsqu'à son retour, surpris par l'hiver dans les montagnes de la Lycie, il y mourut de froid et de misère.

La triste fin de Sweyn ne modéra point l'ardente ambition du comte Godwin. Il chercha à se concilier la protection du comte de Flandre, et obtint que son fils Tostig épousât Judith, fille de Baudouin. Tandis qu'un autre de ses fils, Harold, menaçait les rivages de la Savern, il quitta Bruges avec les navires qu'il y avait fait construire, et se rendit à l'embouchure de l'Yzer. Enfin, le 13 août 1052, il mit à la voile et se dirigea vers le promontoire de Romney; mais la flotte du roi Edouard, plus nombreuse que la sienne, ne tarda point à le poursuivre, et il ne dut son salut qu'à une tempête à la faveur de laquelle il regagna les côtes de la Flandre. Cependant, dès qu'il apprit que les comtes qui commandaient la flotte royale étaient rentrés à Londres, il s'embarqua de nouveau, et joignant près de l'île de Wight ses vaisseaux à ceux d'Harold, il se vit tout à coup assez fort pour arrêter les navires qui sortaient des ports de Sandwich, de Folkestone, de Hythe et de Pevensey. Bientôt on le vit paraître dans la Tamise et jeter l'ancre à Southwark. Les habitants de Londres l'accueillirent avec joie, et le roi Edouard se vit réduit à s'incliner de nouveau devant la puissance du fils du bouvier Ulnoth.

Avant que la flotte des exilés anglo-saxons eût quitté le port de l'Yzer, de graves événements s'étaient accomplis en Flandre. Le comte Herman de Saxe, époux de Richilde, fille et unique héritière des comtes de Hainaut, était mort. Le comte Baudoin convoitait la possession d'une province voisine de la Flandre, importante par le nombre et la richesse de ses cités, et il avait envoyé l'un de ses fils, qui portait également le nom de Baudouin, réclamer la main de la comtesse de Hainaut. Afin que cette démarche fût couronnée d'un succès immédiat, il se rendit lui-même à Mons avec une redoutable armée, et y fit célébrer le mariage de son fils avec Richilde, tandis que par son ordre les enfants d'Herman de Saxe étaient relégués dans un monastère.

Déjà l'empereur Henri le Noir réunissait toutes ses armées pour chasser les Flamands du Hainaut. Baudouin se hâta de conclure une nouvelle alliance avec le duc de Lorraine, Godfried ou Godefroi, suivant la prononciation française qui modifiait l'orthographe des noms d'origine franke. Tandis que Baudouin, fils du comte de Flandre, saccageait Huy et Thuin, un autre de ses fils nommé Robert envahissait les îles de la Zélande. Le comte de Flandre espérait par ces expéditions pouvoir éloigner les armées impériales de ses

Etats; mais il ne put atteindre le but qu'il se proposait. Henri le Noir, guidé par le châtelain de Cambray, traversa l'Escaut près de Valenciennes, livra sous les murs de Lille un combat où périt le comte Lambert de Lens, puis il s'empara par famine de la cité de Tournay. Baudouin, d'abord réduit à une retraite précipitée, reparut au delà de l'Escaut dès que l'empereur se fut retiré, et l'année suivante les Flamands mirent le siége devant les murs d'Anvers, où s'était enfermé le comte Frédéric de Luxembourg. Pendant que la guerre se poursuivait, Henri le Noir expira en Thuringe, et la paix ne tarda point à être rétablie entre l'empire et la Flandre. Un traité solennel confirma les droits du comte de Flandre sur le Brabant occidental et l'île de Walcheren, ratifia l'union de son fils et de Richilde, et assura à leurs héritiers, outre la possession du comté de Hainaut, celle du pays de Tournay, autre fief qui tendait à se séparer de l'empire.

«A cette époque, dit Guillaume de Poitiers, vivait, aux limites du pays des Français et de celui des Teutons, le comte de Flandre, Baudouin, le premier entre tous par sa puissance et l'éclat de son antique origine; car il comptait parmi ses ancêtres non-seulement les chefs des Morins, qui portent aujourd'hui le titre de comtes de Flandre, mais aussi les rois de France et de Germanie, et il n'était point étranger à la race des empereurs byzantins. Les comtes, les marquis, les ducs, les archevêques élevés en dignité, s'inclinaient avec terreur devant lui. Ils recherchaient ses conseils dans les délibérations les plus importantes, et afin de se concilier son affection, ils le comblaient de présents et d'honneurs. Les rois eux-mêmes respectaient et redoutaient sa grandeur. Il n'est point inconnu, même aux nations les plus éloignées, par quelles longues et sanglantes guerres il fatigua l'orgueil des empereurs, jusqu'au moment où, conservant toutes ses possessions intactes, il força les empereurs, maîtres des rois, à lui abandonner une partie de leur propre territoire et à accepter une paix dont il avait dicté les conditions.»

C'est un historien normand qui nous a laissé ce brillant tableau de la situation de la Flandre au milieu du onzième siècle, avant de raconter le mariage du duc Guillaume de Normandie avec Mathilde, fille du comte de Flandre. «Mathilde, ajoute Orderic Vital, était belle, illustre, savante, distinguée par la noblesse de ses mœurs, l'éclat de ses vertus et la fermeté de sa foi et de son zèle religieux.»

Selon une tradition peu vraisemblable, Mathilde ne consentit à épouser le duc de Normandie que lorsque, pénétrant jusque dans le palais de Lille pour la battre et la traîner par les cheveux, il lui eût donné une preuve «de grand cuer et de haulte entreprise.» Il est plus certain que le mariage de Guillaume et de Mathilde fut célébré avec une grande pompe à Eu, et que de nombreuses acclamations reçurent la princesse flamande dans la cité de Rouen. Ce fut en vain que l'archevêque Mauger, prélat belliqueux, qui haïssait le duc de Normandie, invoqua les prohibitions de la consanguinité: le pape Victor II, qui avait pris une part active au rétablissement de la paix entre l'empire et la Flandre, craignit que de nouvelles guerres ne s'allumassent entre la Flandre et la Normandie, et se hâta de confirmer l'union de Guillaume et de Mathilde, en leur imposant seulement, en signe de pénitence, l'obligation de fonder deux monastères dans la ville de Caen: celui de Saint-Etienne, bâti par le duc de Normandie, eut pour premier abbé le Lombard Lanfranc; Mathilde fit construire l'abbaye de la Trinité, où, depuis, l'une de ses filles, nommée Cécile, prit le voile.

Lorsque le roi de France mourut en 1060, le comte de Flandre reçut la tutelle de son fils Philippe Ier. Dès ce jour il se donna, dans ses diplômes, le nom de *bail et procurateur du royaume* (*regni procurator et bajulus*). Au septième siècle, les Karlings avaient porté également le titre de *custos et bajulus*. Baudouin le Pieux, par son influence auprès des Capétiens, rappelait l'autorité des Peppin dans le palais merwingien. Moins ambitieux que les Karlings, il ne profita de sa position que pour faire jouir la France des bienfaits du gouvernement paisible et sage qu'il avait donné à la Flandre. «La monarchie des Franks, écrit Guillaume de Poitiers, fut confiée à la tutelle du comte de Flandre, à sa dictature et à sa prudente administration.»—«Le jeune roi, dit un autre historien, fut placé sous la garde du comte Baudouin, qui, plein de fidélité, l'éleva noblement, et sut défendre et gouverner son royaume avec vigueur.»— «Il dompta, ajoute la chronique du moine de Fleury, aussi bien par son habileté que par la force des armes, les tyrans qui se montraient de toutes parts en France.»

Telle était la situation des choses au moment où la révolution qui devait livrer l'Angleterre aux Normands allait s'accomplir. Jamais la puissance de la Flandre n'avait été plus grande; mais on ignorait encore si Baudouin soutiendrait Guillaume, époux de Mathilde, ou Tostig, époux de Judith, les Normands bannis de la cour du roi Edouard ou la famille de Godwin qui dominait en Angleterre. Cette incertitude ne fut pas longue: des haines communes, confirmant les liens du sang qui unissaient les deux sœurs, ne tardèrent point à engager le Normand Guillaume et le Saxon Tostig à conclure une étroite alliance.

Tostig, orgueilleux et pervers comme Sweyn, commandait à York. Jaloux de l'autorité supérieure attribuée à son frère Harold, il espérait pouvoir se créer dans le nord de l'Angleterre une domination indépendante. On raconte qu'il avait envoyé sa femme Judith implorer la protection du ciel sur le tombeau de saint Cuthbert dans l'abbaye de Durham. La fille de Baudouin, agitée par une secrète terreur, chargea l'une de ses suivantes de la devancer, afin de s'assurer si quelque heureux présage devait accueillir sa prière; mais à peine cette jeune fille avait-elle pénétré dans le monastère, qu'un sombre tourbillon sembla s'élever du tombeau de saint Cuthbert et la renversa mourante sur le seuil. Tostig n'en persévéra pas moins dans ses desseins, et lorsqu'une insurrection populaire le contraignit à se retirer en Flandre dans la cité de Saint-Omer, il chercha un vengeur dans le duc de Normandie.

Environ une année après la fuite de Tostig, Harold, se trouvant à Bosham, port important du Suth-sex, forma le projet de traverser la mer avec ses chiens et ses faucons, et d'aller chasser sur les côtes marécageuses de la Flandre les oiseaux qui y abordaient en grand nombre des contrées septentrionales; mais dès qu'il se fut embarqué, une tempête furieuse souleva les flots, et le navire d'Harold, devenu le jouet des vents, fut jeté près de l'embouchure de la Somme, dans les Etats du comte de Ponthieu, qui le livra au duc de Normandie. Harold ne recouvra la liberté qu'après avoir juré sur les reliques les plus vénérées de soutenir les ennemis de sa famille dans leurs prétentions au trône d'Angleterre. Toutefois, il ne se crut point lié par une promesse arrachée par violence, et lorsque le roi Edouard mourut, il fut appelé par les vœux unanimes des Anglo-Saxons à recueillir son héritage. Guillaume apprit avec tristesse l'élévation du fils de Godwin: il avait peut-être renoncé à ses ambitieuses espérances, quand Tostig, accourant de Saint-Omer, vint lui rappeler le solennel serment d'Harold, et réussit à lui persuader qu'il fallait s'opposer à l'usurpation du parjure.

Le perfide Tostig, se plaçant à la tête d'une armée de mercenaires recrutés en Flandre, s'empara de l'île de Wight et envahit le Northumberland.

A l'exemple de Tostig, le duc de Normandie avait appelé près de lui à Saint-Valéry-sur-Somme de vaillants hommes d'armes flamands, parmi lesquels il faut citer Gilbert de Gand, Gauthier de Douay, Drogon de Beveren, Arnould d'Hesdin, Guillaume de Saint-Omer, Philippe et Humphroi de Courtray, Guillaume d'Eenham, Raoul de Lille, Gobert de Witsand, Bertrand de Melle, Richard de Bruges. Le duc de Normandie s'engagea, en considération de ce secours, à payer annuellement au comte de Flandre et à ses successeurs une somme de trois cents marcs d'argent. Baudouin ne se borna point à lui envoyer ces renforts: il l'aida de ses conseils et de son influence, et il n'est point douteux que ce fut grâce à la protection du comte de Flandre, régent du royaume, qu'un si grand nombre d'aventuriers accoururent de toutes les villes de la France pour partager les périls et la fortune du duc Guillaume.

Tostig avait péri sous les murs d'York; mais la plaine d'Hastings vit Guillaume renverser Harold au milieu de ses frères et de ses thanes, au pied de l'étendard de la nationalité anglo-saxonne.

Mathilde de Flandre n'avait point accompagné Guillaume dans sa périlleuse invasion. Retirée dans quelque château, elle se souvenait des arts de son industrieuse patrie, et pendant plusieurs siècles on exposa dans la cathédrale de Bayeux une tapisserie où la duchesse de Normandie, telle que l'héroïne d'Homère dont les fuseaux racontaient les luttes d'Hector, avait retracé les trophées du vainqueur. Lorsque Guillaume eut été couronné à Westminster,

Mathilde le suivit en Angleterre et l'exhorta à gouverner avec douceur et modération. Mathilde protégeait les hommes de sa nation. Elle fit donner à Herman, ancien chapelain du roi Edouard, l'important évêché de Salisbury. L'abbaye de Saint-Pierre de Gand lui dut la confirmation des droits de propriété qu'elle semble avoir tenus de la générosité d'Alftrythe, fille d'Alfred le Grand, sur une forêt nommée Greenwich, peu éloignée de la Tamise, qui contenait trois serfs et onze moulins, et à laquelle était joint un port dont le tonlieu produisait un revenu annuel de quarante sous.

Plusieurs hommes d'armes flamands avaient reçu des fiefs considérables du duc de Normandie. Leurs nouvelles possessions furent inscrites dans le *Domesday-Book*, cet impitoyable registre des arrêts des vainqueurs. Gilbert de Gand avait obtenu le domaine de Folkingham, qu'on nomma depuis la baronnie de Gand, et d'autres domaines dans quatorze comtés. Sa fille devint la femme de Guillaume de Grantmesnil, chevalier normand, dont le frère était gendre de Robert le Wiscard. De ses petits-fils l'un fut comte de Lincoln et l'autre chancelier d'Angleterre sous le roi Etienne. Raoul de Tournay épousa Alice, nièce de Guillaume, dont le domaine de Wilchamstobe forma la dot; Drogon de Beveren rechercha la main d'une autre parente du nouveau roi et occupa l'île d'Holderness; Gherbod fut comte de Chester; Gauthier, comte de Northumberland; Robert de Commines, comte de Durham. Arnould et Geoffroi d'Ardres possédèrent les seigneuries de Stevintone, Doquesvorde, Tropintone, Ledeford, Teleshond et Hoyland. Les Flamands Ode, Raimbert, Wennemaer, Hugues, Francon, Frumond, Robert, Colegrim, Gosfried, Fulbert, Gozlin, s'établirent sur des terres confisquées dans les provinces de Somerset, Glocester, Hertford, Buckingham, Bedford, Lincoln, Nottingham, York et Northampton. Un autre chef flamand, nommé Baudouin, bâtit sur le territoire gallois la première forteresse qui appartint aux Normands.

Ce serait une étude pleine d'intérêt que de suivre dans leur rapide élévation les leudes de Baudouin devenus les comtes de Guillaume: les uns fortifiant des châteaux, à l'ombre desquels le Saxon, privé de sa liberté, languit tributaire; les autres expiant, par des désastres et des malheurs, les iniques bienfaits dont ils furent comblés. Robert de Commines avait reçu la périlleuse mission d'occuper la cité de Durham où reposait saint Cuthbert, protecteur vénéré de la race anglo-saxonne. En vain l'évêque Eghelwin l'engagea-t-il à se conduire avec prudence: «Qui oserait m'attaquer?» se contenta de répondre le nouveau comte de Northumberland. Pendant la nuit, des feux s'allumèrent sur les hauteurs voisines de la Tyne; les Saxons s'armaient de toutes parts: ils incendièrent la maison dans laquelle s'étaient retranchés les Normands. Robert de Commines y périt dans les flammes. Gilbert de Gand, surpris à York par une armée de Danois, fut emmené captif sur leur flotte vers les lointaines contrées d'où leur expédition avait mis à la voile. Le comte de Chester Gherbod, après avoir longtemps combattu les Gallois, regrettait la paisible obscurité de sa jeunesse. Plus sage que Robert de Commines et Gilbert de Gand, il renonça à ses richesses et à ses honneurs, et rentra dans sa patrie. Drogon de Beveren suivit son exemple, mais il ne quitta, dit-on, l'Angleterre, que parce que, dans un mouvement de colère, il avait tué sa femme, sans respecter le sang royal dont elle était issue.

Cependant les malheurs de la population anglo-saxonne excitaient de nombreuses sympathies au sein des gildes du Fleanderland: leur belliqueuse indépendance était si complète que, tandis que Baudouin le Pieux envoyait ses hommes d'armes au camp du duc de Normandie, elles conspiraient en faveur des fils de Godwin. N'était-ce pas en Flandre que la mère et la sœur d'Harold avaient trouvé un asile? En 1067, les karls du Boulonnais avaient tenté un débarquement près de Douvres. Quand le jeune roi Edgar Etheling assiégea Gilbert de Gand dans les murs d'York, les Flamings s'associèrent à l'invasion des Danois. Lorsque Guillaume fut de nouveau triomphant, ils accordèrent une généreuse hospitalité aux Saxons d'Angleterre, vaincus et fugitifs. Parmi ceux-ci se trouvait un homme de race illustre, Hereward, fils de Leofric.

Hereward passa plusieurs années dans le Fleanderland: il y avait épousé une femme libre nommée Torfriede; mais des exilés lui apprirent que le domaine de ses aïeux, situé près de Thorneye, avait été saccagé, et que les Normands avaient insulté sa mère. Hereward n'hésita point, il traversa les flots, réunit ses amis et chassa de l'héritage paternel ceux qui en avaient violé le seuil. Bientôt les Saxons qui s'étaient cachés dans les marais de l'île d'Ely l'élurent leur chef; mais Guillaume, redoutant son courage, traita avec lui et le fit périr. «S'il y eût eu en Angleterre trois hommes comme lui, dit une vieille chronique rimée, les Français n'y eussent jamais abordé; s'il n'avait point succombé sous leurs coups, il les aurait tous chassés de son pays.» La Flamande Torfriede avait suivi Hereward en Angleterre; à sa mort, elle se retira au monastère de Croyland.

Baudouin le Pieux était déjà accablé des infirmités de la vieillesse, lorsque Guillaume de Normandie occupa par droit de conquête le trône d'Edouard le Confesseur. Après avoir, pendant vingt-huit années, consolidé la puissance qu'il avait reçue de ses ancêtres, il était arrivé au moment où il devenait nécessaire d'en assurer le maintien pour le temps où il ne serait plus.

Baudouin le Pieux avait quatre fils: Robert qui était l'aîné, Baudouin, Henri qui fut clerc, et Eudes qui devint plus tard archevêque de Trèves. Tandis que Robert, aussi intrépide que violent, se souvenait qu'il était issu de la race de Baldwin Bras de Fer et d'Arnulf le Grand, Baudouin, second fils du comte de Flandre, retraçait les pacifiques vertus de son père et de son aïeul. «Dès les premières années de sa jeunesse, dit le moine Tomellus qui fut son conseiller et son ami, il fut élevé à la cour de l'empereur Henri. Supérieur en dignité à tous les adolescents qui l'entouraient, l'amitié qu'il avait pour eux les rapprochait de lui. Les pauvres, les orphelins et les veuves l'aimaient comme un père. Il était pour les moines un modèle de piété et pour les affligés un bouclier protecteur, de telle sorte qu'on louait également en lui la puissance du prince et l'humilité du chrétien.»

Si le moine Tomellus admirait la douceur de Baudouin, d'autres hommes, et parmi ceux-là il faut nommer tous les Flamings, lui préféraient le courage de Robert. Si leurs caractères étaient opposés, les droits de leur naissance étaient-ils du moins égaux?

«Selon un ancien usage qui s'était établi dans la famille des comtes de Flandre, celui de leurs fils qu'ils chérissaient le plus, dit Lambert d'Aschaffenbourg, recevait le nom de son père et succédait seul à son autorité sur toute la Flandre. Leurs autres fils, soumis à celui-ci et obéissant à ses volontés, se contentaient d'une vie obscure, ou bien, aimant mieux s'élever par leurs propres actions que se consoler dans un honteux repos de leur abaissement présent par le souvenir de la gloire de leurs ancêtres, ils se rendaient dans quelque pays étranger. Ceci avait lieu afin qu'en évitant des subdivisions territoriales, leur puissance conservât toujours tout son éclat.»

Tandis que Baudouin le Pieux laissait son nom et son autorité au second de ses fils, il donnait à Robert, qui l'avait offensé, des vaisseaux, de l'or et de l'argent, afin qu'il pût aller conquérir un royaume et des trésors. Robert se dirigea vers l'Espagne et pilla les côtes de la Galice; mais bientôt, entouré d'ennemis, il se vit contraint à se retirer, et reparut vaincu et fugitif au port de Bruges. Le vieux comte de Flandre s'indigna de son retour; mais Robert se hâta de réunir une autre flotte qui devait le porter sur quelque lointain rivage que lui désignerait la main de Dieu. Cependant, à peine avait-il confié sa fortune à l'inconstance des flots, qu'une horrible tempête engloutit ses navires et le rejeta presque seul, pauvre et nu, sur la terre de la patrie. Robert ne se découragea point: caché sous le costume le plus simple, il se mêla à une troupe d'obscurs pèlerins qui allaient à Jérusalem. Quelques aventuriers normands qui s'étaient fixés en Orient lui avaient promis leur appui, et voulaient fonder en sa faveur, sur les rives du Bosphore, une royauté non moins puissante que celle que Robert le Wiscard avait créée dans le sud de l'Italie; l'empereur de Constantinople l'apprit, et ordonna que dès que le prince flamand paraîtrait sur les frontières de ses Etats on le mît aussitôt à mort. Robert, de nouveau déçu dans ses ambitieuses espérances, fut plus heureux dans une dernière tentative: il débarqua en Frise, s'y établit par la force des armes, et y épousa Gertrude de Saxe, veuve du comte Florent Ier.

En 1064, Baudouin le Pieux, en attribuant à Robert le pays des Quatre-Métiers, le comté d'Alost et les îles méridionales de la Zélande pour sa part héréditaire, lui avait fait jurer solennellement que jamais il ne chercherait à usurper le comté de Flandre. Baudouin ne vécut plus que trois années: il mourut le 1er septembre 1067, dans la ville de Lille, qu'il avait fait ceindre de murailles.

Le successeur de Baudouin le Pieux mérita d'être surnommé Baudouin le Bon. «Jamais il ne s'arma pendant toute la durée de son règne. On le voyait parcourir la Flandre, un faucon ou un épervier sur le poing, et il ordonna que ses baillis portassent dans ses seigneuries une verge blanche, longue et droite, en signe de justice et de clémence. Son gouvernement fut tellement pacifique qu'il n'était permis à personne de se montrer avec des armes. Les portes des maisons n'étaient plus fermées pendant la nuit, par crainte des voleurs, et le laboureur abandonnait dans les champs le soc de sa charrue: c'est pourquoi tout le peuple, d'une voix unanime, le nommait le bon comte de Flandre!»

Baudouin le Bon ne régna que trois années. Ses peuples le pleurèrent longtemps, et leurs regrets furent d'autant plus vifs que Richilde de Hainaut lui survécut. Lorsque Baudouin le Pieux avait recherché pour son fils la main de la veuve d'Hériman, il espérait élever de plus en plus la puissance de sa postérité; mais la comtesse de Hainaut ne devait apporter dans sa maison que des guerres désastreuses et de longs déchirements. Richilde régna sous le nom d'un enfant de quinze ans, que ses contemporains nommèrent Arnould le Simple. Appelée à continuer l'œuvre de conciliation qui marque les commencements de l'histoire chez tous les peuples, elle n'écouta que l'orgueil et les haines qui les divisent et précipitent leur ruine; le gouvernement de Richilde ne fut qu'une réaction contre l'unité que les efforts des comtes et les relations bienfaisantes du commerce tendaient à établir: si quelquefois elle se montra clémente et généreuse à l'égard des monastères du sud de l'Escaut, elle ne cessa point d'être impitoyable envers les tumultueuses colonies du Fleanderland; et Lambert d'Ardres nous apprend qu'elle n'écoutait que sa haine en réclamant injustement des Flamings des impôts auxquels ils n'avaient jamais été soumis et qu'ils ne connaissaient point.

La comtesse de Flandre avait placé toute sa confiance dans les barons de Vermandois, entre lesquels il faut citer Albéric de Coucy; elle s'était également assuré, au prix de quatre mille livres d'or, l'appui du roi de France, Philippe Ier, qui, impatient de secouer la tutelle de la Flandre, favorisait toutes les discordes qui devaient l'affaiblir. C'est en vain que les Flamands regrettent la paix qui, selon l'expression d'un historien, avait fait un paradis de leurs campagnes; c'est en vain qu'ils invoquent dans leur douleur la belliqueuse renommée de Robert le Frison, frère du bon comte Baudouin: Richilde dédaigne leurs plaintes et leurs secrètes espérances; elle envahit le comté d'Alost que Robert a recueilli avec la partie méridionale de la Frise dans l'héritage paternel, et fait décapiter tour à tour un illustre chevalier, nommé Jean de Gavre, et soixante-trois bourgeois de la cité d'Ypres.

Richilde, bientôt repoussée par Robert qui était accouru de Hollande, s'était retirée à Amiens: en même temps qu'elle pressait les armements du roi de France, elle fit entrer dans sa faction le comte Eustache de Boulogne et donna sa main à un prince normand, Guillaume Fitz-Osbern, comte de Breteuil en Normandie et d'Hereford en Angleterre. Guillaume Fitz-Osbern avait plus que personne contribué par ses conseils à la conquête de l'Angleterre, et le premier, à la bataille d'Hastings, il avait lancé son coursier bardé de fer au milieu des ennemis. Parmi les vainqueurs des Saxons, il n'en était point qui fût plus cruel et plus redouté. Sa puissance était supérieure à celle de tous les autres barons normands, et la deuxième année de la conquête, le roi Guillaume lui avait confié pendant son voyage à Rouen la vice-royauté sur toutes les terres subjuguées. Il avait autrefois épousé, en Normandie, Adélise de Toény; parvenu à une plus haute fortune et appelé à partager le rang élevé de l'héritière du Hainaut, veuve du comte de Flandre, il embrassa avec enthousiasme une cause qui flattait à la fois son ambition et son amour, et on le vit mêler ses cohortes normandes aux hommes d'armes du roi de France et du comte de Boulogne.

Robert occupait le Mont-Cassel, qui devait son nom à un ancien château romain: les Flamands accouraient de toutes parts auprès de lui, les uns de Furnes et d'Aldenbourg, les autres d'Ypres ou de Bruges; par leurs soins, des retranchements et des palissades fortifièrent la position redoutable qu'il avait choisie.

L'armée qui obéissait au roi de France était nombreuse. Les barons, ducs, comtes et châtelains, s'étaient empressés de se ranger sous ses bannières. Ce n'étaient pas seulement les Français du nord de la Seine qui s'étaient rendus à l'appel de Philippe Ier; les Gallo-Romains de l'Anjou, du Poitou, du Berry avaient pris part avec joie à cette expédition qui remontait du Midi vers le Nord pour ruiner la puissance des comtes de Flandre. Toutes ces milices s'avançaient en désordre, réunies par un but commun, mais animées de passions diverses, et après une longue marche retardée par les glaces de l'hiver, elles s'arrêtèrent, le 21 février 1071 (v. s.), à Bavichove, au pied du Mont-Cassel.

Le lendemain, avant les premières clartés du jour, Robert se précipite, suivi des siens, avec une irrésistible ardeur, du sommet de la montagne. Il pénètre dans le camp des Français, qui surpris à demi armés résistent à peine. «Pourquoi prolonger mon récit? ajoute un chroniqueur: l'armée du roi est immolée, le sang rougit le sol et les cadavres s'amoncellent dans la plaine.» Le roi de France se dérobe à la mort par une fuite rapide. Richilde, un instant prisonnière, profite de la confusion de la mêlée pour le suivre dans sa retraite; mais Guillaume Fitz-Osbern a succombé. «En vérité, s'écrie le moine saxon Orderic Vital, la gloire du monde passe comme l'herbe des champs et s'évanouit comme une fumée. Qu'est devenu Guillaume Fitz-Osbern, comte d'Hereford, vice-roi, sénéchal de Normandie, et le plus intrépide des chefs à la guerre? Il avait été le plus terrible oppresseur des Anglo-Saxons, et son orgueil avait été la cause de la mort misérable de plusieurs milliers d'hommes. Hélas! le juge suprême voit tout et attribue à chacun la juste récompense de ses actions: Guillaume est tombé, cet audacieux athlète a été puni comme il le méritait. De même que beaucoup de victimes ont péri par son glaive, voici que soudain il est lui-même frappé par le fer.» A une lieue de Cassel, les Français essayèrent de se rallier et furent de nouveau dispersés. Robert triomphait lorsque entraîné trop loin dans sa poursuite, il se vit entouré d'hommes d'armes du comte de Boulogne et réduit à leur remettre son épée. Conduit au château de Saint-Omer, il y fut confié à la garde du châtelain Waleric; mais les habitants de Saint-Omer, plus favorables à la race des Flamings qu'aux Wallons, ne tardèrent point à courir aux armes pour le délivrer; grâce à leurs efforts, Robert recouvra la liberté.

Les amis d'Arnould le Simple pleuraient leur jeune comte, atteint d'un coup mortel au moment où il quittait le champ de bataille. Robert le Frison fit rendre à son infortuné neveu les honneurs de la sépulture dans l'abbaye de Saint-Bertin. Pendant longtemps on avait ignoré les circonstances de sa mort, mais on raconta plus tard qu'un Flaming nommé Gerbald, troublé par les remords qui lui reprochaient d'avoir répandu le sang du légitime héritier de la Flandre, alla à Rome supplier le pape Grégoire VII de faire trancher la main qui avait commis le crime; mais le pape lui répondit: «Votre main n'est pas à moi, elle appartient à Dieu;» et par ses conseils, Gerbald se retira à l'abbaye de Cluny.

Le roi de France, après avoir reçu l'hommage de Baudouin, frère d'Arnould, avait rassemblé une nouvelle armée à Vitry. Le châtelain Waleric lui livra les portes de la cité de Saint-Omer: sa vengeance y fut terrible et il se préparait à d'autres combats, lorsque le comte Eustache de Boulogne et son frère, Geoffroi, évêque de Paris, se laissèrent séduire par la proposition que le comte de Flandre leur adressait de réunir à leur domaine d'Eperlecques la forêt voisine de Bethloo. Cette double défection remplit l'esprit de Philippe Ier de terreur, et il se hâta de s'éloigner de Saint-Omer, de peur de tomber au pouvoir de Robert le Frison.

Tandis que Godefroi de Lorraine recevait de l'empereur Henri IV l'ordre d'envahir la Frise, Richilde, soutenue par l'évêque de Liége, se disposait à recommencer la guerre; mais Robert, prévenant ses projets, traversa l'Escaut pour la combattre, et le champ des Mortes-Hayes, près de Broqueroie, fut le théâtre d'un triomphe non moins sanglant que celui de Bavichove. Enfin, en 1076, la victoire de Denain renversa les dernières espérances de la comtesse de Hainaut.

Godefroi de Lorraine conservait seul sa puissance et ses conquêtes en Frise. Des meurtriers envoyés par le comte Robert le rencontrèrent à Anvers et profitèrent d'un moment favorable pour le mettre à mort.

L'empereur Henri IV ne lutta pas plus longtemps contre l'ascendant de Robert: il reçut ses députés à Mayence et y conclut la paix. Richilde se soumit au droit que le nouveau comte de Flandre tenait de son épée, et accepta comme douaire la châtellenie d'Audenarde: dès ce jour, sa vie ne fut plus qu'une sévère expiation des fautes qui avaient engendré ces longues et désastreuses guerres; ce fut en se consacrant aux jeûnes et aux prières et en soignant les pauvres et les lépreux que l'orgueilleuse Richilde mérita de partager, au monastère d'Hasnon, la tombe de son époux, Baudouin le Bon.

Le roi de France ne tarda point à adhérer à la paix conclue à Mayence: ce fut par le conseil de Robert, racontent les chroniques contemporaines, qu'il épousa Berthe de Frise, fille de la comtesse de Flandre.

Baudouin le Pieux avait soutenu les Normands. Robert leur était profondément hostile. Guillaume le Conquérant, impatient de venger la mort du comte d'Hereford, ne haïssait pas moins Robert. L'heureux triomphateur d'Hastings contestait la légitimité des droits du vainqueur de Bavichove, et lui refusait le payement annuel des trois cents marcs d'argent promis aux successeurs de Baudouin le Pieux. En 1073, le roi anglo-saxon Edgar Etheling se rendit en Flandre et y conclut un traité avec le comte Robert. Le roi de France Philippe Ier l'approuva, et Robert crut devoir associer également à ses projets Knuut, fils du roi Zwan de Danemark. Deux cents navires danois se rendirent dans les ports de Flandre, prêts à appuyer la tentative de Waltheof, fils de Siward; mais l'habileté des Normands étouffa promptement ces complots. Waltheof périt: ses amis, qui avaient admiré en lui le courage d'un martyr, honorèrent longtemps sa sépulture, placée dans la monastère de Croyland près de celle de la Flamande Torfriede, cette illustre veuve de l'intrépide Hereward.

Cependant le comte de Flandre ne renonçait point à ses desseins hostiles contre les Normands. En 1080, il accorda un refuge à l'aîné des fils du roi Guillaume, Robert Courte-Heuse, qui fuyait la colère de son père. Neuf années s'étaient écoulées depuis le supplice de Waltheof, lorsque le bruit se répandit dans toutes les provinces occupées par les Normands que le roi Knuut, fils de Zwan, allait conquérir l'Angleterre avec le secours du comte Robert de Flandre dont il venait d'épouser la fille. Une flotte danoise de mille navires était réunie: les intrigues de Guillaume y excitèrent une sédition où le roi Knuut trouva la mort, et bientôt après une tempête dispersa la flotte flamande qui comptait six cents vaisseaux.

C'est surtout en opposant ses passions à l'influence civilisatrice du christianisme que Robert rappelle les mœurs de ses premiers aïeux, pirates et conquérants comme lui. L'évêque de Térouane avait lancé une sentence d'excommunication contre le comte de Flandre; mais Robert envoya à Térouane des hommes d'armes qui blessèrent l'évêque, et l'eussent mis à mort s'il n'eût réussi à trouver un asile dans le monastère de Saint-Bertin. Robert se montrait implacable dans ses vengeances, et de la même main qui semait la terreur par les supplices et les tortures, il installa sur le siége épiscopal de Térouane un de ses amis, nommé Lambert de Bailleul. Robert le protégeait de toute son autorité, et sa colère fut extrême quand il apprit que le concile de Meaux avait prononcé l'excommunication solennelle du prélat simoniaque, et que déjà tous les prêtres du diocèse des Morins, abandonnant Lambert, avaient fermé l'église épiscopale: sans hésiter plus longtemps, il accourut lui-même à Térouane et fit briser les portes de l'église, après avoir mutilé et jeté à terre l'image du Sauveur à laquelle était suspendue la sentence d'anathème.

Grégoire VII occupait à cette époque le siége pontifical: sa voix, qui n'avait jamais manqué à la défense de la cause de l'Eglise, ne pouvait rester silencieuse en présence de semblables attentats: il adressa au comte de Flandre de nouvelles lettres plus vives et plus véhémentes, mais personna n'osa se charger de les remettre à Robert le Frison. Enfin on se souvint à Rome que sur les bords de l'Aisne vivait un prêtre intrépide dont le zèle et le courage n'avaient jamais fléchi. C'était l'évêque de Soissons Arnould, fils de Fulbert et de Mainsende, né à Tydeghem, près d'Audenarde, dans le domaine du comte de Flandre. Arnould, obéissant aux ordres qu'il avait reçus, se rendit à Lille auprès de Robert, et l'inspiration divine qui rayonnait sur le front du saint missionnaire confondit si manifestement l'orgueil du prince, qu'il s'humilia pour la première fois en déclarant qu'il cédait aux volontés du ciel. «Telle fut, écrit Hariulf abbé de Saint-Riquier, la source du salut de tout un peuple.»

«A cette époque, continue l'abbé de Saint-Riquier, les homicides et l'effusion continuelle du sang humain troublaient le repos public dans la plupart, je dirai mieux, dans tous les bourgs du Fleanderland; les nobles engagèrent donc Arnould à parcourir les contrées où dominaient le plus ces mœurs barbares, et à faire connaître les bienfaits de la paix et de la concorde à l'esprit indocile et cruel des Flamings.» Arnould visita tour à tour Bruges, Thorout, Ghistelles et Furnes. Partout sa pieuse éloquence accomplit les mêmes miracles, et on le vit enfin s'arrêter à Aldenbourg où une abbaye s'éleva pour retracer son apostolat et perpétuer ses efforts.

Arnould était retourné dans la cité épiscopale de Soissons, mais il y crut entendre une voix secrète qui le rappelait au milieu des races barbares du Fleanderland. «C'est moins votre prière que la volonté de Dieu, disait-il aux moines d'Aldenbourg, qui me ramène près de vous.» Le 15 août 1087, Arnould rendit le dernier soupir dans l'abbaye qu'il avait fondée.

La mission de saint Arnould est l'un des événements les plus importants de l'histoire de la Flandre. Les travaux apostoliques de l'évêque de Soissons furent la base d'une réconciliation profonde et sincère. Adoucissant tour à tour l'esprit orgueilleux du comte de Flandre, les passions des nobles et les mœurs cruelles des Flamings, ils préparèrent la fusion de tous les éléments de la nationalité flamande. Si les flambeaux de la divine parole avaient fréquemment brillé dans les ténèbres du Fleanderland, le moment était arrivé où la lumière qu'ils y avaient répandue ne devait plus s'éteindre. Il fallait qu'une grande consécration des idées religieuses agît puissamment sur les populations les plus féroces et les plus barbares de nos rivages. Une expédition, plus mémorable que celle qui porta Alarik des limites de la Scythie sous les murs du Capitole, devait les conduire non plus vers les vils trésors de Rome, mais à Jérusalem, au pied d'une tombe creusée dans le rocher, terribles encore par le fer qu'elles agitent dans leurs mains, mais déjà humbles sous la croix qui est marquée sur leurs épaules. Si la croisade est l'œuvre commune des races frankes, la Flandre les y précédera toutes, parce que les Flamings, plus complètement séparés des Gallo-Romains, ont le plus énergiquement conservé les héroïques traditions de leur origine. Tel est le caractère de la position que la Flandre occupe au onzième siècle; telle sera la source de ses triomphes et de sa gloire.

Robert le Frison résume en lui-même les caractères de cette grande révolution. Ce n'est plus le cruel vainqueur de Bavichove, l'auteur perfide du meurtre du duc de Lorraine, le complice de l'impiété de Lambert de Bailleul: c'est l'ami de saint Arnould, le prince chrétien protecteur des lettres. La hache qui naguère frappa, à Térouane, l'effigie du Christ, est devenue dans ses mains le glaive du défenseur de la justice et de la foi.

Ce fut l'an 1085 que le comte Robert le Frison, après avoir confié le gouvernement de la Flandre à son fils Robert, se dirigea vers la Syrie avec Baudouin de Gand, Walner de Courtray, Burchard de Commines, Gratien d'Eecloo, Heremar de Somerghem et d'autres chefs intrépides. Robert le Frison pria à l'église du Saint-Sépulcre; mais il vit d'abord, disent quelques historiens, les portes se fermer devant lui, et il ne parvint à y pénétrer, ajoutent-ils, que lorsqu'il eut juré de restituer la Flandre à son légitime seigneur; anecdote douteuse, qui ne révèle que les sympathies de l'annaliste pour Baudouin de Hainaut: Robert le Frison, loin de renoncer à la Flandre, allait par son pèlerinage lui avoir toute l'Asie.

A son retour de Jérusalem, Robert le Frison s'était arrêté à Constantinople: l'empereur grec, Alexis Comnène, après l'avoir comblé d'honneurs et de présents, lui exposa les périls de ses États, menacés par les Sarrasins et les Bulgares, et le comte de Flandre lui promit un secours de cinq cents chevaliers.

Ces cinq cents chevaliers de Flandre furent la première milice chrétienne qui combattit les infidèles. Ils défendirent Nicomédie, et firent échouer les efforts du sultan de Nicée.

Le voyage du comte de Flandre avait duré quatre années. Lorsqu'en 1090 il traversa la France, avec sa sœur Adèle qui allait épouser le comte Roger de Pouille, il fut accueilli avec de vifs transports d'enthousiasme par tous les hommes de race franke. Les abbés le recevaient bannières déployées; des tapis précieux ornaient les salles des monastères où il se reposait: toutes les routes où il devait passer étaient jonchées de fleurs.

Des ambassadeurs grecs ne tardèrent point à apporter d'Orient des lettres où Alexis Comnène s'adressait au comte de Flandre comme au véritable chef des races frankes, pour le supplier de lui envoyer de nouveaux secours. Dans ces lettres, où l'empereur prodiguait à Robert le Frison les titres de comte très-illustre et très-glorieux et de puissant défenseur de la foi, il racontait longuement les affreuses dévastations des Sarrasins et leurs rapides succès. Déjà maîtres de la Cappadoce, de la Phrygie où fut Troie, du Pont, de la Lycie, ils menaçaient Constantinople. «Ecoutez notre prière au nom de Dieu, ajoutait Alexis Comnène, réunissez dans votre terre le nombre le plus considérable de vos fidèles que vous le pourrez, et conduisez-les au secours des chrétiens grecs; et de même que, l'année précédente, ils ont réussi à affranchir du joug des païens une partie de la Galatie et des régions voisines, qu'ils cherchent à délivrer tout notre empire... Il vaut mieux que nous soyons soumis à vos Latins, que livrés aux persécutions des païens: il vaut mieux que ce soit vous plutôt qu'eux qui possédiez Constantinople... Accourez donc avec votre peuple.»

Robert le Frison mourut au château de Winendale, le 12 octobre 1092. Il laissait à son fils Robert II le soin de poursuivre la tâche qu'il avait commencée.

Cette même année 1092, un homme de race franke, né à Achères près d'Amiens, et nommé Pierre l'Ermite, visita la terre sainte. Le déchirant tableau qu'il traça, à son retour, des persécutions des chrétiens à Jérusalem, engagea le pape Urbain II à convoquer un concile à Clermont, illustre cité de l'Auvergne, située à la limite méridionale des races frankes, au nord des pays qui portaient encore le nom gallo-romain de Provincia ou Provence. Dans ce concile, Urbain II excommunia solennellement le roi Philippe Ier, qui, se dérobant à l'influence de la Flandre, avait répudié Berthe de Frise pour épouser une comtesse d'Anjou; puis, en présence de la honteuse faiblesse des Capétiens, il prêcha la croisade en invoquant les nobles souvenirs des empereurs franks de la dynastie karlingienne. Ceux qui accoururent pour l'entendre étaient en nombre immense et l'enthousiasme de la croisade se propagea rapidement jusque dans les pays les plus éloignés. Vers la fin de l'hiver qui suivit l'assemblée de Clermont, une multitude d'hommes de tout âge et de tout rang se mit en marche. Les uns, barbares des contrées du Nord, montraient qu'ils étaient chrétiens en plaçant un de leurs doigts sur l'autre, en forme de croix; les autres, dépourvus d'armes et de vivres, connaissaient à peine la route qui s'ouvrait devant eux; tous étaient pleins de confiance dans le succès de leurs efforts. Beaucoup de Flamands faisaient partie de cette milice indisciplinée, qui traversa l'Allemagne, guidée par Pierre l'Ermite.

Les princes les plus illustres s'étaient hâtés de prendre la croix. Parmi ceux-ci, il faut citer le duc normand Robert Court-Heuse, les comtes de Hainaut, de Vermandois, de Blois, et, au premier rang, Robert, qui gouvernait la Flandre, «cette contrée riche en coursiers, fertile par ses moissons, célèbre par la beauté de ses jeunes filles et l'aventureuse intrépidité de ses chevaliers.»

Tandis que l'héritier de Hugues Capet cherchait un honteux repos près de Bertrade d'Anjou, Godefroi de Bouillon, fils du comte Eustache de Boulogne, s'armait pour la guerre sainte. Sa mère avait rêvé, avant sa naissance, qu'elle portait dans son sein un astre lumineux; on racontait aussi qu'un de ses serviteurs l'avait vu, également dans un songe, s'élever sur une échelle d'or qui reposait sur la terre et s'arrêtait dans les cieux: mystérieux symbole de la voie du Seigneur. Godefroi de Bouillon était arrière-petit-fils de Gerberge de Hainaut, fille de Karl de Lotharingie, dernier roi de la dynastie karlingienne.

Godefroi de Bouillon, Baudouin de Hainaut, Hugues et Engelram de Saint-Pol, Henri et Godefroi d'Assche, et Werner de Grez, suivirent, au mois d'août 1096, la route que Pierre l'Ermite leur avait tracée depuis le Rhin jusqu'aux rives du Bosphore; mais déjà on accusait la perfidie d'Alexis Comnène, et les croisés se virent réduits à recourir à la force des armes pour obliger les Grecs à les accueillir comme des alliés et des libérateurs. Dans une pompeuse mais confuse cérémonie, Godefroi rendit hommage à l'empereur, et Alexis plaça l'empire sous la protection du duc de Bouillon.

Bohémond, fils de Robert Wiscard, suivit de près Godefroi de Bouillon à Constantinople.

Robert, comte de Flandre, y arriva le troisième. Une innombrable armée obéissait à sa voix. Les hommes les plus puissants s'étaient empressés de se ranger sous ses bannières. Là brillaient Philippe, vicomte d'Ypres, frère de Robert; Charles de Danemark, son neveu; les sires de Commines, de Wavrin, de Nevel, de Sotteghem, d'Haveskerke, de Knesselaere, de Gavre, d'Herzeele, d'Eyne, de Boulers, de Crombeke, de Maldeghem. Les chefs féodaux des bords de la Lys et de l'Escaut étaient accourus, avides de conquêtes et de guerres: tels étaient Jean, avoué d'Arras; Robert, avoué de Béthune; Gérard de Lille, Guillaume de Saint-Omer, Gauthier de Douay, Gérard d'Avesnes, qui, depuis, captif chez les Sarrasins et exposé par les infidèles sur les remparts d'Arsur aux traits de ses compagnons, émut si vivement l'esprit de ses bourreaux par son courage qu'ils brisèrent ses chaînes. Les Flamings eux-mêmes s'étaient montrés pleins de zèle pour prendre la croix. Parmi ceux-ci il faut citer Siger de Ghistelles, Walner d'Aldenbourg, Engelram de Lillers et Erembald, qui, comme châtelain de Bruges, étendait son autorité sur les populations libres du Fleanderland.

Robert de Normandie et Etienne de Chartres joignirent leurs armées à celles du comte de Flandre et se dirigèrent avec lui vers l'Italie. Ils rencontrèrent à Lucques le pape Urbain II, que l'anti-pape Guibert s'était efforcé de renverser de son siége au moment où toute l'Europe s'agitait à sa voix. De Lucques, ils marchèrent vers Rome, et le spectacle de cette célèbre cité, ornée d'un si grand nombre de monuments magnifiques et dépositaire des vénérables reliques des martyrs, remplit les croisés d'admiration. Ils saluèrent avec respect les quatorze portes de l'enceinte de la ville éternelle, et visitèrent tour à tour le tombeau de Festus à la voie Flaminienne, l'église de Saint-Laurent sur la route de Tibur, les autels de Saint-Boniface et de Saint-Etienne sur l'Aventin et le mont Cœlius, ainsi que les nombreuses chapelles qui s'élevaient sur la voie Appienne.

Bientôt ils s'éloignèrent de la cité pontificale en déplorant les tristes dissensions qui l'agitaient, et traversèrent la Campanie et la Pouille, où la duchesse Adèle, veuve du roi de Danemark Knuut et épouse de Roger, fils de Robert Wiscard, voulut engager son frère le comte de Flandre à passer l'hiver; mais il était impatient d'arriver en Asie. Laissant Etienne de Chartres et Robert de Normandie en Calabre, il s'embarqua à Bari, aborda à Dyrrachium et poursuivit sa marche vers Constantinople. Les ambassadeurs d'Alexis obtinrent que les guerriers de Flandre s'arrêteraient aux portes de la cité impériale, et en même temps ils s'adressèrent au comte Robert, comme au plus puissant des chefs croisés, pour qu'il cherchât à calmer les fureurs de Tancrède, neveu de Bohémond, qui accusait hautement la perfidie des Grecs. Robert ne leur refusa point sa médiation; mais lorsque Alexis voulut lui persuader de lui rendre hommage, il se contenta de répondre qu'il était né et avait toujours vécu libre.

Au mois de mai 1097, l'armée des croisés descendit dans les plaines de la Bithynie et s'empara de Nicée. Là périrent Baudouin de Gand et Gallon de Lille: une flèche les renversa tandis qu'ils montaient à l'assaut, et, devenus l'objet de la vénération publique, ils reçurent une sépulture digne de leur courage et de leurs vertus.

Lorsque l'armée chrétienne quitta Nicée, elle comptait six cent mille hommes, divisés en deux corps dont le plus considérable obéissait à Godefroi de Bouillon et à Robert de Flandre. Ils se rallièrent à la bataille de Dorylée. La troupe de Bohémond, surprise par trois cent mille musulmans, allait périr, lorsque le duc de Bouillon et le comte de Flandre parurent et dispersèrent les infidèles. «Robert de Flandre, également redoutable par sa hache et son épée, dit Raoul de Caen dans son poëme, se précipite avec ardeur au milieu des combats. Le premier entre tous, il veut que le sang arrose la plaine. Il vole partout où il voit les bataillons épais des infidèles lancer leurs flèches et résister. Les Turcs se pressent autour du comte, et l'intrépide Robert s'élance dans leurs rangs. Les guerriers de Flandre, presque égaux en nombre et enflammés d'un courage égal à celui de Robert, le suivent rapidement, poussant de grands cris et multipliant le carnage. Les infidèles fuient devant eux... O ciel! quelle terreur répandait la vaillance des guerriers de Flandre!»

Les croisés se séparèrent de nouveau après leur victoire: des dissensions avaient éclaté entre ceux de Flandre et de Normandie. Baudouin de Boulogne disputait à Tancrède la possession de Tarse, ville importante de la Cilicie, située sur le Cydnus, à trois lieues de la mer. A peine les compagnons de Baudouin s'y étaient-ils établis qu'ils aperçurent une flotte nombreuse qui s'avançait à pleines voiles dans le port; ils sommaient les hommes d'armes qu'elle portait de s'expliquer sur leurs intentions, quand ceux-ci répondirent en langue flamande qu'ils étaient des pèlerins allant à Jérusalem. Leur chef était un Flaming de Boulogne, nommé Winnemar; pendant huit années il avait vécu en pirate, jusqu'à ce que, renonçant à sa vie aventureuse et agitée, il se fût dirigé vers l'Orient avec ses riches navires équipés dans les ports de la Flandre et de la Frise. Baudouin de Boulogne accueillit avec joie ces pèlerins et les engagea à l'accompagner; mais il se sépara bientôt lui-même de l'armée des croisés, pour aller fonder à Edesse une principauté qui se maintint pendant plusieurs siècles.

Les croisés, traversant les défilés du Taurus, envahissaient la Syrie. Le comte de Flandre avait planté le premier l'étendard de la croix sur les remparts d'Artésie. Bientôt ils campèrent sous les murs d'Antioche: mais, au milieu de ces conquêtes mêmes, d'affreux désordres régnaient dans leurs armées: les chefs se haïssaient les uns les autres; leurs hommes d'armes, témoins de leurs discordes, ne les respectaient plus: peu de jours suffirent pour dissiper les approvisionnements qui devaient assurer leur subsistance pendant tout l'hiver. Le comte de Flandre, témoin de ces calamités, appela ses chevaliers: «Mes intrépides compagnons, leur dit-il, le Christ nous aidera; mais c'est avec le fer que nous devons nous ouvrir un chemin, c'est à notre bras qu'il faut demander ce dont nous avons besoin, c'est notre courage qui doit nous délivrer de la famine. Nous avons résolu, au mépris de tout danger et comme dernière espérance, d'aller chercher des vivres dans les contrées occupées par nos ennemis, ou de mourir noblement dans cette glorieuse entreprise. Je suis votre chef et votre prince; nous avons quitté ensemble notre patrie commune; vous m'avez obéi jusqu'à ce jour: je suis prêt à braver tous les périls pour vous.» Tous les guerriers flamands répondirent à ce discours par de longues acclamations. Robert choisit douze mille hommes parmi eux: Bohémond l'accompagna avec un nombre égal de combattants.

Ecoutons le récit que nous a laissé un témoin oculaire, Raymond d'Agiles: «Bohémond assiégeait je ne sais quelle ville, lorsque soudain il vit plusieurs croisés fuir en poussant des cris. Les hommes de guerre qu'il envoya de ce côté aperçurent de près l'armée des Turcs et des Arabes. Parmi ceux qui étaient allés reconnaître les causes de ce désordre se trouvait le comte de Flandre. Jugeant honteux de se retirer pour annoncer l'approche des ennemis lorsqu'il pouvait les repousser, il s'élança impétueusement dans les rangs des Turcs, qui, peu habitués à combattre avec le glaive, se dispersaient devant lui, et il ne remit point l'épée dans le fourreau avant d'avoir frappé cent de ses ennemis... Le comte de Flandre revenait vainqueur vers le champ de Bohémond, lorsqu'il se vit suivi par douze mille Turcs, tandis qu'une innombrable armée de fantassins paraissait à sa gauche sur les collines. Après avoir délibéré pendant quelques moments avec les guerriers qui l'environnaient, Robert attaqua intrépidement les ennemis. Plus loin, Bohémond s'avançait avec le reste de l'armée et arrêtait les Turcs les plus éloignés, car la coutume des Turcs est de toujours chercher à entourer leurs adversaires; mais dès qu'ils virent qu'au lieu de combattre de loin avec leurs flèches, ils devaient lutter de près avec le fer, ils prirent la fuite. Le comte de Flandre les poursuivit pendant deux lieues: tels que des gerbes de blé touchées par la faux du moissonneur s'amoncelaient dans ces plaines les cadavres des vaincus. Si je ne craignais de paraître trop téméraire, je placerais ce combat au-dessus des combats des Macchabées; si Macchabée, avec trois mille hommes, vainquit quarante-huit mille ennemis, le comte de Flandre, avec quatre cents guerriers, défit plus de soixante mille Turcs.»

Le 3 juin 1098, Antioche fut livrée aux croisés. Foulcher de Chartres y entra le premier, le comte de Flandre le second. Les Franks les suivirent en répétant leur cri de guerre: «Dieu le veut! Dieu le veut!»

Cependant la conquête d'Antioche ne devait point mettre un terme aux épreuves des chrétiens. Le sultan de Perse Kerbogha parut sur les bords de l'Oronte avec une formidable armée. Les croisés, enfermés dans la stérile enceinte de ces murailles qu'ils avaient naguère remplies de carnage et d'incendies, ne recevaient plus de vivres. Bientôt la famine exerça d'affreux ravages. De longs gémissements retentissaient dans la cité conquise. Les chevaliers mangèrent leurs chevaux, leurs chameaux et leurs mulets: les croisés les plus pauvres dévoraient le cuir de leurs chaussures, et faisaient bouillir les herbes sauvages et les orties. Les princes eux-mêmes souffraient les mêmes privations. Godefroi de Bouillon avait payé quinze marcs d'argent la chair d'un chameau: il rencontra Henri d'Assche expirant de faim, et partagea tout ce qu'il avait avec lui. On vit le comte de Flandre, «ce prince si puissant et si riche d'une des contrées les plus fertiles de l'univers,» implorer la générosité de ses compagnons. En vain Godefroi et Robert essayaient-ils de ranimer le zèle des croisés en invoquant le nom du Seigneur: leur désespoir égalait leur misère. Au milieu de cette désolation universelle, le bruit se répand tout à coup parmi les croisés que le Seigneur vient de leur envoyer un signe certain de délivrance. Un prêtre de Marseille, nommé Pierre Barthélemy, leur raconte que pendant la nuit l'apôtre saint André lui est apparu, et lui a révélé que la lance du centurion Longin est cachée à Antioche, dans l'église de Saint-Pierre, et qu'elle sera pour les croisés le gage de la protection céleste. On se hâte d'aller creuser la terre à l'endroit indiqué, et, après plusieurs heures d'un travail assidu, on y découvre un fer de lance. Le comte de Flandre, qui avait eu la même vision que le prêtre de Marseille, jura aussitôt qu'à son retour en Flandre il fonderait un monastère en l'honneur de saint André. Un inexprimable enthousiasme se réveilla de toutes parts. Pierre l'Ermite courut défier Kerbogha, et cent mille croisés quittèrent Antioche pour combattre les Turcs: la plupart marchaient à pied, quelques-uns étaient montés sur des bêtes de somme. On porta dans tout le camp chrétien un large bassin, afin de réunir l'or nécessaire pour que le comte de Flandre pût acheter un cheval de bataille pour remplacer celui qu'il avait perdu dans la famine. Malgré leur dénûment, tous les guerriers chrétiens se pressaient avec joie autour de la lance miraculeuse qui avait été confiée au chroniqueur Raymond d'Agiles: elle les conduisit à la victoire.

Plusieurs mois s'écoulèrent avant que les croisés se fussent éloignés d'Antioche. Godefroi et Robert délivrèrent Winnemar, retenu prisonnier par les Grecs à Laodicée, et le chargèrent de suivre le rivage avec sa flotte. Dans une autre expédition, les comtes de Flandre, de Normandie et de Toulouse s'emparèrent de la ville de Marra, située près d'Alep. Là mourut, à la fleur de l'âge, l'intrépide Engelram de Saint-Pol. Quelques jours après, au siége du château d'Archas, Ansel de Ribemont crut, pendant la nuit, le voir entrer dans sa tente: «Qu'est ceci? s'écria-t-il, vous étiez mort et voici que maintenant vous vivez!» Engelram de Saint-Pol lui répondit: «Ceux qui finissent leur vie au service du Seigneur ne meurent point.» Comme Ansel de Ribemont admirait la beauté éclatante de son visage, Engelram ajouta: «Ne t'étonne point si les splendeurs du séjour que j'habite se reproduisent sur mes traits.» En achevant ces mots, il lui montrait dans le ciel un palais d'ivoire et de diamant. «Une autre demeure plus belle t'est préparée, continua Engelram. Je t'y attends demain.» Et il disparut. Le lendemain, Ansel de Ribemont mérita dans un combat la palme du martyre.

Vers les premiers jours du printemps, les croisés saluèrent les cimes du Liban et visitèrent tour à tour Beyruth, Sarepte et les ruines de Tyr. Le comte de Flandre planta le premier sa bannière dans la ville de Ramla, à dix lieues de Jérusalem. Enfin le 10 juin, du haut des collines d'Emmaüs, ils découvrirent la cité sainte. «Jérusalem! Jérusalem!» répéta toute l'armée agenouillée. Là était le but de ses efforts, le prix de ses fatigues. Le sol que les croisés allaient désormais fouler était la terre des mystères et des miracles de la foi. Chaque montagne portait un nom sacré, chaque vallée rappelait de divins souvenirs. Godefroi et Robert de Flandre établirent leurs tentes près des sépulcres des rois; Tancrède campa dans le vallon de Rephaïm et Raymond de Toulouse occupa la montagne de Sion.

Une dernière épreuve était réservée aux croisés. Les chaleurs extrêmes de l'été les accablèrent dans une contrée dépouillée de forêts et ouverte à tous les feux du soleil. La poussière brûlante des déserts avait succédé à la fraîche rosée. Les eaux du torrent de Cédron s'étaient taries: les Turcs avaient empoisonné toutes les citernes; la poétique fontaine de Siloé ne pouvait suffire à calmer la soif qui tourmentait les chrétiens, et cependant, malgré toutes leurs souffrances, ils étaient pleins d'espérance et de zèle. Le comte de Flandre dirigeait la construction des machines de guerre, et dans les premiers jours de juillet tout fut prêt pour l'assaut.

Les guerriers franks, rangés sous les bannières de la croix, s'avancèrent lentement, en ordre de bataille, dans la vallée de Josaphat. Dans ce moment solennel, les croisés placés au septentrion sous les ordres de Robert de Normandie s'écrièrent d'une voix retentissante: «Lève tes yeux, Jérusalem, et admire la puissance de ton roi. Voici ton Sauveur qui vient te délivrer de tes fers.» Et du haut de la montagne de Sion, les guerriers du comte de Saint-Gilles leur répondirent: «Lève tes yeux, Jérusalem, réveille-toi et brise les chaînes qui te retiennent.»

Tandis qu'on combattait sur les murailles, une procession pieuse fit le tour de la cité sainte pour invoquer la protection divine. La voix du prêtre se mêlait aux cris des chevaliers, et les hymnes de la religion aux chants de guerre. Déjà les croisés sont épuisés de fatigue, et ils dirigent leurs regards vers le ciel comme pour implorer son secours, lorsqu'ils croient apercevoir, au sommet de la montagne des Oliviers, un guerrier revêtu d'armes resplendissantes qui agite son bouclier et les exhorte au combat. Devant eux, sur les tours de Jérusalem, une main invisible semble arborer l'étendard de la croix. A ce signe d'heureux présage, ils saisissent leurs armes avec une irrésistible ardeur. Les Sarrasins se voient réduits à leur abandonner la victoire, et bientôt on apprend que vis-à-vis de la grotte de Jérémie, dans le quartier du comte Robert, deux chevaliers de Flandre, Léthold et Engelbert de Tournay, ont touché les premiers les remparts de la cité sainte. Aussitôt Godefroi de Bouillon, Robert de Flandre, Tancrède les suivent. Les Sarrasins fuient précipitamment vers la mosquée d'Omar, où leur sang rougit le portique de Salomon; puis, tout à coup, le carnage s'arrête: Godefroi de Bouillon et Pierre l'Ermite se rendent, désarmés et pieds nus, dans l'église du Saint-Sépulcre, où ils déposent la croix sur ce divin tombeau qu'avait ouvert, onze siècles auparavant, la croix du Calvaire.

Jérusalem avait été conquise par les chrétiens le vendredi 15 juillet 1099, vers trois heures du soir: à pareil jour et à pareille heure, le Christ avait consommé sa mission. Ce même jour était celui de la fête de la Dispersion des apôtres: le christianisme reparaissait, précédé de l'armée triomphante des princes de l'Occident, dans ces lieux que les premiers prédicateurs de la foi avaient quitté, pauvres et un bâton à la main, pour aller convertir les barbares et les païens.

Il ne s'agissait plus que d'assurer la conservation de cette conquête, qui avait coûté tant de sang et de fatigues. Lorsque le moment fut arrivé de choisir parmi les princes chrétiens celui d'entre eux qui serait chargé de la défense du saint sépulcre, le comte de Flandre les réunit autour de lui et leur exposa, dans un discours plein de sagesse, quels étaient les devoirs et quelles devaient être les vertus du monarque qui régnerait à Jérusalem. Ses avis étaient d'autant plus généreux qu'il avait déclaré que le gouvernement de ses Etats le rappelait en Europe, et qu'il n'accepterait point un trône qu'il avait mérité par sa valeur.

Deux partis se formèrent; mais ce fut en vain que les Provençaux appuyèrent la candidature du comte de Toulouse: Godefroi de Bouillon lui fut préféré; on admirait également en lui les talents belliqueux du guerrier et la sévérité des mœurs d'un cénobite, et, dans son élévation même, il donna à tous les princes croisés l'exemple de la modération, en refusant de revêtir les insignes de la royauté dans ces lieux où le Christ n'avait porté qu'une couronne d'épines. Un siècle s'était écoulé depuis que la dynastie karlingienne était descendue du trône de l'empire d'Occident lorsqu'elle monta sur celui de Jérusalem.

Evermar et Arnulf de Coyecques furent les premiers patriarches du Saint-Sépulcre: en 1130, un autre prêtre de Flandre, nommé Guillaume de Messines, fut leur successeur. Hugues de Saint-Omer reçut la seigneurie de Galilée; Abel de Ram fut prince de Césarée; Hugues de Fauquemberg, sire de Tibériade; Foulques de Guines, sire de Beyruth. Hugues de Rebecq prit possession du château d'Abraham.

La célèbre bataille d'Ascalon inaugura le règne du duc de Bouillon. Le comte de Flandre y combattit pour la dernière fois sous la bannière des croisés. Il avait glorieusement rempli sa tâche, et l'histoire a enregistré ce témoignage d'un historien anglais, Henri de Huntingdon: «De tous les princes qui prirent part à l'expédition de Jérusalem, il fut le plus intrépide, et le souvenir de ses exploits ne s'éteindra jamais.»

Ce fut l'an 1100 que le comte Robert rentra dans ses Etats. Il y fut reçu avec joie, et les peuples qui avaient écouté avec admiration le récit des merveilleux succès de la croisade saluèrent dans leur prince celui qui en avait été le héros. Sa gloire avait porté à l'apogée sa grandeur et sa puissance, et lorsque le roi d'Angleterre, Guillaume le Roux, refusa de lui payer les trois cents marcs d'argent qui étaient le prix de la coopération de Baudouin le Pieux dans la victoire d'Hastings, il les réclama avec autant de fierté que s'il se fût adressé à l'un de ses vassaux. Par un traité signé à Douvres en 1103, Henri, successeur de Guillaume le Roux, promit de payer annuellement quatre cents marcs d'argent au comte de Flandre, et celui-ci s'engagea à envoyer mille chevaliers aider le roi d'Angleterre dans ses guerres contre la France, tandis qu'il n'en amènerait que dix au camp de Philippe Ier, s'il y était appelé à raison de son fief du comté de Flandre.

Le comte de Flandre ne haïssait pas moins l'empereur d'Allemagne que le roi de France. Henri IV vivait encore. Comme Philippe, il avait été excommunié par les pontifes romains; comme Philippe, il était resté étranger aux pèlerinages de la terre sainte. Henri IV, repoussé par les hommes d'armes flamands dans une expédition qu'il avait conduite jusqu'à Cambray, se vit réduit à conclure, à Liége, un traité par lequel il assurait à Robert la possession de Douay, et ce traité fut confirmé, après une autre guerre non moins glorieuse pour la Flandre, par son successeur, l'empereur Henri V.

La Flandre était en paix avec l'Allemagne, mais le roi d'Angleterre lui devenait hostile; d'autres événements la rapprochèrent du roi de France.

Tandis que Henri Ier reléguait les Flamings, que des inondations avaient conduits en Angleterre, vers les frontières d'Ecosse sur les rives de la Tweed, ou dans le comté de Ross aux frontières du pays de Galles, Philippe Ier disparaissait, faible et méprisé, dans le silence de la tombe, où l'oubli de ses contemporains le précédait; mais son successeur Louis VI était né de cette princesse de Frise dont le comte de Flandre Robert Ier avait épousé la mère. Son premier soin avait été de conclure un traité avec le comte Robert II. Tout révélait chez lui l'influence du sang maternel; tout rappelait les traditions d'une alliance que la Flandre avait formée. «Il fut, dit Suger, ce que les rois de France n'étaient plus depuis longtemps, l'illustre et courageux défenseur du royaume, le protecteur de l'Eglise, l'ami des pauvres et des malheureux.» Déjà Louis VI luttait contre les barons féodaux: il avait porté contre Bouchard de Montmorency l'étendard de l'abbaye de Saint-Denis, la célèbre oriflamme qui resta la bannière des rois ses successeurs, et qui, alors protégée par les peuples de la Flandre, devait un jour présider à leur extermination. C'est ainsi que le jeune monarque combattra tour à tour les seigneurs de Coucy, du Puiset, de Rochefort, de Clermont. Les milices des bourgeoisies l'accompagnent au siége des châteaux, qui ne menacent pas moins l'industrie et le repos des hommes faibles que la puissance du roi de France.

Ce fut le comte Robert qui alla, au nom de Louis VI, défier les Anglais, et il l'aida avec le même zèle à étouffer les complots des barons qui voulaient dominer le jeune monarque. La guerre devint plus sanglante lorsque la belliqueuse Champagne s'insurgea.

Le comte Thibaud était, par sa mère, neveu de Henri Ier. Les barons, vaincus par Louis VI, l'avaient élu leur chef et se rangeaient sous ses bannières. Robert se hâta d'accourir pour anéantir cette ligue formidable: déjà il avait envahi la Champagne et il attaquait la ville de Meaux, lorsque, dans une mêlée, au moment où il ralliait les combattants et les conduisait à la victoire, il tomba dans un étroit sentier et y fut foulé sous les pieds des chevaux. Ainsi périt cet illustre prince que les rois et les peuples regrettèrent également, et qui, jusqu'aux frontières de l'Arabie, fut pleuré par les chrétiens et les païens.

Peu de mois avant le siége de Meaux, Robert II, à l'exemple du comte Baudouin le Bon, avait exigé de nombreux serments pour garantir la paix publique. Le premier soin de Baudouin VII, fils et successeur de Robert II, fut de la proclamer de nouveau dans une assemblée solennelle tenue à Arras:

«Que personne n'aille pendant la nuit assaillir les demeures. Que personne n'y porte l'incendie: sinon, le coupable sera puni de mort. Pour les meurtres et les blessures, on admettra la compensation par la peine du talion, à moins que l'accusé n'établisse, soit par le duel judiciaire, soit par l'épreuve de l'eau et du fer ardent, la nécessité d'une juste défense.

«Que chacun s'abstienne de porter des armes, s'il n'est bailli, châtelain ou officier du prince.»

En 1109, les karls du territoire de Furnes avaient reçu une keure qui n'existe plus, mais qui fut confirmée et peut-être reproduite en 1240 par une charte de Thomas de Savoie, où il leur est expressément défendu de s'armer de leurs redoutables massues.

A cette même époque, une révolution semblable à celle qui avait amené la bataille de Bavichove s'accomplissait silencieusement dans le comté de Guines, où les Flamings n'étaient pas moins nombreux que sur nos rivages. Le récit de Lambert d'Ardres est l'un des documents les plus importants de l'histoire des races saxonnes du Fleanderland.

«Les kolve-kerli, dit-il, se trouvaient retenus, depuis le temps du comte Raoul, dans un état voisin de la servitude, car chaque année ils devaient payer un denier aux seigneurs de Hamme, et de plus quatre deniers au jour de leur mariage et quatre deniers en cas de décès.» Or, un d'eux, nommé Guillaume de Bocherdes, épousa une femme libre de Fiennes, nommée Hawide. Hawide s'était rendue à Bocherdes, et elle avait à peine touché le seuil du toit conjugal, lorsque les seigneurs de Hamme vinrent réclamer le tribut connu sous le nom de *kolve-kerlie*. Hawide soutenait en vain que, née libre et issue de parents libres, elle ignorait ce qu'était la *kolve-kerlie*. Tout ce qu'elle obtint fut un délai de quinze jours: au jour fixé, elle se présenta avec ses parents et ses amis devant les seigneurs de Hamme, et protesta de nouveau qu'elle était libre. Tous ses efforts furent inutiles; on refusa de l'écouter, et Hawide fut réduite à se retirer, chargée d'opprobre. Enfin elle s'adressa à la comtesse de Guines, Emma, qui fut touchée de ses plaintes. Grâce aux larmes et aux prières d'Emma de Tancarville, le comte Robert de Guines supprima la *kolve-kerlie*: Hawide reparut triomphante à Bocherdes, et tous les kolve-kerli furent affranchis et déclarés libres à jamais.

Le comte de Flandre semble avoir été moins favorable aux Flamings. Tant que la croisade s'était prolongée, Robert II avait pu protéger les compagnons intrépides de ses guerres d'Orient: Baudouin VII, régnant en Flandre, ne vit en eux que les constants perturbateurs de la paix publique. En irritant leurs passions, en bravant leurs colères, il ne songeait point que si sa vie devait être trop courte pour qu'il eût à les craindre, elles ne tarderaient point à frapper son successeur.

«Baudouyn, fils de Robert le Jeune, dit Oudegherst, fust appelé Hapkin ou Hapieule, à raison de sa grande justice; car en son temps, et plusieurs ans après, les exécutions de justice qui de présent se font de l'espée, se faisoyent de douloires ou hapkins.» «Le comte Baudouin, ajoute une chronique flamande, portait toujours une petite hache à la main, et quand il voyait un beau chêne, il le marquait de sa hache en disant: Voilà un bel arbre pour construire une forte potence.» On raconte qu'il parcourait ainsi ses États, punissant le coupable et écoutant les plaintes de l'opprimé.

Le comte de Flandre ne montra pas moins d'énergie vis-à-vis des barons féodaux. Gauthier d'Hesdin et Hugues de Saint-Pol perdirent leurs châteaux et se virent réduits à fléchir sous sa puissance.

Suger a vanté le courage de Baudouin: il se souvenait des exploits de son père et cherchait à les égaler. Comme Robert II, il soutint Louis VI qui fit un voyage en Flandre pour réclamer ses conseils. Ses hommes d'armes envahirent la Normandie, et comme Henri Ier le menaçait d'aller se venger dans les remparts mêmes de Bruges, il se contenta de répondre qu'il irait au devant de lui jusqu'aux bords de la Seine. Fidèle à sa promesse, il s'avance bientôt, suivi de cinq cents hommes d'armes, devant la cité de Rouen, enfonce sa hache dans ses portes et défie en vain le monarque anglais qui ne paraît point.

Baudouin assiégeait le château d'Eu, lorsqu'un chevalier breton, nommé Hugues Boterel, le blessa légèrement au front d'un coup de lance. La fatigue et l'ardeur d'un soleil brûlant aggravèrent la plaie: Henri Ier, affectant une noble générosité, s'empressa d'envoyer ses médecins près du comte de Flandre; mais, selon l'opinion commune, loin de chercher à guérir sa blessure, ils y répandirent un poison dont l'action, quoique lente, était terrible. Dès ce moment, Baudouin VII comprit que la tombe qu'il avait choisie à l'abbaye de Saint-Bertin ne tarderait pas à s'ouvrir pour lui; ses forces s'épuisaient de jour en jour, et le 17 juin 1119 il rendit le dernier soupir à Roulers.

LIVRE CINQUIÈME.
1119-1128.

Charles le Bon.
Conjuration des Flamings. Attentat du 2 mars 1127.
Guillaume de Normandie.

Charles de Danemark, parent au second degré du comte Baudouin VII qui l'avait désigné pour son successeur, était fils du roi Knuut ou Canut, selon la prononciation romane. Saint Canut avait péri martyr dans une église où des conspirateurs l'avaient frappé. Charles de Danemark était encore enfant lorsque sa mère, fille de Robert le Frison, le conduisit en Flandre, et la triste image de la fin de son père l'y suivit comme un souvenir prophétique. Le comte Charles possédait les mêmes vertus: si sa mort fut également pieuse, sa vie ne fut pas moins héroïque.

Charles de Danemark avait fait un pèlerinage en Asie pour combattre les Sarrasins, mais il n'avait quitté la Palestine qu'après avoir reçu le dernier soupir de Godefroi de Bouillon. Robert II l'accueillit avec honneur à son retour, et son influence s'accrut de jour en jour sous le règne de son successeur. Baudouin VII lui fit épouser Marguerite de Clermont et lui donna le comté d'Amiens et le domaine d'Ancre, qu'il avait enlevés aux seigneurs de Coucy et de Saint-Pol. On ajoute que, peu de mois avant sa mort, il lui confia le gouvernement de ses Etats. Quoi qu'il en soit, la transmission de l'autorité souveraine ne s'exécuta point sans opposition, et le règne du comte Charles, qu'un complot devait achever, s'ouvrit au milieu des complots excités à la fois par la comtesse Clémence de Bourgogne, veuve de Robert II, qui venait d'épouser le duc de Brabant, et par son gendre Guillaume de Loo, fils de Philippe, vicomte d'Ypres, que soutenaient les comtes de Hainaut et de Boulogne, Hugues de Saint-Pol et Gauthier d'Hesdin.

Clémence s'était emparée d'Audenarde et le comte Hugues de Saint-Pol envahissait la West-Flandre, lorsque Charles de Danemark rassembla son armée. Dès ce moment, il marcha de victoire en victoire. Guillaume de Loo se soumit; Clémence, vaincue, se vit réduite à demander la paix en cédant quatre des principales cités qui formaient son douaire, Dixmude, Aire, Bergues et Saint-Venant. Gauthier d'Hesdin fut chassé de ses domaines: Hugues de Saint-Pol perdit son château.

Charles avait apaisé toutes les discordes intérieures; il retrouva auprès du roi de France, qui un instant avait semblé favoriser la comtesse Clémence, l'autorité et l'influence de Robert II et de Baudouin VII. Suger, en rappelant les guerres de Louis VI en Normandie et dans les Etats du comte Thibaud, attribue au comte de Flandre l'honneur de la conquête de Chartres, et il ajoute qu'en 1124, lors de l'invasion de l'empereur Henri V, il conduisit dix mille guerriers intrépides dans le camp du roi de France. N'oublions point que ces expéditions, auxquelles la Flandre prit la plus grande part, furent les premières où les bourgeoisies marchèrent contre les ennemis sous les bannières de leurs paroisses. La défense du territoire n'était plus exclusivement confiée aux hommes de fief: elle devenait la tâche et le devoir de toute la nation.

Henri V s'était retiré à Utrecht, couvert de honte et méprisé de ses sujets. A sa mort, une ambassade solennelle, composée du comte de Namur et de l'archevêque de Cologne, vint offrir la pourpre impériale au comte de Flandre; mais il ne crut point pouvoir l'accepter. Les devoirs de son gouvernement le retenaient en Flandre, et lorsque, après la captivité de Baudouin du Bourg, les chrétiens d'Asie lui proposèrent le trône de Jérusalem, il persista dans les mêmes sentiments, et refusa le sceptre de Godefroi de Bouillon comme la couronne de Karl le Grand.

Charles ne songea plus qu'à consolider la paix intérieure, en s'efforçant de dompter les mœurs féroces des Flamings. Retirés aux bords de la mer, ils ne cessaient de répandre le sang, et chaque jour on les voyait agiter dans les airs leurs longues torches pour appeler leurs gildes aux combats. «Afin d'assurer le repos public, le comte de Flandre décida, dit Galbert, qu'à l'avenir il serait défendu de marcher armé, et que quiconque ne se confierait point dans la sécurité générale serait puni par ses propres armes.» Gualter ajoute, ce qui paraît peu probable, que les Flamings respectèrent ces défenses dont Robert II et Baudouin VII avaient donné l'exemple.

Le comte de Flandre mérita, par ses vertus et son pieux dévouement pendant la désastreuse famine de 1126, l'affection des clercs et la reconnaissance des pauvres; mais on ne peut douter que ses réformes n'aient excité la colère des Flamings. «Autant les hommes sages, dit Gualter, applaudissaient à son zèle, autant les hommes pervers le supportaient impatiemment, parce qu'ils voyaient que sa justice protégeait la vie de ceux qu'ils haïssaient et s'opposait à toutes leurs tentatives: il leur semblait qu'aussi longtemps qu'on ne leur permettrait point d'exercer librement leurs fureurs, le salut du comte et leur propre salut ne pouvaient point s'accorder.»

Parmi les hommes de race saxonne qui repoussaient un joug odieux, il n'en était point dont l'élévation eût été plus rapide que celle d'Erembald, père de Lambert Knap et de Bertulf. Simple karl de Furnes et confondu parmi les serfs du comte, il servait comme homme d'armes sous les ordres de Baudrand, châtelain de Bruges, lorsque, dans une guerre contre les Allemands, il profita d'une nuit obscure pour le précipiter dans les eaux de l'Escaut. La femme de Baudrand, Dedda, surnommée Duva, était la complice de ce crime. Elle se hâta de donner sa main et ses trésors au meurtrier, qui acquit la châtellenie de Bruges et la laissa à son fils Disdir, surnommé Hacket. Bertulf avait eu également recours à la simonie pour s'emparer de la dignité de prévôt de Saint-Donat, dont il avait dépossédé le vertueux Liedbert. Les autres fils d'Erembald avaient acheté de vastes domaines. Cependant, quelles que fussent leurs richesses, les barons et les officiers du comte n'oubliaient point leur origine, et il arriva que Charles de Danemark ayant ordonné une enquête sur les droits douteux des Flamings dont la position était la même, Bertulf et sa famille mirent tout en œuvre pour se placer au-dessus de ces recherches. Bertulf protestait que ses aïeux avaient toujours été libres. «Nous le sommes, nous le serons toujours, ajoutait-il; il n'est personne sur la terre qui puisse nous rendre serfs: si je l'avais voulu, ce Charles de Danemark n'aurait jamais été comte.» Selon la vieille coutume du Fleanderland, la haine dont Bertulf était animé devint commune à ses frères et à ses parents, que les historiens de ce temps nous dépeignent d'une stature élevée, et d'un aspect si terrible qu'on ne pouvait les regarder sans trembler.

Le comte de Flandre s'était rendu en France pour prendre part à une expédition dirigée contre l'Auvergne et le duc d'Aquitaine. Les fils d'Erembald voulurent profiter de son absence pour commencer à mettre à exécution leurs perfides desseins, en ravageant le domaine de Tangmar de Straten, l'un des nobles que Charles chérissait le plus. Burchard, fils de Lambert Knap, dirigea ces dévastations, et tandis que Bertulf présidait à des orgies dans le cloître de Saint-Donat, les laboureurs qui cultivaient les terres de Tangmar, poursuivis par le fer et la flamme, invoquaient en vain la trêve du Seigneur. A peine le comte Charles était-il arrivé à Lille, qu'il y apprit les désordres qui régnaient en Flandre. Deux cents laboureurs chassés de leurs demeures l'attendaient à Ypres pour implorer sa protection. Ce fut dans cette ville que Charles convoqua les barons pour juger les coupables. Burchard fut condamné à rétablir le château, le verger et l'enclos de Tangmar: de plus, conformément aux peines portées par les usages germaniques contre les violateurs de la paix publique, sa demeure fut livrée aux flammes.

Charles revint le 28 février à Bruges. Il employa toute la journée du lendemain à rendre la justice; mais vers le soir, Gui de Steenvoorde et d'autres amis des traîtres parurent dans son palais et cherchèrent à exciter sa clémence. Ils lui représentèrent longuement que la faute de Burchard était déjà assez expiée par la destruction de son château; ils ajoutaient qu'il serait injuste d'en faire peser la responsabilité sur toute sa famille. Parfois seulement, le comte, encore ému du triste spectacle des ruines qui, la veille, lui avaient retracé sur son passage les dévastations de Burchard, répondait à leurs mensongères apologies par quelques plaintes énergiques. Les amis de Burchard gardaient alors le silence, et lorsque les serviteurs du comte remplissaient leurs coupes, ils demandaient qu'il y fît verser les vins les plus précieux. Dès que les coupes étaient vides ils les faisaient remplir de nouveau, et c'est ainsi que, par la violation des saintes lois de l'hospitalité, ils se préparaient aux attentats les plus criminels.

Le comte leur avait accordé la permission de se retirer, et ils en profitèrent pour se rendre immédiatement à la demeure de Bertulf où ils racontèrent les paroles de Charles, telles que leur imagination troublée par les vapeurs du vin les avait conservées. «Jamais, dirent-ils, le comte de Flandre ne nous pardonnera, à moins que nous ne reconnaissions que nous sommes ses serfs.» Près de Bertulf, se trouvaient rassemblés Guelrik son frère, Burchard son neveu, Isaac de Reninghe, Guillaume de Wervicq, Engelram d'Eessen. Ils joignirent leurs mains en signe d'alliance, et résolurent de faire périr le comte dès qu'une occasion favorable se présenterait. Tandis que le prévôt de Saint-Donat gardait la porte de la salle où ils étaient réunis, ils continuèrent à délibérer, et jugèrent qu'il était important d'associer à leur entreprise Robert, neveu de Bertulf, jeune homme paisible et vertueux, qui avait succédé à toute l'influence dont jouissait son père, longtemps châtelain sous le règne de Robert II. Ils l'appelèrent donc et lui dirent: «Donne-nous ta main afin que tu prennes part à nos projets, comme nous-mêmes, en joignant nos mains, nous nous sommes déjà engagés les uns vis-à-vis des autres.» Robert, soupçonnant quelque intention sinistre, refusait de les écouter et voulait quitter la salle: «Qu'il ne sorte point,» s'écrient Isaac et Guillaume en s'adressant au prévôt. Bertulf le retient et emploie tour à tour les menaces et la persuasion. Le jeune homme cède enfin, donne sa main et demande ce qu'il doit faire. On lui répond: «Charles veut nous perdre et nous réduire à devenir ses serfs, nous avons juré sa mort: aide-nous de ton bras et de tes conseils.» Robert, éperdu de terreur, laissait couler ses larmes: «Il ne faut pas, disait-il, que nous trahissions notre seigneur et le chef de notre pays. Si vous persistez à le vouloir faire, j'irai moi-même révéler votre complot au comte, et jamais, si Dieu le permet, on ne me verra prêter mon aide, ni mes conseils à de pareils desseins.» Il fuyait hors de la salle: on le retint de nouveau. «Ecoute, mon ami, répliquèrent Bertulf et ses complices, si nos paroles semblaient annoncer que nous songeons sérieusement à cette trahison, c'était seulement afin de voir si nous pourrions compter sur toi dans quelque affaire grave. Nous ne t'avons point encore appris pourquoi tu nous as engagé ta foi, nous te le dirons un autre jour.» Et ils cherchèrent à cacher par des plaisanteries et sous de légers propos le but de leur réunion; ensuite ils se séparèrent, mécontents de ce qui avait eu lieu et agités par une secrète inquiétude.

Isaac de Reninghe était à peine revenu dans sa demeure lorsque, s'étant assuré que le silence de la nuit était complet, il remonta à cheval et rentra dans le bourg où se trouvait l'église de Saint-Donat et le palais du comte. Il y appela tour à tour Bertulf et les autres conjurés, et les conduisit dans la maison de Walter, fils de Lambert de Rodenbourg. Là ils éteignirent tous les feux afin qu'on ne remarquât point au dehors qu'ils veillaient, et poursuivirent leur complot, protégés par les ténèbres. Afin que leur projet ne fût point révélé, ils décidèrent qu'on l'exécuterait dès le lever de l'aurore, et choisirent, dans la maison de Burchard, les karls qui seraient chargés d'accomplir le crime.

Quiconque frapperait le comte devait recevoir quatre marcs d'argent; ceux qui aideraient à le tuer, seulement la moitié. Ces résolutions prises, Isaac retourna chez lui: le jour n'avait pas encore paru.

Depuis son retour, Charles s'abandonnait à de tristes pressentiments, et semblait avoir reçu la révélation de sa fin prochaine. A Ypres, on lui avait exposé toute la férocité des mœurs de Burchard. «Dieu me protégera, avait-il répondu, et si je meurs pour la cause de la justice, ma gloire sera supérieure à mon malheur.» Quelques clercs étant venus se plaindre des dangers qui les menaçaient: «Si vous mouriez pour la vérité, leur avait-il dit, quelle mort serait plus honorable que la vôtre? Est-il quelque chose au-dessus des palmes du martyre?»

Cette même nuit, pendant laquelle on aiguisait le fer qui devait trancher sa vie, Charles avait peu dormi et ses chapelains remarquèrent qu'il paraissait souffrant et agité. Il se leva un peu plus tard que de coutume et se dirigea aussitôt vers l'église de Saint-Donat. Le ciel était sombre et chargé de brouillard. De vagues rumeurs arrivèrent jusqu'au comte de Flandre et l'avertirent que ses jours étaient en péril; mais il ne voulut point y ajouter foi, et ne prit avec lui qu'un petit nombre de serviteurs qui se dispersèrent dès que Charles fut entré dans la galerie supérieure de l'église qui communiquait avec son palais. Le clergé avait déjà chanté les hymnes que la religion consacre aux premières heures du jour; Charles unissait sa voix à leurs prières et récitait les psaumes de David; il avait commencé le quatrième psaume de la pénitence et avait achevé le verset: «Vous jetterez sur moi de l'eau avec l'hysope et je serai purifié; vous me laverez et je deviendrai plus blanc que la neige,» lorsque, comme le dit Galbert, ses péchés furent lavés dans son sang.

Burchard, prévenu par ses espions de l'arrivée du comte, n'avait pas tardé à le suivre dans l'église, caché sous un large manteau: il avait chargé ses amis de garder les deux côtés de la galerie où priait le prince, et était arrivé près de lui sans que sa présence eût été remarquée. Charles avait pris un des treize deniers posés sur son psautier pour le donner à une vieille femme. Celle-ci aperçut Burchard: «Sire comte, prenez garde,» lui dit-elle. Charles tourna la tête et au même instant l'épée de Burchard, s'abaissant, effleura son noble front et mutila le bras déjà prêt à remettre cette dernière aumône. Le fils de Lambert Knap se hâta de relever son épée, et d'un second coup plus vigoureux et plus terrible il renversa sans vie à ses pieds l'infortuné comte de Flandre. (2 mars 1127, v. s.)

La pauvre femme qui avait reçu les derniers bienfaits du prince s'était précipitée sur la place du Bourg en criant: *Wacharm! Wacharm!* mais aucune voix ne répondit à la sienne, soit que parmi les habitants de Bruges, il y eût beaucoup d'hommes que leur origine attachait à la faction de Bertulf, soit que la terreur que fait toujours naître un crime inopiné eût glacé tous les cœurs.

Cependant la mort du comte n'avait point satisfait la colère de ses ennemis: ils n'avaient pas quitté l'église de Saint-Donat, et leur fureur sacrilège méditait de nouveaux crimes. Thémard, châtelain de Bourbourg, priait non loin de Charles de Danemark, dans la même galerie: il ne put fuir et tomba couvert d'affreuses blessures. Enfin, les meurtriers s'élancèrent hors de l'église: les uns voulaient envahir le palais du comte, ou bien aller à Straten piller le domaine de Tangmar; les autres se dispersèrent dans la ville, et les fils du châtelain de Bourbourg, atteints au moment où ils fuyaient, périrent également sous leurs coups.

Gauthier de Locre, sénéchal du comte de Flandre, avait disparu: il avait été l'un des principaux conseillers de Charles de Danemark, et l'on prétendait que, plus que personne, il n'avait cessé de l'engager à faire rentrer les fils d'Erembald dans la condition des serfs. Burchard et ses amis étaient impatients d'assouvir sur lui leur haine et leur vengeance: ils le cherchaient inutilement, lorsqu'on vint leur apprendre que le châtelain de Bourbourg respirait encore. Les chanoines de Saint-Donat entouraient sa douloureuse agonie des consolations de la religion, quand Burchard parut. A sa voix, on précipita le vieillard mourant du haut de la galerie sur les degrés de marbre de l'escalier, d'où on le traîna devant les portes de l'église pour l'y frapper de nouveau.

Pendant cette scène d'horreur, un enfant accourt et annonce qu'il connaît la retraite de Gauthier de Locre: il ajoute qu'il n'est pas loin et qu'on le trouvera dans cette même église où déjà tant de sang a coulé, et cet enfant conduit Burchard, tandis que la joie féroce des meurtriers se révèle par de bruyantes acclamations. Le sénéchal de Flandre, se voyant trahi, s'élance de la tribune occupée par les orgues où l'un des gardiens de l'église l'avait couvert de son manteau; éperdu de terreur, il fuit précipitamment vers l'autel de Saint-Donat, et s'y réfugie sous le voile que les prêtres avaient étendu sur le crucifix. C'est en vain qu'il invoque Dieu et tous les saints. Burchard le suit, le saisit par les cheveux et lève son épée: mais les chanoines s'interposent et demandent qu'il leur soit au moins permis d'entendre sa confession. Prière inutile! Burchard les repousse. «Gauthier, dit-il au sénéchal, nous ne te devons pas d'autre pitié que celle que tu as méritée par ta conduite vis-à-vis de nous.» Puis il ordonne à ses sicaires de le porter sur le corps inanimé du châtelain de Bourbourg, où ils l'immolent à coups d'épée et de massue.

Burchard résolut alors de faire visiter toute l'église, afin de reconnaître s'il ne s'y trouvait point quelques autres de ceux dont il avait juré la perte. Ses serviteurs soulevèrent les bancs, les pupitres, les rideaux et tous les ornements qui pouvaient servir d'abri. Dans le premier sanctuaire, ils aperçurent les chapelains du comte qui s'étaient placés sous la protection des autels. Plus loin, ils découvrirent le clerc Odger, le chambellan Arnould et le notaire Frumold le jeune, que Charles de Danemark chérissait beaucoup. Arnould et

Odger s'étaient retirés sous une vaste tapisserie. Frumold le jeune avait cru pouvoir plus aisément se dérober aux regards, en se cachant sous des rameaux verts qu'on avait cueillis pour l'une des solennités du carême.

Burchard et ses amis attendaient dans le chœur le résultat de ces recherches. «Par Dieu et ses saints! s'écria Isaac de Reninghe, dût Frumold remplir d'or toute l'église, il ne rachètera point sa vie!» Le notaire Frumold, dont la sœur avait épousé Isaac, se méprit toutefois sur ses intentions, car il espérait trouver en lui un protecteur. «Mon ami, lui disait-il, je t'en conjure par l'amitié qui jusqu'à ce moment a existé entre nous, respecte mes jours et conserve-moi à mes enfants qui sont tes neveux, afin que ma mort ne les laisse point sans défense.» Mais Isaac lui répliqua: «Tu seras traité comme tu l'as mérité en nous calomniant auprès du comte.» Un prêtre, s'approchant de Frumold, ouït sa confession et reçut l'anneau d'or qu'il le chargea de remettre à sa fille. Cependant Burchard et Isaac délibéraient s'ils n'épargneraient pas les jours de Frumold et d'Arnould jusqu'à ce qu'ils les eussent contraints à leur livrer tout le trésor du comte. Tandis qu'ils hésitaient, les chanoines de Saint-Donat avaient prévenu Frumold le vieux, oncle du notaire Frumold, des périls qui menaçaient son neveu. Ils l'accompagnèrent près de Bertulf, et unirent leurs prières aux siennes pour que le prévôt interposât sa médiation. Bertulf consentit à envoyer un messager vers Burchard pour l'engager à respecter la vie du notaire; mais Burchard fit répondre que lors même que Bertulf implorerait lui-même sa grâce, il ne pourrait l'accorder. Frumold le vieux et les chanoines se précipitèrent de nouveau aux pieds du prévôt, le suppliant de se rendre à l'église de Saint-Donat. Bertulf se leva; «il marchait d'un pas lent, raconte Galbert, comme s'il se préoccupait peu du sort d'un homme qu'il n'aimait point.» Quand il arriva dans le sanctuaire, la délibération durait encore et Bertulf obtint qu'on lui remettrait les prisonniers jusqu'à ce que Burchard les réclamât. «Apprends, Frumold, dit le prévôt de Saint-Donat au malheureux notaire, que tu ne posséderas point ma prévôté aux prochaines fêtes de Pâques comme tu l'espérais.» Et il l'emmena dans sa maison.

Le corps du comte était resté étendu dans la galerie où il avait péri. Les cérémonies religieuses avaient cessé dans l'église souillée par des attentats sacriléges, et les chanoines avaient à peine osé réciter quelques prières secrètes pour Charles de Danemark. Enfin, Bertulf permit que les nobles restes du bon prince fussent enveloppés dans un linceul et placés au milieu du chœur; puis on alluma quatre cierges autour du cercueil. Bientôt quelques femmes vinrent s'agenouiller auprès de ce modeste cénotaphe. Leurs larmes, touchantes prémices d'un culte pieux, émurent tous ceux qui en furent les témoins; et, à leur exemple, l'on vit, avant le soir, ce même peuple qui, aux premières heures du jour, partageait le ressentiment des meurtriers contre le comte Charles, l'honorer et le vénérer comme un martyr.

«Ce fut alors (je cite Galbert) que les traîtres examinèrent, avec le prévôt Bertulf et le châtelain Hacket, par quel moyen ils pourraient faire enlever le corps du comte, qui ne cesserait, tant qu'il reposerait au milieu d'eux, de les vouer à un opprobre éternel; et, par une résolution digne de leur ruse, ils envoyèrent chercher l'abbé de Saint-Pierre, afin qu'il prît avec lui les restes du comte Charles et les ensevelît à Gand. Ainsi s'acheva cette journée pleine de douleurs et de misères!» Le remords tourmentait ces hommes que le crime n'avait point effrayés; ils ne voyaient dans ce cadavre mutilé qu'un accusateur terrible, et craignaient que la victime ne se levât, voilée de son linceul, pour proclamer leur crime et annoncer leur châtiment.

Pendant la nuit, Bertulf plaça des sentinelles sur la tour et dans les galeries de l'église, afin que, s'il était nécessaire, il pût y trouver un refuge. Il attendait impatiemment l'arrivée de l'abbé de Saint-Pierre. Celui-ci était monté à cheval aussitôt après avoir reçu le message du prévôt et parut à Bruges vers le lever du jour. Il devait attacher le cercueil sur des chevaux et retourner à Gand sans délai; mais une foule de pauvres, qui espéraient qu'on leur distribuerait des aumônes pour le repos de l'âme du comte, s'étaient déjà réunis. Leurs clameurs suivaient le prévôt de Saint-Donat; on répétait de toutes parts qu'on allait enlever le corps du comte, et les bourgeois accouraient en tumulte. Bertulf jugea qu'il n'y avait point de temps à perdre, et tandis qu'on apportait aux portes de l'église un cercueil préparé à la hâte, il ordonna à ses serviteurs de soulever le corps du comte de Flandre et de l'y déposer sans délai. Mais les chanoines s'y opposèrent: «Jamais, disaient-ils à Bertulf, nous ne consentirons à abandonner les restes de Charles, comte très-pieux et martyr; nous mourrons plutôt que de permettre qu'ils soient portés loin de nous.» A ces mots, tous les clercs s'emparèrent des tables, des escabeaux, des candélabres et de tout ce qui dans leurs mains pouvait servir à combattre; en même temps, ils agitaient les cloches. Les bourgeois prenaient les armes et se rangeaient dans l'église, le glaive à la main. Les pauvres et les malades s'élançaient sur le linceul et le couvraient de leurs bras, pour le défendre et le conserver comme un gage de la miséricorde céleste. Tout à coup le tumulte s'arrêta: un enfant paralytique qui avait coutume de mendier aux portes de l'abbaye de Saint-André avait touché les reliques sanglantes du martyr. Il s'était levé et marchait, louant le ciel de ce miracle dont tout le peuple était témoin. On n'entendait plus que des prières et des actions de grâces. Les uns essuyaient les plaies du comte avec des linges; les autres grattaient le marbre rougi par son sang: une sainte terreur avait pénétré tous les esprits.

L'abbé de Saint-Pierre avait fui à Gand, tandis que le prévôt et ses neveux se retiraient dans le palais du comte. Leur ruse n'avait point réussi, et ils se virent réduits à promettre qu'on n'enlèverait point le corps du prince; quoi qu'il en fût, dès que le peuple se fut éloigné, ils firent fermer les portes de l'église: les chanoines, craignant quelque nouvelle perfidie, s'empressèrent de construire avec des pierres et du ciment un tombeau placé dans la galerie de Notre-Dame, aux lieux mêmes où le comte avait été frappé, et ils l'y ensevelirent le lendemain.

Les cérémonies des obsèques furent célébrées le 4 mars dans l'église de Saint-Pierre, située hors des murs de la ville. Le prévôt de Saint-Donat y parut avec les chanoines: il ne cessait de leur répéter qu'il était entièrement étranger à la trahison, et distribua de sa propre main les aumônes funéraires; on le vit même pleurer. De plus, Bertulf adressa, le 6 mars, des lettres aux évêques de Noyon et de Térouane. Il les y suppliait de venir purifier l'église de Saint-Donat, et ajoutait qu'il était prêt à prouver canoniquement son innocence devant le peuple et le clergé.

Si le prévôt de Saint-Donat cherchait dans la religion un prétexte de protestations mensongères, le fils de Lambert Knap, moins astucieux mais plus cruel, conservait une foi aveugle dans les enchantements et les superstitions du paganisme. L'église de Saint-Donat vit, en 1127, sous ses voûtes sacrées, des hommes de race saxonne renouveler le *dadsisa*, qu'en 743 le concile de Leptines avait condamné chez leurs aïeux. Au milieu des ténèbres de la nuit, Burchard et ses complices vinrent s'asseoir autour du tombeau du comte; puis ils placèrent sur la pierre sépulcrale un pain et une coupe remplie de bière, qu'ils se passèrent tour à tour. Ils croyaient apaiser par ces libations l'âme de leur victime et s'assurer l'impunité.

Déjà ils avaient annoncé à Guillaume de Loo qu'ils lui feraient avoir le comté de Flandre, et un agent du vicomte d'Ypres, nommé Godtschalc Tayhals, s'était rendu à Bruges près du prévôt et de Burchard, porteur d'un message ainsi conçu: «Mon maître et votre intime ami, Guillaume d'Ypres, vous salue et vous assure de son amitié: sachez qu'il s'empressera, autant qu'il est en lui, de vous aider et de vous secourir.»

C'était précisément l'époque de l'année où les marchands étrangers s'assemblaient à Ypres. Guillaume de Loo profita de ces circonstances pour les obliger à lui rendre hommage et à le reconnaître comme comte de Flandre. Bertulf lui avait donné ce conseil, et avait en même temps mandé aux karls du pays de Furnes et à ceux des bords de la mer attachés à sa gilde, qu'ils appuyassent les prétentions du vicomte d'Ypres.

Cependant les serviteurs du comte, que l'horreur du crime avait un instant glacés d'effroi, n'avaient point tardé à se rallier, et dès que l'on connut en Flandre la sentence d'excommunication fulminée par l'évêque de Noyon contre les meurtriers et leurs complices, Gervais de Praet, chambellan du comte Charles, s'approcha de l'enceinte palissadée, que les habitants de Bruges avaient, à la prière de Bertulf, construite autour de leurs faubourgs. Le jour baissait, et déjà la fumée qui s'élevait de l'âtre annonçait le repas du soir, lorsque tout à coup on vit s'avancer dans les rues les hommes d'armes de Gervais de Praet, auxquels on avait livré les portes du Sablon: les conjurés eurent à peine le temps de se retirer dans le bourg.

Le siége commença aussitôt. Le 10 mars, Sohier de Gand, Iwan d'Alost, Daniel de Termonde et Hellin de Bouchaute amenèrent à Gervais de Praet de nombreux renforts. Le lendemain parurent Thierri, châtelain de Dixmude, Richard de Woumen et Gauthier de Lillers, ancien boutillier du comte. Les bourgeois de Gand n'arrivèrent que le 13 mars; ils se préoccupaient peu de la lutte de Burchard et de Gervais de Praet, mais ils voulaient conquérir et rapporter dans leur ville les célèbres reliques dont on leur avait raconté les miracles. Se croyant assez puissants et assez instruits dans l'art des siéges pour s'emparer de la forteresse sans l'appui de personne, ils avaient emmené avec eux des archers, des ouvriers et un grand nombre de chariots chargés d'échelles énormes. A leur suite marchaient des troupes de voleurs et de pillards venues du pays de Waes, et recrutées chez ces populations frisonnes auxquelles s'étaient jadis mêlés les Normands qui stationnaient sur l'Escaut. Les bourgeois de Bruges s'effrayèrent, et peu s'en fallut que d'autres combats ne s'engageassent aux portes de la ville. Enfin, il fut convenu que les Gantois entreraient à Bruges, mais qu'ils se sépareraient des hommes de race étrangère, dont on redoutait les fureurs et les déprédations.

Il y avait, parmi les conjurés du bourg, un homme dont le cœur s'ébranla à l'aspect de cette menaçante agression: c'était le prévôt Bertulf. Consterné, et aussi humble qu'à une autre époque il se montrait orgueilleux, il parut en suppliant au haut des murailles. La terreur avait éteint sa voix, et ce fut son frère, le châtelain Hacket, qui prit la parole en son nom: «Seigneurs, daignez nous traiter généreusement en faveur de notre ancienne amitié. Barons de Flandre, nous vous prions, nous vous supplions de ne pas oublier combien vous nous chérissiez autrefois; prenez pitié de nous. Comme vous, nous pleurons et regrettons le comte; comme vous, nous flétrissons les coupables, et nous les chasserions loin de nous, si, malgré nos sentiments, les devoirs qu'imposent les liens du sang ne nous arrêtaient. Nous vous supplions de nous écouter. Pour ce qui concerne nos neveux que vous accusez d'être les auteurs du crime, accordez-leur la permission de sortir librement de la forteresse, et qu'ensuite, condamnés pour un aussi cruel attentat par l'évêque et les magistrats, ils s'exilent à jamais et cherchent, sous le cilice et dans la pénitence, à se réconcilier avec Dieu. Quant à nous, c'est-à-dire quant au prévôt, au jeune Robert, à moi, et à nos hommes, nous établirons, par toute forme de jugement, que nous sommes innocents de fait et d'intention; nous le prouverons selon le droit séculier qui régit les hommes d'armes et selon les divines Ecritures auxquelles les clercs se conforment.» Mais l'un des chevaliers qui avaient pris les armes à l'appel de Gervais de Praet, lui répondit: «Hacket, nous avons oublié vos services et nous ne devons point nous souvenir de l'amitié que nous portions autrefois à des traîtres impies. Tous ceux qui s'honorent du nom de chrétiens se sont réunis pour vous combattre, parce que, violant la justice de Dieu et des hommes, vous avez immolé votre prince pendant un temps de prière, dans un lieu consacré à la prière et tandis qu'il priait! C'est pourquoi, châtelain Hacket, nous renonçons à la foi et à l'hommage qui vous étaient dus; nous vous condamnons, et nous vous rejetons en brisant ce fétu de paille que nous tenons dans nos mains.» Selon les usages de cette époque reculée, la multitude, groupée autour de la forteresse, prit des gerbes de blé et imita son exemple.

Tout espoir de paix s'était évanoui: Bertulf et Hacket avaient échoué dans leur tentative. Lorsque la nuit fut venue, l'un de ces deux hommes réussit, à prix d'argent, à s'évader de la forteresse; l'autre (c'était le moins coupable) ne voulut pas quitter ses amis à l'heure du péril. Le premier était Bertulf, qui gagna le domaine de Burchard à Keyem; le second était le châtelain Hacket.

Quinze jours seulement se sont écoulés depuis le trépas du comte: le siége du bourg va toucher à sa fin. Les conjurés placent au haut de leurs remparts leurs plus habiles archers, et entassent contre les portes à demi consumées par la flamme des masses considérables de pierres et de fumier. Une seule porte est restée libre, afin qu'ils puissent, selon les circonstances, entrer ou sortir. Les assiégeants préparent leurs échelles: elles ont une hauteur de soixante pieds sur une largeur de douze, et atteignent le sommet des murailles du bourg. Des boucliers d'osier, attachés à leur extrémité et sur leurs parois, doivent couvrir les assaillants, et elles serviront de base à d'autres échelles plus étroites et plus légères destinées à s'abaisser sur les créneaux. Déjà le moment de la lutte approche, déjà, aux clameurs qui s'élèvent dans les airs se mêle le sifflement des traits, lorsque tout à coup les combattants laissent retomber leurs armes et courbent leurs fronts dans un respectueux silence. Les chanoines de Saint-Donat viennent de paraître au haut des remparts, les yeux pleins de larmes et poussant de profonds soupirs; ils portent dans leurs mains les vases sacrés, les châsses et les reliquaires, les ornements de l'église et les livres liturgiques. Egalement respectés par les meurtriers de Charles et par ses vengeurs, ils passent lentement à travers les hommes d'armes et vont déposer leur pieux fardeau à la chapelle de Saint-Christophe, au milieu de la place du marché.

Dès que les chanoines se sont éloignés, les tristes images de la guerre se reproduisent. Assiégeants et assiégés, tous ont conservé leurs projets et leurs haines.

Dans l'église de Saint-Donat, de honteuses profanations avaient succédé aux vénérables sacrifices. Ici se voyait un vaste bourbier, réceptacle d'immondices; là s'élevaient des fours et des cuisines; plus loin c'était la scène bruyante des orgies auxquelles présidaient des courtisanes. Toute cette agitation, tous ces désordres heurtaient la tombe entr'ouverte où gisait tout sanglant le cadavre du comte de Flandre. «Il était resté seul dans ce lieu, dit Galbert, seul avec ses meurtriers.»

Autour du bourg, les Gantois dressaient leurs échelles pour monter à l'assaut. Ils essayèrent de s'élancer sur les murailles en même temps qu'ils cherchaient à les miner par leur base; mais, après un combat obstiné qui dura jusqu'au soir, ils se virent repoussés de toutes parts. Telles étaient les fatigues de cette lutte cruelle, que les conjurés, rassurés par l'échec des Gantois, s'éloignèrent pendant quelques heures de leurs murailles. Le temps était froid et le vent soufflait avec force: les sentinelles s'étaient retirées dans le palais du comte où l'on avait fait un grand feu, lorsque vers le lever du jour, quelques assiégeants, ayant escaladé les remparts sur des échelles légères, trouvèrent la cour du bourg abandonnée. Ils y restèrent immobiles et silencieux jusqu'à ce qu'ils eussent pu ouvrir la porte de l'ouest en brisant la serrure qui la fermait: on accourut aussitôt de toutes parts pour les rejoindre, et les traîtres qui dormaient dans le palais du comte eurent à peine le temps d'en défendre l'entrée. Bientôt, accablés par le nombre, ils se réfugièrent dans la galerie voûtée qui servait de communication entre le palais et l'église. Là, la lutte recommença avec plus d'énergie. Burchard y montra un courage qui aurait été digne d'éloge, s'il eût été employé à soutenir une autre cause. Il ne cessa point un instant de combattre au premier rang des siens, semant autour de lui le deuil et la mort. Il parvint enfin à s'enfermer dans l'église, et on ne l'y poursuivit point. Les vainqueurs s'étaient dispersés pour piller: les uns emportaient des coupes, des tapis, des étoffes précieuses; d'autres étaient descendus dans les celliers où le vin et la bière coulaient à longs flots.

Si le zèle des Brugeois s'était ralenti depuis que Sohier de Gand et Iwan d'Alost prétendaient diriger toutes les attaques, les Gantois se montraient de plus en plus impatients d'attaquer l'église, d'où ils espéraient enlever le corps du comte de Flandre. Un jeune homme appartenant à leur troupe brisa avec son épée l'une des fenêtres du sanctuaire et y pénétra, mais il ne revint point. Plusieurs croyaient qu'il avait péri sous les coups de Burchard, mais d'autres racontaient que comme, dans sa coupable avidité, il avait touché à une châsse pour la dépouiller de ses ornements, la porte qu'il avait ouverte s'était refermée avec force et l'avait renversé sans vie. Cette rumeur était propagée par les Brugeois qui accusaient sans cesse les Gantois de ne songer qu'à piller. Les dissensions devinrent si vives que les bourgeois de Bruges et ceux de Gand avaient déjà saisi leurs armes pour se combattre les uns les autres; mais les hommes sages réussirent à les apaiser, et le résultat de cette réconciliation fut la conquête des nefs de l'église, d'où les conjurés se retirèrent dans les galeries supérieures et dans la tour. Là, ils se barricadèrent avec des siéges, des bancs, des planches enlevées des autels, des statues arrachées de leurs niches, qu'ils lièrent avec les cordes suspendues aux cloches; et, saisissant les cloches mêmes, ils les brisaient et les précipitaient sur les assiégeants qui occupaient le bas de l'église.

Pour juger et apprécier les événements qui vont suivre, il est nécessaire d'interrompre notre récit, et de remonter jusqu'aux premiers jours du siége.

Guillaume de Loo avait compromis sa fortune par son inertie. Au moment où toute la Flandre s'armait, il était resté oisif. Il semblait qu'issu de la maison de Flandre par son père, il dût se réunir aux amis du comte Charles; mais, s'il n'écoutait que les sympathies de race que lui avait léguées sa mère, Saxonne des bords de l'Yzer, pourquoi ne s'empressait-il point de secourir Bertulf comme il le lui avait promis? Quel que fût le parti qu'il adoptât, il le faisait triompher, et pouvait à son choix tenir le comté de Flandre de Burchard ou de Gervais de Praet. Guillaume de Loo balançait entre ses remords et ses serments, et il ne se montrait point: seulement, il envoya, le 16 mars, Froolse et Baudouin de Somerghem à Bruges pour faire connaître qu'il avait été créé comte par le roi de France: mensonge fatal à son ambition, parce qu'il lui donnait pour base un appui douteux auquel personne ne voulut croire.

La comtesse de Hollande était arrivée le même jour à Bruges. Elle espérait faire élire son fils comte de Flandre, et cherchait à s'attacher les barons par ses dons et ses promesses. Ils se montraient favorables à ses prétentions, et avaient juré que si Guillaume de Loo était reconnu par le roi de France, ils s'abstiendraient, tant qu'il vivrait, de porter les armes, car ils savaient qu'il n'était pas étranger au complot dirigé contre Charles de Danemark. Plus tard, Guillaume de Loo chargea Walter Crawel de se rendre à Bruges pour y annoncer que le roi d'Angleterre lui avait envoyé trois cents hommes d'armes et des sommes considérables; mais on ne vit dans cette assertion qu'un nouveau mensonge: on prétendait que l'or qu'il possédait était celui qu'il avait reçu des traîtres.

Guillaume de Loo hésitait encore lorsque, le 19 mars, il apprit la prise du bourg. Il considéra dès lors la cause des assiégés comme perdue, et jugea utile aux intérêts de sa politique, de rompre hautement avec eux. Il avait été instruit qu'Isaac de Reninghe s'était retiré à Térouane où il espérait trouver dans le monastère de Saint-Jean, fondé jadis en expiation d'un crime, une asile protecteur pour son propre crime; mais l'avoué Arnould le fit arrêter, et Guillaume de Loo, s'étant rendu lui-même à Térouane, conduisit Isaac dans la cité d'Aire où il fut pendu en présence de tout le peuple.

Isaac de Reninghe périt le 20 mars. Le même jour, on reçut à Bruges des lettres que le roi de France adressait aux chefs des assiégeants. Louis VI craignait que le roi d'Angleterre Henri Ier ne profitât des dissensions de la Flandre pour la détacher de la monarchie française. Il avait convoqué ses feudataires à Arras, et écrivait aux barons de Flandre qu'il avait avec lui trop peu d'hommes d'armes pour qu'il ne fût point imprudent d'aller les rejoindre;

car il n'ignorait point que certains hommes plaignaient le sort des traîtres, approuvaient leurs crimes, et travaillaient par tous les moyens à leur délivrance. Il leur retraçait aussi, avec des termes de dédain et de mépris, les prétentions ambitieuses de Guillaume de Loo, dont il rappelait l'origine obscure, et les engageait à envoyer sans délai leurs députés à Arras, pour régler d'un commun accord l'élection d'un prince digne de gouverner la Flandre.

Les lettres du roi de France avaient ranimé le zèle de tous ceux qui assiégeaient le bourg. Quoique le 20 mars fût un dimanche, jour dont jusqu'alors ils avaient respecté le repos solennel, ils se hâtèrent de tenter une nouvelle attaque. On avait répandu le bruit que Burchard avait offert aux Gantois de leur livrer le corps du comte de Flandre. Cette rumeur, soit qu'elle fût conforme à la vérité, soit qu'elle ne fût qu'une invention habile, anima les Brugeois contre les conjurés, et ils reparurent en armes devant la tour de l'église, afin qu'on ne leur enlevât point, pour les porter à Gand, les reliques vénérables du martyr. Ce fut en vain que des lettres par lesquelles Thierri d'Alsace, petit-fils de Robert le Frison, réclamait, à titre héréditaire, le comté de Flandre, leur parvinrent en même temps que celles du roi de France. Thierri d'Alsace était trop loin; le roi de France s'approchait: les assiégeants obéirent à l'appel de Louis VI, et leurs députés partirent pour Arras.

Les bourgeois de Bruges avaient reçu avec d'autant plus de joie les lettres du roi de France qu'il semblait y reconnaître au peuple de Flandre le droit d'élire le nouveau comte. Ils se préparèrent immédiatement à l'exercer. Le 27 mars, ils se réunirent à tous les députés des autres bourgs sur la place du Sablon, et là, le koreman Florbert, après avoir touché les reliques des saints, prononça le serment suivant: «Je jure de ne choisir pour comte de ce pays que celui qui pourra gouverner utilement les Etats des comtes ses prédécesseurs et défendre efficacement nos droits contre les ennemis de la patrie. Qu'il soit doux et généreux à l'égard des pauvres, et plein de respect pour Dieu! Qu'il suive le sentier de la justice; qu'il ait la volonté et le pouvoir de servir les intérêts de son pays!»

Trois jours après, les barons qui s'étaient rendus près de Louis VI, revinrent d'Arras. Ils annoncèrent que l'armée du roi de France était entrée en Flandre, et apportaient des lettres ainsi conçues: «Le roi de France, à tous les loyaux habitants de la Flandre, salut, amitié et protection, tant par la vertu de Dieu que par la puissance de ses armes invincibles! Prévoyant que la mort du comte Charles entraînerait la ruine de votre pays, et mus par la pitié, nous avons pris les armes pour le venger par les plus terribles supplices; de plus, afin que la Flandre puisse se pacifier et se fortifier sous le comte que nous venons de choisir, écoutez les lettres que nous vous adressons, exécutez-les et obéissez.» Gauthier de Lillers montra alors les lettres revêtues du sceau royal, et ajouta que le prince désigné par Louis VI était Guillaume de Normandie, qui, pendant plusieurs années, avait vécu à la cour de Baudouin VII. Ainsi, à l'élection populaire se substituaient tout à coup les ordres menaçants du roi de France. Une morne stupeur accueillit le discours de Gauthier. Quelles que fussent les sympathies diverses qui portassent les uns vers Thierri d'Alsace, les autres vers le comte de Hollande, ou le comte de Hainaut qui avait conquis Audenarde, le sentiment du droit national était vivement blessé chez tous les bourgeois: ils décidèrent que pendant la nuit on adresserait des messages à tous les bourgs voisins, afin que dès le lendemain ils envoyassent leurs députés à Bruges. Ceux-ci jugèrent convenable de conférer avec les Gantois: les bourgeois de toutes les villes de Flandre avaient formé une étroite alliance, et s'étaient engagés à ne rien conclure relativement à l'élection du comte, si ce n'est d'un commun accord.

Ces dernières journées du mois de mars 1127 resteront à jamais mémorables dans les fastes de notre histoire; la Flandre éprouvait le besoin d'arriver à une organisation régulière par l'unité nationale; cependant la puissance du roi de France était trop grande pour que l'on pût s'opposer à son intervention: on jugea qu'il valait mieux adhérer à ses propositions lorsqu'il eût été dangereux de les repousser, et conserver, même en lui obéissant, l'apparence de la liberté. Guillaume était soutenu par l'armée du roi de France qui avait pris possession de Deinze, et le 5 avril Louis VI entra dans les faubourgs de Bruges, précédé des chanoines de Saint-Donat et entouré d'une pompe toute royale. Le jeune comte Guillaume était avec lui et chevauchait à sa droite. Guillaume, surnommé par les Normands *Longue Epée*, avait vingt-six ans. Il était fils de Robert de Normandie et petit-fils de la reine d'Angleterre, Mathilde de Flandre. Il avait été autrefois fiancé à Sibylle d'Anjou; mais ce mariage avait été rompu pour cause de consanguinité, et il avait épousé depuis une fille du marquis de Montferrat, sœur utérine d'Adélaïde de Savoie, reine de France. Louis VI le protégeait pour l'opposer à Henri Ier, et avait trouvé un double avantage à le créer comte de Flandre; car en même temps qu'il reprenait possession des comtés de Mantes, de Ponthieu et de Vexin qu'il lui avait donnés en dot, il élevait sa puissance à un degré qu'elle n'avait jamais atteint.

Le 6 avril, on apporta sur la place du Sablon les châsses et les reliques des saints. Le roi et le comte y jurèrent d'observer la charte des priviléges de l'église de Saint-Donat et celle par laquelle étaient abolis tous les droits de cens et de tonlieu, afin que les habitants de Bruges pussent jouir d'une liberté perpétuelle. Le nouveau comte ajouta qu'il leur reconnaissait le droit de modifier et de corriger à leur gré et selon les circonstances les lois et les coutumes qui les régissaient. Lorsque le comte se fut engagé par serment vis-à-vis des communes, les feudataires de Charles rendirent hommage à Guillaume. Les plus puissants mettaient leurs mains dans les siennes et recevaient de lui le baiser de vassalité. Les plus obscurs obtenaient leur investiture en se courbant sous la baguette dont Guillaume les touchait.

Cependant Guillaume de Loo n'avait pas reconnu le nouveau comte de Flandre. Ce fut en vain que Louis VI eut avec lui au château de Winendale une entrevue où il lui proposa les conditions de la paix; Guillaume de Loo maintint ses prétentions: il voulait lutter contre son rival et opposer puissance à puissance. Si Guillaume de Normandie devait triompher de Burchard, Guillaume de Loo se réservait la gloire de punir le prévôt Bertulf qui, après s'être caché à Furnes, avait été découvert à Warneton. Le vicomte d'Ypres alla lui-même l'y chercher. Bertulf marchait devant lui les pieds sanglants et meurtris, les yeux baissés, récitant à haute voix des hymnes et des prières au milieu des insultes et des outrages publics. On avait construit à Ypres, sur la place du marché, une potence en forme de croix où Bertulf, suspendu par la tête et les mains, ne trouvait qu'un léger appui pour ses pieds. Selon l'usage observé dans le supplice des traîtres, on plaça un chien affamé à ses côtés et le peuple l'accablait d'une grêle de pierres, lorsque tout à coup un profond silence s'établit; Guillaume de Loo s'approchait de la potence: «Apprends-moi donc, ô prévôt! lui disait-il, je t'en adjure par le salut de ton âme, quels sont, outre les traîtres que nous connaissons, ceux qui ont pris part à la mort de monseigneur le comte Charles?—Ne le sais-tu pas aussi bien que moi?» répondit la victime. A ces mots, le vicomte d'Ypres, transporté de fureur, fit déchirer le prévôt de Saint-Donat avec des crocs de fer: «Un supplice cruel, dit Galbert, le livra aux ténèbres de la mort.» Guillaume de Loo était un ingrat: c'était à Bertulf qu'il devait les châteaux où son autorité avait été reconnue, Furnes, Bergues et Cassel; il ne le faisait périr que parce qu'il n'avait plus besoin de lui.

Lorsque les conjurés assiégés dans l'église de Saint-Donat connurent la terrible fin de Bertulf, ils s'abandonnèrent au désespoir. Le bélier ne cessait de battre leurs murailles; les échelles étaient prêtes pour l'assaut. Combien étaient-ils pour lutter contre deux armées? Aucun secours ne leur parvenait du dehors, et les chefs flamings sur lesquels ils comptaient n'arrivaient point; tous étaient accablés de fatigue et d'inquiétude, et tandis que les uns continuaient à célébrer le *dadsisa* sur le tombeau du comte, d'autres, qui déjà ne niaient plus la vertu du sang des martyrs, avaient allumé un cierge en l'honneur de Charles de Danemark.

Le 14 avril, le bélier fut placé dans le dortoir des chanoines de Saint-Donat qui se trouvait à la même hauteur que la galerie de Notre-Dame. En vain les assiégés mêlèrent-ils aux pierres qu'ils jetaient des charbons ardents, de la poix et de la cire embrasées afin que les flammes d'un incendie fissent échouer cette attaque: tout fut inutile. Bientôt une clameur prolongée retentit parmi les conjurés qui se réfugiaient à la hâte dans la tour. Le bélier avait fait dans la muraille une large ouverture, par laquelle les assaillants s'élancèrent dans la galerie où le comte avait été enseveli, et Louis VI vint s'y agenouiller.

Déjà le roi de France avait ordonné que l'on minât les bases de la tour où les conjurés avaient trouvé leur dernier asile. A chaque coup de marteau ils sentaient tout l'édifice s'ébranler, et plutôt que de se laisser écraser sous ses ruines, ils crièrent du haut de l'église qu'ils consentaient à se rendre et à être conduits dans une prison, pourvu que le jeune Robert fût excepté de la captivité de ses compagnons. Louis VI accepta ces conditions: les assiégés sortirent de la tour; ils avaient lutté plus de six semaines contre les barons de Flandre et pendant quinze jours contre l'armée du roi de France, et ils n'étaient plus qu'au nombre de vingt-sept, tous pâles, hideux de maigreur, épuisés de lassitude, et portant sur leurs traits livides le sceau de la trahison. Leur chef était Wulfric Knop; Burchard, Disdir Hacket, Lambert de Rodenbourg et quelques autres conjurés, avaient réussi à s'échapper du bourg.

Les bourgeois de Bruges furent tristement émus en voyant ces hommes intrépides entraînés par le crime à de si fatales destinées. Ils gémissaient sur le sort de la famille de leurs châtelains, et plaignaient surtout le jeune Robert. Le roi n'avait pas respecté sa liberté; il avait cru remplir sa promesse en le séparant des traîtres, et l'avait fait charger de chaînes dans le palais du comte où il permit aux bourgeois de Bruges de le garder, ce qu'ils firent avec une grande joie.

Les autres furent conduits dans une prison si étroite qu'ils ne pouvaient point s'y asseoir. Une chaleur étouffante et fétide les tourmentait au milieu des ténèbres et augmentait l'horreur de leurs angoisses. Cette captivité, aussi cruelle que le supplice même, dura quinze jours. L'évêque de Noyon avait réconcilié l'église de Saint-Donat, et le corps de Charles le Bon, déposé depuis le 22 avril à la chapelle de Saint-Christophe, y avait été solennellement rapporté, lorsque le roi et le comte se réunirent le 5 mai pour délibérer sur la manière dont ils feraient périr les traîtres. Il semble qu'en ce moment même, ils redoutassent encore leur formidable énergie, car ils résolurent d'envoyer vers eux des hommes d'armes qui les tromperaient en leur annonçant la clémence du roi, et les engageraient à quitter leur prison l'un après l'autre. Wulfric Knop sortit le premier et on le conduisit par les passages intérieurs de l'église. Il put une dernière fois jeter les yeux sur la galerie, théâtre d'un crime si détestable et si sévèrement vengé; enfin, il arriva au sommet de la tour: les serviteurs du roi qui l'accompagnaient l'en précipitèrent aussitôt. Ainsi périrent après lui, Walter, fils de Lambert de Rodenbourg, qui, avant de mourir, obtint de prier un instant; Éric, dont des femmes voulurent panser les plaies, et vingt-quatre de leurs compagnons, acteurs de ce grand drame, que nous ne connaissons point par leurs noms, mais seulement par leurs passions et leur courage.

Le 6 mai, Louis VI quitta Bruges; il emmenait avec lui le jeune Robert que déjà il avait fait battre de verges, sous prétexte qu'il savait où une partie du trésor du comte avait été cachée. Les Brugeois, qui l'avaient toujours beaucoup aimé, ne purent en le voyant s'éloigner retenir leurs larmes et leurs plaintes. «Mes amis, leur dit Robert, puisque vous ne pouvez sauver ma vie, priez Dieu qu'il sauve mon âme.» A peine était-il arrivé à Cassel qu'il fut décapité par l'ordre du roi de France.

Que devinrent, après le supplice de Wulfric Knop et de ses compagnons, les autres complices de l'assassinat de Charles le Bon que Louis VI n'avait point saisis dans le bourg? Tandis que le châtelain Hacket se réfugiait à Lissewege chez Walter Krommelin, Burchard, livré par Hugues d'Halewyn, expirait à Lille sur la roue, après avoir demandé, comme Gerbald, qu'on tranchât la main qui avait exécuté le crime. Lambert Knap périt à Bruges au milieu des tortures. La fin d'Ingelram d'Eessen et de Guillaume de Wervicq fut la même. Gui de Steenvoorde, mortellement frappé dans un duel judiciaire, avait été suspendu au même gibet que le prévôt Bertulf.

Guillaume de Loo, si puissant et si orgueilleux, fléchissait lui-même sous la vengeance du ciel. Avant que le siége du bourg fût terminé, et quinze jours seulement après cette célèbre journée où le vicomte d'Ypres avait étouffé violemment les reproches du prévôt de Saint-Donat expirant par son ordre, le roi de France s'était avancé jusqu'au pied des remparts de la cité d'Ypres. Guillaume de Loo s'élança avec trois cents hommes d'armes au devant de Louis VI, mais déjà les bourgeois avaient ouvert leurs portes, et il tomba au pouvoir de ses ennemis.

Guillaume de Loo, malgré sa faiblesse et son inertie, était resté le chef des Flamings. Ils avaient continué à lui obéir, quoiqu'ils eussent peut-être secrètement horreur de son ingratitude vis-à-vis des fils d'Erembald. «Les habitants du pays de Fumes, dit Galbert, combattaient avec lui parce qu'ils espéraient que, s'il devenait comte de Flandre, ils pourraient, grâce à son autorité et à son pouvoir, anéantir leurs ennemis; mais leurs desseins funestes ne s'accomplirent point... Dieu poursuivait les traîtres.»

Guillaume Longue-Epée, que Louis VI avait quitté pour rentrer en France, conduisit avec lui à Bruges le vicomte d'Ypres. Il y reparaissait triomphant et entouré de seigneurs dévoués à sa cause, parmi lesquels il faut citer au premier rang Tangmar de Straten. Son premier soin fut de faire arrêter, comme complices de Burchard, cent vingt-cinq des bourgeois de Bruges et trente-sept de Rodenbourg. Ceux-ci réclamaient les formes protectrices d'une procédure légale et le jugement des échevins, mais il ne voulut point les écouter. Ce premier succès l'encouragea. Les barons hostiles aux Brugeois, qui jadis avaient tenu en fief plusieurs des impôts qu'on levait à Bruges, l'engagèrent à les rétablir; Guillaume, oubliant ses serments, les réclama de nouveau. Les bourgeois murmurèrent: ils songeaient peut-être à délivrer le vicomte d'Ypres, car «on jugea convenable, raconte Galbert, de l'entourer de gardiens qui le surveillaient avec le plus grand soin, et il lui fut défendu de se montrer aux fenêtres de sa prison.»

Le comte Guillaume résolut bientôt de transférer son prisonnier dans la forteresse de Lille: il l'y mena avec lui; mais à peine y était-il arrivé qu'un mouvement populaire éclata. Le comte avait voulu faire arrêter un bourgeois par un de ses serviteurs, au milieu de la foire qui se tenait aux fêtes de Saint-Pierre ès Liens. Les habitants de la ville se soulevèrent, chassèrent Guillaume Longue-Epée, et noyèrent dans leurs marais plusieurs Normands de sa suite. Un siége fut nécessaire pour contraindre la cité rebelle à payer une amende de quatorze cents marcs d'argent.

La ville de Saint-Omer n'était pas plus favorable au jeune prince. Ses bourgeois avaient accueilli un de ses rivaux, Arnould de Danemark, neveu du comte Charles, et repoussaient le châtelain qui leur avait été imposé: ils se virent également réduits à payer une amende de six cents marcs d'argent.

A Gand, comme à Saint-Omer, l'autorité despotique du châtelain excita une insurrection générale. Le comte s'était rendu au milieu des bourgeois de Gand pour rétablir l'autorité de son vicomte; mais Iwan d'Alost vint, en leur nom, lui exposer en ces termes les griefs populaires: «Seigneur comte, si vous aviez voulu vous montrer équitable vis-à-vis des habitants de votre cité et vis-à-vis de nous qui sommes leurs amis, loin d'autoriser les plus coupables exactions, vous nous auriez traités avec justice en nous défendant contre nos ennemis. Cependant vous avez violé toutes vos promesses relatives à l'abolition des impôts et aux autres priviléges que vos prédécesseurs, et surtout le comte Charles, nous avaient accordés; vous avez rompu tous les liens qui résultaient de vos serments et des nôtres. Nous connaissons les violences et les pillages que vous avez exercés à Lille. Nous savons de quelles injustes persécutions vous avez accablé les bourgeois de Saint-Omer. Maintenant vous songez à vous conduire de la même manière à l'égard des habitants de Gand, si vous le pouvez. Toutefois, puisque vous êtes notre seigneur et celui de toute la terre de Flandre, il convient que vous agissiez avec nous selon la raison, et non point par injustice ni par violence. Veuillez, si tel est votre avis, placer votre cour à Ypres, ville située au milieu de vos Etats. Que les barons de Flandre, nos pairs, s'y réunissent, paisiblement et sans armes, aux hommes les plus sages du clergé et du peuple, et qu'ils prononcent entre nous. Si vous êtes, tel que nous le disons, sans foi, ni loi, perfide et parjure, renoncez à votre dignité de comte, et nous y appellerons quelque homme qui y ait droit et la mérite mieux que vous.» Guillaume s'indignait: si l'aspect de la multitude qui l'entourait ne l'eût retenu, il eût rompu le brin de paille devant Iwan. «Je consens, lui dit-il enfin, à anéantir l'hommage que tu m'as fait et à t'élever au rang de mes pairs. Je veux te prouver de suite en combat singulier que tout ce que j'ai fait comme comte est juste et raisonnable.» Guillaume ne se préoccupait que des souvenirs de la féodalité: il oubliait qu'il se trouvait en présence des communes. Le duel n'eut pas lieu; mais les bourgeois décidèrent que le 8 mars 1128, leurs députés s'assembleraient à Ypres pour y délibérer des affaires du pays.

Au jour marqué pour cette réunion, un grand nombre d'hommes d'armes avaient pris possession de la ville d'Ypres. Ils étaient prêts à s'emparer des bourgeois qui devaient s'y rendre, et à les combattre s'ils faisaient quelque résistance. Cependant Iwan d'Alost, Daniel de Termonde et les autres députés des communes insurgées apprirent les desseins de Guillaume et s'arrêtèrent à Roulers; ce fut de là qu'ils adressèrent à Guillaume ce message: «Seigneur comte, puisque le jour, que nous avons choisi appartient au saint temps du carême, vous deviez vous présenter pacifiquement, sans ruse et sans armes: vous ne l'avez pas fait; bien plus, vous voulez nous mettre à mort, et vous vous préparez à nous combattre: Iwan, Daniel et les Gantois, qui, jusqu'à ce jour, ont été fidèles à l'hommage qu'ils vous ont rendu, y renoncent désormais.» Puis ils mandèrent aux habitants des bourgs de Flandre: «Si vous voulez vivre avec honneur, il faut que nous nous engagions, les uns vis-à-vis des autres, à nous défendre mutuellement si le comte voulait nous assaillir par violence.» Ceux-ci ne tardèrent point à répondre qu'ils le feraient volontiers, s'ils pouvaient honorablement et sans déloyauté se soustraire à la domintation d'un prince qui ne songeait qu'à persécuter les bourgeois de ses cités, et ils ajoutèrent: «Voici que depuis une année tous les marchands qui avaient coutume de venir en Flandre n'osent plus y paraître; nous avons consommé tous nos approvisionnements, et ce que nous avons pu gagner dans un autre temps nous le perdons aujourd'hui, soit par l'avidité du comte, soit par les nécessités des guerres qu'il soutient contre ses ennemis. Voyons donc par quels moyens nous pourrions, sans blesser notre honneur et celui du pays, éloigner de nous ce prince avare et perfide.»

Il convient maintenant d'approfondir cette situation et de montrer le roi d'Angleterre renversant la puissance que le roi de France avait fondée. Henri Ier n'ignorait point que Louis VI comptait placer tôt ou tard Guillaume à la tête d'un parti nombreux, prêt à l'élever au trône de Guillaume le Conquérant. Le comte de Flandre, dans les chartes qu'il accordait aux bourgeois, mentionnait lui-même ses droits à la couronne d'Angleterre. «Le roi Henri, dit Matthieu Paris, était plein d'inquiétude, parce que ce jeune homme était courageux et entreprenant, et ne cessait de le menacer de lui enlever aussi bien l'Angleterre que la Normandie, qu'il prétendait lui appartenir par droit héréditaire.» Henri Ier avait épousé la fille du duc de Brabant qui, lors de l'avénement du comte Charles, avait pris une part active au mouvement dirigé par la comtesse Clémence. Cette alliance lui rendait plus aisée son intervention dans les affaires de Flandre. En même temps, il continuait la guerre contre Louis VI afin de retenir l'armée française sur les bords de la

Seine, et se liguait avec le comte d'Anjou, père de cette princesse, qui avait été répudiée par Guillaume Longue-Epée.

Ce fut Henri Ier qui chargea le comte Etienne de Boulogne d'aller exposer en Flandre les prétentions qu'il fondait sur sa parenté avec Robert le Frison. Ce fut encore Henri Ier qui soutint Arnould de Danemark. Ce jeune prince, qui, depuis la captivité de Guillaume de Loo, était devenu le chef des Flamings, semble avoir été peu digne de figurer dans des luttes si énergiques et si terribles. Rappelé par les bourgeois de Saint-Omer, il se retrancha dans l'abbaye de Saint-Bertin, s'y laissa assiéger par les barons de Guillaume, s'humilia et se retira dans sa patrie après avoir accepté les présents du vainqueur.

Thierri d'Alsace fut, après Arnould de Danemark, le champion auquel le roi d'Angleterre prodigua ses conseils et ses trésors. Iwan d'Alost et Daniel de Termonde se rangèrent sous sa bannière. Gand lui ouvrit ses portes. Les bourgeois de Bruges, s'armant pour la même cause, s'allièrent aux Flamings du rivage de la mer; et l'on vit Walter Krommelin, gendre de Disdir Hacket, et plusieurs autres de leurs chefs entrer à Bruges, après avoir juré de rester fidèles aux intérêts de la commune.

Thierri d'Alsace arriva le 27 mars à Bruges, où il fut reçu par les bourgeois avec un grand enthousiasme. Trois jours après, les pairs du pays et les députés des communes s'assemblèrent sur la place du Sablon pour proclamer le successeur de Guillaume de Normandie. Iwan d'Alost et Daniel de Termonde lui rendirent solennellement hommage, et Thierri fit aussitôt publier une loi qui ordonnait à ceux qu'on accusait de la mort du comte Charles de se justifier, s'ils étaient nobles, devant les princes et les feudataires de Flandre; s'ils ne l'étaient pas, au tribunal des échevins. Puis il confirma et augmenta les priviléges des communes, et leur permit de modifier à leur gré leurs usages et leurs coutumes.

Thierri avait réuni près de lui, en les réconciliant, Gervais de Praet, qui avait assiégé l'église de Saint-Donat, et Lambert de Rodenbourg, qui avait établi son innocence par l'épreuve du fer ardent, les barons amis de Charles de Danemark, et les chefs flamings les plus nobles et les plus généreux. Guillaume de Normandie crut pouvoir troubler cette concorde en rendant la liberté à Guillaume de Loo; mais le vicomte d'Ypres, après être resté quelque temps à Courtray, fut réduit à s'enfermer dans le château de l'Ecluse: ses anciens amis l'avaient abandonné, et il n'avait pu s'assurer que l'appui de quelques-unes de ces populations saxonnes qui, plus barbares que toutes les autres, n'avaient point voulu suivre Walter Krommelin et Lambert de Rodenbourg dans le camp de Thierri d'Alsace.

Guillaume Longue-Epée avait perdu les cités de Gand, de Bruges et de Lille. Un complot devait lui enlever également la ville d'Ypres où il se tenait, et le livrer lui-même à ses ennemis. Un jour qu'assis près d'une jeune fille qu'il aimait tendrement, il laissait flotter entre ses mains les tresses de sa chevelure pour qu'elle les arrosât de parfums, il sentit une larme tomber sur son front. La jeune fille était instruite du complot, et bien qu'elle eût juré de ne point le révéler, son cœur n'avait pu résister à la triste image du sort qui était réservé au petit-fils de Guillaume le Conquérant. A peine le prince normand eut-il le temps de s'élancer, les cheveux épars, sur un rapide coursier et de chercher son salut dans la fuite.

Dans ces circonstances fâcheuses, Guillaume de Normandie adressa à Louis VI des lettres où il le suppliait de le soutenir contre son ancien et redoutable ennemi, le roi d'Angleterre, dont l'ambition convoitait la terre la plus fidèle et la plus puissante du royaume de France.

Louis VI s'avança jusqu'à Arras et y manda les députés des communes. «Je veux, écrivait-il aux bourgeois de Bruges, que vous envoyiez près de moi, le dimanche des Rameaux, huit hommes sages, choisis parmi vous; j'en convoquerai un pareil nombre de tous les bourgs de Flandre. Je veux, en leur présence et devant mes barons, examiner quels sont vos discussions avec le comte Guillaume, et je m'efforcerai de rétablir la paix entre vous et lui.» Les Brugeois n'envoyèrent point de députés à Arras; mais dans la réponse qu'ils firent au roi, ils racontèrent toutes les fautes du comte, ses parjures, ses ruses, ses perfidies, et protestèrent fièrement contre l'intervention du roi de France: «Qu'il soit connu du roi et de tous les princes, de nos contemporains et de notre postérité, que le roi de France n'a point à s'occuper de l'élection des comtes de Flandre; les pairs et les bourgeois du pays peuvent seuls désigner l'héritier du comte et lui remettre l'autorité suprême. Pour ce qui concerne les terres tenues en fief du roi de France, celui qui recueille la succession de nos comtes ne doit que fournir un certain nombre d'hommes d'armes. Voilà à quoi se bornent les devoirs du comte de Flandre, et le roi de France n'a aucun droit de nous imposer un seigneur, soit par la force, soit par la corruption.»

Louis VI, cédant aux prières de Guillaume de Normandie, consentit à mettre le siége devant Lille; mais Thierri d'Alsace le repoussa et le contraignit à se retirer. La guerre que poursuivait Henri Ier absorbait toutes les forces de la France, et peu après, s'il est permis d'ajouter foi au témoignage des historiens anglais, Henri Ier obligea le roi Louis VI à refuser tout secours au fils de Robert de Normandie.

Les populations d'Axel, de Bouchaute et de Waes s'étaient empressées d'accourir à l'appel de Thierri. Les Brugeois et quelques Flamings l'avaient rejoint. Il assiégeait à Thielt le château de Folket, lorsqu'il apprit que son compétiteur s'avançait avec une nombreuse armée. Guillaume de Normandie avait résolu de mourir plutôt que d'être le témoin de son déshonneur. Après avoir confessé ses fautes à l'abbé d'Aldenbourg, il avait coupé ses longs cheveux et pris de nouvelles armes en signe du vœu qu'il adressait au ciel; ses plus braves chevaliers avaient imité leur chef.

La bruyère d'Axpoele, près de Ruisselede, fut le théâtre du combat. L'armée de Guillaume campait sur une colline d'où l'on apercevait celle de Thierri. Des deux côtés, trois corps de bataille se formèrent: chacun des deux rivaux s'était réservé le commandement du bataillon qui devait lutter le premier, et tous deux avaient également juré de succomber plutôt que de renoncer à leurs prétentions au comté de Flandre. Partout, on raccourcissait les haches et l'on cherchait à s'attaquer de près. Daniel de Termonde s'élance bientôt au milieu des hommes d'armes de Guillaume. Une affreuse mêlée s'engage: Frédéric, frère de Thierri, est renversé de son cheval; Richard de Woumen rend son épée. Mais Daniel rétablit le combat, et déjà ses ennemis ploient, lorsque le second bataillon de Guillaume, jusque-là immobile, se met en mouvement et s'avance au devant des vainqueurs. La victoire échappait à Thierri, et il rentra vers le soir, presque seul, à Bruges, où, pendant toute la nuit, on n'entendit que les gémissements de ceux qui avaient perdu un père, un frère ou un ami. Thierri, dans son malheur, suivit l'exemple que son adversaire lui avait donné: il coupa ses cheveux et ordonna un jeûne général pour fléchir la colère du ciel.

Rien ne prouve mieux l'impopularité de Guillaume de Normandie que la stérilité des résultats de son triomphe. Aucune cité ne lui ouvre ses portes. Ce n'est que treize jours après la défaite de Thierri qu'on voit le vainqueur assiéger le château d'Oostcamp, aussitôt secouru par les Brugeois; puis il se dirige vers Alost, où il joint son armée à celle du duc de Brabant, que l'issue de la bataille d'Axpoele ou d'anciennes contestations relatives à la dot de Gertrude d'Alsace, veuve de Henri de Bruxelles, éloignaient de Thierri. Iwan et Daniel occupent la cité d'Alost. Thierri s'y est enfermé avec eux.

Peu après, dans un combat sur les bords de la Dendre, Guillaume de Normandie, voulant rallier les siens, se précipite témérairement au milieu des ennemis. Il saisit la lance d'un bourgeois nommé Nicaise Borluut; mais celui-ci, en se défendant, la lui enfonce dans le bras depuis la main jusqu'au coude. Bientôt la plaie s'envenime et s'ulcère, et, après cinq jours de douleurs pendant lesquels il se revêt de l'habit de moine, il expire le 27 juillet 1128. Guillaume de Normandie était à peine âgé de vingt-sept ans, lorsqu'une mort cruelle termina ses aventures et ses malheurs.

Les assiégeants avaient réussi à cacher la perte de leur chef. Godefroi de Brabant s'empressa d'adresser des propositions de paix aux défenseurs d'Alost: «Apprenez, dit-il enfin à Thierri lorsqu'une trêve eut été conclue, apprenez que le comte Guillaume, que vous avez si énergiquement combattu, a succombé à une blessure mortelle.» Godefroi et Thierri avaient accepté l'arbitrage du roi d'Angleterre. Henri Ier l'emportait sur Louis VI, et c'est ici qu'il faut rapporter ces paroles de Siméon de Durham qui prouvent combien il prit part à l'élévation de Thierri: «Henri Ier succéda à Guillaume, comme son plus proche héritier, avec l'assentiment du roi de France; mais il remit le comté à Thierri pourqu'il le gouvernât sous lui.»

Lorsque Henri Ier descendit dans le tombeau, il eut pour successeur Etienne de Boulogne, qu'il avait contraint à rendre hommage au comte de Flandre. Etienne était moins favorable à Thierri que Henri Ier: il accueillit dans son royaume Guillaume de Loo, et l'on vit, à son exemple, quelques-unes des tribus les plus indomptables du Fleanderland émigrer en Angleterre, où elles ne tardèrent point, selon l'expression d'un historien anglais, à rentrer dans la condition des serfs.

LIVRE SIXIÈME.
1128-1191.

Thierri et Philippe d'Alsace. Les gildes.—Les communes.—Guerres et croisades.

Lorsque le comte Charles annonçait à ses amis que sa mort serait éclatante et glorieuse, il prédisait à la fois le culte religieux qui honorerait ses vertus et l'extinction des haines auxquelles il offrait son sang. En effet, à peine a-t-il succombé pour la cause de la justice, que l'accomplissement de sa mission se manifeste à tous les esprits: ses meurtriers eux-mêmes respectent ses restes mutilés; les cités de la Flandre se les disputent; les princes étrangers accourent pour les protéger. Barons et chevaliers, bourgeois et hommes des communes, tous semblent avoir eu la révélation que, sur son tombeau, reposeront trois siècles de puissance et de grandeur.

A la dynastie d'Alsace appartient l'honneur de compléter l'œuvre de saint Charles de Flandre, en asseyant sur des bases solides les institutions qui assureront la paix du pays.

Galbert nous apprend que Thierri affranchit à jamais les bourgeois de Bruges du *census mansionum* (le *census mansorum* des lois karlingiennes), et sa réconciliation avec Hacket, qui rentra en possession de la châtellenie, mit en même temps à l'abri des tributs et de l'opprobre de la servitude les Flamings soumis à son autorité, désormais désignés par le nom d'hommes libres, d'hommes francs de la châtellenie de Bruges, d'habitants du pays libre, de Francqs-hostes ou Francons, comme on disait encore au dix-huitième siècle. Thierri, en proclamant leurs droits, sanctionna la législation qui leur était propre, et cette loi du pays franc est restée le monument le plus important de l'existence d'une législation toute empreinte encore de la rudesse des mœurs primitives du Fleanderland.

De même que la loi salique fixait la composition du meurtre du Romain propriétaire à la moitié de celle du meurtre du Frank, la loi de la châtellenie de Bruges n'évalue que la moitié d'un homme libre le clerc qu'elle considère comme Romain, conformément aux usages des temps barbares.

Toutes les autres dispositions de la loi du pays franc rappellent également les coutumes des nations germaniques.

Celui qui tue un homme ou lui mutile un membre donnera tête pour tête ou membre pour membre.

Celui qui rompt la digue de la mer perdra la main droite.

Au plaid, on juge d'abord les questions de ban, puis on s'occupe des duels et des jugements par l'eau et le fer.

Plus loin apparaît le *wehrgeld* que, pendant tout le moyen-âge, nous retrouverons dans les mœurs de la Flandre.

Lorsqu'un meurtre aura été commis, le prix de la réconciliation sera levé sur les biens du meurtrier; puis les otages de la paix seront donnés des deux parts, et tous ceux qui appartiennent à leur *minne*, c'est-à-dire à leur gilde, payeront les frais de leur séjour.

Cette mention de la gilde est remarquable. Placée à côté de dispositions plus modernes, où l'on voit se dessiner peu à peu l'intervention des baillis, des écoutètes et des autres officiers du comte, elle nous ramène à la forme primitive de l'organisation politique. Longtemps les gildes des Flamings n'avaient présenté qu'un caractère mobile, inconstant et vague: cependant, à mesure que les progrès de l'agriculture groupèrent les bourgs et les villages, à mesure que le développement du commerce créa des marchés d'où sortirent des villes florissantes, elles devinrent, en s'attachant au sol, plus stables et plus fixes; et bientôt on les vit s'élever rapidement au-dessus de toutes les gildes qui les entouraient, comme une gilde supérieure régie par des lois que chacun était libre d'adopter, mais qui imposaient à tous ceux qui y adhéraient un serment solennel d'obéissance. La base de ces associations était l'élection des juges chargés d'y maintenir l'ordre et d'y punir les délits (*selecti judices*). De là le nom que portaient leurs règlements, *cyr*, *cyre* (dont on fit plus tard *keure* et *chora*), élection, choix libre; on donnait celui de *cyre-ath* (*keure-eed*, *choram jurare*) au serment sur lequel reposait l'observation de la *cyre*. Les juges de la *cyre* s'appelaient *cyre-mannen* (*keurmannen*, *choremanni*); les membres de la *cyre*, *cyre-broeders* (*keure-broeders*).

Un de ces règlements nous a été conservé, c'est la charte de la gilde ou minne d'Aire, qui semble avoir été rédigée pour la première fois peu d'années après la victoire de Bavichove «pour arrêter les mauvais desseins des hommes pervers.»

Il y est formellement fait mention du marché commercial, où tous les marchands étrangers pouvaient se rendre protégés par un sauf-conduit.

«Dans la gilde se trouvent douze juges élus (*selecti judices*, *choremanni*) qui ont juré que dans leurs jugements ils ne distingueront point entre le pauvre et le riche, celui qui est noble ou celui qui ne l'est point, leur parent ou l'étranger. Tous ceux qui appartiennent à la gilde ont juré également que chacun d'eux aidera son gilde en ce qui est utile et honnête.

«Si quelqu'un s'est rendu coupable d'injure ou de dommage, que celui qui a souffert ne se venge ni par lui-même, ni par les siens, mais qu'il se plaigne au *rewart* de la gilde, et que le coupable amende son délit, selon l'arbitrage des douze juges élus.

«Celui qui se sera rendu coupable d'injure payera cinq sous au rewart de la gilde et à son ami outragé; s'il néglige de payer ces cinq sous pendant la première semaine, l'amende sera doublée la seconde semaine et triplée la troisième; s'il néglige entièrement de la payer, qu'il soit chassé de la gilde comme coupable de parjure.

«Si l'un des membres de la gilde a tué son conjuré, aucun des amis du mort, à moins qu'il n'ait été présent au meurtre, ne pourra le venger pendant quarante jours; mais si le meurtrier n'amende point la mort de son frère dans le délai de quarante jours selon le jugement des juges élus, et s'il n'a point satisfait aux poursuites des parents du mort, qu'il soit chassé de la gilde comme coupable et parjure, et de plus, si les douze juges élus l'ordonnent, que sa maison soit détruite; si les amis du coupable refusent de payer l'amende fixée, qu'ils encourent la même peine.

«Si la maison de l'un des conjurés a été brûlée, ou bien si la rançon qu'il a dû payer pour sortir de captivité a diminué ses ressources, que chacun donne un écu pour aider son ami appauvri.»

A Aire, le chef de la gilde municipale portait le nom saxon de *rewart*; ceux qui en faisaient partie, celui de *minnebroeders*, frères de la minne, amis ou conjurés.

Ce tableau de la transformation de la gilde, qui peu à peu devint la cité, se retrouve dans toute la Flandre. Un historien du douzième siècle a soin de nous apprendre que sa ville natale dut son origine à une gilde de marchands, *ghilleola mercatorum*. A Saint-Omer, de même qu'à Ardres, la gilde fut la base de l'administration municipale. Bruges ne devint une ville puissante que parce qu'une association de marchands s'était formée au pied du château bâti par Baudouin Bras de Fer, et d'anciennes traditions y faisaient remonter jusqu'au dixième siècle l'élection du bourgmestre par les treize échevins. La mention des *choremanni* ou des échevins, en nombre déterminé, paraît partout le signe d'une organisation régulière, qui reçoit dans les documents rédigés en langue latine ou en langue française, le nom de *communia* ou celui de commune. Ce nom rappelait les liens d'alliance fraternelle dont il était issu, la jouissance des mêmes biens et des mêmes droits garantie par les mêmes devoirs; et tandis que le nom de gilde restait spécialement propre aux corporations commerciales, celui de commune s'appliquait sans distinction à l'assemblée de tous ceux qui, aux jours d'émeute ou de guerre, s'armaient au son de la cloche du beffroi. La dynastie d'Alsace sanctionna cette organisation dans la plupart de nos villes. C'est dans les chartes qu'elle nous a laissées qu'il faut chercher ses titres de gloire; c'est là que se retrouvent les caractères de sa mission: elle proclama solennellement les droits des *communes* de Flandre, puis elle disparut, leur laissant à elles-mêmes le soin de les maintenir et de les défendre.

Deux hommes illustres par leur génie et leurs vertus présidèrent aux mémorables événements que la Flandre vit s'accomplir sous Robert le Frison et sous Thierri d'Alsace. Le premier avait été l'évêque de Soissons saint Arnould, le second fut l'abbé de Clairvaux saint Bernard.

Bernard parcourait l'Allemagne, la France, la Belgique en prêchant la paix chrétienne, l'amour des choses intellectuelles, le bonheur de la solitude monastique. Il vint en Flandre, et telle était la puissance de sa parole qu'elle transportait irrésistiblement toutes les âmes. Le 9 avril 1138 (v. st.), il parut dans la chaire de l'église de Sainte-Walburge à Furnes, au milieu de ces populations cruelles que saint Arnould avait visitées moins d'un siècle auparavant. Son éloquence y accomplit les mêmes prodiges; barons et karls, vieillards et jeunes gens, tous s'émurent, et tandis qu'un noble méditait en silence ces sublimes enseignements, un laboureur s'approcha et lui dit: «Le Seigneur m'ordonne d'aller vers toi; dirigeons-nous ensemble vers le monastère de Clairvaux.»

Dernier et remarquable rapprochement! la mission de l'évêque de Soissons avait préparé la croisade de Robert le Frison, et il n'est point douteux que la prédication de l'abbé de Clairvaux n'ait également préparé la croisade de Thierri d'Alsace. Foulques d'Anjou, dont la fille avait épousé Thierri après avoir été fiancée à son rival Guillaume de Normandie, portait le sceptre des rois de Jérusalem; mais les périls qui l'entouraient le réduisirent bientôt à implorer le secours des peuples chrétiens. Le comte de Flandre répondit le premier à cet appel. On ignore quelle fut la date précise de son départ, et quels événements signalèrent son voyage; mais les historiens des croisades nous apprennent que les nombreux et intrépides chevaliers qu'il conduisit avec lui firent renaître la confiance et l'espoir chez les barons de Syrie. Ils ne tardèrent point à se diriger vers le mont Galaad, aux frontières des pays d'Ammon et de Moab, où ils assiégèrent une troupe redoutable de brigands qui s'étaient réfugiés dans des cavernes environnées de rochers et d'abîmes. Thierri prit part ensuite à la conquête de Césarée et d'Arcas, et là s'arrêta son pèlerinage.

Des événements d'une haute gravité rappelaient le comte de Flandre dans ses Etats. Louis VII avait succédé en France à Louis VI, qu'avait poursuivi, dans les derniers jours de sa vie, le ressentiment des plus puissants barons. Le comte de Hainaut s'était allié au comte de Saint-Pol, et leur confédération semblait menacer la Flandre. Les mêmes symptômes d'hostilité se manifestaient en Angleterre. Le roi Etienne n'écoutait plus que des conseils dirigés contre Thierri. Guillaume de Loo avait été chargé en 1138 du soin d'aller étouffer une insurrection en Normandie, et ce succès flattait son orgueil et ses espérances. Cependant le comte de Flandre triomphe de toutes ces menaces. Le comte de Hainaut dépose les armes. Une armée flamande protége contre les barons de Grimberghe le jeune duc de Brabant Godefroi, qui cède Termonde à Thierri et promet de le reconnaître pour suzerain.

Le comte de Flandre soutient également l'impératrice Mathilde qui porte la guerre en Angleterre, et bientôt après les partisans d'Etienne et ceux de la fille de Henri Ier se rencontrent sur les bords de la Trent. Tous les Flamings qui se sont associés à la fortune de Guillaume de Loo ont obéi à la voix de leur chef. Baudouin de Gand, petit-fils de l'un des compagnons de Guillaume le Conquérant, les harangue. Ils s'élancent impétueusement au combat, et déjà ils ont chassé devant eux les archers gallois, lorsque les hommes d'armes du comte de Chester parviennent à semer le désordre dans leurs rangs. Dès ce moment, ils ne se rallient plus. Le roi Etienne tombe au pouvoir de ses ennemis, et Baudouin de Gand partage son sort, après avoir mérité, par sa vaillante résistance, une gloire immortelle (2 février 1140).

Guillaume de Loo s'est réservé pour des temps meilleurs. Il ne tarde point à apprendre que l'impératrice Mathilde déplaît au peuple par son orgueil et que la commune de Londres, jadis pleine de zèle pour sa cause, s'insurge contre elle. Ralliant aussitôt ses Flamings, il relève la bannière d'Etienne de Boulogne dans le comté de Kent. De rapides succès effacent le souvenir de sa défaite. Il poursuit l'impératrice jusqu'au pied des murailles de Winchester, la réduit à fuir de nouveau, et l'atteint au pont de Stoolebridge (14 septembre 1141). Le roi d'Ecosse, qui soutient Mathilde, cherche son salut dans une retraite précipitée. Robert de Glocester, frère de l'impératrice, est pris, puis échangé contre le roi Etienne. A peine Mathilde réussit-elle à se retirer dans le château d'Oxford. Guillaume l'y assiége; mais elle se fait descendre du haut des murailles, et traverse la Tamise dont les glaces et neiges cachent sa robe blanche aux regards de ses ennemis. Un triomphe si éclatant engagea le roi Etienne à placer toute sa confiance dans les vainqueurs. Guillaume de Loo reçut le comté de Kent, théâtre de ses premières victoires. Robert de Gand fut chancelier; son neveu Gilbert obtint le titre de comte de Lincoln. Un chef flamand nommé Robert, fils d'Hubert, prit possession du manoir de Devizes, et lorsque le comte de Glocester lui offrit sa protection, il répondit qu'il était assez puissant pour soumettre tout le pays depuis Winchester jusqu'à Londres, et du reste que s'il avait besoin d'appui, il manderait des hommes d'armes de Flandre. Ainsi s'était formée, au sein des bannis flamands, une aristocratie orgueilleuse haïe des Normands, et devenue complètement étrangère aux hommes de même race qui formaient les communes anglo-saxonnes. «C'était, écrit Guillaume de Malmesbury, une race d'hommes avides et violents qui ne respectaient rien, et ne craignaient même point de retenir les religieux captifs et de piller les églises et les cimetières.»

La France présentait le même spectacle de désorganisation et d'anarchie. Le jeune roi Louis VII avait épousé une princesse inconstante et légère, et Raoul de Vermandois, petit-fils du roi Henri Ier, n'écoutant que sa passion pour Alix de Guyenne, sœur de la reine, avait répudié sa femme, princesse de la maison de Champagne. Le comte Thibaud le Grand se plaignit au pape: Raoul de Vermandois, excommunié au concile de Lagny, promit de se soumettre; mais il oublia presque aussitôt ses engagements, et lorsqu'une seconde sentence d'anathème fut venue le frapper, il chercha un protecteur dans Louis VII. Le roi de France prétendait que, dans un traité récemment conclu, Thibaud s'était engagé à faire lever l'excommunication et qu'il n'avait pas le droit de recourir de nouveau aux foudres ecclésiastiques; sa colère s'accrut quand il apprit que Thibaud s'était allié au comte de Flandre et au comte de Soissons. Ce fut en vain que l'abbé de Clairvaux interposa sa médiation. «Le roi, écrivait-il aux ministres de Louis VII, reproche à Thibaud de chercher à s'attacher par des mariages le comte de Flandre et le comte de Soissons. Avez-vous quelque raison certaine de douter de leur fidélité? Est-il équitable de n'ajouter foi qu'aux soupçons les plus vagues? Les hommes dont Thibaud a réclamé l'alliance, loin d'être les ennemis du roi, ne sont-ils pas ses vassaux et ses amis? Le comte de Flandre n'est-il pas le cousin du roi, et le roi lui-même n'avoue-t-il point qu'il est le soutien du royaume?» On connaît la réponse de Louis VII: ce fut le massacre de Vitry. «Je ne puis le taire, s'écria alors Bernard, vous soutenez des hommes frappés d'excommunication; vous guidez des ravisseurs et des brigands fameux par les incendies, les sacriléges, le meurtre et le pillage. De quel droit vous préoccupez-vous à ce point des relations de consanguinité des autres, lorsque vous-même, personne ne l'ignore, vous habitez avec une femme qui est à peine votre parente au troisième degré? J'ignore s'il y a consanguinité entre le fils du comte Thibaud et la fille du comte de Flandre, entre le comte de Soissons et la fille du comte Thibaud; mais je crois que les hommes qui s'opposent à ces alliances n'agissent ainsi que pour enlever à ceux qui luttent contre le schisme le refuge que ces princes pourraient leur offrir. Si vous persévérez dans de semblables desseins, la vengeance du ciel ne sera pas lente: hâtez-vous donc, s'il en est temps encore, de prévenir par votre pénitence la main qui est prête à vous frapper.»

Louis VII se repentit, et quatre années après, en expiation de sa faute, il recevait à Vézelay la croix des mains de l'abbé de Clairvaux. Parmi les comtes qui le suivront se trouvent Thierri de Flandre et Henri, fils de Thibaud de Champagne. Il a choisi pour régent du royaume Suger, abbé de Saint-Denis, né dans les domaines du comte de Flandre, qui mérita, en protégeant les opprimés, les orphelins et les veuves, le surnom de Père de la patrie.

Ce ne fut toutefois que vers le mois de juin 1147 que le roi de France et les autres princes croisés se mirent en marche. Ils se dirigèrent vers la Bavière, passèrent le Danube pour entrer en Autriche, traversèrent la Pannonie, la Bulgarie et la Thrace, et bientôt après ils saluèrent les remparts de Byzance. De terribles revers les attendaient au delà du Bosphore. La trahison de Manuel Comnène fit périr toute l'armée des Allemands, et les mêmes désastres accablèrent les Francks dès qu'ils eurent passé les gués du Méandre. Ils succombèrent en grand nombre dans les défilés du Cadmus; enfin, épuisés de fatigue et décimés par le fer, ils réussirent à atteindre le port de Satalie, situé au fond du golfe de Chypre, où ils espéraient trouver assez de vaisseaux pour continuer leur route par mer; cependant ceux qu'ils parvinrent à rassembler, après cinq semaines d'attente, ne suffisaient point pour les porter tous. Une foule de pèlerins vinrent alors se jeter aux pieds de Louis VII: «Puisque nous ne pouvons point vous suivre en Syrie, lui dirent-ils, veuillez vous souvenir que nous sommes Franks et chrétiens, et donnez-nous des chefs qui puissent réparer les malheurs de votre absence et nous aider à supporter les fatigues, la famine et la mort, qui nous attendent loin de vous.» Le comte de Flandre et Archambaud de Bourbon restèrent à Satalie; mais bientôt on les vit, imitant l'exemple du roi de France, s'embarquer presque seuls au milieu des gémissements et des cris lamentables de leurs compagnons qu'ils ne devaient plus revoir.

Louis VII réunit à Jérusalem les débris de son armée aux milices chargées de la défense de la cité sainte. On résolut d'assiéger Damas, et déjà les croisés s'étaient emparés des jardins qui s'étendent jusqu'à l'Anti-Liban, lorsque la discorde éclata parmi eux. Le comte de Flandre réclamait de la générosité des princes d'Occident la possession de la ville qui allait tomber en leur pouvoir; il s'engageait à la défendre vaillamment contre les infidèles pour l'honneur de Dieu et de la chrétienté; mais la jalousie des barons de Syrie s'éveilla: ils se plaignaient de ce que Thierri, qui était déjà au delà des mers seigneur d'un comté si puissant et si illustre, voulait s'approprier le plus beau domaine du royaume de Jérusalem, et ajoutaient que si le roi Baudouin ne voulait point se le réserver, il valait mieux le donner à l'un de ceux qui avaient complètement renoncé à leur patrie pour combattre sans relâche. Ces dissensions firent suspendre les assauts et permirent aux princes d'Alep et de Mossoul de rassembler toutes leurs forces, et il fallut renoncer à la conquête de l'ancienne capitale de la Syrie. Ainsi se termina la croisade de Louis VII.

Thierri passa encore une année dans la terre sainte, et, avant son départ, il y reçut un don précieux du roi de Jérusalem: c'étaient, selon d'anciennes traditions, quelques gouttes du sang du Sauveur, jadis recueilli par Nicodème et Joseph d'Arimathie. A son retour en Flandre, il déposa solennellement cette vénérable relique dans la chapelle de Saint-Basile de Bruges.

Vers l'époque où Louis VII avait quitté la France pour se rendre en Orient, quelques croisés, partis des rivages de la Flandre, comme Winnemar au onzième siècle, avaient rejoint sur les côtes d'Angleterre d'autres pèlerins animés d'un semblable courage. Deux cents navires mirent à la voile du havre de Darmouth dans les derniers jours du mois de mai 1147; mais une tempête les dispersa, et cinquante navires à peine se retrouvèrent dans un port des Asturies. Les pèlerins s'y arrêtèrent trois jours, puis ils se dirigèrent vers le port de Vivero et la baie de la Tambre, et la veille des fêtes de la Pentecôte ils allèrent visiter le tombeau de saint Jacques de Compostelle. Ils ne tardèrent point à apercevoir les bouches du Douro, et ce fut là que le connétable de l'expédition, Arnould d'Aerschot, les rejoignit avec un grand nombre de leurs compagnons. Les habitants du pays les accueillirent avec joie: Alphonse de Castille, qui fuyait devant les Mores, vint réclamer leur secours, et ils se hâtèrent de le lui promettre. C'est ainsi, disent les poètes portugais, que les Israélites expirant dans le désert virent la manne bienfaisante descendre du ciel pour les sauver.

La flotte des croisés entra le 28 juin dans le Tage pour reconquérir Lisbonne. Ni la position presque inaccessible de cette illustre cité, ni le nombre de ses défenseurs, que des témoins oculaires portent à deux cent mille, n'intimida leur courage. Les faubourgs furent enlevés dès la première tentative, et le siège commença. Les Flamands se placèrent à l'orient, les Anglais à l'occident. On avait établi sur les navires des ponts volants qui devaient s'abaisser sur les murailles: les vents s'opposèrent à ce que l'on en fît usage. On se vit alors réduit à préparer d'autres machines, mais les Sarrasins les incendièrent en y répandant des flots d'huile bouillante. Ces revers ne découragèrent point les assiégeants; ils reconstruisirent leurs machines, et un jour que les Sarrasins avaient fait une sortie, les pèlerins flamands réussirent à leur couper la retraite: le roi Alphonse et les Anglais profitèrent de ce combat pour donner l'assaut; en ce moment, les Flamands accoururent pour les soutenir, et Lisbonne leur ouvrit ses portes (21 octobre 1147). Alméida et d'autres villes se soumirent également aux croisés. La plupart des guerriers de Flandre, animés par ces succès, restèrent en Portugal pour combattre les Mores. Ils obtinrent des lois et des priviléges propres, et s'appliquèrent à faire fleurir l'agriculture et le commerce en même temps qu'ils s'illustraient par les armes. Combien la croisade qui échoua devant Damas et celle que couronna la conquête de Lisbonne se ressemblaient peu! En Syrie, tout était orgueil, envie, corruption; en Portugal, le courage chrétien retrouvait ses prodiges. «Des pèlerins humbles et pauvres, dit Henri de Huntingdon, voyaient la multitude de leurs ennemis se disperser devant eux.»

C'est surtout en Europe qu'il est intéressant d'étudier les résultats de la seconde croisade. Entreprise en expiation d'une guerre injuste dirigée contre les comtes de Champagne et de Flandre, elle accroît leur puissance. Leur alliance consolide la paix, mais on peut prévoir que le jour où ils se sépareront, leurs discordes troubleront toute la monarchie. Les quatre fils de Thibaud le Grand, Henri, Thibaud, Etienne et Guillaume, possèdent les comtés de Champagne, de Blois et de Sancerre et l'archevêché de Reims. Ses filles sont duchesses de Pouille et de Bourgogne, comtesses de Bar et de Pertois. Une autre devint plus tard reine de France. Thibaud et Henri épousèrent les deux filles qu'Aliénor de Guyenne avait eues de son mariage avec Louis VII.

Thibaud avait d'abord inutilement cherché à enlever leur mère, pour s'attribuer ses domaines héréditaires.

Le comte de Flandre n'est pas moins redoutable. Une guerre heureuse contre l'évêque de Liége et les comtes de Namur et de Hainaut se termine par un traité que confirmera plus tard le mariage de Baudouin, fils du comte de Hainaut et de Marguerite, fille de Thierri. Le comte de Flandre siége à l'assemblée de Soissons convoquée pour assurer le repos du royaume. Il se réconcilie avec la maison de Vermandois dont il fut l'ennemi, parce qu'il sait que le comte Raoul II est condamné, par une santé débile, à mourir jeune. Il destine à son fils Philippe la main d'Elisabeth de Vermandois, qui sera l'héritière des vastes Etats auxquels son père a ajouté Chauny enlevé aux sires de Coucy, Amiens usurpé sur les sires de Boves, Ribemont, conquis sur les sires de Saint-Obert, Aire, Péronne et Montdidier, devenus également le prix de ses violences ou de ses ruses. Le second de ses fils, Matthieu, s'empare du comté de Boulogne en enlevant l'abbesse de Romsey, fille du roi d'Angleterre; le troisième, quoique élu évêque de Cambray, épouse la comtesse de Nevers, petite-fille du duc de Bourgogne.

Il est permis de croire que ce fut Thierri qui, par haine contre le roi Etienne, engagea le roi de France à le combattre et à lui opposer Henri d'Anjou, neveu de la comtesse de Flandre. Thierri, à la tête de quatorze cents chevaliers, prit la part la plus active à la conquête de la Normandie. «Le roi, dit une ancienne chronique, se confiait principalement dans la nombreuse milice du comte de Flandre.»

Henri d'Anjou, victorieux sur les bords de la Seine, ne tarda point à porter la guerre en Angleterre, et le roi Etienne se vit forcé à reconnaître pour son successeur le fils de l'impératrice Mathilde. Une entrevue solennelle eut lieu à Douvres vers le mois de mars 1153. Henri d'Anjou s'y rendit avec Thierri, et le roi Etienne leur proposa de les conduire à Londres; mais ils n'étaient pas arrivés à Canterbury, lorsqu'une troupe de Flamings tenta de les assassiner: quoique le hasard eût fait échouer leur complot, Henri et Thierri se hâtèrent de quitter l'Angleterre. Ils n'y revinrent qu'au mois d'octobre, peu de jours avant la mort du roi Etienne, et le comte de Flandre se trouva à Westminster le dimanche avant la Noël, lorsque Henri d'Anjou, premier monarque de la dynastie des Plantagenêts, y reçut l'onction royale.

Qu'étaient devenus les Flamings? Les vainqueurs de Stoolebridge, réduits au complot de Canterbury, portaient la peine de leur trahison. «Ces loups avides, dit Guillaume de Neubridge, fuyaient ou devenaient doux comme des brebis; ils affectaient du moins de le paraître.»—«Ils quittaient, ajoute un autre historien anglais, leurs châteaux pour retrouver la charrue, la tente des barons pour rentrer dans l'atelier du tisserand.»

Guillaume de Loo, vieux et aveugle, avait obtenu de Thierri qu'il lui fût permis d'aller finir ses jours dans le château où il était né. La Flandre, qui avait refusé un trône à son ambition, ne réservait à sa gloire qu'un tombeau.

Deux ans après, Henri II se trouvait à Rouen, lorsque le comte de Flandre y arriva pour le prier de protéger ses Etats et son fils pendant un troisième voyage qu'il voulait entreprendre en Orient. En effet, Thierri ne tarda point à s'embarquer, et son arrivée au port de Beyruth ranima de nouveau le zèle des chrétiens de Jérusalem. Thierri et le roi Baudouin, après avoir conquis rapidement les forteresses d'Harenc et de Césarée, allèrent combattre les Sarrasins dans les principautés d'Antioche et de Tripoli. L'émir Nour-Eddin avait profité de leur éloignement pour menacer la cité sainte, quand Baudouin et Thierri parvinrent à l'atteindre dans la plaine de Tibériade, près des lieux où le Jourdain cesse de tracer un sillon limoneux sur le flot immobile de la mer de Galilée. Une éclatante victoire illustra les armes des chrétiens.

A son retour en Flandre, Thierri fut reçu par de nombreuses acclamations. Une lettre du pape Alexandre III, adressée à l'archevêque de Reims, avait rendu un témoignage public de la valeur et de la piété du comte de Flandre. Les infirmités de la vieillesse n'avaient point refroidi son zèle, et en 1163, apprenant la mort de Baudouin III et les périls qui menaçaient son fils Amauri, il résolut aussitôt de tenter une quatrième croisade. La comtesse Sibylle l'accompagna, et un grand nombre de pèlerins, tant de Flandre que de Lorraine, prirent la croix à son exemple. «Le bruit de leur arrivée, dit Guillaume de Tyr, fut pour les chrétiens d'Asie comme un doux zéphyr qui vient calmer les brûlantes ardeurs du soleil.» Pourquoi faut-il ajouter que toutes ces espérances furent déçues, et que bientôt après, selon l'expression de l'historien des croisades, de sombres nuées couvrirent le ciel et ramenèrent les ténèbres! Nour-Eddin livra, dans la principauté d'Antioche, un sanglant combat dans lequel il fit prisonniers le prince d'Antioche, Raimond de Tripoli, Josselin d'Edesse et Gui de Lusignan. Thierri ne put rien pour réparer ces malheurs: il n'y vit sans doute que la révélation de la colère du ciel, et s'éloigna tristement pour retourner en Flandre. Sa femme, Sibylle d'Anjou, unie par les liens du sang à la dynastie des rois de Jérusalem, espéra que ses prières seraient plus puissantes que les armes du comte de Flandre, et n'hésita point à se vouer à la vie religieuse, à Béthanie, sur les ruines de cette maison de Lazare, où Jésus, en ressuscitant le frère de Marthe et de Marie, avait promis la vie à tous ceux qui croiraient en lui.

Le comte de Flandre ne devait survivre que quatre années à ces malheurs. Il mourut à Gravelines le 17 janvier 1168 (v. st.). Déjà depuis longtemps il avait remis à son fils le gouvernement de ses Etats, et le moment est arrivé où, après avoir raconté les luttes que Thierri soutenait sous le ciel brûlant de la Syrie pour élever la gloire de la Flandre, nous devons retracer les efforts que faisait Philippe pour augmenter sa puissance dans les froides régions du Nord.

L'événement le plus remarquable qui eût signalé les commencements de l'administration de Philippe d'Alsace avait été une guerre contre le comte Florent de Hollande. En 1157, pendant l'absence de son père, le jeune comte de Flandre se vit obligé, par les plaintes des marchands flamands, à prendre les armes pour protéger leur commerce sur la Meuse. Une flotte flamande menaça les ports de Hollande, tandis que l'armée de Philippe d'Alsace envahissait le pays de Waes et s'emparait du château de Beveren. Huit ans plus tard, peu après la quatrième croisade de Thierri, la même guerre se renouvela: cette fois, la Flandre avait équipé une flotte qu'un chroniqueur évalue à sept mille navires. Les hommes d'armes de Flandre étaient soutenus par Godefroi de Louvain; ils triomphèrent après une sanglante mêlée, et poursuivirent les Hollandais pendant sept heures. Florent et quatre cents de ses chevaliers tombèrent en leur pouvoir. Le comte de Hollande fut enfermé dans le cloître de Saint-Donat de Bruges, où, après une captivité de près de trois années, il signa, le 27 février 1167 (v. st.), un traité trop important pour qu'il ne soit point utile d'en rappeler les principaux articles.

Florent reconnaissait que, par le jugement des barons de Flandre, il avait perdu toutes les terres tenues en fief de Philippe, et ceci s'appliquait au pays de Waes; il consentait à partager avec le comte de Flandre la souveraineté des îles situées entre l'Escaut et Hedinzee, et accordait aux marchands flamands le droit de trafiquer librement dans tous ses Etats. Les nobles de Hollande se portèrent cautions des serments de leur prince.

«Il avait été convenu également, ajoute une ancienne chronique, que le comte Florent fournirait mille ouvriers instruits dans l'art de construire les digues, afin qu'ils exécutassent tous les travaux nécessaires pour préserver la ville de Bruges et son territoire des invasions de la mer. Le comte de Hollande et les siens acceptèrent toutes ces conditions, heureux d'avoir été traités pendant leur captivité moins comme des ennemis prisonniers, que comme des amis auxquels on donnerait l'hospitalité. Dès que le comte de Hollande fut retourné dans ses Etats, il s'empressa d'envoyer plus de mille ouvriers de Hollande et de Zélande. Ceux-ci construisirent des maisons et d'autres édifices sur une digue qu'on nommait Hontsdamme, puis ils établirent également des digues jusqu'à Lammensvliet et Rodenbourg. D'autres personnes vinrent successivement se fixer à Damme et y firent le commerce; les marchands y affluèrent: en moins de trois ans, on vit s'y élever une ville assez importante. Le comte Philippe de Flandre donna de nombreux priviléges à ses habitants, voulant qu'ils portassent désormais le titre de bourgeois et fussent affranchis, dans toute la Flandre, des droits de passage et de tonlieu. Leur prospérité augmenta de jour en jour...» Telle fut l'origine de ce port célèbre qui devait occuper une si grande place, au treizième siècle, dans l'épopée du chapelain de Philippe-Auguste:

Speciosus erat Dam nomine vicus

Lenifluis jucundus aquis atque ubere glebæ,

Proximitate maris, portuque, situque superbus.

Vers la même époque, l'empereur Frédéric Ier, près de qui Philippe d'Alsace s'était rendu à Aix pour assister à l'exhumation solennelle des restes de Karl le Grand, lui céda la châtellenie de Cambray, et permit à ses sujets d'étendre leurs relations commerciales dans ses Etats. En 1173, une charte de Frédéric Ier établit, à la demande du comte de Flandre, quatre foires annuelles à Aix-la-Chapelle et deux à Doesburg. L'archevêque de Cologne confirma les priviléges octroyés par l'empereur.

A ces traités conclus avec la Hollande et l'Allemagne, il faut ajouter celui qui, le 19 mars 1163 (v. st.), reçut les sceaux de Thierri et du roi d'Angleterre Henri II. Il ratifiait les conventions arrêtées le 10 mars 1103 entre Robert II et Henri Ier, en portant le fief pécuniaire sur lequel elles reposaient à la somme de cinq cents marcs d'argent.

Henri II ne pouvait oublier qu'il devait sa couronne à l'appui de Thierri d'Alsace; mais dès que celui-ci fut descendu au tombeau, il crut ne plus être ingrat en se montrant hostile à son fils. Henri II se conduisait avec la même déloyauté vis-à-vis des communes qui jadis avaient pris les armes en sa faveur contre Etienne de Boulogne. L'archevêque de Canterbury Thomas Becket, persécuté comme chef de l'Eglise anglo-saxonne, avait envoyé un de ses amis s'assurer des dispositions où se trouvaient le roi de France et le comte de Flandre, et voici en quels termes Jean de Salisbury lui rendait compte de son voyage: «Dès que j'eus passé la mer, je crus être entré dans une atmosphère plus douce; de tristes orages s'étaient apaisés, et j'admirais de toutes parts la paix et le bonheur des nombreuses populations qui m'entouraient. Les serviteurs du comte de Guines m'accueillirent avec honneur, et me conduisirent jusqu'au monastère de Saint-Omer. Je me dirigeai ensuite vers Arras, et j'y appris que le comte de Flandre se trouvait dans le château de l'Ecluse, d'où l'orgueilleux vicomte d'Ypres fut jadis chassé après une longue résistance. A peine y étais-je arrivé que j'aperçus le comte qui, selon la coutume des hommes puissants, se livrait au bord des rivières, des étangs et des marais, au plaisir de la chasse aux oiseaux. Il se réjouit de rencontrer un homme qui pouvait lui dépeindre fidèlement l'état de l'Angleterre, et moi je ne me réjouissais pas moins de ce que Dieu l'avait ainsi offert à mes regards. Il m'adressa de nombreuses questions sur le roi et sur les grands: le récit de vos malheurs excita sa pitié, et il me promit de vous aider et de vous prêter des navires si vous en aviez besoin.»

Thomas Becket ne tarda point à se trouver réduit à recourir aux tristes nécessités de l'exil. Après s'être caché pendant quelques jours dans les marais du comté de Lincoln, il traversa la mer le 2 novembre 1164. Un historien anglais raconte que sa barque glissa au milieu d'une tempête sans en ressentir l'agitation, comme si la vertu d'une âme forte pouvait communiquer à tout ce qui l'entoure le pouvoir de résister à la rage des éléments comme au déchaînement des passions. Le port de Gravelines reçut le primat fugitif, et ce fut de là qu'il se rendit au monastère de Clairmarais.

Dès que Henri II eut appris la fuite de Becket, il fit remettre au comte de Flandre des lettres par lesquelles il l'invitait à se saisir de la personne de «Thomas, ci-devant archevêque de Canterbury.» Becket n'avait pas quitté le monastère de Clairmarais; mais Jean de Salisbury lui écrivait: «Souvenez-vous que les rois ont les mains longues.» Les liens de parenté qui unissaient Philippe à Henri II semblaient justifier ces craintes, et l'archevêque jugea prudent de poursuivre son voyage: ce fut à Soissons qu'il se retira par le conseil de l'évêque de Térouane et de l'abbé de Saint-Bertin.

Cependant le comte de Flandre s'alliait de plus en plus intimement à Louis VII dont il venait de tenir le fils sur les fonds baptismaux. Il se montra le protecteur de Becket et fit même, assure-t-on, quelques démarches auprès du roi d'Angleterre pour amener une réconciliation; ses efforts furent inutiles, et il ne tarda point à joindre ses armes à celles du roi de France, tandis que son frère, Matthieu de Boulogne, réunissait une flotte de six cents navires qui sema la terreur en Angleterre.

Dès ce moment, Becket n'eut plus de motifs pour soupçonner la loyauté de Philippe d'Alsace: il se rendit dans le Vermandois, et les relations qui s'établirent entre le comte de Flandre et l'archevêque exilé devinrent de plus en plus fréquentes. Thomas Becket visita la Flandre, et y bénit de ses mains vénérables la chapelle du château de Male. Un jour que Philippe d'Alsace se trouvait en Vermandois, au bourg de Crépy où il faisait construire une église, l'archevêque de Canterbury lui demanda le nom du saint dont il avait résolu d'invoquer le patronage. «Je veux, répondit le comte, la dédier au premier martyr.—Est-ce au premier de ceux qui sont déjà morts ou au premier de ceux qui mourront?» interrompit l'archevêque. Parole prophétique! l'église était à peine achevée, lorsque Philippe d'Alsace la consacra au martyr saint Thomas de Canterbury.

Henri II, cédant aux remontrances réitérées du roi de France et du comte de Flandre, avait pardonné à Becket. Il l'avait feint du moins; mais ses courtisans comprenaient mieux ses intentions. Ils suivirent l'archevêque de Canterbury en Angleterre, et le 29 décembre 1171, Becket, succombant sous leurs coups, rougit de son sang les marches de l'autel.

Ce crime fut la cause ou le prétexte d'une guerre dirigée contre Henri II. La reine d'Angleterre, jadis répudiée par Louis VII, la célèbre Aliénor de Guyenne, eut horreur de son époux. Ses fils Henri, Richard et Jean appelaient sur leur père les vengeances du ciel. L'aîné de ces princes se réfugia à la cour de Louis VII et s'y fit proclamer roi. Le roi de France, le roi d'Ecosse et le comte de Flandre lui avaient promis de le soutenir, et le premier usage qu'il fit de son nouveau sceau fut de récompenser d'avance leur zèle et leur appui. Il promit au comte de Flandre tout le comté de Kent, avec les châteaux de Douvres et de Rochester; à Matthieu de Boulogne, le comté de Mortain en Normandie et le fief de Kirketone en Angleterre; au comte de Blois, de vastes domaines sur les bords de la Loire; au roi d'Ecosse, le Northumberland; à son frère David, le comté de Huntingdon; à Hugues Bigot, ancien ami de Guillaume de Loo, le château de Norwich. De plus, Philippe d'Alsace lui rendit hommage pour son fief pécuniaire qui fut fixé à mille marcs d'argent. C'étaient, il faut l'avouer, de tristes auspices pour la royauté de Henri III que ces projets de démembrement au début d'une insurrection impie qu'accablaient les malédictions paternelles.

Tandis que Louis VII se préparait à combattre, le comte de Flandre envahissait la Normandie. Le comte d'Aumale se hâta de lui livrer son château. Drincourt capitula après une courte résistance, et le Château d'Arques allait partager le même sort, lorsque, le 25 juillet 1173, le comte Matthieu de Boulogne fut atteint d'une blessure mortelle dans une escarmouche. Dès que Philippe connut la mort de son frère, il ordonna la retraite, et les hommes d'armes de Henri II, délivrés de cette agression menaçante, purent réunir tous leurs efforts contre l'armée du roi de France qui fut mise en déroute près de Verneuil.

L'un des plus puissants barons d'Angleterre, le comte de Leicester, releva la bannière des fils de Henri II. Après avoir bravé la colère du roi jusqu'au milieu de sa cour, il alla chercher en Flandre les hommes d'armes que la mort de Matthieu de Boulogne laissait sans chef, et leur persuada aisément de s'associer à sa fortune. Le 29 septembre, il abordait avec eux à Walton, dans le comté de Suffolk. Il fit aussitôt arborer l'étendard de saint Edmond, autrefois si cher aux communes anglo-saxonnes; mais ce fut en vain: instruites par une triste expérience, elles n'osèrent point prendre part au mouvement; cependant le comte de Leicester avait rejoint Hugues Bigot et s'était emparé de Norwich. Repoussé devant Donewich, il effaça ce revers en enlevant en quatre jours le château d'Hageneth. Il marchait vers Leicester, lorsque l'approche de l'armée de Henri II le força à se replier vers Fremingham. Atteint dans les marais de Forneham, il combattit, fut vaincu et rendit son épée (17 octobre 1173). Dix mille Flamands périrent sur le champ de bataille. Un grand nombre furent noyés ou égorgés par les vainqueurs, qui n'épargnèrent que ceux dont ils espéraient obtenir une rançon. Quatorze mille de ces prisonniers, délivrés de leur captivité grâce à une trêve qui fut proclamée, traversèrent pendant l'hiver suivant le comté de Kent pour retourner dans leur patrie. Ils avaient été contraints de jurer qu'ils ne porteraient plus les armes contre Henri II, et tous étaient également pâles de faim et de misère. «Tel fut, s'écrient les historiens anglais, le juste châtiment des loups de Flandre, qui depuis longtemps nous enviaient nos richesses et se vantaient déjà d'avoir conquis l'Angleterre.»

Ainsi s'acheva l'année 1173. Dès que le printemps fut arrivé, le roi de France et le comte de Flandre se préparèrent à venger ces revers. Tandis que les barons français se dirigeaient vers les bords de la Seine, Philippe réunissait à Gravelines une armée «telle, dit un historien, que depuis longtemps on n'en avait point vu d'aussi nombreuse en Europe.» Henri II se trouvait en Normandie, et ses ennemis avaient jugé utile de porter la guerre en Angleterre afin de l'obliger à s'éloigner de ses provinces situées en deçà de la mer. Ce fut le comte de Flandre qui reçut cette mission. Trois cent dix-huit intrépides chevaliers, choisis par Philippe dans la multitude de ses hommes d'armes, abordèrent à Orwell. Ils avaient rallié les amis du comte Hugues Bigot et étaient entrés à Norwich, lorsqu'une autre flotte flamande mit à la voile vers les comtés du Nord pour soutenir l'insurrection de l'évêque de Durham et l'invasion des Ecossais qui avaient formé le siége de Carlisle.

Ce que l'on avait prévu arriva: Henri II se hâta de retourner en Angleterre, emmenant avec lui le comte de Leicester, son illustre captif. Le comte de Flandre, s'avançant aussitôt à travers les provinces conquises l'année précédente par Matthieu de Boulogne, se rendit à marches forcées sous les murs de Rouen où l'attendait Louis VII. Au moment où ces desseins habiles semblaient devoir réussir, ils échouèrent devant la rapidité des succès de Henri II. Le roi d'Angleterre avait débarqué le 10 juillet au port de Southampton, et, dans son désir hypocrite de calmer l'irritation des communes anglo-saxonnes, il avait commencé par aller faire acte de pénitence publique au tombeau de saint Thomas de Canterbury; peu de jours après, on apprit que, dès le lendemain de l'arrivée du roi, une grande bataille avait été livrée à Alnwick dans le Northumberland. Les armes de Henri II étaient victorieuses. Le roi d'Ecosse avait été pris, et avec lui tous les guerriers de Flandre et Jordan leur chef. «Il y eut tant de prisonniers, dit un contemporain, qu'il n'y avait point assez de cordes pour les lier, ni assez de prisons pour les renfermer.»

Cependant le siége de Rouen se prolongeait. Tous les assauts avaient été inutiles, et un armistice d'une seule journée avait été proclamé pour la fête de Saint-Laurent, lorsque le comte de Flandre s'approcha du roi de France: «Voyez, lui dit-il, cette cité qui déjà nous a coûté tant d'efforts; partagée entre les danses et les jeux, elle semble aujourd'hui s'offrir elle-même à nous. Que notre armée prenne les armes en silence, et se hâte de dresser les échelles contre les murailles: nous serons maîtres de la ville avant que ceux qui s'amusent au dehors puissent y rentrer.» Ce projet fut approuvé. «Peu importe, s'étaient écriés les autres chefs, que nous réussissions par notre courage ou par nos ruses. La bonne foi est-elle un devoir vis-à-vis de ses ennemis?» Par hasard, un prêtre se trouvait, à cette heure, au haut du beffroi de Rouen. Il remarqua le mouvement des assiégeants et fit aussitôt sonner le tocsin. La ville fut sauvée, et le lendemain on signala une flotte nombreuse qui s'avançait dans la Seine: c'était celle du roi d'Angleterre qui accourait triomphant, suivi de dix mille mercenaires.

Louis VII s'était éloigné: le comte de Flandre protégea sa retraite. Un mois après, la paix fut conclue à Amboise entre les rois de France et d'Angleterre; le comte de Flandre ne tarda point à y accéder, et il obtint, en restituant ses conquêtes, de pouvoir conserver le fief de mille marcs qui lui avait été promis.

Philippe d'Alsace profita du rétablissement de la paix pour exécuter un pieux projet dont son père lui avait donné l'exemple.

Le 11 avril 1175, il prit la croix avec son frère et les principaux barons de ses Etats, et il avait tout préparé pour son voyage, quand l'archevêque de Canterbury et l'évêque d'Ely vinrent lui annoncer que Henri II voulait, en expiation de la mort de Matthieu de Boulogne, lui accorder un subside important s'il consentait à ajourner son départ jusqu'aux fêtes de Pâques. Henri II avait deux motifs pour agir ainsi: il espérait que le comte de Flandre ne marierait point les filles du comte de Boulogne sans réclamer son assentiment; puis, songeant lui-même à se rendre en Asie et conservant ses vues ambitieuses jusque dans l'accomplissement d'un pèlerinage dicté par la pénitence, il ne voulait point arriver le dernier à Jérusalem.

Toute l'année 1176 s'écoula sans que le roi d'Angleterre eût rempli sa promesse; lorsque l'hiver fut arrivé, Philippe, fatigué de ces retards, chargea l'avoué de Béthune et le châtelain de Tournay d'aller porter ses plaintes à Henri II. Ils ajoutèrent que si le roi d'Angleterre ne remplissait point ses engagements, Philippe marierait ses nièces aux fils de Louis VII. Peut-être cette déclaration n'était-elle qu'un mensonge habile; mais le but que se proposait le comte de Flandre fut atteint. Il feignit de céder aux prières réitérées des ambassadeurs anglais Gauthier de Coutances et Ranulf de Glanville, en faisant épouser à l'une des filles du comte de Boulogne le duc de Louvain, à l'autre le duc de Zæhringen, qui conserva peu de temps le comté de Boulogne, bientôt transféré aux comtes de Saint-Pol et de Dammartin. Henri II remit au comte de Flandre cinq cents marcs d'argent et ne demanda plus à partager ses conquêtes en Asie.

Vingt jours après le dimanche de Pâques fleuries, la flotte flamande mettait à la voile. Elle s'arrêta en Portugal et à l'île de Chypre, et n'aborda que vers le mois d'août à Ptolémaïde. Le roi de Jérusalem, qui l'attendait avec impatience, envoya au devant du comte de Flandre plusieurs princes et plusieurs évêques. Partout il fut reçu avec les plus grands honneurs, et dès qu'il fut arrivé à Jérusalem, les barons et les grands maîtres des hospitaliers et des templiers, prenant en considération les infirmités du roi Baudouin le Lépreux, offrirent à Philippe d'Alsace le gouvernement du royaume. Tous espéraient que les secours et les conseils du comte de Flandre et des siens raffermiraient le trône chancelant de Jérusalem, et permettraient enfin de combattre activement les infidèles. L'admiration qu'inspirait Philippe s'accrut de plus en plus lorsqu'il eut répondu que, profitant des loisirs que lui laissait l'administration de ses Etats héréditaires, il ne s'était point rendu en Asie pour augmenter sa puissance, mais pour servir la cause de Dieu.

Cependant on découvrit bientôt combien d'orgueil se cachait sous cette humilité apparente. Si Philippe refusait la régence, c'est que son ambition s'élevait jusqu'à la royauté. Tels étaient les sinistres desseins qu'il nourrissait contre un prince qui lui était uni par les liens du sang, et qui lui accordait en ce moment même une généreuse hospitalité.

Le comte de Flandre ne fut point secondé dans ses complots, et une autre pensée se présenta à son esprit: Baudouin le Lépreux n'avait point d'enfants; sa sœur, mère de l'héritier du royaume, était veuve du marquis de Montferrat, et il n'était point douteux que le nouvel époux qu'elle accepterait n'obtînt, avec la tutelle du jeune prince, le gouvernement du royaume. Le comte de Flandre, qui avait dédaigné pour lui-même cette haute position, la destinait à un de ses chevaliers. Il voulait donner la main de la reine Sibylle et celle de sa sœur, qui, très-jeune encore, habitait avec sa mère à Naplouse, aux deux fils de l'avoué de Béthune: il espérait que celui-ci, l'un de ses amis les plus dévoués, n'hésiterait point à lui céder, en échange de quelques baronnies en Palestine, les vastes domaines qu'il possédait en Flandre. Un jour que Philippe se trouvait au milieu des conseillers de Baudouin, parmi lesquels siégeait l'archevêque Guillaume de Tyr, il leur demanda pourquoi ils ne le consultaient point sur le mariage de sa parente Sibylle, veuve de Guillaume de Montferrat. Ils répondirent, après avoir pris l'avis du roi, qu'ils ne s'étaient point occupés du mariage de la marquise de Montferrat, parce qu'elle n'était veuve que depuis peu de temps; mais toutefois que, s'il proposait une union convenable, on ferait usage de ses conseils: ils ajoutaient que son choix serait soumis à la délibération commune des barons. «Je ne le ferai point, répliqua Philippe irrité, il faut que les princes du royaume jurent de respecter ma volonté, car ce serait couvrir de honte une personne honnête que la nommer pour l'exposer à un refus.» Ces plaintes et ces menaces n'amenèrent point de résultat. Guillaume de Tyr et ses collègues s'étaient retirés en s'excusant sur leurs devoirs vis-à-vis du roi et vis-à-vis d'eux-mêmes, de ce qu'ils ne pouvaient livrer la sœur du roi de Jérusalem à un chevalier dont le nom leur était inconnu.

Cependant une ambassade solennelle de l'empereur de Constantinople était venue réclamer l'exécution d'un traité autrefois conclu avec le roi Amauri, par lequel les barons grecs et latins avaient pris l'engagement de se réunir pour envahir l'Egypte. On offrit au comte de Flandre le commandement de cette expédition: «Il vaut mieux, répondit-il, que le chef qui sera choisi recueille seul la honte ou la gloire de la guerre, et puisse disposer de l'Egypte s'il parvient à la conquérir.» Comme les envoyés de Baudouin lui représentaient qu'ils n'avaient pas le pouvoir de créer un second roi et un second royaume, il déclara qu'il n'irait point en Egypte, alléguant tour à tour l'approche de l'hiver, les inondations du Nil, la multitude d'ennemis qu'on aurait à combattre, la famine à laquelle l'armée serait exposée pendant sa marche. Vainement lui répliquait-on que des navires devaient transporter les machines de guerre, et que six cents chameaux chargés de vivres suivraient l'armée: il persista dans sa résolution. Déjà soixante et dix galères grecques étaient arrivées au port de Ptolémaïde, avec les trésors que l'empereur Manuel Comnène consacrait aux frais de cette guerre: les barons de Jérusalem crurent qu'il n'était ni prudent, ni honorable de violer sans motifs une promesse formelle, et se préparèrent à remplir leurs engagements. A cette nouvelle, le comte de Flandre, voyant que l'on s'inquiétait peu de ses refus, s'irrita de plus en plus: il répétait qu'on ne cherchait qu'à l'outrager, et sa fureur était si violente que les barons de Jérusalem, effrayés par ces dissensions, supplièrent les Grecs d'ajourner l'expédition d'Egypte jusqu'au printemps.

Philippe, mécontent et jaloux, avait à peine passé quinze jours dans la cité sainte. Emportant avec lui la palme qui était le signe ordinaire de l'accomplissement du pieux pèlerinage, il s'était retiré à Naplouse: il y changea d'avis, et, dans son humeur inconstante, il ne tarda point à envoyer à Jérusalem l'avoué de Béthune pour annoncer qu'il était prêt à combattre, soit en Egypte, soit ailleurs. Agité par de secrets remords, il cherchait à éloigner de lui l'accusation d'avoir compromis la fortune des chrétiens en Asie.

Les barons de Jérusalem s'empressèrent de communiquer ce message de Philippe aux ambassadeurs de Manuel Comnène. Ceux-ci leur répondirent que, bien qu'il fût peu convenable de changer si fréquemment de desseins, ils consentaient à n'écouter que les intérêts de la cause de Dieu et de l'empereur, pourvu que le comte de Flandre et les siens jurassent de prendre part à cette expédition loyalement et de bonne foi, en observant tous les engagements qui existaient entre le roi et l'empereur. De nouvelles difficultés s'élevèrent: le comte voulait mettre des restrictions à son serment et refusait de le prêter lui-même, en offrant celui de l'avoué de Béthune et de quelques autres barons de Flandre. Enfin il arriva que les ambassadeurs impériaux, jugeant inutile d'entamer d'autres négociations, se décidèrent à retourner à Constantinople.

Une si honteuse inertie avait complètement déshonoré la croisade de Philippe d'Alsace, quand, par une résolution inopinée, il prit les armes et se dirigea vers les plaines fertiles qu'arrose l'Oronte. Quelques voix accusaient même le prince d'Antioche et le comte de Tripoli d'avoir détourné le comte de Flandre de la guerre d'Egypte, afin de l'entraîner à la défense de leurs Etats. Il avait reçu du roi cent chevaliers et deux mille fantassins, auxquels s'étaient joints le grand maître des hospitaliers et plusieurs chevaliers de l'ordre du Temple. Ses premiers pas le portèrent dans la principauté de Tripoli; puis, après avoir ravagé le territoire d'Apamée, il mit le siége devant Harenc, château fortifié, au sommet d'une colline presque inaccessible.

Tandis que le comte de Flandre s'enferme sous des tentes de feuillage, dans l'enceinte circulaire d'un rempart destiné à le protéger contre les torrents dont l'hiver doit bientôt enfler les eaux, l'émir Salah-Eddin s'élance hors de l'Egypte. Instruit que le roi de Jérusalem n'a point d'armée autour de lui, il traverse les déserts et paraît inopinément devant Ascalon. Baudouin le Lépreux sort de la cité sainte abandonnée au désespoir, et oppose à l'innombrable cavalerie des infidèles trois cent soixante et quinze combattants. L'évêque de Bethléem les précède, portant le bois de la vraie croix. Une longue mêlée s'engage, lorsque tout à coup un tourbillon impétueux s'élève et enveloppe les escadrons ennemis d'un nuage de poussière. Leurs regards se troublent, et la terreur multiplie à leurs yeux le nombre des héros chrétiens; ils jettent précipitamment leurs armes, et fuient avec Salah-Eddin que son dromadaire emporte au milieu des sables de l'Arabie (25 novembre 1177).

Pendant cette journée glorieuse où les vainqueurs rendirent grâces au Seigneur de ce que, nouvelle troupe de Gédéon opposée aux Madianites, ils ne devaient qu'à sa protection un si merveilleux triomphe, Philippe d'Alsace voyait tous ses efforts échouer sur le territoire d'Artésie, dont le nom rappelait les exploits du comte Robert de Flandre. Le siége d'Harenc languissait; la discipline militaire s'était relâchée. Les chasses des fauconniers, les jeux des baladins, les dés et les chansons, occupaient tous les loisirs, et les chevaliers, loin de combattre, ne songeaient plus qu'à se reposer dans de somptueux banquets. Philippe parlait sans cesse de renoncer à son expédition, et en même temps qu'il décourageait ainsi tous ceux qui se trouvaient avec lui, il faisait renaître la confiance chez les assiégés déjà prêts à capituler. En vain le prince d'Antioche supplia-t-il Philippe de ne pas persister dans une si funeste résolution. Le comte de Flandre fut sourd à toutes les prières et retourna à Jérusalem, où il voulait assister aux fêtes de Pâques. Peu de jours après, il quitta la Palestine. Des vaisseaux grecs le portèrent de Laodicée à Constantinople; puis il continua son voyage par la Thrace, la Pannonie et la Saxe, et vers le mois d'octobre il revint en Flandre.

Le comte de Flandre retrouva ses Etats florissants et l'Europe en paix. La réconciliation de Louis VII et de Henri II paraissait sincère. Philippe d'Alsace était à peine rentré en Flandre, lorsqu'il y vit arriver l'un des fils du roi d'Angleterre, Henri au Court Mantel. L'année suivante, il accompagna à Canterbury le roi de France qui se rendait en pèlerinage au tombeau de saint Thomas Becket, pour implorer du ciel le rétablissement de son fils. Sa prière fut exaucée; mais ce voyage avait épuisé les forces du vieux monarque. Ses infirmités l'accablaient, et réduit à transmettre le sceptre à un jeune prince à peine âgé de quatorze ans, il confia sa tutelle et le gouvernement du royaume au comte de Flandre.

Philippe-Auguste reçut l'onction royale le jour de la Toussaint 1179. Le comte de Flandre porta dans cette cérémonie l'épée du royaume, et dès ce jour son influence ne fut plus douteuse. «Le roi, écrit Roger de Hoveden, suivait en toutes choses les conseils du comte Philippe» et un poëte ajoute:

Lors iert receveur de rentes,

Des aventures et des ventes,

Par Paris, par Senlis et par Rains

Et par autres lieus, ses parrains,

Phelippes, li contes de Flandres.

Le comte de Flandre profita de sa position élevée pour se faire confirmer la cession définitive de tous les domaines d'Elisabeth de Vermandois, afin qu'ils restassent désormais attachés au fief des comtes de Flandre. Leur étendue et l'importance des cités d'Amiens, de Nesle et de Péronne, avaient augmenté considérablement sa puissance; mais, par une faute dont l'avenir révélera toute la gravité, en même temps qu'il cherchait à s'assurer la conservation du Vermandois, il préparait le démembrement d'une autre partie de ses Etats. Egaré par son ambition, il voulait unir le jeune roi de France à l'une de ses nièces, fille du comte de Hainaut, et s'était chargé de lui assigner une dot qui fût digne de la couronne qu'elle allait porter: c'était l'Artois, avec les cités d'Arras, d'Aire, de Saint-Omer, d'Hesdin, de Bapaume.

Elisabeth de Hainaut était déjà fiancée à Henri de Champagne. La reine de France, issue de la maison de Thibaud le Grand, se plaignit vivement de la rupture de ce projet. Elle se retira en Normandie auprès du roi Henri II, et de là elle appelait ses amis aux armes.

Cependant le comte de Flandre ne s'effraye point et presse le dénoûment des négociations qu'il a entamées: il amène le jeune roi en Vermandois et, le 28 avril 1180, il lui fait épouser précipitamment, en présence des évêques de Laon et de Senlis, la jeune Elisabeth de Hainaut qui n'a que treize ans; puis il se hâte de se rendre, non à Reims, mais à l'abbaye de Saint-Denis, où l'archevêque de Sens accourt pour poser sur le front de la jeune fiancée la couronne parsemée de fleurs de lis. Au moment où l'arrière-petite-fille de Baldwin Bras de Fer s'agenouille dans la basilique de Dagbert, la baguette d'un héraut d'armes brise l'une des lampes suspendues devant l'autel, et des flots d'huile se répandent sur sa tête, comme si une main céleste eût voulu la bénir.

Elisabeth de Hainaut était reine. Ses ennemis s'inclinèrent devant elle, et l'altière Alice de Champagne s'apaisa en promettant la main d'une de ses nièces, fille du comte de Troyes, à l'héritier des comtes de Hainaut. Dès ce moment, le comte de Flandre ne rencontra plus d'adversaires: il choisissait lui-même les ministres et les conseillers auxquels le soin des affaires était confié. Les populations du Midi gardaient le silence; les hommes de race septentrionale triomphaient, et saluaient dans Elisabeth l'héritière de Karl le Chauve, qui allait rétablir dans sa postérité la dynastie de Karl le Grand. Ils aimaient à raconter que l'épée que le comte de Flandre portait à la cérémonie du sacre était la célèbre Joyeuse que la main de l'empereur des Franks avait touchée; et c'était parmi eux une ancienne tradition que Baldwin Bras de Fer, lors du rapt de Judith, avait enlevé avec elle les restes de Pépin le Bref et de son fils, comme si, par un vague pressentiment de l'usurpation des Capétiens, il en avait voulu conserver le glorieux dépôt pour ses successeurs issus de la dynastie karlingienne.

Cette paix profonde, qui succédait à tant de guerres lointaines et sanglantes, semblait sourire aux délassements littéraires. Philippe d'Alsace s'y était toujours montré favorable, et il n'était point indigne de les protéger s'il écouta les conseils que lui adressait Philippe d'Harveng: «La science n'est pas le privilége exclusif des clercs: il est beau de pouvoir se dérober aux combats ou aux agitations du monde, pour aller s'étudier dans quelque livre comme dans un miroir... Les leçons qu'y trouvent les hommes illustres ajoutent à la noblesse, élèvent le courage, adoucissent les mœurs, aiguillonnent l'esprit et font aimer la vertu. Le prince qui possède une âme aussi haute que sa dignité aime à entendre ces sages préceptes. Combien ne devez-vous point vous applaudir que vos parents aient voulu que, dès votre enfance, vous fussiez instruit dans les lettres!» Saint Thomas Becket parle à peu près dans les mêmes termes que Philippe d'Harveng du comte de Flandre: «Il mérite les plus hautes louanges, car sa prudence est égale à la gloire de sa naissance. S'il frappe les coupables avec toute la rigueur de sa justice, il gouverne ses sujets fidèles avec toute la douceur de sa clémence. Il respecte et protége l'Eglise, et honore Jésus-Christ dans ses ministres; sa bonté touche tous les cœurs, ses bienfaits lui concilient la gratitude publique. Il ne persécute point ses peuples, et ne cherche point de prétexte pour tourmenter les pauvres et dépouiller les riches. Loin d'imiter les monarques dont les Etats touchent aux siens, il retrace la vertu et la générosité de ces empereurs romains qui savaient

«Protéger   la
faiblesse   et
réprimer l'orgueil.»

Elisabeth de Vermandois partageait les goûts du comte de Flandre: elle aimait surtout les vers des ménestrels, et présidait même une cour d'amour. C'était à Bruges où sous les frais ombrages de Winendale que les plus célèbres trouvères du douzième siècle venaient lire tour à tour les romans d'Erec et d'Enide, de Cligès, du Chevalier au Lion, d'Yseult, de Tristan de Léonnois ou celui du Graal, qui fut écrit

Por le plus preud'homme.

Qui soit en l'empire de Rome:

C'est li quens Phelippe de Flandres.

Tandis que Chrétien de Troyes chantait la générosité du comte de Flandre, Colin Muset se plaignait, dans des vers charmants, de la pauvreté, cette compagne des poètes, qui le plus souvent est leur muse.

Il faut rappeler, au milieu de ces créations d'une poésie naïve et gracieuse, les travaux de quelques hommes vénérables par leur science, jurisconsultes ou théologiens, qui allaient s'instruire tour à tour aux écoles de Laon, de Paris ou de Normandie. C'est parmi eux que nous placerons Lambert d'Ardres, historien plein de talent dans l'observation des faits; l'illustre abbé des Dunes, Elie de Coxide, et l'abbé de Marchiennes, André Silvius; Hugues de Saint-Victor, qui fut surnommé le second Augustin, et Raoul de Bruges, qui emprunta à la langue des Arabes, presque ignorée alors en Europe, une traduction du Planisphère de Ptolomée.

Peut-être Raoul de Bruges reçut-il en Flandre la visite du célèbre géographe de Ceuta, Mohammed-el-Edrisi, qui avait résolu de parcourir toute l'Europe avant d'écrire sa description du monde. «La Flandre, y dit-il, est bornée à l'orient par le pays de Louvain. Elle compte au nombre de ses villes, Tournay, Gand, Cambray, Bruges et Saint-Omer. Ce pays, couvert de villages, est partout cultivé avec le plus grand soin. La principale de ses villes est celle de Gand, bâtie sur la rive orientale de la Lys. On admire ses vastes habitations et ses beaux édifices; elle est située au milieu des vergers, des vignobles et des champs les plus fertiles. A quinze milles de Gand, vers l'ouest, s'élève la ville de Bruges, qui, bien que moins étendue, possède une nombreuse population. Des vignobles et des campagnes fertiles l'entourent également.»

Un évêque gallois, chassé de son siége par la colère de Henri II comme l'archevêque de Canterbury, a célébré avec le même enthousiasme la puissance du comte de Flandre: «J'étais arrivé à Arras, écrit-il, lorsque tout à coup un grand tumulte s'éleva dans la ville. Le comte Philippe de Flandre, qui est si grand, avait fait exposer au milieu de la place du marché un bouclier solidement fixé à un poteau, et c'était là que les écuyers et les jeunes gens, montés sur leurs chevaux, préludaient à la guerre, et éprouvaient leurs forces en enfonçant leurs lances dans le bouclier. J'y vis le comte lui-même, j'y vis tant de nobles, tant de chevaliers et tant de barons vêtus de soie, j'y vis s'élancer tant de superbes coursiers, j'y vis briser tant de lances, que je ne pouvais assez admirer tout ce qui s'offrait à mes yeux. Cependant lorsque cette enceinte eut été occupée pendant environ une heure par cette nombreuse noblesse, le comte Philippe se retira soudain suivi de tous les siens; à toutes ces pompes avait succédé le silence, et je compris combien promptement s'évanouissent ici-bas les créations de la vanité.»

Ainsi s'évanouirent aussi ces jours heureux où la paix multipliait ses bienfaits. Jeux de la poésie, travaux de la science, brillants tournois de la chevalerie, tout disparut le même jour. La guerre, qui avait cessé le 1er novembre 1179, reprit deux années après, vers le mois de novembre 1181. Louis VII était descendu au tombeau. Philippe-Auguste avait seize ans: il était impatient d'exercer seul cette autorité que la mort de son père semblait remettre tout entière en ses mains. Parmi les barons qui l'environnaient, on en comptait plusieurs que l'ambition et l'envie excitaient sans cesse à entourer le jeune prince de conseils hostiles au comte de Flandre. Les historiens du douzième siècle nous ont conservé les noms des barons de Clermont et de Coucy. Tous deux appartenaient à l'aristocratie féodale du Vermandois, avec laquelle Philippe d'Alsace avait eu de fréquents démêlés. Raoul de Coucy lui avait refusé l'hommage de ses domaines, en même temps que Raoul de Clermont lui disputait la possession du bourg de Breteuil.

Ces mauvaises dispositions éclatèrent plus manifestement en 1182. La comtesse de Flandre était morte à Arras le 27 mars, ne laissant point de postérité. Sa sœur Éléonore, mariée tour à tour au comte de Nevers, à Matthieu et à Pierre d'Alsace, leur avait survécu. Le grand chambellan de France, Matthieu de Beaumont, qu'elle venait d'épouser en quatrièmes noces, ne tarda point à réclamer, à titre héréditaire, les vastes Etats du comte Raoul de Vermandois. Philippe-Auguste appuya ses prétentions, et somma Philippe de lui remettre plusieurs domaines qui, soit au temps de Hugues de Vermandois, frère du roi Philippe Ier, soit à une époque plus récente, avaient été distraits des terres de la couronne. Le comte de Flandre s'appuyait en vain sur les dons solennels confirmés par Louis VII, que Philippe-Auguste lui-même avait renouvelés: le jeune roi prétextait l'ignorance de sa minorité et l'inviolabilité du domaine royal. Il ne pouvait même oublier qu'il avait épousé Elisabeth de Hainaut par les conseils du comte de Flandre; impatient de rompre tous les liens qui lui rappelaient le souvenir de sa tutelle, il avait résolu de répudier cette jeune princesse. Déjà le jour de cette triste cérémonie était fixé. Elisabeth, prosternée au pied des autels, ne cessait de prier Dieu de la défendre contre la malignité de ses ennemis; lorsqu'elle se présenta au palais, suivie d'une multitude de pauvres, sa vertu brillait d'un si grand éclat que ses ennemis eux-mêmes la respectèrent, et le roi, renonçant à son projet, la laissa dans sa retraite de Senlis.

La lutte entre la royauté et l'autorité des grands vassaux signale les premières années du gouvernement de Philippe-Auguste. Cependant ni le roi, ni les grands vassaux, ne sont assez forts pour obtenir une victoire décisive et complète. Ce ne sera qu'à la fin de ce même règne que nous verrons paraître les communes, autre élément de la puissance nationale, jusqu'alors multiple et faible, bientôt remarquable par son influence et son unité.

En 1182, les hauts barons de France comprenaient bien que les prétentions de Philippe-Auguste étaient une menace dirigée contre leur autorité. Au moment où les rois de France et d'Angleterre, guidés par les mêmes motifs, formaient une alliance intime, le comte de Flandre, le duc de Bourgogne, les comtes de Blois et de Sancerre, se confédéraient à leur exemple. Philippe d'Alsace avait même envoyé l'abbé d'Andres à Rome pour demander qu'il lui fût permis d'épouser la comtesse de Champagne. Tandis que le roi exilait la jeune princesse issue de la dynastie karlingienne, ils cherchaient un chef dans l'empereur Frédéric Barberousse, qui se vantait de reconstituer le vaste empire de Karl le Grand. Ces souvenirs, ces traditions, ces espérances leur plaisaient d'autant plus que depuis longtemps le sceptre des Césars germaniques était devenu le jouet des ambitions féodales.

«Le comte de Flandre, dit un chroniqueur, excita contre son seigneur lige tous les adversaires qu'il put découvrir. Il prétendait que les choses en étaient arrivées à ce point que le roi voulait renverser tous les châteaux ou en disposer à son gré.» On avait proclamé en France, en Flandre et en Angleterre, une ordonnance qui obligeait tout homme qui possédait cent livres à entretenir un cheval et une armure complète: ceux qui avaient vingt-cinq livres devaient acheter une cotte de mailles, un casque de fer, une lance et un glaive; il était permis à ceux qui étaient plus pauvres de ne porter qu'un arc et des flèches.

Le chapelain de Philippe-Auguste, dans le poëme qu'il a consacré à la gloire de son maître, nous a laissé un brillant tableau de l'enthousiasme qui animait la Flandre prête à combattre.

«Une ardeur belliqueuse éclate de toutes parts; la commune de Gand, fière de ses maisons ornées de tours, de ses trésors et de ses nombreux bourgeois, donne au comte vingt mille hommes, tous habiles à manier les armes. A son exemple s'empresse celle d'Ypres, célèbre par la teinture des laines. Les habitants de l'antique cité d'Arras se hâtent d'accourir. Bruges, riche de ses moissons et de ses prairies, choisit dans ses murs ses combattants les plus intrépides. Lille, dont les nations étrangères admirent les draps aux couleurs éclatantes, prépare également ses nombreuses phalanges. Le peuple qui révère saint Omer embrasse le parti du comte et lui envoie plusieurs milliers de jeunes gens illustres par leur valeur. Hesdin, Gravelines, Bapaume, Douay arment tour à tour leurs bataillons pour la guerre... La Flandre tout entière appelait aux combats ses nombreux enfants. La Flandre est un pays riche et prospère. Son peuple, aussi sobre que frugal, se distingue par ses vêtements brillants, sa taille élevée, l'élégance de ses traits, la vivacité des couleurs qui rehaussent la blancheur de son teint; ses troupeaux lui prodiguent leur lait et leur beurre. La tourbe sèche, enlevée du fond de ses marais, alimente son foyer, et la mer, qui le nourrit de ses poissons, lui porte des navires chargés de trésors précieux.»

Philippe d'Alsace était le véritable chef de la guerre. Lorsque le comte de Sancerre conquit le château de Saint-Brice, il en fit hommage au comte de Flandre «et devint son homme lige,» dit Roger de Hoveden. Son neveu Henri de Louvain lui amena quarante chevaliers, et le comte de Hainaut conduisit également sous ses bannières les plus vaillants hommes d'armes de ses Etats.

«Les bataillons du comte, poursuit Guillaume le Breton, étincellent sous leurs ornements aux couleurs variées. Le souffle des brises fait ondoyer leurs étendards; leurs armes dorées par le soleil doublent l'éclat de ses rayons. Le comte, plein d'une joie secrète, s'élance aux combats, et se croit déjà vainqueur. Il ne doute point qu'accompagné d'un si grand nombre de guerriers intrépides, il ne lui soit facile de vaincre le roi.»

Cette armée comprend deux cent mille hommes. Philippe d'Alsace la guide d'abord vers Corbie dont il forme le siège. Corbie avait autrefois appartenu à la Flandre, à l'époque où Athèle, fille du roi Robert, l'apporta en dot à Baldwin le Pieux. La première enceinte est livrée aux flammes, mais la seconde résiste, protégée par les eaux de la Somme; de là, Philippe court ravager les bords de l'Oise jusqu'au pied des remparts de Noyon et de Senlis. Le redoutable château de Dammartin tombe en son pouvoir; mais ces succès ne calment point sa colère, et il s'est écrié, raconte l'auteur de *la Philippide*: «Il faut que les guerriers de Flandre brisent les portes de Paris, il faut que mon dragon paraisse sur le Petit-Pont, et que je plante ma bannière dans la rue de la Calandre.» En effet, le comte de Flandre poursuit sa marche vers la Seine: il recueille un butin immense, s'empare du château de Béthisy et s'avance jusqu'à Louvres.

Les rois de France et d'Angleterre n'avaient rien fait pour arrêter l'invasion du comte de Flandre. Ils préféraient réunir toutes leurs forces contre ses alliés, et c'est ainsi qu'ils avaient réduit successivement le duc de Bourgogne, la comtesse de Champagne et le comte de Sancerre à déposer les armes. Le péril qui menaçait Paris rappela enfin Philippe-Auguste au secours de sa capitale; mais les Anglais, soit qu'ils fussent déjà las de la guerre, soit que d'anciennes sympathies de race, fortifiées par les relations commerciales, les rendissent plus favorables aux Flamands, quittèrent le camp français.

Par un mouvement habile, le roi de France dirigeait sa marche vers Senlis et le Valois, afin de séparer le comte de Flandre de ses Etats en interceptant sa retraite. Dans cette situation grave, le sénéchal de Flandre, Hellin de Wavrin, se signala par son courage et arrêta tous les efforts des ennemis. Une troupe de Gantois faillit même enlever le roi de France. L'armée de Philippe Auguste avait formé le siége du château de Boves, lorsque Philippe d'Alsace s'approcha à travers la forêt de Guise, après avoir brûlé Coucy, Pierrefonds et Saint-Just, et vint placer ses tentes vis-à-vis de celles de Philippe-Auguste, qui s'éloigna.

On était arrivé aux fêtes de Noël: une trêve fut conclue jusqu'à l'Épiphanie. Dès qu'elle fut expirée, le comte de Flandre, qui n'avait pas quitté Montdidier, recommença les hostilités. Ses hommes d'armes avaient poussé leurs excursions jusqu'à Compiègne et jusqu'à Beauvais, lorsque de nouvelles trêves furent proclamées: elles devaient se prolonger jusqu'à la Saint-Jean 1183. Le pape Lucius III en profita pour envoyer en France son légat Henri, évêque d'Albano, chargé d'offrir sa médiation. Des conférences s'ouvrirent à Senlis, et bientôt après un traité fut signé. «Jamais, dit un chroniqueur contemporain, nous ne vîmes une plus petite paix éteindre une plus grande guerre.»

Cette paix maintient la situation des choses. Si Philippe d'Alsace restitue le château de Pierrefonds au roi de France, celui-ci le remet à l'évêque de Soissons, qui le rend à Hugues d'Oisy, ami de Philippe d'Alsace. Amiens reste fief épiscopal, mais l'évêque s'engage à faire droit aux prétentions de Philippe. Le fief pécuniaire qu'il a reçu du roi d'Angleterre lui est confirmé; enfin tous les frais et tous les désastres de la guerre sont effacés par une compensation réciproque.

L'année 1183 fut pleine d'intrigues: chacun prévoyait que la guerre ne tarderait point à éclater de nouveau. Le roi de France chercha à séparer le Hainaut de la Flandre, et dans ce but il excita des discordes entre Henri de Louvain, neveu de Philippe d'Alsace, et Baudouin de Hainaut, son beau-frère; puis il rappela la reine Elisabeth de l'exil dans lequel il l'avait reléguée; et lorsque le comte de Hainaut vint à Rouen pour y traiter avec le roi d'Angleterre au nom du comte de Flandre, il l'invita à se rendre à sa cour.

Baudouin y trouva sa fille qui le supplia de ne plus porter les armes contre le roi de France, et ne put résister ni à ses prières, ni à ses larmes.

Le bruit de cette réconciliation parvint sans doute aux oreilles du roi d'Angleterre. Henri II, qui avait compris combien elle allait accroître la puissance de Philippe-Auguste, se hâta de conclure la paix avec le comte de Flandre.

Cependant Philippe d'Alsace était allé chercher d'autres alliés aux bords du Rhin. L'empereur Frédéric Barberousse, qui depuis trente-deux ans travaillait sans relâche à reculer les limites de l'empire, l'accueillit avec honneur. Son ambition avait été aisément flattée de l'espoir d'étendre son autorité jusqu'à la mer de Bretagne, et il chargea l'archevêque de Cologne, le belliqueux Philippe de Heinsberg, d'accompagner le comte de Flandre dans ses Etats. Philippe d'Alsace y était à peine arrivé, et vingt jours seulement s'étaient écoulés depuis l'entrevue de Mayence, lorsque le roi Henri II aborda également en Flandre. Philippe d'Alsace et l'archevêque de Cologne le suivirent en Angleterre, sous le prétexte d'un pèlerinage au tombeau de saint Thomas Becket; mais ils s'arrêtèrent peu à Canterbury et se rendirent à Londres. On les reçut solennellement à l'église de Saint-Paul. Toutes les rues retentissaient des manifestations de la joie publique et étaient, ce qu'on n'avait jamais vu auparavant, ornées de feuillages et de fleurs. Le comte et l'archevêque passèrent cinq jours dans le palais du roi; ils n'y signèrent aucun traité d'alliance manifeste qui soit parvenu jusqu'à nous, mais il n'est point douteux que les conventions arrêtées à Mayence n'aient été confirmées à Londres. Henri II, dont la préoccupation constante était d'enlever l'héritage de la Flandre à Baudouin devenu l'allié du roi de France, réussit à persuader à Philippe d'Alsace qu'il ne pouvait mieux punir la trahison du comte de Hainaut que par un second mariage, qui serait peut-être moins stérile que le premier: des ambassadeurs s'embarquèrent aussitôt pour Lisbonne, où ils réclamèrent la main de l'une des filles d'Alphonse Ier, roi de Portugal. Elle se nommait Thérèse et l'on vantait son éclatante beauté.

Ce n'était point assez pour la vengeance du comte de Flandre. Aussitôt qu'il eut appris que le comte Baudouin avait signé, à l'abbaye de Saint-Médard de Soissons, un traité avec le roi de France, il envahit le Hainaut et s'avança jusqu'au Quesnoy. L'armée allemande et brabançonne de Philippe de Heinsberg et de Henri de Louvain, qui s'élevait, dit-on, à dix-sept cents chevaliers et à soixante et dix mille hommes de pied, ne tarda point à le rejoindre devant Maubeuge. Jacques d'Avesnes lui amena ses vassaux, et le comte de Hainaut se vit bientôt réduit à s'enfermer dans le château de Mons, d'où il assista, en pleurant, à l'extermination de ses peuples qu'il ne pouvait secourir.

A cette guerre sanglante succédèrent tout à coup des fêtes resplendissantes de pompe et de magnificence. Le comte de Flandre se rendait, entouré de ses chevaliers, au-devant de sa jeune fiancée. Le roi Alphonse avait fait porter sur sa flotte les trésors les plus précieux de ses Etats, de l'or, des pierres précieuses, de riches habits de soie, des fruits dorés par le soleil dans les heureux climats de la Lusitanie. Le roi d'Angleterre avait également ordonné que des vaisseaux l'accompagnassent pendant son voyage, et Thérèse, en relâchant à la Rochelle, y apprit avec admiration que de là jusqu'aux ports de Flandre tout le rivage de la mer appartenait aux Anglais. La jeune princesse portugaise, appelée et protégée par Henri II, conserva profondément ces premières impressions; et en renonçant à son nom pour en prendre un autre plus connu aux bords de l'Escaut, elle choisit celui de Mathilde, qui n'était pas moins cher aux Anglais qu'aux Flamands.

Dès que Philippe-Auguste avait appris les revers du comte de Hainaut, il avait rompu la paix et réuni une armée; mais il se souvint bientôt du siége de Boves et se retira devant les hommes d'armes que le comte de Flandre lui opposait. D'un autre côté, Henri II, retenu au delà de la mer par une insurrection des Gallois, chercha à cacher ses engagements secrets en proposant une trêve qui fut acceptée. Des conférences s'ouvrirent à Aumale le 7 novembre 1185. Les rois de France et d'Angleterre, le comte de Flandre, les archevêques de Reims et de Cologne, y assistèrent, et on y approuva une paix à peu près semblable à celle de 1183; mais il restait encore plusieurs points à régler, et le comte de Flandre exigeait, comme condition préalable, la ratification du roi des Romains, avec lesquels il venait de conclure une étroite alliance. Il se rendit donc en Italie auprès de lui pour l'obtenir, et à son retour, le 10 mars 1186, les conférences recommencèrent à Gisors: là furent définitivement réglées les contestations qu'avaient fait naître les domaines du Vermandois.

Une année après, le 17 février 1187, le roi d'Angleterre s'embarquait à Douvres pour aller en Flandre. Il passa trois jours à Hesdin, puis continua son voyage vers la Normandie. De nouveaux démêlés, relatifs à la possession du Vexin et à la tutelle d'Arthur de Bretagne, allaient rallumer la guerre entre la France et l'Angleterre. Conformément aux anciens traités, Philippe d'Alsace envoya quelques hommes d'armes au camp français; mais il alla lui-même, avec la plupart de ses chevaliers, rejoindre le roi d'Angleterre, qui se préparait à défendre le Berri. Son zèle parut toutefois se refroidir presque aussitôt. Henri II et Frédéric Barberousse touchaient tous les deux au terme de leur carrière. Philippe d'Alsace était également arrivé au déclin de la vie, et ses longues guerres avaient fatigué son ambition: son second mariage était resté stérile comme le premier, et le roi des Romains l'engageait vivement à se réconcilier avec son seigneur suzerain et le comte de Hainaut, dont la fille devenue mère d'un prince, avait retrouvé toute son influence. A ces causes générales que nous a conservées le récit des historiens, il faut sans doute en ajouter d'autres moins apparentes mais aussi réelles, celles qui reposent sur les passions et l'intérêt, et qui, préparées dans l'ombre, y restent le plus souvent ensevelies. Quoi qu'il en soit, voici le récit d'un historien anglais: «C'était vers le 23 juin, Philippe-Auguste assiégeait Châteauroux, et le roi d'Angleterre allait le combattre, lorsque le comte de Flandre engagea le comte de Poitiers, fils du monarque anglais, à ne point oublier que ses domaines relevaient du roi de France, qui pouvait les étendre par ses bienfaits. Richard, cupide et avare, s'écria que, pour atteindre ce résultat, il irait volontiers pieds nus jusqu'à Jérusalem.—Ce n'est point en te rendant pieds nus à Jérusalem que tu y réussiras, lui répondit Philippe d'Alsace, mais en te dirigeant armé vers le camp du roi de France.—Richard le crut, et Henri II, instruit de la trahison de son fils, réunit les chefs de son armée pour leur annoncer qu'il avait résolu de déposer les armes.—Je suis un grand pécheur, leur dit-il; je veux me réconcilier avec Dieu et combattre les infidèles.» Une trêve de deux ans fut conclue.

Le roi d'Angleterre se souvenait trop tard que le patriarche de Jérusalem et les grands maîtres des hospitaliers et des templiers étaient venus lui remettre, comme au petit-fils de Foulques d'Anjou, les clefs du saint sépulcre et de la tour de David. Chaque jour, les infidèles devenaient plus redoutables. Après une trêve que les chrétiens avaient payée soixante mille besants d'or, Salah-Eddin avait repris les armes. Les mameluks avaient conquis tour à tour Ptolémaïde, Beyruth, Sidon, Césarée, Bethléem où naquit le Sauveur, Nazareth où s'écoula sa jeunesse. La bannière de l'émir flottait sur le Thabor: son camp dominait la montagne de Sion. En vain le pape Urbain III envoyait-il ses légats prêcher la croisade au milieu des discordes des princes qui étouffaient leurs voix. Jérusalem était mal défendue par Gui de Lusignan, et le 2 octobre 1187, moins d'un siècle après la conquête de Godefroi de Bouillon, la croix disparut du Calvaire. A cette nouvelle, une clameur lamentable retentit dans toute l'Europe. Le pape Urbain expira de douleur, et l'archevêque de Tyr, réunissant Philippe-Auguste et Henri II au gué Saint-Remy, le 21 janvier 1188, émut tellement par ses reproches et ses plaintes le cœur des deux rois, qu'ils jurèrent, avec tous les seigneurs qui les entouraient, de délivrer la terre sainte. Afin que rien ne les détournât de leur projet, Philippe d'Alsace proposa à tous les barons de s'engager à ne point tirer l'épée tant que les malheurs de l'Orient n'auraient pas cessé. Le roi d'Angleterre prit la croix blanche; le roi de France, la croix rouge. Le comte de Flandre, aussi puissant que les princes dont il était le rival plutôt que l'homme lige, donna la croix verte pour signe de ralliement à tous les siens. Henri II mourut bientôt après, le 6 juillet 1189; il laissait sa couronne et le soin d'accomplir son vœu à son fils, Richard Cœur de Lion, qui pendant un règne de dix années ne devait point en passer une seule oisif en Angleterre. Cinq mois s'étaient à peine écoulés, lorsque Richard s'embarqua, le 12 décembre, au port de Douvres. Il aborda à Calais, rencontra à Lille Philippe d'Alsace, et se rendit avec lui à Vézelay, où les souvenirs de saint Bernard présidèrent à cette nouvelle assemblée de peuples chrétiens appelés à combattre en Asie.

Il appartenait à la Flandre d'occuper le premier rang à chaque page de l'histoire des croisades. Le légat du pape, l'évêque d'Albano, était mort en 1188 dans un bourg d'Artois en prêchant la guerre sainte. Sa voix expirante fut entendue, et sept mois avant que Richard eût traversé la mer, Philippe d'Alsace, qui devait se rendre en France pour accompagner les deux rois, confia à Jacques d'Avesnes «li bons chevalier» le commandement de la flotte des pèlerins flamands: sur cette flotte s'embarquèrent le comte de Dreux et son frère Philippe, évêque de Beauvais; Hellin de Wavrin, sénéchal de Flandre, et son frère Roger, évêque de Cambray, dont les mœurs n'étaient pas moins belliqueuses que celles de l'évêque de Beauvais. Quelques-uns de leurs navires se dirigèrent d'abord vers le port de Darmouth, où d'autres pèlerins anglais les rejoignirent. Jacques d'Avesnes avait déjà franchi le détroit de Gades, lorsque le reste de la flotte jeta l'ancre, dans les premiers jours de juillet 1188, au pied des remparts de Lisbonne. Le roi don Sanche de Portugal, dont Philippe d'Alsace avait épousé la sœur, engagea vivement les pèlerins flamands à s'arrêter quelques jours dans ses Etats pour faire le siége de la ville de Sylva, dont l'antique origine remontait, disait-on, à Sylvius, fils d'Enée. Il jura solennellement, et trois évêques répétèrent son serment, que tout l'or, l'argent et les vivres dont les croisés pourraient s'emparer, leur appartiendraient sans partage. Les historiens du douzième siècle racontent avec admiration que trois mille cinq cents chrétiens n'hésitèrent point à attaquer une ville bâtie sur un rocher inaccessible et dix fois plus considérable que Lisbonne. Dès le troisième jour de leur arrivée, ils enlevèrent le faubourg où se trouvait la seule fontaine que possédassent les assiégés. Les Mores, quel que fût leur nombre, se virent réduits à capituler, et la mosquée devint une église où l'un des pèlerins de Flandre fut consacré évêque. L'armée portugaise avait assisté, silencieuse et immobile, à ces merveilleux succès.

Le bruit de cette victoire retentit jusque dans l'Afrique. L'empereur de Maroc réunit une armée l'année suivante et débarqua dans les Algarves. Un de ses émirs menaçait Sylva, lorsque des vaisseaux anglais et flamands cinglèrent vers le rivage. Ils portaient quelques croisés, qui s'empressèrent d'aborder et de briser leurs navires pour en former des palissades devant lesquelles échouèrent tous les efforts des infidèles. A la même époque, comme si le ciel avait guidé leur marche, d'autres croisés arrivaient à l'embouchure du Tage et rejoignaient le roi don Sanche à Santarem. L'empereur de Maroc avait conquis Torres-Novas et assiégeait le château de Thomar qui appartenait aux templiers. Les Sarrasins apprirent avec effroi l'arrivée des pèlerins septentrionaux, et se montrèrent aussitôt disposés à la paix. Ils demandaient qu'on leur restituât Sylva, et promettaient en échange d'évacuer le bourg de Torres-Novas et de conclure une trêve de sept années: leurs propositions avaient été rejetées, et déjà les chrétiens se rangeaient sous les bannières de la croix pour marcher au combat, lorsqu'on leur annonça que le prince africain était mort: toute son armée s'était dispersée.

Une année s'écoula avant que les rois de France et d'Angleterre eussent terminé leurs préparatifs. Enfin, le 15 septembre 1190, la flotte de Philippe-Auguste entra dans le port de Messine, et, cinq jours après, Richard le rejoignit dans le royaume de Tancrède. Le comte de Flandre s'était arrêté à Rome où Henri VI, héritier de Frédéric Barberousse, allait ceindre la couronne impériale. Dans les derniers jours de février, il accompagna Aliénor de Guyenne et Bérengère de Navarre jusqu'au port de Naples, où il trouva des galères anglaises qui le portèrent en Sicile.

De violentes discordes avaient éclaté entre les deux rois. En vain avait-on appelé, des montagnes de la Calabre, un célèbre ermite pour qu'il interposât sa médiation. C'était un pieux vieillard qui avait annoncé au prince anglais que Salah-Eddin était l'une des sept têtes du dragon de l'Apocalypse, et qu'il faudrait sept années pour le vaincre, mais que cette guerre rendrait le nom de Richard Cœur de Lion plus glorieux que celui de tous les rois de la terre. Ces prédictions avaient été écoutées avec respect: on repoussa ses conseils dès qu'il prêcha la concorde et l'union.

Les deux rois cherchaient à s'attacher le comte de Flandre; Philippe d'Alsace semblait toutefois plus favorable à Richard. Ajoutons, à son honneur, qu'il parvint à apaiser ces démêlés funestes qui enchaînaient dans un port de la Sicile toutes les espérances et tout l'avenir de la croisade. Une des conditions de la réconciliation des deux monarques était de partager toutes les conquêtes qu'ils pourraient faire en Asie.

Vers les premiers jours du printemps, les flots de la mer qui baigne Paros et la Crète se couvrirent de nombreux vaisseaux. C'était la flotte des princes chrétiens. Tandis que Richard s'arrêtait à l'île de Chypre pour y renverser un tyran de la maison des Comnène, Philippe-Auguste abordait, le 29 mars 1191, sur le rivage de Ptolémaïde.

Déjà depuis deux années durait ce siége fameux que Gauthier Vinesauf a comparé au siége de Troie. Comme au siècle de Priam, c'était la lutte de l'Europe et de l'Asie, de l'Orient et de l'Occident, non plus divisés par le rapt d'une femme, mais appelés à se disputer un tombeau, le seul que la mort eût laissé vide. Du reste, ce siége ne devait pas être moins sanglant que celui de Pergame. D'après le récit des historiens chrétiens, les croisés y perdirent cent vingt mille hommes, et les chroniques arabes ajoutent que cent quatre-vingt mille Sarrasins y succombèrent. Si Richard y renouvela les exploits d'Achille, Philippe-Auguste n'y montra pas moins d'habileté dans ses ruses que le prudent Ulysse. Enfin, pour compléter ce rapprochement que nous empruntons à un historien contemporain, nous rappellerons une peste aussi terrible que celle qui autrefois, sous les flèches d'Apollon irrité, avait livré tant d'illustres victimes à la faim des chiens et des oiseaux. Lorsque le roi de France débarqua en Asie, le sol que ses pas allaient fouler avait déjà reçu les tristes restes de dix-huit évêques, de quarante-quatre comtes et d'une multitude innombrable de barons et de chevaliers. Il faut nommer le duc de Souabe, les comtes de Pouille, de Blois et de Sancerre, l'évêque de Cambray, Robert de Béthune, Guillaume de Saint-Omer, Athelstan d'Ypres, Eudes de Trazegnies, Ywan de Valenciennes. Plus heureux que leurs compagnons, Louis Herzeele d'Herzeele et Eudes de Guines avaient péri par le fer des infidèles.

Aliénor de Guyenne et la jeune reine d'Angleterre, Bérengère de Navarre, précédant de peu de jours le vainqueur d'Isaac Comnène, arrivèrent à Ptolémaïde le 1er juin. Tandis que les navires anglais, ornés de pampres et de roses, fendaient lentement le flot azuré, de nombreux signes de deuil attristaient le rivage. Au pied de la Tour-Maudite, les chevaliers chrétiens, dont les larmes avaient déjà tant de fois coulé pendant le siége de Ptolémaïde, gémissaient sur un cercueil. La croisade comptait un martyr de plus. C'était le comte de Flandre. Selon quelques historiens, il avait été atteint de la peste; selon d'autres, il avait succombé à la douleur qu'il ressentit en voyant toutes les machines des assiégeants consumées par le feu grégeois.

Jacques d'Avesnes, qui n'avait cessé de se signaler par son courage, survécut peu à Philippe d'Alsace. A la mémorable bataille d'Arsur, dont le nom lui rappelait la gloire d'un autre sire d'Avesnes, il perdit un bras et continua à combattre, jusqu'à ce qu'il tombât en s'écriant: «O bon roi Richard, venge ma mort!» La chronique du monastère d'Andres le compare aux Macchabées, et le roi d'Angleterre mêla au récit de sa victoire l'hommage de ses regrets. «Nous avons perdu, écrivait-il, un brave et pieux chevalier qui était la colonne de l'armée.»

A cette même époque, un chevalier de la maison de Saint-Omer, Hugues, prince de Tabarie, prisonnier des infidèles, exposait à Salah-Eddin les maximes et les devoirs de la chevalerie, nobles enseignements où le chrétien captif triomphait encore.

Salehadins molt l'onora.

Por chou que preudom le trova.

Ptolémaïde avait été conquise: Jérusalem resta au pouvoir des infidèles. Le roi d'Angleterre aperçut ses remparts du haut des collines d'Emmaüs, où s'étaient jadis agenouillés les croisés de Godefroi de Bouillon. Il ne lui fut point donné d'aller plus loin, et c'est l'historien de saint Louis qui raconte qu'on entendit alors Richard Cœur de Lion s'écrier en pleurant: «Biau sire

Diex, je te prie que tu ne seuffres que je voie ta sainte cité, puisque je ne la puis délivrer des mains de tes ennemis.»

Telle fut la fin de la troisième croisade.

LIVRE SEPTIÈME.
1191-1205.

Avénement de la dynastie de Hainaut.
Baudouin VIII.—Baudouin IX.
Croisade.—Conquête de Constantinople.

Lorsque Philippe-Auguste demanda à Richard que, conformément au traité de Messine, il lui cédât la moitié de ses conquêtes dans l'île de Chypre, le monarque anglais se contenta de lui répondre: «J'y consens, pourvu que tu partages aussi avec moi les dépouilles du comte de Flandre.»

Le roi de France ne voulait partager avec personne les dépouilles qu'il convoitait. «Il cherchait, dit Roger de Hoveden, à trouver une occasion de s'éloigner du siége de Ptolémaïde pour s'emparer du comté de Flandre.» A peine quelques semaines s'étaient-elles écoulées, que Philippe-Auguste déclara qu'il abandonnait les croisés pour retourner en Europe.

Cependant, quelle qu'eût été la célérité du départ de Philippe-Auguste, il arriva trop tard pour réaliser complètement ses desseins. Le chancelier de Hainaut, Gilbert, prévôt de Mons, se trouvait en Italie lorsque des pèlerins lui annoncèrent la mort du comte de Flandre: le messager qu'il se hâta d'envoyer à son maître voyagea si rapidement, que Baudouin le Magnanime fit reconnaître son autorité dans les provinces flamandes avant que l'on y eût appris que la dynastie d'Alsace s'était éteinte au siége de Ptolémaïde. L'archevêque de Reims, Guillaume aux Blanches Mains, qui gouvernait la France pendant l'absence du roi, n'avait point tardé, à son exemple, de prendre possession de l'Artois, jadis donné en dot à la reine Elisabeth, qui était morte l'année précédente: la veuve de Philippe d'Alsace avait jugé également l'occasion favorable pour demander que les villes de Gand, de Bruges, de Grammont, d'Ypres, de Courtray, d'Audenarde, fussent réunies à son douaire qui comprenait déjà toute la West-Flandre. Mathilde, qui selon l'usage de cette époque, portait le titre de reine parce qu'elle était fille de roi, s'était alliée secrètement à l'archevêque de Reims: son ambition, qui devait appeler tant de malheurs sur la Flandre, s'applaudissait de ces divisions; mais la plupart des villes lui fermèrent leurs portes: on vit même en Artois les habitants de Saint-Omer prendre les armes pour protester des sympathies qui les attachaient à la Flandre. La reine Mathilde et l'archevêque de Reims s'effrayèrent: ils virent avec joie des conférences s'ouvrir à Arras, et l'on y conclut un traité qui laissait l'Artois au pouvoir de la France, mais qui contraignit du moins la reine Mathilde à se contenter des cités de Lille, de Cassel, de Furnes, de Bergues et de Bourbourg, qui formaient primitivement son douaire.

La paix d'Arras fut faite au mois d'octobre: Philippe-Auguste ne revint à Paris que le 27 décembre: sa colère fut extrême en apprenant ce qui avait eu lieu; et lorsque le comte de Hainaut se rendit auprès de lui pour remplir ses devoirs de feudataire, il ne se contenta point de refuser l'hommage du comté de Flandre, il voulut le faire arrêter et le garder dans quelque château, comme depuis Philippe le Bel retint Gui de Dampierre. Baudouin, averti par ses amis, parvint à fuir dans ses Etats: ses vassaux accoururent à sa voix, et déjà tout semblait annoncer la guerre, quand on sut que des négociations avaient été entamées à Péronne. Le roi de France exigea une somme de cinq mille marcs d'argent, comme droit de relief féodal, et peu après la cérémonie de l'hommage s'accomplit solennellement à Arras.

D'autres soins occupèrent désormais exclusivement l'ambition de Philippe-Auguste. Richard Cœur de Lion avait quitté Ptolémaïde le 7 octobre 1192, et après une navigation assez lente jusqu'à Corfou, il s'était séparé à Raguse de la reine Bérengère qu'Etienne de Tournehem devait conduire à Rome. Les soupçons que lui inspirait la déloyauté des princes allemands l'avaient engagé à s'habiller en marchand et à ne conserver avec lui qu'un petit nombre de compagnons. L'un de ceux-ci était Baudouin de Béthune, qui, par dévouement pour Richard, cherchait, en s'entourant d'une pompe toute royale, à faire croire qu'il était lui-même le monarque anglais. Toutes ces ruses furent inutiles: Richard, arrêté près de Vienne, fut livré par le duc d'Autriche à l'empereur, et bientôt après enfermé dans une prison.

Si Philippe-Auguste n'avait point préparé cette trahison, il s'en applaudit comme d'une victoire et voulut en profiter. Le comte de Mortain, Jean sans terre, frère de Richard, accepta avec empressement le rôle d'usurpateur qu'un prince étranger lui proposait, et rendit hommage au roi de France de tous les fiefs situés en deçà de la mer. On vit s'assembler sur les rivages de la Flandre, épuisée et affaiblie, une foule d'aventuriers qui s'armaient au nom du roi Jean, mais par l'ordre du roi de France. Tandis que Philippe-Auguste épousait à Arras Ingelburge, fille du roi Waldemar, pour obtenir l'appui des vaisseaux danois, une autre flotte se réunissait à Witsand pour menacer le rivage anglais: mais la vieille Aliénor de Guyenne l'avait fait garder avec soin, et le roi de France préféra entraîner cette armée avide de pillage et le comte Baudouin lui-même sous les remparts de Rouen: il y rencontra de nouveau une résistance à laquelle il ne s'attendait point, et fut réduit à lever le siége.

Le roi de France espérait un succès plus complet de l'ambassade qu'il avait envoyée à l'empereur Henri VI, pour le prier de lui remettre Richard qu'il accusait d'avoir forfait à ses devoirs de vassal. Pour réussir dans cette démarche, il fallait répandre beaucoup d'or; mais le roi de France négligea ce moyen infaillible de succès: Richard, plus habile, opposa à l'avarice de Philippe-Auguste une prodigalité qui le sauva. Les barons allemands, comblés de ses largesses, se ressouvinrent des priviléges des croisés, et l'empereur s'associa à leurs sentiments lorsqu'on lui offrit une rançon de cent cinquante mille marcs d'argent: il voulut même, pour lutter de générosité, abandonner à son prisonnier toutes ses prétentions sur le royaume d'Arles et la province. C'est ainsi qu'en Orient Salah-Eddin, réclamant l'amitié de son illustre adversaire, avait voulu partager toutes ses conquêtes avec lui.

Deux noms que la Flandre a le droit de revendiquer se rattachent à la délivrance de Richard Cœur de Lion: l'un, tout populaire, est celui du ménestrel Blondel, né au bourg de Nesle, sur la frontière des Etats de Philippe d'Alsace; l'autre est celui d'Elie de Coxide, abbé des Dunes, qui fut l'un des ambassadeurs envoyés par la reine Aliénor à la cour de l'empereur d'Allemagne. Elie de Coxide, l'un des hommes les plus éloquents de son temps, obtint, pour son abbaye, des dîmes, des immunités et des possessions territoriales, qui lui donnaient le droit d'élire un député au parlement d'Angleterre. A ces noms, il faut joindre celui de Baudouin de Béthune. Après le départ du roi d'Angleterre, il était resté comme otage dans les prisons de Léopold d'Autriche. Ce prince cruel avait résolu de le faire périr si le roi d'Angleterre ne lui livrait deux princesses, l'une sœur d'Arthur de Bretagne, l'autre fille de l'empereur de Chypre. Richard, pour sauver son ami, lui remit les deux jeunes filles; mais il parut que le ciel ne voulait point permettre ce sacrifice. A des incendies affreux succédèrent de désastreuses inondations; enfin une épidémie vint qui frappa le duc Léopold et rendit la liberté aux infortunées captives. A son retour, Baudouin de Béthune reçut du roi Richard le comté d'Aumale.

Partout où le roi d'Angleterre avait passé en quittant l'Allemagne, il laissait des amis et des alliés. Les ducs de Limbourg et de Brabant, l'évêque de Liége, le comte de Hollande, étaient prêts à le soutenir. L'archevêque de Cologne l'accompagna jusqu'au port d'Anvers, formé, dit Roger de Hoveden, par la réunion des eaux de l'Escaut à celles de la mer. Il n'osait point traverser la Flandre, où dominait l'autorité de Philippe-Auguste, et préféra les périls que présentait la navigation au milieu des îles et des bancs de sable dont étaient parsemées les bouches du fleuve. Pendant le jour, il se rendait à bord de la galère du Normand Alain Tranchemer; mais dès que la nuit était venue, il se retirait sur un grand navire anglais: il lui fallut quatre jours pour arriver d'Anvers au havre du Zwyn; enfin, le 10 mars 1194, il aborda à Sandwich.

En 1184, Philippe-Auguste, irrité contre Philippe d'Alsace, avait exilé Elisabeth de Hainaut; en 1193, moins de trois mois après son mariage avec la fille du roi Waldemar, apprenant la délivrance prochaine de Richard et mécontent de ce que les flottes danoises avaient tardé trop longtemps à cingler vers l'Angleterre, il répudia également la malheureuse Ingelburge, et ce fut dans les domaines qui avaient appartenu à Philippe d'Alsace qu'elle trouva un asile. L'évêque de Tournay la vit au monastère de Cysoing, cherchant la résignation dans la piété et l'oubli du monde dans le sein de Dieu.

«Qui pourrait avoir le cœur assez dur, s'écriait-il, pour ne pas s'émouvoir des malheurs qui accablent une jeune et illustre princesse, issue de tant de rois, vénérable dans ses mœurs, modeste dans ses paroles et pure dans ses œuvres? Si sa figure est belle, sa foi ajoute encore à sa beauté; elle est jeune, mais elle est prudente comme si elle avait beaucoup vécu. Si Assuérus connaissait ses vertus, il étendrait son sceptre généreux sur cette nouvelle Esther et la rappellerait dans ses bras. Il lui adresserait ces paroles d'amour dont s'est servi Salomon: Revenez, revenez, pour que je sois avec vous. Il lui dirait: Revenez, vous qui êtes pleine de noblesse; revenez, vous qui charmez par votre bonté; revenez, vous qui brillez par vos vertus et la chasteté de vos mœurs! Et cependant cette princesse, si illustre et si sainte, est réduite à tendre la main aux aumônes! Souvent je l'ai vue pleurer, et j'ai pleuré avec elle!»

Philippe-Auguste resta insensible à ces cris de douleur: il avait fait établir par l'archevêque de Reims de douteuses relations de consanguinité, dans lesquelles figurait le comte de Flandre Charles le Bon.

Ce fut Richard qui vengea Ingelburge. Deux mois après son retour en Angleterre, il abordait en Normandie pour combattre le roi de France. Jean de Mortain s'était réconcilié avec son frère, et de nombreuses victoires suivirent la soumission des rebelles.

Le règne de Baudouin le Magnanime et de Marguerite d'Alsace s'achevait au milieu des combats. Tandis que le sang rougissait les plaines du Maine et du Poitou, la Flandre était pleine de trouble et d'agitation. La reine Mathilde y avait formé un complot dans lequel était entré Roger de Courtray. Thierri de Beveren réclamait le comté d'Alost et avait réussi à s'emparer de Rupelmonde. Le duc de Brabant, qui, comme neveu de Philippe d'Alsace, était naturellement l'ennemi et le rival de Baudouin, le marquis de Namur, qui voulait révoquer la donation de ses Etats qu'il lui avait faite précédemment, l'évêque de Liége, leur constant allié, soutinrent sa rébellion. Les plus fiers barons des marches de la Meuse avaient réuni leurs vassaux sous leurs bannières. Le roi de France s'alarma de cette vaste confédération féodale, et ordonna à ses hommes d'armes d'envahir le Brabant avec les milices de Flandre et de Hainaut. Une bataille décisive se livra, le 1er août 1194, près de Noville, sur les bords de la Méhaigne. Le triomphe de Baudouin fut complet: quatre cents chevaliers et vingt mille fantassins périrent en cherchant à l'arrêter. Le marquis de Namur fut fait prisonnier et perdit ses Etats. Le duc de Brabant demanda aussitôt la paix, et la reine Mathilde suivit leur exemple; mais son humiliation fut plus profonde, car ce ne fut point assez qu'elle se soumît au jugement du roi et renonçât à toutes ses prétentions et à tous les accroissements qu'avait subis son domaine: Philippe-Auguste, qui craignait peut-être qu'elle n'offrît sa main à quelque haut baron de France, dans lequel elle trouverait un vengeur, la força d'épouser l'un des princes qui lui étaient les plus dévoués, le duc Eudes de Bourgogne. A peine ce mariage avait-il été célébré qu'il fut rompu par l'autorité ecclésiastique pour des motifs de consanguinité, et la fière princesse portugaise se vit de nouveau réduite à promettre au roi qu'elle ne chercherait point à contracter un autre mariage sans avoir obtenu son assentiment préalable.

A cette guerre succéda une expédition dirigée contre le comte de Hollande, qui voulait opposer ses entraves à l'activité de la navigation flamande. Il ne put défendre l'île de Walcheren et se hâta de redresser les griefs de la Flandre.

Marguerite avait rendu le dernier soupir le 15 novembre 1194: Baudouin le Magnanime ne lui survécut qu'une année. L'héritier des comtés de Flandre et de Hainaut portait le même nom que son père, et il lui était réservé de l'illustrer plus qu'aucun de ses aïeux.

Lorsque Baudouin, fils de Marguerite, arriva à Compiègne pour y rendre hommage des terres qu'il tenait en fief, Philippe-Auguste célébrait ses noces avec Agnès de Méranie. La présence du neveu d'Elisabeth au milieu de ces fêtes rappela-t-elle à Agnès de Méranie les infortunes de deux autres reines? Baudouin put-il oublier, en assistant à ces pompeuses cérémonies, qu'une princesse de la maison de Hainaut avait occupé ce même trône et en était descendue pour vivre dans l'exil? Philippe-Auguste n'était point devenu plus généreux: il voyait dans le comte de Flandre un jeune homme de vingt-trois ans, qui ne pouvait posséder ni l'expérience, ni l'influence nécessaires pour consolider sa puissance récente. Soit qu'il surprît sa bonne foi, soit qu'il employât les moyens d'intimidation que donne une autorité supérieure, il réussit à modifier complètement l'acte d'hommage tel qu'il avait eu lieu jusqu'à cette époque; et Baudouin s'engagea non-seulement à obliger quarante barons de Flandre et de Hainaut à répéter le même serment, mais de plus il abandonna au roi les fiefs de Boulogne, de Guines et d'Oisy, et déclara solennellement requérir les évêques de Reims, de Cambray, de Tournay et de Térouane, de l'excommunier s'il manquait en quelque chose à ses devoirs de vassal. Les lettres patentes qu'il scella à cet égard furent remises au roi, et il fut expressément convenu que l'excommunication ne pourrait être levée tant que le roi de France n'aurait pas obtenu réparation de ses griefs. Le pape Innocent III confirma cet engagement.

Cependant Baudouin, en rentrant dans ses Etats, entendit s'élever autour de lui les murmures de ceux qui lui reprochaient de subir, comme son père, le joug odieux de Philippe-Auguste, et dès ce moment il rechercha l'amitié du roi d'Angleterre.

Peu de semaines après le retour du comte de Flandre, l'archevêque de Canterbury se rendit à sa cour et y fut reçu avec honneur. Henri de Hainaut, frère du comte, Renier de Trith, Baudouin de Béthune, Baudouin de Commines, Nicolas de Condé et d'autres nobles l'accompagnèrent à Rouen, où un traité d'alliance fut signé le 8 septembre 1196. La pension annuelle du comte de Flandre y fut fixée à cinq mille marcs. Le comte de Mortain, frère du roi Richard, et le marquis de Namur, frère du comte Baudouin, adhérèrent à ces conventions. Bientôt après, les comtes de Champagne et de Bretagne s'unirent au roi d'Angleterre par de semblables alliances. Parmi les barons qui entrèrent dans cette confédération se trouvaient Renaud de Dammartin, Baudouin de Guines, Guillaume de Béthune.

Dès les premiers jours de l'année 1197, les hérauts du comte de Flandre allèrent sommer Philippe-Auguste de restituer l'Artois. Son refus fut le signal de la guerre. Baudouin assembla une armée et conquit tour à tour Douay, Roye et Péronne; puis, après avoir menacé Compiègne, il se dirigea vers les bords de la Scarpe et chercha à s'emparer d'Arras. Une armée considérable que le roi de France lui-même commandait s'approchait d'Arras. Baudouin, réduit à se retirer devant des forces supérieures, conçut un plan habile et l'exécuta avec bonheur. Se confiant dans la garnison qu'il avait laissée à Douay et dans la neutralité des Tournaisiens favorables à sa cause, il se replia vers le nord-ouest afin d'attirer les ennemis dans une contrée couverte de bois, de rivières et de marais, où la défense était facile et le succès des invasions toujours subordonné aux conditions variables des éléments et des saisons. Le roi avait traversé la Lys et s'était avancé jusqu'auprès de Steenvoorde, lorsqu'il apprit que les routes et les ponts avaient été coupés de toutes parts autour de lui; tous les convois de vivres étaient interceptés, et les secours qu'il attendait n'arrivaient point. Les chefs de l'armée représentaient à Philippe-Auguste qu'il s'exposerait à une perte certaine en cherchant à pénétrer plus loin dans un pays privé de communications. Il s'arrêta et comprit les dangers qui le menaçaient: déjà la terreur se répandait chez tous les hommes d'armes que la faim tourmentait depuis trois jours. Les milices flamandes entouraient son camp, et les femmes elles-mêmes accouraient pour prendre part à l'extermination des ennemis. Dans cette situation grave, le roi de France envoya des députés près du comte Baudouin: ils lui adressèrent de longues harangues pleines de vaines protestations trop mal justifiées, et demandèrent qu'une conférence eût lieu entre les deux princes. L'entrevue fut fixée à Bailleul. Dès que le roi aperçut le comte, il descendit de cheval pour le saluer, protestant que, bien qu'il eût envahi la Flandre avec une armée, il n'y était venu que pour engager Baudouin à une réconciliation sincère; qu'il se souvenait d'ailleurs que le comte de Flandre était le vassal et l'un des pairs du royaume, et qu'il était prêt lui à restituer l'Artois et tous les châteaux enlevés à ses domaines. Il s'engageait à faire publier solennellement toutes ces conventions et à les confirmer par son serment, dans une assemblée solennelle qui devait se tenir, le 18 septembre, entre Vernon et Andely; mais à peine s'était-il éloigné, qu'il se déclara dégagé d'une promesse que la nécessité seule avait dictée.

Pendant l'hiver, le comte de Flandre se rendit en pèlerinage à Canterbury, où il eut sans doute quelque entrevue secrète avec le roi d'Angleterre. Au mois de mars, il se trouvait à Aix où il assista au couronnement d'Othon de Saxe, neveu de Richard, que l'évêque de Durham et Baudouin de Béthune venaient de faire élire empereur, malgré Philippe-Auguste.

La guerre reprit en France dès que les moissons eurent été recueillies. Trois années de tempêtes et d'orages avaient engendré une grande disette, et suspendu les combats. Lorsqu'ils recommencèrent, Richard était plus puissant que jamais; les comtes du Perche, de Blois et de Saint-Gilles l'avaient rejoint. Tandis que le roi d'Angleterre, soutenu par Mercader de Beauvais et ses routiers flamands, dispersait l'armée française à la bataille de Gisors, Baudouin s'emparait de Saint-Omer, d'Aire, de Lillers et de la plupart des cités de l'Artois. Arnould de Guines eut part à ces victoires avec ses karls d'Ardres et de Bourbourg: il avait reçu de Baudouin une somme énorme de deniers sterling, prise dans les tonneaux d'or et d'argent que le roi d'Angleterre avait envoyés en Flandre pour exciter le zèle de ses amis.

A ces menaces, Philippe-Auguste opposa l'une des armes les plus redoutables de la puissance royale, et ce fut en vertu du serment prêté à Compiègne que l'archevêque de Reims fut requis de frapper d'interdit toute la Flandre. Une désolation profonde se répandit au loin. Dans plusieurs villes, le peuple employa la violence pour forcer le clergé à célébrer les divins mystères. Les uns éclataient en gémissements stériles, les autres cherchaient dans l'hérésie une excuse et un prétexte pour leur désobéissance. En vain l'évêque de Tournay écrivait-il à l'archevêque de Reims pour le supplier de ne pas faire peser l'anathème prononcé contre Baudouin sur tous ses sujets: le comte de Flandre se vit réduit à interjeter appel au pape, et la Flandre ne respira que lorsque Innocent III eut ordonné aux évêques d'Amiens et de Tournay de lever l'excommunication, en déclarant qu'il protégeait le comte Baudouin et la comtesse Marie comme les enfants bien-aimés de l'Eglise.

Le pape ne tarda point à envoyer en France un légat, qui fut le cardinal de Capoue. Les lettres pontificales qui lui avaient été remises réclamaient la paix de l'Europe au nom de la délivrance de la terre sainte. «Nous connaissons, écrivit Innocent III, le triste sort de Jérusalem et les malheurs des peuples chrétiens; nous ne pouvons oublier que les infidèles ont conquis et la terre que le Christ a touchée, et la croix qu'il a portée pour le salut du monde. Accablés par ces douleurs, nous n'avons cessé de crier vers vous et de pleurer abondamment; mais notre voix s'éteint dans notre poitrine fatiguée, et nos yeux sont noyés dans leurs larmes.» Le cardinal de Capoue chercha inutilement à réconcilier les rois de France et d'Angleterre: la guerre continuait sur toutes les frontières, et au mois de mai 1199, il arriva que l'évêque élu de Cambray, Hugues de Douay, passant près de Lens avec le marquis de Namur et une nombreuse escorte, fut enlevé par quelques chevaliers français. Le cardinal de Capoue n'obtint sa liberté qu'en menaçant la France d'un interdit. En même temps, il pressait Philippe-Auguste de rompre les liens adultères qui l'unissaient à Agnès de Méranie; mais ces dernières représentations furent sans fruit, et vers le mois de janvier, il crut devoir faire publier solennellement une sentence d'excommunication.

Philippe rappela Ingelburge; mais la guerre ne cessa point: elle ne se ralentit que lorsqu'une flèche, lancée d'un pauvre château du Limousin, mit fin aux jours du roi d'Angleterre. Jean sans Terre qui lui succéda, reçut à Rouen, le 9 août 1199, l'hommage du comte de Flandre et signa, neuf jours après, à la Roche-Andely, un traité d'alliance qui confirmait celui du 8 septembre 1196. Cependant le nouveau roi d'Angleterre ne songeait point à combattre, et, vers le mois d'octobre, une trêve générale fut conclue. Des conférences s'ouvrirent à Péronne entre les ambassadeurs du comte de Flandre et ceux du roi de France, et elles se terminèrent au mois de janvier suivant. Un traité conserva à Baudouin les cités de Saint-Omer, d'Aire, de Lillers, d'Ardres, de Béthune et le fief de Guines, et il fut, de plus, convenu qu'à la mort de la reine Mathilde tout son douaire lui reviendrait, et qu'il en serait de même des bourgs d'Artois occupés par Louis, fils du roi de France, s'il décédait sans postérité.

Quatre mois après, un autre traité fut conclu entre les rois de France et d'Angleterre: ils s'y engagèrent à ne plus prêter leur appui aux efforts que leurs vassaux pourraient tenter contre l'autorité de chacun d'eux: Jean sans Terre promettait spécialement de ne plus soutenir le comte de Flandre.

Tandis que les deux monarques juraient d'observer cette paix qui, pour l'un et l'autre, n'était qu'une ruse et un mensonge, un vaste mouvement de réconciliation s'étendait de toutes parts. Un prêtre nommé Foulques de Neuilly renouvelait au douzième siècle les merveilles que Pierre l'Ermite avait accomplies au onzième. Si, comme le racontent les historiens de son époque, il rendait la vue aux aveugles, la parole aux bouches muettes, la santé aux corps infirmes, il ne régnait pas moins puissamment par son éloquence sur le cœur des hommes. Ce fut Foulques de Neuilly que le pape Innocent III adjoignit au cardinal de Capoue pour prêcher la croisade.

En 1199, il avait paru an milieu d'un brillant tournoi à Escry-Sur-Aisne en Champagne. Là se trouvaient le comte Thibaud, Louis de Blois, Renaud de Dampierre, Maurice de Lille, Matthieu de Montmorency, Enguerrand de Boves, Simon de Montfort, Geoffroi de Villehardouin, qui fut l'historien de cette croisade, Geoffroi de Joinville, dont le neveu devait être l'élégant historien d'une autre guerre sainte. «Ils ostèrent lor hiaumes et coururent as croix.»

Peu après, et moins de six semaines après le traité de Péronne, le comte de Flandre prit aussi la croix. La cérémonie eut lieu solennellement le lendemain du mercredi des cendres dans l'église de Saint-Donat de Bruges. Une assemblée nombreuse se pressait sous ses voûtes antiques, où l'ombre du comte saint Charles de Danemark semblait planer au-dessus du comte Baudouin pour lui offrir les palmes du martyre. On lut tour à tour quelques versets du prophète Isaïe, dans lesquels le Seigneur promettait à Ezéchias de délivrer Jérusalem, et un chapitre de l'évangile de saint Matthieu, où se trouvaient ces paroles: *Dico autem vobis quod multi ab Oriente et Occidente venient.*

Quand l'oraison dominicale eut été achevée, tous les assistants inclinèrent pieusement leurs fronts sur le marbre sacré, et l'un des lévites agita lentement une cloche au son faible et lugubre, tandis que les autres se rangeaient autour de l'autel en formant deux chœurs dont les voix se répondaient alternativement.

Le premier des chœurs entonna l'un des psaumes que les Israélites, captifs au bord des fleuves de Babylone, avaient consacrés aux malheurs de leur patrie, et qui, après dix-huit siècles, semblaient une prophétie des nouveaux désastres qui accablaient Jérusalem:

«Seigneur, les nations ont envahi votre héritage; elles ont profané votre saint temple. Jérusalem n'est plus qu'une ruine...

«Que votre colère accable les nations idolâtres qui ont outragé Jacob et rempli sa demeure de désolation! Que ces peuples ne disent point de nous:—Où est leur Dieu?

«Accordez au sang de vos serviteurs une vengeance éclatante: que les gémissements de ceux qui sont captifs s'élèvent jusqu'à vous!»

Puis le second chœur reprit sur le même rhythme:

«Que le Seigneur se lève et que ses ennemis soient dispersés! que ceux qui le haïssent fuient devant sa face! Qu'ils disparaissent comme la fumée! qu'ils fondent comme la cire!»

Le chant des psaumes avait cessé: le pontife, prenant dans ses mains une croix de lin brodée d'or, l'attacha sur l'épaule droite du comte de Flandre en disant: «Recevez ce signe de la croix, au nom du Père et du Fils et du Saint-Esprit, en mémoire de la croix, de la passion et de la mort du Christ.» Ensuite, il bénit ses armes, son épée et sa bannière. Eustache et Henri, frères de Baudouin, s'engagèrent par les mêmes vœux; mais lorsqu'on vit Marie de Champagne, encore à la fleur des ans et dans tout l'éclat de la beauté, réclamer aussi le signe de la croix pour suivre son époux au delà des mers, une vive émotion salua son dévouement, et toutes les prières s'élevèrent vers le ciel pour que l'Orient ne réunît point ses cendres à celles de la comtesse Sibylle d'Anjou.

Les préparatifs de la croisade durèrent deux années. Des députés (l'un d'eux était Quènes de Béthune) avaient été envoyés à Venise près du vieux doge

Henri Dandolo pour rechercher son alliance. Ils furent reçus au milieu des bourgeois assemblés sur la place de Saint-Marc, et là le sire de Villehardouin exposa la mission dont ils étaient chargés; puis ils s'agenouillèrent, en déclarant qu'ils ne se relèveraient point tant que leur requête ne leur aurait point été accordée. «Nous l'octroyons! nous l'octroyons!» s'écrièrent alors les bourgeois de Venise. Les croisés demandaient qu'on leur prêtât assez de navires pour transporter en Syrie huit mille chevaliers et quatre-vingt mille hommes d'armes. Quelles que fussent les conditions onéreuses exigées par les Vénitiens, elles furent aussitôt acceptées, et il fut convenu que les croisés s'assembleraient aux bords de l'Adriatique aux fêtes de la Saint-Jean 1202.

Vers le mois d'avril de cette année, le comte Baudouin réunit au camp de Valenciennes les chevaliers de Flandre et de Hainaut qui devaient l'accompagner. Là brillaient le connétable de Flandre, Gilles de Trazegnies, Jacques d'Avesnes, fils du héros d'Arsur, Guillaume de Saint-Omer, Siger de Gand, Roger de Courtray, Jean de Lens, Eric de Lille, Guillaume de Lichtervelde, Hellin de Wavrin, Michel de Harnes, Baudouin de Praet, Thierri de Termonde, Jean de Sotteghem, Raoul de Boulers, Gilles de Landas, Baudouin d'Haveskerke, Simon de Vaernewyck, Philippe d'Axel, Alelme de Stavele, Foulques de Steelant, Baudouin de Commines, Hugues de Maldeghem, Pierre de Douay, Gilles de Pamele, Alard de Chimay, Gauthier de Ligne, Michel de Lembeke, Odoard et Chrétien de Ghistelles. Bientôt après ils se mirent en marche, laissèrent derrière eux la Champagne et la Bourgogne, et s'arrêtèrent à Bâle; puis, pénétrant dans les défilés du val de Trente, ils arrivèrent à Venise en passant par Vérone.

La comtesse de Flandre, retenue quelques jours de plus dans ses Etats, par la naissance de Marguerite, la seconde de ses filles, s'embarqua avec Jean de Nesle, dont l'aïeul, en épousant une princesse de la maison de Flandre, avait reçu pour dot la châtellenie héréditaire de Bruges.

Le comte de Flandre n'avait point quitté Venise, où ses chevaliers occupaient l'île de Saint-Nicolas. Pendant quelques jours, ils avaient hésité sur la route qu'il fallait suivre; enfin, prenant en considération les trêves qui suspendaient les combats en Palestine, ils avaient résolu de porter la guerre au sein des populations infidèles d'Egypte, affaiblies par une longue famine, lorsque d'autres difficultés se présentèrent: les croisés ne pouvaient payer aux Vénitiens les sommes stipulées pour le fret de leurs navires. En vain Baudouin et d'autres comtes s'étaient-ils dépouillés de leurs joyaux et de leurs riches vaisselles d'or et d'argent. Ces sacrifices étaient insuffisants, et l'on vit l'illustre assemblée des plus nobles barons de l'Europe engager son épée au service de quelques marchands italiens pour remplir ses engagements pécuniaires. La croisade révélait son impuissance, même avant qu'elle eût commencé.

Dès le mois d'octobre 1202, et malgré les efforts du cardinal de Capoue, le doge Dandolo conduisit les croisés devant Zara, port important de la Dalmatie, que les Vénitiens voulaient enlever au roi de Hongrie. Une année s'écoula: les barons chrétiens s'emparèrent de Zara, et lorsque le pape Innocent III les menaça d'anathème en leur reprochant l'oubli de leurs vœux sacrés, ils s'excusèrent humblement en protestant que leur volonté n'avait pas été libre. Leur victoire ne l'affranchit pas.

L'empereur grec Alexis Comnène avait détrôné son frère et s'était allié aux Génois et aux Pisans. Venise, dans sa jalousie commerciale, voulait rétablir l'autorité d'Isaac et s'assurer sur les rives du Bosphore une suprématie incontestée. On prétendait même que l'or des infidèles n'était point étranger au zèle que montraient les Vénitiens pour détourner les croisés de leurs desseins: on ajoutait que c'était à ce prix que d'importants priviléges étaient accordés à leurs vaisseaux dans les ports de l'Egypte.

Lorsque le doge Dandolo proposa aux barons chrétiens de renverser l'usurpateur byzantin, un grand tumulte éclata: ce projet contrariait leur impatience; mais les Vénitiens exposèrent habilement qu'il était nécessaire de laisser des alliés à Constantinople avant d'envahir la Syrie, et que, sans cette expédition, ils se verraient éternellement réduits à manquer d'argent et de vivres, et se dévoueraient à une perte certaine. Jacques d'Avesnes, Simon de Montfort, Gui de Coucy, Pierre d'Amiens, répliquaient avec enthousiasme qu'ils n'avaient pas quitté leurs foyers pour combattre un tyran, mais pour délivrer le tombeau et la croix de Jésus-Christ. Le légat du pape demandait également qu'on se dirigeât vers Jérusalem. Au milieu de ces discussions parut le fils d'Isaac Comnène, qui venait implorer la générosité des barons franks: il promettait de fournir aux croisés, s'ils le plaçaient sur le trône de Byzance, des vivres pour un an et un secours de dix mille hommes: il ajoutait que leur expédition à Constantinople ne retarderait que d'un mois leur arrivée en Palestine. L'abbé de Looz fut ébranlé par ses prières, et engagea les barons chrétiens à ne point se séparer. Le comte de Flandre, le marquis de Montferrat, Quènes de Béthune, Miles de Brabant, Renier de Trith, Anselme de Kayeu émirent le même avis, et leur opinion triompha.

Cependant la flotte flamande de la comtesse Marie, après avoir reconnu aux bords du Tage les colonies que d'autres pèlerins, venus des mêmes lieux, y avaient fondées, s'était arrêtée sur les rivages de l'Afrique pour y conquérir une ville remise depuis aux chevaliers de Saint-Jacques de l'Epée, et elle avait poursuivi sa route en saluant les murailles d'Almeria et de Carthagène. Les chevaliers croisés admirèrent de loin, non sans quelque secret sentiment de douleur et de regret, la belle plaine de Valence cultivée par les Mores; mais bientôt ils se consolèrent en apercevant la tour de Peniscola qui formait la limite des pays occupés par les infidèles. Arrivés aux bouches de l'Ebre, ils laissèrent derrière eux d'un côté Tarragone, Barcelone et Leucate, de l'autre les îles Baléares, qui payaient chaque année au roi d'Aragon un tribut d'étoffes de soie. Enfin ils passèrent devant Narbonne et atteignirent le port de Marseille qu'entouraient, au sein d'un amphithéâtre de montagnes, la cité épiscopale et la magnifique abbaye de Saint Victor. C'était à Marseille que les croisés devaient recevoir des nouvelles de l'expédition qui s'était rendue à Venise. Ils apprirent avec étonnement que, malgré les menaces d'Innocent III, l'avarice des Vénitiens retenait l'élite des chevaliers d'Occident au siège de Zara, et le seul message qui leur parvint leur porta l'ordre de mettre à la voile dans les derniers jours de mars en se dirigeant vers le promontoire de Méthone.

Depuis deux mois, la flotte flamande avait jeté l'ancre dans les eaux profondes du golfe de Messénie, dominées par les bois d'oliviers de Coron et les ruines de Muszun ou Modon, l'antique Méthone, récemment détruite par Roger de Sicile, petit-fils de Robert Wiscard. La comtesse de Flandre, ne voyant point les Vénitiens quitter l'Adriatique, ordonna au pilote de tourner la proue vers la Syrie. Déjà avaient disparu à l'horizon les cimes du Taygète et du mont Ithome; deux navires étaient seuls restés un peu en arrière quand, en dépassant le cap Malée, ils furent atteints par les premières galères de la flotte vénitienne qui se dirigeait vers la Propontide. Un seul sergent se jeta dans une barque pour rejoindre Baudouin et Dandolo: «Il me samble bien, avait-il dit à ses compagnons, k'ils doient conquerre terre.»

Une terreur profonde régnait à Constantinople: depuis longtemps, on y racontait que Venise équipait une flotte immense pour les guerriers du Nord, qui, couverts de fer et aussi hauts que leurs lances, obéissaient à des chefs plus vaillants que le dieu Mars. L'historien grec Nicétas répète, en l'appliquant aux guerriers franks, ce que les anciens disaient des Gaulois, qu'ils ne craignaient rien si ce n'est la chute du ciel. Il les compare tantôt à des statues d'airain, tantôt à des anges exterminateurs dont les regards seuls donnent la mort. Dès qu'ils eurent abordé dans le Bosphore, au bourg de Saint-Etienne, le tyran Alexis se hâta de leur envoyer des ambassadeurs chargés de présents; mais Quènes de Béthune leur répondit, au nom des barons chrétiens, qu'il cessât de parlementer et commençât par obéir.

Les pèlerins s'étaient divisés en six corps principaux. L'avant-garde avait été confiée au comte de Flandre, parce qu'aucun autre prince n'avait près de lui autant de chevaliers, d'archers et d'arbalétriers. Le second corps obéissait à Henri, frère de Baudouin. Le comte de Saint-Pol, Pierre d'Amiens, Eustache de Canteleu, dirigeaient le troisième. Les autres bataillons comptaient pour chefs le comte de Blois, Matthieu de Montmorency et le marquis de Montferrat. Le 6 juillet, toute l'armée s'assembla dans la plaine de Scutari et traversa le Bosphore. Jacques d'Avesnes combattait au premier rang: un coup de lance l'atteignit au visage, et il eût péri sans le secours de Nicolas de Genlis. Selon une ancienne tradition conservée à Biervliet, ce furent des croisés venus de cette ville qui pénétrèrent les premiers dans la tour de Galata et qui ennoblirent ainsi l'écusson de leur modeste patrie, où ils placèrent l'orgueilleuse devise des tyrans de Constantinople: Βασιλεος βασιλεων, βασιλευων βασιλεοντας. «Je suis le roi des rois, celui qui règne sur ceux qui règnent.»

Pendant ce combat, les vaisseaux de Venise et quelques vaisseaux flamands, qui avaient rejoint Baudouin au siége de Zara, ouvraient leurs voiles à un vent favorable, et se dirigeaient vers le port dont une forte chaîne fermait l'entrée. Une galère flamande, commandée par Gui de Baenst et équipée à Termonde, et un navire italien qu'on nommait *l'Aigle*, la frappèrent en même temps et la brisèrent. Les deux flottes s'avançaient triomphantes et luttaient de courage. «Alors, dit Marino Sanudo, se forma entre les deux peuples cette amitié célèbre dont l'heureuse mémoire passa aux générations suivantes.»

De toutes parts, les croisés se préparent à l'assaut. Tandis que les Lombards et les Bourguignons gardaient le camp, les Flamands et les Champenois, plus redoutables par leur valeur que par leur nombre, dressaient leurs échelles contre les murailles; mais les mercenaires étrangers dans lesquels se confiait Alexis repoussèrent toutes leurs tentatives. Là périt Pierre de Bailleul.

A la même heure, d'autres croisés attaquèrent Byzance du côté du port. Ils avaient tendu au-dessus de leurs navires de larges peaux de bœufs pour se mettre à l'abri du feu grégeois, et leurs machines de guerre lançaient des pierres énormes au milieu des assiégés. Dandolo, aveugle et âgé de quatre-vingt-quinze ans, s'était fait porter au milieu des combattants: son généreux dévouement décida la victoire. Le tyran Alexis chercha son salut dans la fuite. Le vieil Isaac fut délivré, et son fils entra solennellement dans la cité impériale, placé entre le comte de Flandre et le doge de Venise.

Des hérauts d'armes se rendirent aussitôt en Egypte pour défier les infidèles. Cependant on avait résolu d'attendre la fin de l'hiver pour continuer la guerre. Les barons francs oubliaient la jalousie des Vénitiens et la perfidie des Grecs au milieu des richesses et des plaisirs que leur offrait Byzance; on dit même qu'un jour les croisés flamands voulurent piller une synagogue qu'ils avaient prise pour une mosquée des Sarrasins; mais la trouvant défendue par des Juifs, ils se vengèrent en y mettant le feu. L'incendie qu'ils avaient allumé se répandit si rapidement que bientôt il devint impossible de l'arrêter; de la ville il s'étendit aux faubourgs jusqu'aux bords de la mer, de telle sorte que des galères s'embrasèrent dans le port: une semaine entière s'écoula avant qu'il eût cessé, et ses ravages furent incalculables.

Alexis, fils d'Isaac, avait enfin obtenu que les croisés quitteraient Constantinople pour établir leurs tentes au delà du golfe de Chrysoceras. Le printemps était arrivé, mais il manquait d'argent pour payer les deux cent mille marcs qu'il avait promis; il n'écoutait d'ailleurs que les conseils des Vénitiens qui l'avaient appelé à Zara pour faire échouer la croisade. L'héritier des Comnène parut dans les premiers jours d'avril au camp de Baudouin, et réclama de nouveaux délais.

Venise triomphait; les croisés ne s'éloignèrent point du Bosphore. A peine pouvait-on en citer quelques-uns qui suivirent le comte de Saint-Pol et Henri, frère de Baudouin, à Andrinople et jusqu'au pied de l'Hémus. Leurs remords ne s'éveillèrent que lorsque des messagers, vêtus de deuil, arrivèrent de la terre sainte. Tandis que le prince d'Antioche livrait une sanglante bataille dans laquelle Gilles de Trazegnies avait péri, on voyait sous le ciel ardent de la Syrie la peste et les fièvres unir leurs ravages, dont la plus illustre victime devait être la comtesse de Flandre.

Au récit de ces malheurs, les croisés saisissaient leurs lances et les tournaient vers Jérusalem. Ils accusaient tumultueusement la lenteur des Grecs, qui ne tenaient aucun de leurs engagements. Quènes de Béthune porta leurs plaintes au palais des Blaquernes. Alexis ne répondit point, mais il ordonna qu'on profitât d'une nuit obscure pour incendier la flotte des croisés. Il échoua dans son projet, et Byzance, pleine d'alarmes, le précipita du trône pour y élever un tyran obscur, Alexis Ducas, surnommé Murzulphe. Sa perfidie ne fut guère plus heureuse. Les croisés écartèrent aisément avec leurs rames les brûlots que, par une nuit tranquille, on avait de nouveau lancés contre leurs navires. Il essaya d'autres moyens et tendit une embuscade à Henri, frère de Baudouin: là aussi le courage des guerriers franks lui fit subir une défaite honteuse.

Tant de trahisons devaient porter leurs fruits, Les croisés déclarèrent que l'empire grec n'existait plus, et, le 9 avril 1204, leur flotte s'approcha des remparts de Constantinople. Murzulphe avait placé des mangonneaux et des pierriers sur les murs à demi ruinés qui formaient l'enceinte de la cité impériale; puis il avait fait élever des tours de bois pour mieux résister à celles que les assiégeants avaient également construites sur leurs vaisseaux. Le premier jour de la lutte s'acheva sans que les croisés eussent obtenu le moindre succès. Trois jours plus tard, l'assaut recommença: ils s'avançaient en poussant de grands cris, et leur enthousiasme défiait la consternation des Grecs. Une forte brise, qui parut le gage de l'intervention du ciel, se leva vers le nord-est, et un navire qu'on nommait *la Pèlerine* parvint assez près des remparts pour y lancer ses échelles roulantes. Un Vénitien se précipite aussitôt au milieu des ennemis et meurt; mais André de Jurbise, chevalier de Hainaut, le suit, et à son aspect les Grecs reculent: dans leur terreur, ils croient apercevoir devant eux un géant dont le casque est aussi grand qu'une tour. Les guerriers franks accourent à sa voix, et dès ce moment la victoire n'est plus indécise.

Quelques centaines de chevaliers envahissaient une cité dont les murailles avaient sept lieues de tour et renfermaient une population innombrable. A leur suite d'autres croisés, indignes de combattre sous les mêmes bannières, se répandaient, le fer et la flamme à la main, de quartier en quartier, de maison en maison, cherchant partout des trésors. Dans leur fureur avide, ils brisèrent tour à tour les plus célèbres merveilles de l'art antique, la statue de Junon venue du temple de Samos, l'Hercule de Lysippe, l'aigle d'airain d'Apollonius de Thyane, la louve de Romulus, qu'avait célébrée Virgile, et on les vit même violer le tombeau des empereurs.

Le comte de Flandre occupait le camp de Murzulphe; Henri, son frère, avait pris possession des Blaquernes; le marquis de Montferrat s'était établi au palais de Bucoléon. Les somptueuses demeures qu'avait abandonnées la fortune des Comnène avaient trouvé de nouveaux maîtres, mais leur trône restait vacant. Douze électeurs, dont six appartenaient à Venise et six autres aux races frankes, eurent la mission de désigner le successeur de Constantin. L'un d'eux était le nonce apostolique Albert, évêque de Bethléem, petit-neveu de Pierre l'Ermite. Le 2 mai 1204, les douze électeurs se réunirent dans la chapelle du doge de Venise; là, après avoir réduit à quatre le nombre des candidats (c'étaient les comtes de Flandre, de Blois et de Saint-Pol, et le marquis de Montferrat), ils placèrent quatre calices sur l'autel: un seul contenait une hostie consacrée. Chaque fois qu'on proclamait le nom de l'un des candidats, on découvrait un calice: lorsqu'on arriva à celui de Baudoin, il sembla que Dieu lui-même désignait l'empereur. «Seigneurs, dit l'évêque de Soissons à la foule qui était restée assemblée jusqu'au milieu de la nuit, nous avons choisi un empereur: vous êtes tenus de lui obéir et de le respecter. A cette heure solennelle à laquelle est né le Christ rédempteur des hommes, nous proclamons empereur Baudouin, comte de Flandre et de Hainaut.» Mille acclamations retentirent dans ces palais qui déjà avaient vu s'élever et disparaître tant de dynasties impériales.

Le 7 mai, Baudouin vint habiter le palais de Bucoléon. Dès le lendemain, selon la coutume des empereurs grecs, il jeta au peuple des pains qui renfermaient trois pièces d'or, trois pièces d'argent et trois pièces de cuivre; puis, selon l'usage germanique, on l'éleva sur un bouclier que soutenaient le doge Dandolo, les comtes de Blois et de Saint-Pol, et le marquis de Montferrat. La cérémonie du couronnement eut lieu dans la basilique de Sainte-Sophie. Un trône d'or avait été placé sur une estrade couverte de velours rouge; mais au moment où Baudouin allait y monter, enivré de splendeur et de gloire, on lui présenta un vase rempli de cendres et d'étoupes que la flamme consumait: tristes et menaçantes images de la vanité humaine, dont l'avenir ne devait point tarder à réaliser la prophétie. Le patriarche de Constantinople versa sur son front l'huile sainte et y posa le diadème impérial. «Il en est digne!» s'écria le peuple. «Il en est digne!» répondit le patriarche. «Il en est digne!» répéta la multitude qui se trouvait hors de l'église. Puis, lorsqu'on l'eut conduit dans le chœur, on couvrit ses épaules d'un manteau de pourpre orné d'or: sa main droite portait la croix, divin emblème de la foi chrétienne; sa main gauche tenait un rameau, symbole de paix et de prospérité. Un banquet solennel succéda à cette cérémonie, tandis que les hérauts d'armes proclamaient sur les places de Byzance, Baudouin, par la grâce céleste, empereur très-fidèle des Romains, couronné par Dieu et à jamais Auguste.

Baudouin mérita son élévation par ses vertus. Les croisés admiraient son courage et sa piété, et les historiens grecs eux-mêmes le dépeignent chaste dans ses mœurs, généreux à l'égard des pauvres, écoutant volontiers les conseils et plein de résolution dans les dangers. Son premier soin fut de partager les provinces du nouvel empire entre les barons franks, devenus les successeurs de Pyrrhus ou d'Alexandre. Le comte de Blois obtint le duché de Bithynie; Renier de Trith, celui de Philippopolis. Thierri de Termonde fut créé connétable; Thierri de Looz, sénéchal; Miles de Brabant, grand boutillier; Gauthier de Rodenbourg, protonotaire; Quènes de Béthune reçut la dignité de protovestiaire et fut peut-être roi d'Andrinople.

A la même époque, un chevalier qui n'était pas étranger à la maison des comtes de Flandre, Thierri, fils de Philippe d'Alsace, épousait la princesse de Chypre, naguère si merveilleusement délivrée des prisons du duc d'Autriche, et allait disputer à Aimeri de Lusignan les Etats héréditaires de son père, autre empire des Comnène qui ne devait plus se relever.

Vers les derniers jours de l'année 1204, Henri, frère de Baudouin, débarqua à Abydos; Thierri de Looz, Nicolas de Mailly, Anselme de Kayeu, l'accompagnaient. Il parcourut toute la Troade, mais il ne songea point à demander, comme le héros macédonien, si les prêtres d'Ilion conservaient encore la lance d'Achille. Tandis qu'il foulait avec dédain les ruines de Pergame, une troupe de croisés s'avançait dans la Thessalie, pénétrait dans les fraîches vallées de Tempé, et franchissait les défilés des Thermopyles, que les ombres des trois cents Spartiates ne défendaient plus contre ces barbares plus redoutables que les armées de Xerxès. Le marquis de Montferrat se dirigea vers Nauplie; Jacques d'Avesnes et Drogon d'Estrœungt assiégèrent Corinthe: l'un y fut blessé grièvement, l'autre y périt.

D'autres chevaliers de Flandre et de Champagne s'emparaient de toute la partie méridionale du Péloponèse. Leurs conquêtes s'étendirent rapidement. Il y eut des ducs là où avaient existé les républiques de Lycurgue et de Solon. A Argos, ils rétablirent la monarchie d'Agamemnon. L'Achaïe dut à un baron chrétien l'indépendance qu'avait rêvée pour elle Philopémen. Gui de Nesle occupait un château au bord de l'Eurotas; Raoul de Tournay régnait dans le vallon du Cérynite; Hugues de Lille reçut huit fiefs dans la cité d'Ægium, où les rois de la Grèce s'étaient jadis assemblés pour venger l'outrage fait à Ménélas. Peu d'années après, Nicolas de Saint-Omer était duc de Thèbes. Il était fort estimé pour sa prudence, selon la chronique de Romanie, et se fit construire un beau château, qu'on nomma le château de Saint-Omer, sur les ruines de cette ancienne citadelle consacrée à Cadmus, qu'avait défendue l'épée d'Epaminondas, et qui avait répété les premiers chants de Pindare.

Les Grecs, qui avaient vu avec joie les croisés se disperser en faibles troupes depuis les gorges du Taurus jusqu'aux plaines de la Messénie, conspiraient depuis longtemps en silence, lorsque tout à coup ils prirent les armes dans toutes les provinces. Joannice, roi des Bulgares, leur avait promis son secours.

La nation des Bulgares, arrachée des steppes du Volga par les grandes migrations du cinquième siècle, s'était arrêtée entre les eaux du Danube et les vallons de l'Hémus. A demi chrétienne, mais fidèle à toutes les traditions de son origine, elle avait conservé un caractère indomptable et féroce. Ses redoutables armées s'avancent vers Byzance. De nombreuses hordes de Tartares les suivent. Au bruit de leur venue, les Grecs d'Andrinople et de Didymotique chassent les Vénitiens et les chevaliers du comte de Saint-Pol, mort depuis peu. Les croisés abandonnent leurs châteaux de Thrace, saisis d'une terreur profonde. Tel était l'effroi qui régnait parmi eux que Renier de Trith s'étant réfugié à Philippopolis, ses fils, son gendre et son neveu l'abandonnèrent; mais dans leur fuite rapide ils se précipitèrent au milieu des ennemis dont le fer punit leur lâcheté. Renier de Trith, resté seul avec vingt-cinq compagnons d'armes, reçut de meilleurs conseils de son honneur et de son courage.

Lorsque ces tristes nouvelles parvinrent à Constantinople, Baudouin n'y avait auprès de lui que le comte de Blois, le vieux Dandolo, et un petit nombre d'hommes d'armes. Il se hâta de rappeler son frère de la Troade. Pierre de Bracheux vint de Lopadium; Matthieu de Walincourt arriva de Nicomédie. Geoffroi de Villehardouin et Manassès de Lille rassemblèrent quatre-vingts chevaliers et s'éloignèrent aussitôt pour marcher au devant des Bulgares. Baudouin les suivit avec cent quarante chevaliers; peu de jours après, le comte de Blois et le doge de Venise quittèrent la cité impériale, emmenant des renforts plus considérables. Ces différents corps réunis comprenaient seize mille combattants. Leurs chefs résolurent sans hésiter de mettre le siége devant Andrinople que défendaient cent mille Grecs. Ils voulaient dompter l'insurrection nationale avant de combattre l'invasion étrangère. La confiance renaissait parmi les croisés, tandis que les Grecs s'enfermaient dans leurs murailles, déjà prêts à s'incliner de nouveau sous le joug qu'ils avaient tenté de briser.

On touchait aux fêtes de la semaine sainte. Les assiégeants préparaient leurs armes et leurs machines lorsqu'ils apprirent que Joannice accourait pour délivrer Andrinople. Dès ce jour, la garde du camp fut confiée à Geoffroi de Villehardouin et à Manassès de Lille; l'empereur s'était réservé le commandement de toute l'armée qui devait repousser les Bulgares.

Le mercredi après Pâques, une vive alerte se répandit parmi les guerriers chrétiens. On annonçait que des Tartares avaient paru dans les prairies où paissaient les chevaux des croisés et cherchaient à les enlever.

Deux jours après (c'était le 14 avril 1205), les Tartares se montrèrent de nouveau. Leurs chevaux étaient si agiles qu'ils les portaient au milieu des Franks sans qu'on les eût vus s'approcher, et qu'au moment où ils attiraient les regards ils avaient déjà disparu. L'empereur avait formellement ordonné que personne ne quittât le camp pour les repousser; mais le comte de Blois jugea qu'il lui était permis de désobéir lorsque la désobéissance même devait le conduire à la gloire: il le croyait du moins; cependant à peine est-il sorti du camp que les Tartares entourent sa troupe trop faible pour leur résister. Il est près de succomber, mais l'empereur apprend le péril qui le menace et s'élance avec ses chevaliers pour le défendre. Les Tartares se retirent devant lui, et alors, par un égarement fatal, l'empereur, qui devait punir dans le comte de Blois une faute qui avait compromis toute l'armée, semble la justifier en s'associant à sa témérité. Animé par son succès et n'écoutant que son ardeur belliqueuse, il frappe son cheval de l'éperon et s'avance de plus en plus pour atteindre les ennemis; les Tartares s'étaient dirigés vers le centre de l'armée de Joannice, et ils ne ralentirent leur course que lorsqu'ils virent Baudouin au milieu des Bulgares.

Jamais Baudouin ne montra plus de courage. Entouré d'un petit nombre de chevaliers dont les chevaux épuisés de fatigue s'abattaient sous les flèches qu'on leur lançait de toutes parts, il les rangea près de lui autour de la bannière impériale. «Sire, lui dit le comte de Blois, qui, atteint de deux blessures, gisait sur le sable, au nom de Dieu, oubliez-moi pour penser à vous et à la chrétienté.» Baudouin, chevalier avant d'être empereur, répondit au comte de Blois qu'il ne l'abandonnerait pas: il cherchait la mort et ne trouva que des fers.

L'armée impériale était rentrée dans les murs de Constantinople, et l'évêque de Soissons s'était rendu en France et en Flandre pour implorer les secours des peuples de l'Occident. Henri, frère de l'empereur, s'adressait en même temps au pape Innocent III, pour le supplier d'intervenir en faveur de Baudouin. «Nous avons appris, lui écrivait-il, que l'empereur est encore sain et sauf; on assure même qu'il est traité assez honorablement par Joannice.» Innocent III promit de réclamer la délivrance du captif, et des lettres pontificales furent envoyées à l'archevêque de Trinovi pour qu'il les remît au roi des Bulgares; mais Joannice se contenta de répondre qu'il ne pouvait plus rendre la liberté à l'empereur, parce que déjà il avait payé le tribut de la nature.

Seize mois s'étaient écoulés depuis la bataille d'Andrinople: quelques barons doutaient encore du sort de l'empereur; mais Renier de Trith affirma qu'il connaissait plusieurs personnes qui l'avaient vu mort, et, le 15 août 1206, Henri prit solennellement possession de la pourpre impériale.

Tandis que la croisade de Constantinople élève de plus en plus la gloire militaire de la Flandre et prépare de brillantes destinées à l'activité de son commerce, nous retrouvons sur les rivages du Fleanderland les cruelles dissensions des karls flamings. Les tableaux qu'elles nous offrent sont les mêmes que ceux que nous avons déjà empruntés aux hagiographes et aux légendaires: luttes de la barbarie contre la civilisation, du paganisme contre la foi chrétienne, querelles individuelles de la gilde contre la gilde, de la famille contre la famille. Un historien, qui vivait vers ce temps, observe avec raison que c'est dans le récit des discordes du dixième et du onzième siècle que nous devons chercher l'origine de celles qui, pendant l'absence de Baudouin, agitèrent quelques parties de la Flandre. Herbert de Wulfringhem nous rappelle cet autre Herbert de Furnes qui dirigeait la charrue et portait l'épée. Il apparaît dans l'histoire comme le chef des hommes de race saxonne qui ne se sont jamais courbés sous le joug. On leur donnait le surnom populaire de *Blauvoets*, non-seulement dans le pays de Furnes, mais sur tout le rivage de la Flandre, en Zélande et en Hollande. Ce nom désignait, suivant les uns, des éperviers de mer, allusion énergique à leur ancienne vie de pirates; selon d'autres, il était synonyme du nom de renard, et c'était peut-être par quelque rapprochement, fondé sur les sagas du Nord, qu'ils donnaient à ceux qui s'étaient ralliés au pouvoir supérieur des comtes la domination de loups ou d'Isengrins.

La reine Mathilde, dont le douaire comprenait les territoires de Furnes et de Bourbourg, y avait rendu son autorité accablante. Elle avait voulu, à l'exemple de Richilde, y rétablir ces impôts ignominieux qui, à tant de reprises, avaient soulevé des commotions violentes. La même résistance se reproduisit. «La reine Mathilde ne put réussir, dit Lambert d'Ardres, à dompter les Blauvoets, et elle se vit réduite à réunir tous les chevaliers et tous les hommes d'armes de ses domaines, et même à recruter des mercenaires étrangers, afin d'exterminer les populations de Furnes et de Bourbourg. Après avoir traversé Poperinghe, elle s'arrêta, vers les fêtes de la Saint-Jean, au village d'Alveringhem qu'elle dévasta, tandis que le châtelain de Bourbourg, Arnould de Guines, accourait sur les frontières de ses domaines pour les défendre contre toute attaque. La reine Mathilde, égarée par sa fureur, ne tarda point à s'avancer témérairement au milieu des habitants du pays de Furnes.»

Cependant Herbert de Wulfringhem s'était réuni à Walter d'Hontschoote, à Gérard Sporkin et à d'autres chefs des Blauvoets, et ils forcèrent la reine et ses nombreux hommes d'armes à fuir devant eux. Ils mutilaient et étranglaient ceux qui tombaient en leur pouvoir, les abandonnaient à demi morts dans les fossés et dans les sillons, ou les chargeaient de chaînes.

Cinq années plus tard, les chefs des Blauvoets, encouragés par leurs premiers succès, osèrent mettre le siége devant la ville de Bergues; mais les hommes d'armes de Mathilde, que commandait Chrétien de Praet, les mirent en déroute et la plupart des assaillants périrent dans ce combat. Les Blauvoets se montraient toutefois si redoutables, même dans leur défaite, qu'ils obtinrent une paix honorable.

Dès ce moment, les Flamings cessèrent de plus en plus de former une faction constamment menacée par la servitude; mais en se confondant dans la nationalité flamande, ils en restèrent la portion la plus tumultueuse et la plus intrépide. Pendant longtemps encore, ils répandront le sang dans leurs discordes intestines, et si jamais une nouvelle oppression les menaçait, Nicolas Zannequin se souviendra d'Herbert de Wulfringhem.

LIVRE HUITIÈME
1205-1278.

Jeanne et Marguerite de Constantinople.
Luttes contre Philippe-Auguste.
Influence pacifique du règne de Louis IX.

Pendant la mémorable expédition de Baudouin, les relations commerciales et politiques de la Flandre et de l'Angleterre n'avaient point été ébranlées. Le 27 mai 1202, Jean sans Terre, prêt à combattre Philippe-Auguste, réunissait à Gournay les hommes d'armes de Flandre et de Hainaut, car ils étaient, dit un poëte,

«Courageux   et

sans lascheté.»

Mais dès qu'il eut appris la triste fin de l'empereur de Constantinople, il jugea prudent de conclure une trêve, dans laquelle étaient insérées des réserves pour les priviléges des marchands flamands dans son royaume (26 octobre 1206).

Le roi d'Angleterre comptait peu sur l'alliance du marquis de Namur, Philippe de Hainaut, qui avait reçu de Baudouin le gouvernement de ses Etats pendant son absence, ainsi que la tutelle de ses filles, dont l'aînée n'avait point quinze ans. Philippe-Auguste avait promis à Philippe de Hainaut la main de Marie de France; peut-être lui avait-il fait également espérer que, lorsque les deux jeunes princesses seraient nubiles, elles pourraient épouser les fils de Pierre de Courtenay, dont la mère était sœur du marquis de Namur. Il obtint, à ce prix, tout ce qu'il désirait: Jeanne et Marguerite de Flandre lui furent remises et conduites à Paris.

Il semblait que les projets de Philippe-Auguste ne dussent plus rencontrer d'obstacles. Son autorité s'était étendue vers le nord et déjà elle menaçait le midi. Une politique habile pouvait, en ranimant les anciennes rivalités de race qui existaient entre les Gallo-Romains et les populations septentrionales, ruiner les vaincus en affaiblissant les vainqueurs. Toute guerre dirigée contre les Provençaux était populaire parmi les hommes d'origine franke, et les peuples de la Flandre crurent aisément que les Albigeois étaient devenus, par leurs hérésies secrètes, les complices des Bulgares qui avaient martyrisé Baudouin. Déjà un moine allemand, nommé Olivier le Scolastique, avait paru en Flandre comme l'apôtre d'une autre guerre sainte, et l'on avait vu, à sa voix, des enfants et des jeunes filles saisir des encensoirs et des drapeaux et demander où était l'Asie. La mission de Jacques de Vitry fut d'autant plus facile lorsqu'il vint prêcher la croisade des Albigeois. L'évêque de Tournay y prit une part active, et elle reçut pour chef Simon de Montfort, qui avait accompagné la comtesse de Flandre à Ptolémaïde. Cinq cent mille hommes se dirigèrent vers le Rhône: les cités les plus riches furent pillées et détruites. A Béziers, le sang rougit les autels; Carcassonne succomba, et Simon de Montfort, vainqueur, à Muret, des armées du roi d'Aragon, reçut l'investiture du comté de Toulouse, comme fief tenu de la couronne de France.

Cependant il y avait en Flandre un pieux vieillard nommé Foulques Uutenhove, dont la sagesse était célèbre. Il comprit le but politique que se proposait le roi de France et l'accusa de vouloir anéantir en même temps la puissance des peuples de la Flandre et la dynastie de leurs princes. Bouchard d'Avesnes, fils de l'illustre ami de Richard Cœur de Lion, se plaça à la tête des mécontents et osa déclarer que, si le roi de France retenait les pupilles du marquis de Namur, la Flandre chercherait un protecteur dans le roi d'Angleterre. Philippe-Auguste jugea qu'il était nécessaire de rendre la liberté aux filles de Baudouin, mais seulement après leur avoir donné des maîtres qui exerçassent le pouvoir en leur nom et n'oubliassent jamais de quelle main ils l'avaient reçu. Il avait jeté les yeux sur Enguerrand et Thomas de Coucy, dont la mère appartenait à la maison de France, et en 1211 il conclut avec eux une convention en vertu de laquelle il s'engageait à leur faire avoir «lesdites damoiselles héritières de Flandre,» moyennant une somme de cinquante mille livres parisis, payables en deux termes, savoir: trente mille livres avant qu'ils fussent saisis desdites damoiselles, et vingt mille livres une année après qu'elles leur auraient été remises. L'évêque de Beauvais, les comtes de Brienne, de Saint-Pol, d'Auxerre, de Soissons, se portèrent garants des engagements d'Enguerrand de Coucy.

La reine Mathilde apprit ce qui avait eu lieu, et quel que fût le caractère solennel des conventions arrêtées, elle se flatta de l'espoir d'enlever l'héritière de la Flandre à la maison de Coucy pour la donner à un prince de sa famille, Ferdinand, fils de Sanche, roi de Portugal, et de Dolcis de Barcelone. Elle s'engagea à payer au roi plus d'or que n'en possédaient les seigneurs de Coucy, et de plus elle lui promit de vastes possessions territoriales. Des propositions si avantageuses furent acceptées avec empressement, et malgré toutes les plaintes d'Enguerrand de Coucy, le mariage de Jeanne de Flandre avec Ferdinand de Portugal ne tarda point à être célébré à Paris. L'acte d'hommage de Ferdinand nous a été conservé; il était conçu en ces termes:

«Moi, Ferdinand, comte de Flandre et du Hainaut, je fais savoir à tous ceux qui verront ces présentes lettres que je suis l'homme lige de mon très-illustre seigneur, le roi de France. J'ai juré de le servir fidèlement, et tant qu'il consentira à me faire droit en sa cour je remplirai ma promesse. Si, au contraire, je cessais de le servir fidèlement, je veux et permets que tous mes hommes, tant barons que chevaliers, et toutes les communes et communautés des villes et des bourgs de ma terre, aident mon seigneur le roi contre moi, et me fassent tout le mal qui sera en leur pouvoir, jusqu'à ce que je me sois amendé à la volonté du roi. Je veux que les barons et les chevaliers prennent le même engagement vis-à-vis du roi, et si l'un d'eux refusait de le faire, je lui ferai tout le mal que je pourrai, et n'aurai avec lui ni paix ni trêve, si ce n'est de l'assentiment du roi.» Sohier, châtelain de Gand, Jean de Nesle, châtelain de Bruges, et d'autres chevaliers, unirent leurs serments à ceux de Ferdinand.

Un second traité avait été conclu à Paris, et il se rapportait au démembrement de la Flandre; mais les dispositions en avaient été tenues secrètes de peur de rencontrer en 1212 la même résistance que vingt années auparavant, lorsque l'archevêque de Reims avait voulu profiter de la mort de Philippe d'Alsace. Tandis que Ferdinand et Jeanne s'arrêtaient à Péronne, des hommes d'armes se présentaient inopinément aux portes d'Aire et de Saint-Omer, et prenaient possession de ces villes importantes.

Peu de jours après, le 24 février, Ferdinand, arrivé près de Lens, déclara qu'il avait remis à Louis, fils du roi de France, les cités d'Aire et de Saint-Omer, qui avaient appartenu autrefois à Elisabeth de Hainaut. Laissant la jeune comtesse de Flandre malade à Douay, il se hâta de se rendre à Ypres et à Bruges pour y faire reconnaître son autorité; mais lorsqu'il parut aux portes de Gand, les bourgeois refusèrent de le recevoir: ils avaient élu pour chefs Rasse de Gavre et Arnould d'Audenarde: dans leur indignation, ils poursuivirent Ferdinand jusqu'à Courtray, et peut-être l'eussent-ils mis à mort s'il n'eût réussi à faire briser les ponts de la Lys.

Ferdinand appela aussitôt auprès de lui la plupart des nobles de Flandre. Il s'avança avec eux jusqu'à Gand, et comme la comtesse Jeanne l'accompagnait, personne n'osa prendre les armes contre l'héritière légitime de Baudouin de Constantinople. Les magistrats de la ville insurgée se soumirent et payèrent une amende de trois cent mille livres. De plus, l'organisation de l'échevinage fut complètement modifiée. Le comte se réserva le droit de choisir, dans les quatre principales paroisses de la ville, quatre hommes probes qui désigneraient, avec son assentiment, treize échevins. Chaque année, d'autres électeurs devaient présider au renouvellement de l'échevinage.

Ferdinand ne tarda point à conduire son armée triomphante vers les bords de la Meuse, où elle se réunit à celle de Philippe, frère de Baudouin. L'évêque de Liége, Hugues de Pierrepont, issu de la maison de Namur, avait été chassé de sa résidence épiscopale par le duc de Brabant, et c'était afin de réparer ce revers qu'il avait convoqué tous ses alliés. Cependant on était arrivé aux journées les plus brûlantes du mois de juillet; d'épaisses nuées de poussière s'élevaient dans les airs et gênaient la marche des hommes d'armes; enfin on apprit avec joie que la paix avait été conclue. Henri de Brabant avait accepté les propositions du comte Ferdinand et s'était engagé à payer une indemnité considérable à l'évêque de Liége; mais, avant que ses promesses eussent reçu leur exécution, des événements importants vinrent modifier la situation des choses.

Philippe de Hainaut avait rendu le dernier soupir le 15 octobre 1212. Sa mort brisait tous les liens qui unissaient la maison des comtes de Flandre au roi de France, et l'hiver s'était à peine achevé lorsque le duc de Brabant, accourant à Paris, sut persuader à Philippe-Auguste que son alliance était plus précieuse que celle du comte de Flandre, et obtint pour prix de son zèle la main de la veuve du marquis de Namur.

Au moment où le roi de France accueillait l'adversaire de Ferdinand, il rompait ouvertement avec Renaud de Dammartin et lui enlevait ses domaines. Renaud de Dammartin était l'un des barons les plus puissants de France. Il possédait de nombreux châteaux en Bretagne et dans le Vermandois, et sa femme, fille de Matthieu d'Alsace, lui avait porté en dot le comté de Boulogne. Déjà son caractère violent s'était révélé à diverses reprises. Un jour, il avait osé en venir aux mains, au milieu de la cour, avec le comte de Saint-Pol. Depuis, il avait eu d'autres contestations avec l'évêque de Beauvais et le comte de Dreux, cousins du roi, et telle était la cause des sentences de bannissement et de confiscation prononcées contre lui; mais, loin de s'humilier devant l'autorité royale, il nourrissait des rêves de vengeance et associait à ses projets l'un des plus célèbres barons de Picardie, Hugues de Boves, qui avait tué le chef des prévôts royaux. Peu après les fêtes de Pâques, vers l'époque où Henri de Brabant épousait la veuve du marquis de Namur, Renaud de Dammartin quitta les Etats du comte de Bar pour aller en Flandre réveiller dans le cœur de Ferdinand les aiguillons de l'orgueil et de la colère. Il n'y réussit que trop aisément. Mathilde elle-même, qui, l'année précédente, implorait à genoux la faveur de Philippe-Auguste, ne se souvenait plus que de l'admiration que lui avait inspirée la puissance de l'Angleterre, lorsqu'elle traversait la mer, appelée du Portugal par Henri II, pour perpétuer la dynastie de Philippe d'Alsace. Cependant les dons qu'elle avait prodigués, non-seulement au roi de France et à ses ministres, pour qu'ils permissent le mariage de Jeanne avec Ferdinand, mais aussi aux barons de Flandre, pour qu'ils ne s'y opposassent point, avaient épuisé tous ses trésors. Ce fut Renaud de Dammartin qui lui apprit qu'elle trouverait toujours chez les ennemis du roi de France l'or qu'elle emploierait à le combattre.

En 1208, les moines de l'abbaye de Saint-Augustin, qui contestaient au roi d'Angleterre le droit de nommer l'archevêque de Canterbury, s'étaient vus réduits à chercher un asile au cloître de Saint-Bertin et dans d'autres monastères de Flandre. Le pape Innocent III avait pris énergiquement leur défense. Jean sans Terre était frappé d'excommunication, et déjà le roi de France se préparait à exécuter les sentences pontificales, en dirigeant contre l'Angleterre une autre croisade semblable à celle des Albigeois. Le roi Jean, menacé d'une invasion si redoutable, vit avec joie le mécontentement du comte de Flandre. Les négociations furent conduites avec zèle par Renaud de Dammartin, et au mois de mai 1212, le roi d'Angleterre promit au comte de Flandre de l'aider à recouvrer tous les domaines qui lui avaient été enlevés. Une entrevue fut fixée à Douvres aux fêtes de l'Assomption. Le roi Jean se trouvait à Windsor lorsque Ferdinand débarqua au port de Sandwich, et comme le sire de Béthune l'engageait à se rendre au devant de lui: «Oyez ce Flamand, interrompit le roi, quelle grande opinion n'a-t-il pas de son seigneur!—Par la foi que je dois à Dieu, répliqua vivement le chevalier, il est tel que je le dis.» Le roi d'Angleterre s'avança jusqu'à Canterbury: ce fut là que les deux princes signèrent un traité d'alliance dont les dispositions ne sont point parvenues jusqu'à nous.

Cependant le roi d'Angleterre, en même temps qu'il améliorait la situation présente de ses affaires, demandait à ces négociations d'autres gages pour l'avenir. Il réclamait la jeune Marguerite, sœur de la comtesse de Flandre, comme otage pour les sommes qu'il prêterait, et voulait, disait-on, la marier au comte de Salisbury, afin que si l'hymen de Jeanne restait stérile, l'Angleterre fût plus assurée de l'obéissance de l'époux de Marguerite que la France ne semblait l'être de la soumission de Ferdinand de Portugal. Lorsque la jeune princesse apprit que sa sœur devait la livrer aux Anglais, elle refusa de quitter le Hainaut. Au comte de Salisbury elle préférait Bouchard d'Avesnes, qui, aussi illustre par sa science que par son courage, avait tour à tour étudié les lettres à l'école d'Orléans et reçu l'ordre de chevalerie de la main de Richard Cœur de Lion. La puissance de Bouchard d'Avesnes était grande dans le Hainaut, où il possédait la dignité de haut bailli; il appela près de lui les barons et les plus nobles feudataires pour qu'ils l'accompagnassent solennellement de Mons jusqu'au château du Quesnoy, et là, après qu'on eut reconnu que la publication des bans ecclésiastiques avait eu lieu régulièrement, un prêtre nommé Géry de Novion, frère de l'un des chevaliers attachés au service de Bouchard, demanda au sire d'Avesnes et à Marguerite, agenouillés au pied des autels, s'ils voulaient l'un et l'autre vivre désormais ensemble comme époux; puis il joignit leurs mains, et la cérémonie s'acheva au milieu d'un grand concours de témoins pour lesquels on avait laissé ouvertes toutes les portes du château.

Bouchard d'Avesnes écrivit à Jeanne pour lui annoncer qu'il venait d'entrer dans la maison des comtes de Flandre et de Hainaut; toutefois, quel que fût le mécontentement secret qu'inspirât ce mariage, les circonstances étaient trop graves pour que ces dissensions domestiques éclatassent immédiatement. Philippe-Auguste avait déjà réuni à Boulogne une immense armée prête à traverser la mer. Selon une ancienne tradition, on racontait que, le soir de la bataille d'Hastings, Guillaume le Conquérant avait entendu, pendant son sommeil, une voix qui lui prédisait que sa postérité conserverait la couronne pendant un siècle et demi. Cette période allait s'achever, et le roi de France croyait que la prophétie propagée par les rumeurs populaires lui promettait le sceptre des monarques anglais.

Le comte de Flandre avait été appelé à prendre part à cette expédition; mais avant de remplir ses devoirs de feudataire, il avait permis aux habitants de Gand de fortifier leur cité; il était à peine arrivé au camp de Boulogne, lorsqu'on y apprit que le 13 mai le roi Jean avait changé subitement de résolution et s'était soumis aux sentences pontificales qui sanctionnaient les priviléges des moines de Canterbury. Le légat d'Innocent III quitta aussitôt l'Angleterre pour aller annoncer à Philippe-Auguste la levée de l'excommunication; mais le roi de France, quelles que fussent les énergiques remontrances du légat, déclara qu'il avait déjà dépensé soixante mille livres pour les frais de la guerre et qu'il ne renoncerait point à son expédition.

Lorsque Ferdinand s'était rendu près de Philippe-Auguste, n'était-il pas instruit de la prochaine réconciliation du pape et du roi Jean? On ne peut guère en douter. L'obstination du roi de France contrariait toutes ses prévisions, et il mit tout en œuvre pour qu'elle échouât. Tantôt il engageait les barons à se méfier de l'autorité ambitieuse du roi; tantôt il leur représentait que jamais prince français n'avait réclamé la couronne d'Angleterre, et que toute tentative pour s'en emparer serait injuste et condamnable. Philippe s'irrita, mais Ferdinand ne cédait point; il osa même nier la suzeraineté du roi, disant que Philippe-Auguste, en retenant illégalement une partie de ses domaines, avait rompu tous les liens qui l'attachaient à lui. «Par tous les saints de France, s'écria alors le monarque frémissant de colère, la France deviendra Flandre, ou la Flandre deviendra France.» A sa voix, dix-sept cents navires cinglèrent vers le havre du Zwyn, et comme si le comté de Flandre n'existait déjà plus, il exigea l'hommage du comte de Guines.

Ferdinand s'était hâté de rentrer dans ses Etats, et, sans tarder plus longtemps, il chargea Baudouin de Nieuport de se rendre en Angleterre pour y réclamer des secours importants. «Cher ami, lui répondait le 25 mai le roi Jean, nous avons reçu les lettres que vous avez remises à Baudouin de Nieuport; si nous les avions eues plus tôt, nous eussions pu vous faire parvenir des secours plus considérables. Nous envoyons vers vous nos fidèles, Guillaume, comte de Salisbury, Renaud, comte de Boulogne, et Hugues de Boves...»

Le roi de France avait, le 23 mai, pris possession de Cassel: rien ne pouvait arrêter la rapidité de sa marche, et Ferdinand, surpris par cette invasion imprévue, chercha à entamer des négociations, non qu'il espérât la paix, mais afin de trouver dans ces pourparlers l'occasion de quelques retards qui permissent aux Anglais d'arriver à son aide. Dans ce but, il avait, disent quelques historiens, demandé au roi une entrevue qui devait avoir lieu à Ypres; mais le roi de France ne l'y attendit point et s'avança de plus en plus vers l'intérieur de la Flandre. Les châtelains de Gand et de Bruges le guidaient: ils exécutaient le serment qu'ils avaient prêté de le servir de tout leur pouvoir si Ferdinand oubliait ses devoirs de vassal.

Tandis que Philippe-Auguste entrait à Bruges et s'approchait des remparts de Gand que le duc de Brabant allait attaquer sur l'autre rive de l'Escaut, la flotte française envahissait le port de Damme. Là se trouvaient déposés les trésors de l'Europe et de l'Asie, les soies de la Chine et de la Syrie, les pelleteries de la Hongrie, les vins de la Gascogne, les draps les plus précieux de la Flandre, butin immense qui flatta l'orgueil des vainqueurs et leur fit peut-être oublier les dangers qui les menaçaient.

Le jeudi 30 mai 1213, Ferdinand, qui n'avait point quitté le rivage de la mer, signala à l'horizon un grand nombre de voiles anglaises qui se dirigeaient vers la Flandre; c'était la flotte du comte de Salisbury. Rien ne peut exprimer ce que ce moment avait de solennel et de triste; c'était la première scène de ce drame mémorable que devait clore la bataille de Bouvines, l'aurore de cette lutte qui allait ébranler toute l'Europe et demander à ses peuples tant de sang et tant de victimes. Ferdinand, inquiet et agité, n'osait interroger les mystères de l'avenir: ses remords le poursuivaient, et dès que les chevaliers anglais eurent abordé sur le sable, il leur demanda s'il pouvait loyalement porter les armes contre son seigneur suzerain. Le comte de Boulogne et Hugues de Boves se hâtèrent de le rassurer, et les conseillers de Jean sans Terre mirent le même empressement à ranimer son courage et ses espérances.

Les vaisseaux français s'étaient imprudemment dispersés dans le golfe qui formait, au treizième siècle, l'entrée du port de Damme. La flotte anglaise les assaillit impétueusement, et, avant la fin du jour, quatre cents navires étaient tombés en son pouvoir. Au bruit de ce succès, Ferdinand rallia autour de lui les populations maritimes, toujours intrépides et belliqueuses, et les conduisit vers le bourg de Damme qu'occupaient le comte de Soissons et Albert d'Hangest avec deux cent quarante chevaliers et dix mille hommes d'armes. Le combat fut acharné, et déjà les Flamands triomphaient, lorsque l'arrivée de Pierre de Bretagne, avec cinq cents chevaliers français, les contraignit à se retirer précipitamment, abandonnant deux mille morts et plusieurs prisonniers, parmi lesquels se trouvaient Gauthier et Jean de Vormizeele, Gilbert d'Haveskerke et un autre noble, héritier d'un nom fatal, Lambert de Roosebeke. Les sires de Béthune, de Ghistelles et d'autres chevaliers flamands trouvèrent à Furnes et à Oudenbourg un asile qui, dans ces contrées, ne manqua jamais aux défenseurs de la cause nationale. Ferdinand seul avait préféré se réfugier à bord de la flotte anglaise qui avait jeté l'ancre sur le rivage de l'île de Walcheren.

Philippe-Auguste avait quitté le siége de Gand pour accourir à Damme. Lorsqu'au sein de ces remparts ensanglantés par le combat de la veille et de ces riches entrepôts livrés à la dévastation il découvrit quelques vaisseaux qui avaient échappé aux efforts du comte de Salisbury, mais que les Anglais séparaient de la mer, il ordonna de brûler et la ville pillée et les débris de sa flotte vaincue. Le chapelain du roi n'a point de vers assez pompeux pour célébrer ce spectacle. «L'incendie ne tarde point à se répandre. La flamme détruit en un moment mille et mille demeures; dans toutes les campagnes qui s'étendent jusqu'au rivage de la mer, elle consume les moissons dont s'enorgueillissait le sillon fertile.» Le roi, après avoir forcé les magistrats d'Ypres et de Bruges à lui remettre des sommes considérables, revint poursuivre le siége de Gand, dont il s'empara bientôt, grâce à la coopération des hommes d'armes du duc de Brabant. Le château d'Audenarde lui fut livré: de là il se rendit à Courtray, puis à Lille et à Douay, où il laissa son fils et Gauthier de Châtillon.

Cependant dès que Ferdinand eut appris la retraite du roi, il reparut en Flandre, assembla ses hommes d'armes et les conduisit à Ypres. Bruges et Gand lui avaient déjà ouvert leurs portes, et à peine s'était-il emparé de Tournay, que les habitants de Lille l'appelèrent dans leurs murailles. Déjà Philippe-Auguste réunissait ses hommes d'armes pour rentrer en Flandre; mais en même temps qu'il se préparait à employer la force des armes, il avait de nouveau recours aux foudres de l'excommunication. L'archidiacre de Paris, Albéric de Hautvilliers, qu'il avait choisi pour successeur de Gui Paré dans l'archevêché de Reims, fit prononcer par l'évêque de Tournay la sentence d'interdit, et ce fut au milieu de la consternation universelle que l'armée envahissante se présenta devant les remparts de Lille abandonnés sans défense. Le chapelain du roi, qui a si pompeusement célébré l'incendie de Damme, sent son enthousiasme se réveiller en racontant la ruine de Lille, autre chant digne de *la Philippide*: «Les fureurs de Vulcain, excitées par le souffle d'Eole, suffisent pour punir les rebelles; la flamme les poursuit plus cruellement que le fer des guerriers... La ville de Lille tout entière fut détruite, et l'on vit périr sous les débris de leurs foyers ceux dont la faiblesse ou les infirmités de l'âge ralentissaient les pas. On ne peut compter ceux qui furent mis à mort. Tous les prisonniers furent vendus comme serfs par l'ordre du roi, afin qu'ils s'inclinassent à jamais sous le joug. Il ne resta point une seule pierre qui pût servir d'abri.»

Philippe, vainqueur à Lille, reconquit aussi promptement Cassel et Tournay. Ferdinand ne pouvait point s'opposer à ses progrès: en vain envoyait-il des ambassadeurs implorer l'appui de Jean sans Terre: il ne recevait point de secours; enfin, dans les derniers jours de septembre, on lui remit des lettres où le roi d'Angleterre expliquait ces retards funestes par un voyage qu'il avait fait à Durham, dans les provinces les plus reculées de son royaume.

Enfin une invasion des Anglais dans l'Anjou força Philippe-Auguste à rentrer dans ses Etats; mais les hommes d'armes qu'il avait laissés à son fils Louis continuaient leurs dévastations. Ils portèrent la flamme tour à tour dans les murs de Bailleul, et dans les vallées de Cassel et de Steenvoorde. A peine s'étaient-ils éloignés, que Ferdinand accourut à Gravelines pour y voir aborder les sergents et les archers que lui amenaient Guillaume de Salisbury, Hugues de Boves, Renaud et Simon de Dammartin. Le roi d'Angleterre avait chargé son chancelier de prendre avec lui tout le trésor royal dans cette expédition pour que rien n'en ralentît le succès. Le comte de Flandre se dirigea d'abord vers les domaines d'Arnould de Guines pour le punir de l'hommage qu'il avait rendu au roi de France, les pilla et les ravagea, puis il menaça Saint-Omer; il se préparait à poursuivre ses conquêtes, lorsque les guerres du duc de Brabant et de l'évêque de Liége l'obligèrent à renoncer à ses desseins.

Les traités qui unissaient Ferdinand et Hugues de Pierrepont dans une même alliance contre le duc de Brabant avaient été confirmés à plusieurs reprises. Les hommes d'armes flamands s'étaient même avancés jusqu'à Bruxelles, au moment où la seconde invasion de Philippe-Auguste vint les rappeler à la défense de leurs foyers. Henri de Brabant, n'ayant plus rien à craindre de Ferdinand, avait jugé les circonstances favorables pour se venger des Liégeois. Il parut inopinément avec toutes ses forces dans les plaines de la Hesbaye, «voulant, dit un historien, prendre part aux vendanges et piller une seconde fois la cité de Liége.» Hugues de Pierrepont dormait lorsque le comte de Looz vint le réveiller en lui exposant le péril qui le menaçait. Tous les barons alliés de l'évêque s'armèrent; Huy et Dinant envoyèrent leurs habitants au secours des Liégeois, et peu de jours après, le 13 octobre 1213, les cloches de toutes les vallées de la Meuse retentirent pour annoncer le triomphe de saint Lambert à la journée de Steppes.

C'était dans cette situation que le duc de Brabant, prêt à être chassé de ses Etats par les Liégeois, implorait la médiation de Ferdinand. Il voulait, disait-il, consentir à toutes les demandes qu'on lui avait adressées et remettre ses deux fils comme otages au comte de Flandre. Accueilli d'abord avec mépris, il fut plus heureux dans ses démarches lorsqu'il offrit de renoncer à l'amitié du roi de France. Les comtes de Flandre et de Boulogne traversèrent le champ de bataille de Steppes, jonché de cadavres, pour porter ses propositions aux vainqueurs; ils obtinrent qu'il lui fût permis d'aller s'agenouiller au pied du tombeau de saint Lambert, et là l'évêque de Liége et le comte de Looz lui donnèrent le baiser de paix.

Une vaste confédération s'organisait contre le roi de France. L'empereur Othon de Saxe, neveu de Jean sans Terre, devait sa couronne à l'appui de l'Angleterre et de la Flandre. Il promit au comte de Salisbury, qui s'était rendu aux bords du Rhin, le concours de toutes les armées impériales; peu après, il reçut l'hommage du duc de Brabant qui épousa sa fille.

Vers le nord, le roi d'Angleterre comptait d'autres alliés. Le comte de Hollande était devenu son feudataire en recevant une pension annuelle de quatre cents marcs d'argent. Ferdinand renouvelait les anciens traités de la Flandre et du Danemark que devait confirmer le mariage de l'une de ses sœurs avec le roi Waldemar. Vers la même époque, il se réconciliait avec Bouchard d'Avesnes, et le 3 avril 1214, six chevaliers furent désignés comme arbitres pour régler les prétentions héréditaires de Marguerite.

Les ennemis les plus dangereux de Philippe-Auguste étaient ceux qui habitaient la France; ils le haïssaient et travaillaient secrètement à renverser son autorité. «Contre le roi, dit un historien, conspiraient le comte Hervée de Nevers et tous les grands du Maine, de l'Anjou, de la Neustrie et des pays situés au delà de la Loire; mais ils cachaient leurs desseins par crainte du roi, voulant connaître d'abord quel serait le résultat de la guerre.»

Dès les fêtes de Pâques 1214, les comtes de Flandre et de Boulogne se hâtèrent de prendre les armes; ils voulaient achever l'expédition que les querelles des Liégeois et du duc de Brabant avaient interrompue l'année précédente. Ils envahirent les Etats du comte Arnould, qui se réfugia à Saint-Omer, conquirent le château de Guines et brûlèrent le bourg de Sandgate. Ardres se racheta. De là ils se dirigèrent vers l'Artois, pillèrent Hesdin, et mirent le siége devant Lens et devant Aire; mais l'arrivée d'une armée française mit un terme à leurs assauts.

L'empereur avait déjà traversé la Meuse avec une armée considérable: il continuait sa marche vers Nivelles, où devaient s'assembler tous les chefs de la ligue anglo-teutonique. Là se trouvèrent réunis, le 12 juillet, l'empereur Othon de Saxe, les ducs de Brabant et de Limbourg, les comtes de Flandre, de Hollande, de Namur, de Boulogne et de Salisbury.

Lorsqu'ils se rendirent ensemble à Valenciennes, deux cent mille hommes marchaient à leur suite, rangés sous quinze cents bannières. «Il y aura une bataille, avaient déclaré les devins consultés par la reine Mathilde; le roi y sera renversé et foulé aux pieds des chevaux; personne ne lui élèvera de tombeau; Ferdinand entrera triomphalement à Paris.» Cette prophétie flattait l'orgueil des princes confédérés: ils oubliaient que tout oracle a son interprétation mystérieuse. Egarés par leurs espérances, ils croyaient pouvoir se partager d'avance les territoires dont rien encore ne leur assurait la conquête. Renaud de Boulogne s'attribuait Péronne et le Vermandois; Ferdinand obtenait la cité de Paris et les riches provinces qui s'étendent depuis l'Escaut jusqu'à la Seine; Hugues de Boves recevait la seigneurie de Beauvais. Il n'y avait point de chevalier qui ne réclamât quelque comté ou quelque ville. L'ambition des barons luttait seule contre l'ambition du roi. A ses tendances vers l'autorité absolue, ils n'opposaient que les regrets que leur inspirait l'anarchie désormais condamnée de la période féodale. La Flandre, patrie des communes, ne représentait rien dans leur camp. Elle n'eût point profité de leurs victoires: elle fut la victime de leurs revers.

Philippe-Auguste comprit admirablement la faute de ses adversaires; et puisqu'ils semblaient ne point tenir compte de l'élément communal, il n'hésita point à s'en faire une arme redoutable, en demandant aux bourgeoisies des villes françaises leurs vaillantes et patriotiques milices.

L'armée du roi de France s'est avancée jusqu'à Tournay, quand on apprend que les troupes allemandes de l'empereur se dirigent vers Mortagne. Philippe-Auguste ordonne aussitôt un mouvement rétrograde, et sa prudence encourage la témérité de ses ennemis. «Philippe fuit!» s'est écrié Hugues de Boves; et, à son exemple, une foule de chevaliers se précipitent à travers les marais et les bois de saules, afin d'atteindre l'armée de Philippe-Auguste avant qu'elle parvienne au pont de Bouvines. Il est trop tard. Déjà la plus grande partie des Français a traversé le ruisseau qui descend du plateau de Cysoing et coule vers l'abbaye de Marquette. Le roi, fatigué d'une longue marche par l'une des journées les plus brûlantes du mois de juillet, s'est arrêté près de la chapelle de Saint-Pierre et se repose à l'ombre d'un frêne. Tout à coup, on lui annonce que les Allemands attaquent les barons qui se trouvent en arrière, et que le vicomte de Melun cherche en vain à leur résister. A cette nouvelle, Philippe s'élance à cheval: de toutes parts, on entend s'élever le cri: «Aux armes! aux armes!» Les trompettes retentissent en même temps que les clercs entonnent les psaumes de David: les troupes qui avaient déjà passé le pont reviennent précipitamment et se préparent à combattre. Un profond silence succède à ce tumulte: il semble que, sous toutes les bannières, on attende avec une religieuse émotion le signal de la lutte à laquelle s'attachent de si grandes destinées.

Les deux armées, peu éloignées l'une de l'autre, s'étendaient sur une seule ligne. Philippe s'était placé vers l'ouest, tandis qu'Othon quittait le chemin de Bouvines en se dirigeant à l'est vers une colline où les rayons du soleil frappaient directement ses hommes d'armes. Au milieu des bataillons de l'empereur planait, au haut d'un char, un énorme dragon qui portait une aigle d'or. Dans l'armée de Philippe, les plus braves chevaliers se pressaient autour de l'oriflamme parsemée de fleurs de lis qui se déroulait légèrement dans les airs. Plus loin, aux extrémités des deux armées, se trouvaient, d'une part, le comte de Dreux, de l'autre, le comte de Boulogne avec le comte de Salisbury et les Anglais. A l'aile droite, le roi de France opposait les Champenois et les Bourguignons aux milices du comte Ferdinand placées vis-à-vis d'eux. Ce fut là que s'engagea la bataille.

Cent cinquante sergents soissonnais se sont avancés afin d'exciter les chevaliers de Flandre à rompre leurs rangs: mais ceux-ci les laissent s'approcher, jugeant indigne de leur courage de combattre des adversaires aussi obscurs; pendant quelque temps, ils supportent patiemment leurs insultes, et ils semblent résolus à les mépriser, lorsque Eustache de Maskelines, égaré par son ardeur belliqueuse, s'élance dans la plaine pour défier les chevaliers champenois. «Chacun souviengne hui de samie!» s'écrie Buridan de Furnes, qui le suit avec Gauthier de Ghistelles, Baudouin de Praet, les sires de Béthune, d'Haveskerke et d'autres illustres chevaliers. Déjà le comte de Beaumont, Hugues de Malaunoy, Gauthier de Châtillon, Matthieu de Montmorency, se portent en avant pour les arrêter. La mêlée devient sanglante et confuse. Eustache de Maskelines périt le premier. Hugues de Malaunoy emmène Gauthier de Ghistelles captif. Au même moment, le duc de Bourgogne se précipite vers Arnould d'Audenarde, perd son cheval, se relève et continue à combattre. Cependant Baudouin de Praet renverse plusieurs chevaliers, et l'un des bannerets transfuges de Hainaut vient de tomber atteint d'un coup de lance, lorsque le comte de Saint-Pol, remarquant le péril des Français, leur amène de puissants renforts.

Les hommes des communes de Flandre cherchent en vain à prendre part au sanglant duel de ces chevaliers aux pesantes armures, qui se heurtent les uns les autres sur leurs coursiers caparaçonnés de fer. Dispersés et rejetés en désordre, ils se voient réduits à reculer; et bientôt après, les chevaliers de Flandre, moins nombreux que ceux de France, partagent les mêmes revers. Le comte Ferdinand, couvert de blessures et épuisé par la fatigue d'une longue résistance, a remis son épée à Hugues de Moreuil: un cri de victoire retentit sous les bannières françaises.

Philippe-Auguste crut que, les Flamands détruits, toute l'armée ennemie était vaincue: il appela les milices communales d'Arras, de Compiègne, de Corbie, d'Amiens et de Beauvais, et les fit marcher devant lui vers les feudataires d'Othon; il n'avait point prévu que les chevaliers allemands, non moins redoutables par leur gigantesque stature que par leur valeur, s'ouvriraient aisément un passage à travers quelques milliers de bourgeois mal armés: tous se précipitent vers l'étendard fleurdelisé qui leur annonce la présence du roi; ils pénètrent jusqu'à lui, le fer de leurs lances perce sa cotte de mailles et ensanglante son visage: déjà le roi de France est tombé au milieu des cadavres qui couvrent la plaine, mais Pierre Tristan lui donne son cheval; les Français se rallient et repoussent les Allemands avec tant d'impétuosité que, sans le dévouement d'Hellin de Wavrin et de Bernard d'Oostmar, Pierre Mauvoisin et Gérard la Truie eussent enlevé l'empereur d'Allemagne.

A l'aile gauche, le combat restait plus douteux. Le comte de Boulogne avait dispersé les hommes d'armes du comte de Dreux; mais le comte de Salisbury était le prisonnier de Jean de Nesle. En ce moment, on aperçut au centre de la plaine les Allemands qui fuyaient, suivis des hommes d'armes du Brabant et du Limbourg; la même terreur se répandit de toutes parts. Renaud de Dammartin était le seul qui ne se laissât point ébranler. Il réunissait autour de lui les débris des milices flamandes qui eussent pu, quelques heures plus tôt, lui assurer la victoire, et les plaçait en ordre de bataille, tous les combattants serrés les uns contre les autres, afin qu'ils présentassent aux chevaliers français un inaccessible rempart. Parfois, il s'élançait de leurs rangs pour chercher quelque illustre adversaire; parfois, il y rentrait pour les exhorter à se bien défendre. Cette petite troupe d'hommes de commune résistait à tous les efforts de la chevalerie française; il fallut que le roi ordonnât à trois mille sergents de les exterminer en les frappant de loin avec leurs lances. Le comte de Boulogne restait presque seul. «Il semblait, dit Guillaume le Breton, qu'il dût triompher de toute une armée.» Suivi de cinq compagnons d'armes, il reparut au milieu des Français, et arriva jusqu'à Philippe-Auguste; mais, au moment de frapper son seigneur suzerain, il hésita et poursuivit sa course vers le comte de Dreux. Il continuait à semer la mort autour de lui, lorsqu'il sentit s'affaisser son coursier percé d'un coup de poignard. Arnould d'Audenarde et quelques chevaliers flamands qui accouraient à son secours partagèrent sa captivité; le même destin les associa à sa gloire et à ses malheurs.

Le soir même de la bataille, le comte de Boulogne fit parvenir à l'empereur Othon un message par lequel il l'engageait à recommencer immédiatement la guerre avec le secours des communes flamandes; il avait compris trop tard que la féodalité, réduite à ses propres forces, était désormais impuissante.

Le roi de France rentra triomphalement dans ses Etats; partout où passait son armée victorieuse, les bourgeois et les laboureurs accouraient pour voir dans les fers ce fameux comte de Flandre, dont naguère encore ils redoutaient les armes. La prison qui le reçut était une tour que Philippe-Auguste venait de faire construire hors de l'enceinte de la ville de Paris; on la nommait la tour du Louvre.

Beaucoup de chevaliers flamands portèrent les mêmes chaînes. «A la journée de Bouvines, dit une ancienne chronique, les deux tiers des châtelains et des autres hommes illustres, tant de Flandre que de Hainaut, furent faits prisonniers.» La plupart avaient remis leur épée à de pauvres bourgeois qu'ils étaient accoutumés à mépriser, et qu'ils rencontraient pour la première fois sur un champ de bataille. La milice d'Amiens, où l'on distinguait les confréries des bouchers, des poissonniers et des gantiers, rangés sous la bannière de saint Martin, amena à Paris dix chevaliers captifs; celle de Corbie en conduisit neuf; celle de Compiègne, cinq; celle d'Hesdin, six; celle de Montdidier, autant que celle d'Hesdin. Parmi les prisonniers dont s'enorgueillissaient les communes de Soissons, de Crespy, de Roye, de Beauvais, de Montreuil, de Noyon, de Craonne, de Vézelay et de Bruyère, se trouvaient les sires de Quiévraing, de Maldeghem, de Borssele, de Wavre, de Grimberghe, de la Hamaide, de Praet, d'Avelin, de Lens, de Condé, de Créquy, de Bailleul, de Gavre, de Ligne, de Lampernesse. Le roi des ribauds intervint dans cette remise solennelle des prisonniers, et il obtint, dit Guillaume le Breton, un noble chevalier nommé Roger de Waffaille.

Peu de semaines après la bataille de Bouvines, une femme, vêtue d'habits de deuil, se précipitait aux pieds du roi de France: c'était la comtesse de Flandre qui venait implorer la délivrance de Ferdinand. Les députés des villes de Flandre et de Hainaut l'accompagnaient et se soumirent avec elle aux ordres de Philippe-Auguste. Dans ces tristes circonstances fut conclu le traité du 24 octobre 1214.

«Moi, Jeanne, comtesse de Flandre et de Hainaut, je fais savoir à tous ceux qui verront ces présentes lettres que j'ai promis à Philippe, illustre roi de France, de lui livrer le fils du duc de Louvain, à Péronne, le jeudi avant les fêtes de la Toussaint. Je ferai détruire les forteresses de Valenciennes, d'Ypres, d'Audenarde et de Cassel, selon la volonté du roi, et elles ne seront reconstruites que de son bon plaisir: quant aux autres forteresses de Flandre, elles resteront dans leur état actuel, et il ne pourra également point en être construit de nouvelles, sans l'assentiment du roi.

«Lorsque tous ces engagements auront été exécutés, le roi disposera, selon son bon plaisir, de monseigneur Ferdinand, comte de Flandre et de Hainaut, et de tous mes hommes de Flandre et de Hainaut, dont il règlera les rançons comme il lui plaira.»

Ce fut vers cette époque qu'il fut permis aux chevaliers détenus dans les prisons du roi de France de les quitter en payant de fortes rançons. Celle de Baudouin de Praet fut de cinq cents livres; celle de Gauthier de Ghistelles, de neuf cents livres: mais il n'y en eut point de plus élevées que celles du sire de Gavre et du vaillant Hellin de Wavrin. La première monta à près de trois mille livres; la seconde dépassa six mille livres, et fut garantie par les sires de Dampierre, de Montmirail, de Miraumont et d'autres nobles barons.

Ferdinand seul ne recouvra point la liberté. Le roi craignait qu'il n'en profitât pour se venger, et préférait la faiblesse de Jeanne: les conseillers qu'il lui avait donnés étaient les châtelains de Gand et de Bruges; Michel de Harnes disposait de la charge importante de connétable. Dès ce moment, Philippe-Auguste considéra la Flandre comme l'une des provinces soumises à son autorité immédiate. Il força l'abbé des Dunes à lui remettre six cents livres sterling que le comte de Boulogne avait laissées en dépôt dans son monastère; en même temps, il priait l'empereur d'Allemagne Frédéric II de rendre à Jeanne les îles de la Zélande et les pays d'Alost et de Waes, dont le rival d'Othon s'était naguère emparé. «La comtesse de Flandre, dit une chronique liégeoise, habita désormais dans sa terre à la volonté du roi.»

Hugues de Boves, plus heureux que Renaud de Dammartin, s'était retiré en Angleterre: des nobles de Flandre, qui redoutaient le ressentiment de

Philippe-Auguste, suivirent son exemple. Ils allaient offrir le secours de leur épée au roi Jean, menacé par la grande ligue qu'avaient formée les barons et les députés des communes réunis au pied de l'autel de saint Edmond, protecteur des races anglo-saxonnes.

Parmi ces exilés se trouvait un chevalier de la naissance la plus illustre, Robert de Béthune. Son père était ce sire de Béthune auquel Philippe d'Alsace avait voulu faire épouser la reine Sibylle de Jérusalem. Sa fille devait être comtesse de Flandre. Ce fut en vain que Robert de Béthune parvint, par son courage, à reconquérir Exeter: Jean sans Terre, réduit à céder, se rendit, le 19 juin 1215, dans le pré de Runingsmead, près de Windsor: là fut proclamée la grande charte des libertés anglaises.

A la grande charte était jointe (Matthieu Paris l'affirme) la charte des forêts, dont un article était ainsi conçu:

«Nous éloignerons de notre pays tous les étrangers, savoir: Engelhard d'Athis; André, Pierre et Gui de Sanzelle; Gui de Gysoing et tous les Flamands qui travaillent à la ruine de notre royaume.»

Quoi qu'en aient dit plusieurs historiens, Jean sans Terre se montra, pendant quelques jours, fidèle à ses serments. Non-seulement il repoussa les représentations des chevaliers flamands qui se montraient fort mécontents «de la vilaine pais» que le roi avait faite, mais on le vit aussi les renvoyer en Flandre sans récompenser leur zèle. Jean sans Terre devait trouver dans l'isolement auquel il se condamnait un nouveau degré d'humiliation. Pendant quelque temps, l'on remarqua que ses traits étaient devenus plus sombres, et il passait successivement de la douleur la plus profonde à l'irritation la plus violente. Enfin une nuit il s'enfuit du château de Windsor et galopa jusqu'au port de Southampton, où un chevalier flamand, nommé messire Baudouin d'Haveskerke, se trouvait encore. Le roi lui remit des lettres pour Robert de Béthune, et le sire d'Haveskerke se hâta de les emporter outre-mer, cachées dans un petit baril qui renfermait des lamproies.

Dans ces lettres, Jean sans Terre appelait Robert de Béthune son cher ami, et le suppliait d'oublier ses torts et de sauver sa couronne. «Quant Robiert de Béthune, ajoute le vieux chroniqueur, ot les lettres oïes, moult en eut grant pitié; il ne prist pas garde au mesfait le roi, ains se pena quanques il pot de querre gent et d'avancier le besogne le roi à son pooir.» L'impatience de Jean sans Terre était extrême, car il n'osait plus poser le pied sur le sol de l'Angleterre, de peur de tomber au pouvoir des barons. Pendant trois mois, il erra lentement avec sa flotte de l'île de Wight à Pevensey, de Pevensey à Folkestone, de Folkestone à Douvres, s'attachant les marins par ses largesses et octroyant aux *cinque ports* des priviléges qu'ils ont conservés jusqu'à nos jours. Au nord de la Tamise, on croyait le roi mort; au sud du fleuve, on répandait le bruit qu'il avait renoncé à la tâche d'oppresseur de son royaume pour vivre sur les mers en chef de pirates.

Un des plus intrépides combattants de Bouvines, Hugues de Boves, appelé au conseil de Jean sans Terre, avait été chargé d'aller recruter des hommes d'armes en Flandre et en Brabant; mais il s'était arrêté près du port de l'Ecluse, parce qu'il n'osait pas entrer en Flandre de peur de tomber au pouvoir du roi de France. Du haut de ses navires à l'ancre dans la baie fameuse qu'ensanglanta depuis la victoire d'Edouard III, il promettait de l'or et des châteaux à tous ceux qui traverseraient la mer avec lui avant les fêtes de la Saint-Michel. N'avait-on pas vu, sous le roi Etienne, les compagnons de Guillaume d'Ypres dominer toute l'Angleterre par la victoire de Stoolebridge?

L'appel du sire de Boves retentit jusqu'aux bords de la Meuse. Gauthier Berthout lui amena beaucoup de chevaliers du Brabant; Gauthier de Sotteghem, un plus grand nombre de chevaliers de Flandre. Des vieillards, des femmes et des enfants accompagnaient les hommes d'armes, et l'on voyait de toutes parts des familles qui fuyaient le joug de Philippe-Auguste se diriger vers l'Ecluse pour prendre part à l'émigration. Enfin, le jeudi 24 septembre 1215, toute la flotte mit à la voile sous les ordres de Hugues de Boves, à qui le roi Jean avait promis, pour prix de ce service signalé, les comtés de Norfolk et de Suffolk.

Cependant le lendemain une effroyable tempête se leva dans le ciel. La nuit arriva, et les lueurs sinistres des éclairs, qui déchiraient les nuées obscures chargées de torrents de pluie, accrurent l'horreur du péril. Les flots furieux de l'Océan semblaient tour à tour dresser, comme une barrière, leurs crêtes blanchissantes ou entr'ouvrir leurs abîmes, comme s'ils eussent voulu protéger les rivages de l'Angleterre. Tous les vaisseaux du sire de Boves vinrent se briser sur les sables de Cnebingsesand, entre Dunwich et Yarmouth. «Telle fut, dit Matthieu Paris, la multitude des cadavres que l'air en fut infecté. On trouva même un grand nombre d'enfants noyés dans leurs berceaux: triste et douloureux spectacle... Tous devinrent également la proie des monstres de la mer et des oiseaux du ciel. Ils étaient quarante mille, et personne n'a survécu... Le roi Jean n'était-il pas la cause de leur malheur? Ne leur avait-il pas promis qu'après avoir détruit toute la population qui couvre le sol de l'Angleterre, ils pourraient le posséder à jamais?»

Si Hugues de Boves périt avec la plupart de ses compagnons, il y en eut toutefois quelques-uns qui parvinrent à gagner le rivage, où ils s'établirent les armes à la main. D'autres chevaliers de Flandre, qui s'étaient embarqués à Calais avec Robert de Béthune, abordèrent heureusement en Angleterre, et ce secours inespéré permit au roi Jean de rallier autour de lui les débris du grand armement de Hugues de Boves. Robert de Béthune fut créé d'abord connétable de l'armée, puis comte de Clare. Malheureusement les noms des chevaliers flamands qui le secondaient sont pour la plupart restés inconnus, et les documents de cette époque se bornent à en mentionner un petit nombre, parmi lesquels on remarque Baudouin d'Aire, Bernard d'Avesnes, Everard de Mortagne, Gérard et Thierri de Sotteghem, Engelhard d'Athies, André de Sanzelle, Jean de Cysoing, Baudouin d'Haveskerke, Baudouin de Commines, Raoul de Rodes, Philippe de Boulers, Guillaume Vander Haeghe, Othon de Winghen, Thomas de Bavelinghem et le bâtard de Peteghem.

La terreur que répandait devant elle l'armée flamande conduite par Robert de Béthune doublait sa force, et il n'était point de succès qui ne parussent promis à sa belliqueuse ardeur. Rochester, Tunbridge, Clare, Beauvoir, Pontefract, Warwick, Durham, tombèrent tour à tour au pouvoir des Flamands, et le roi Jean, faisant allusion aux cheveux roux d'Alexandre II, roi d'Ecosse, qui avait pénétré jusqu'à New-Castle, put se vanter d'avoir fait rentrer le renard dans sa tanière. La Tweed même fut franchie! Berwick et Dumbar ouvrirent leurs portes, et l'armée flamande, arrivée près d'Edimbourg, ne se retira qu'après avoir laissé comme chef supérieur, dans tout le pays voisin des frontières d'Ecosse, un chevalier nommé Hugues de Bailleul.

A leur retour, les Flamands s'emparèrent de Framlingham, de Glocester, d'Ingheham; puis, dirigeant vers Londres leur marche victorieuse que rien n'arrêtait plus, ils s'avancèrent jusqu'à l'abbaye de Waltham, où Harold avait reçu la sépulture après la bataille d'Hastings.

«Malheureuse Angleterre, s'écriaient les barons assemblés à Londres, tu étais naguère la reine des nations et voici que tu es devenue tributaire. Ce n'est pas assez que tu sois abandonnée au fer, à la flamme et à la famine: tu subis le joug de quelques vils étrangers... Loin d'imiter les rois qui combattirent jusqu'à la mort pour la délivrance de leur pays, tu as préféré, ô roi Jean, toi dont le nom sera flétri par la postérité, qu'une terre dont la liberté est si ancienne devienne esclave. Tu l'as chargée de fers pour qu'elle les porte à jamais; tu l'as soumise au pacte d'une éternelle servitude.»

Les barons ne possédaient plus que deux châteaux hors de Londres, et bientôt entraînés par la nécessité à oublier la base nationale de leur fédération, ils pensèrent que leur unique ressource contre les étrangers qui les menaçaient était d'appeler d'autres étrangers en Angleterre. Leurs députés offrirent la couronne à Louis de France, fils de Philippe-Auguste, et ce fut alors, selon la chronique de Reims, que Blanche de Castille adressa au monarque français ces paroles mémorables: «Par la benoite mère Dieu, j'ai biaus enfans de mon signeur, je les meterai en gage et bien trouverai qui me prestera sour aus!» Pour que Blanche de Castille eût pu songer à mettre en gage ses beaux enfants dont l'un fut saint Louis, il eût fallu que Philippe-Auguste fût resté étranger aux projets ambitieux de son fils, et il est difficile de le croire quand on trouve sur les huit cents nefs réunies à Calais douze cents chevaliers, presque tous déjà fameux par leurs exploits à Bouvines. Je citerai les comtes de Nevers, de Guines et de Roussy, les vicomtes de Touraine et de Melun, Enguerrand et Thomas de Coucy, Guichard de Beaujeu, Etienne de Sancerre, Robert de Dreux, Robert de Courtenay, Jean de Montmirail, Hugues de Miraumont, Michel de Harnes, connétable de Flandre, envoyé par la comtesse Jeanne au camp français, et un peu au-dessous de ces nobles barons, Ours le chambellan, Gérard la Truie, Guillaume Acroce-Meure, Adam Broste-Singe et Guillaume Piés-de-Rat, tous deux maréchaux de l'armée, héros dont les noms sembleraient indignes des honneurs de l'épopée historique, s'ils ne figuraient dans *la Philippide* de Guillaume le Breton.

La mer n'avait pas cessé d'être contraire aux desseins du roi Jean; cette fois, le vent dispersa sa flotte, qui ne put s'opposer au débarquement des Français au promontoire de Thanet. En vain alla-t-il à Canterbury arroser de ses larmes le tombeau de saint Thomas Becket, que son père avait fait mettre à mort au pied de l'autel; en vain fit-il sonner ses trompettes sur la plage déserte de Sandwich. La fortune, toujours empressée à le trahir, s'éloignait à jamais de lui. Il se vit réduit à se retirer à Winchester, en laissant aux Flamands le soin de l'arrière-garde.

La résistance ne se prolongea en Angleterre que sur deux points. Des garnisons flamandes occupaient encore Douvres et Windsor. La première avait pour chef Gérard de Sotteghem; la seconde obéissait à Engelhard d'Athies et à André de Sanzelle. A Windsor, les assiégés détruisirent les machines de guerre réunies par les Français. A Douvres, leur grand pierrier, qu'on nommait *la Malveisine*, ne leur fut pas plus utile. Guichard de Beaujeu périt à ce siége, et malgré tous les efforts de Louis de France, qu'avaient rejoint le roi d'Ecosse et le comte de Bretagne, Gérard de Sotteghem maintint longtemps sa bannière d'azur au lion d'or couronné de gueules sur les tours du vieux manoir de Guillaume le Conquérant.

Les amis du roi Jean s'étaient dispersés: la plupart subirent la loi des vainqueurs. Il y en eut toutefois quelques-uns qui retournèrent en Flandre et essayèrent d'y ranimer la guerre. Bouchard d'Avesnes ne cessait de réclamer la part héréditaire à laquelle avait droit Marguerite. Des conférences avaient eu lieu à diverses reprises, mais elles n'avaient produit aucun résultat. On se rappelait qu'il avait combattu avec Ferdinand à Bouvines, et Jeanne, docile aux volontés des conseillers qui lui avaient été donnés, ne pouvait que le traiter en ennemi.

Telle était la situation des choses, lorsque tout à coup des rumeurs dont la source était inconnue se répandirent dans le concile œcuménique de Latran. Elles accusaient Bouchard d'Avesnes d'avoir contracté un hymen sacrilége, et bien que depuis vingt-cinq années il eût porté l'écu de chevalier et pris part aux batailles et aux tournois, elles racontaient que, fort jeune encore, il avait été ordonné sous-diacre à Orléans, puis créé successivement chanoine de Laon et trésorier de Tournay. Bientôt après, le 19 janvier 1215 (v. st.), le pape Innocent III adressa à l'archevêque de Reims et à ses suffragants la bulle suivante: «Nous avons appris par quel forfait exécrable Bouchard d'Avesnes, jadis chantre de Laon et engagé dans l'ordre du sous-diaconat, n'a pas craint de conduire perfidement Marguerite, sœur de la comtesse de Flandre, dans l'un des châteaux confiés à sa foi et de l'y retenir, alléguant qu'il s'est uni à elle par les liens du mariage. Le témoignage de plusieurs prélats et d'autres hommes probes qui se sont rendus au concile nous a convaincu que Bouchard est sous-diacre et a été chanoine de Laon. Nous vous ordonnons donc de proclamer l'excommunication de l'apostat Bouchard, chaque dimanche, au son des cloches et à la lueur des cierges, jusqu'à ce qu'il ait rendu la liberté à Marguerite et soit humblement revenu à ce qu'exigent de lui les devoirs de son ministère ecclésiastique...»

Les légats et les évêques désignés par le pape s'acheminèrent immédiatement vers le château du Quesnoy. Deux mille personnes, nobles et hommes du peuple, les suivaient, agités par une anxiété profonde: ils croyaient trouver une captive gémissant au fond d'une prison, mais les portes du château étaient ouvertes pour les recevoir; Marguerite, qui n'avait que quinze ans, les accueillit en souriant comme si aucun nuage n'eût encore glissé sur son jeune front. «Sachez, leur dit-elle, que Bouchard est mon époux légitime et que, tant que je vivrai, je n'en aurai point d'autre.» Et elle ajouta: «Il vaut beaucoup mieux et est plus brave chevalier que celui de ma sœur.» La sentence d'excommunication ne s'exécuta point. Bouchard avait confié aux évêques un acte d'appel au pape; mais Innocent III n'eut point à le juger: il mourut le 16 juillet.

La protestation de Marguerite ne devait émouvoir que les conseillers de Jeanne. Ils y virent à la fois un outrage et un défi, et par leur ordre des hommes d'armes envahirent les domaines du sire d'Avesnes, qui leur opposa ses vassaux. Des hostilités dont nous ignorons les détails se prolongèrent pendant deux années. Enfin le pape Honorius III confirma, par une bulle du 17 juillet 1217, celle de son prédécesseur dirigée contre le sire d'Avesnes. Il y blâmait sévèrement son obstination, et y rappelait et ses réclamations persévérantes et les efforts que faisait la comtesse de Flandre pour que sa sœur lui fût remise. Soit que cette nouvelle sentence d'anathème eût jeté l'effroi parmi les amis de Bouchard, soit que l'intervention de Philippe-Auguste rendît toute lutte impossible, Jeanne triompha et fit enlever du château d'Estrœungt l'infortuné sire d'Avesnes. On raconte qu'il fut longtemps captif à Gand, et peut-être n'eût-il jamais recouvré la liberté, si le parti de Marguerite n'eût eu également en son pouvoir un illustre chevalier, Robert de Courtenay, arrière-petit-fils du roi de France Louis VI et héritier de l'empire de Constantinople. Un échange eut lieu: Bouchard renonça sans doute à toutes ses prétentions, et il est certain qu'il désigna de nombreux otages, parmi lesquels figuraient Arnould d'Audenarde, Thierri de la Hamaide, Everard de Mortagne et Sohier d'Enghien.

Bouchard d'Avesnes se retira aux bords de la Meuse, au château d'Houffalize. Ce fut là que Marguerite donna le jour à ses deux fils Jean et Baudouin. Leur naissance, loin de désarmer la colère des conseillers de Jeanne, ne fit que l'accroître: ils craignaient que l'héritage du comté de Flandre ne passât un jour à ces enfants élevés au milieu des persécutions qui accablaient leur père. Philippe-Auguste comprit de plus en plus, comme le dit la chronique de Tours, qu'il fallait rompre par la violence ce mariage sur lequel reposaient leurs droits et leur légitimité, et il provoqua une troisième sentence pontificale dirigée non-seulement contre Bouchard d'Avesnes, mais aussi contre Gui, son frère, et Thierri d'Houffalize, son ami, qui tour à tour lui avaient accordé un asile. Bouchard n'hésita plus; il se sépara de Marguerite et se rendit à Rome pour se justifier auprès du pape.

En ce moment, Honorius III appelait l'Europe chrétienne à tenter un nouvel effort pour délivrer la terre sainte et l'Egypte. Des croisés flamands et frisons avaient pris les armes à sa voix, et après s'être arrêtés en Espagne où ils s'étaient emparés d'Alcazar et de Cadix en dispersant dans une grande bataille l'armée des rois sarrasins de l'Andalousie, ils venaient de prendre une part glorieuse à la conquête de Damiette. Quelques historiens assurent que le pape ordonna à Bouchard un pèlerinage en Orient, où il avait été précédé par son frère Gauthier d'Avesnes, l'un des héros de la sixième croisade.

Lorsque Philippe-Auguste excitait la comtesse de Flandre à accuser Bouchard d'Avesnes au tribunal d'Honorius III, il lui faisait espérer qu'elle pourrait, au prix du malheur de sa sœur, voir cesser son propre veuvage. Un traité qui n'est point parvenu jusqu'à nous avait été conclu pour déterminer les conditions de la délivrance du comte de Flandre. Philippe-Auguste avait même exigé que Ferdinand requît humblement le pape de lui adresser une bulle qui le soumettait, lui et ses successeurs, perpétuellement et sans appel, dans le cas où les rois de France auraient à se plaindre de quelque grief qui ne serait point amendé dans un délai de quarante jours, à une sentence générale d'interdit, que prononceraient l'archevêque de Reims et l'évêque de Senlis, et qui ne pourrait être levée que lorsqu'un jugement de la cour des pairs aurait reconnu que les griefs imputés à la Flandre n'existaient plus. Philippe-Auguste avait imposé autrefois les mêmes conditions à Baudouin de Constantinople.

Quant à la rançon de Ferdinand, nous ignorons comment elle fut réglée, mais il n'est pas douteux que le roi de France n'ait réclamé une somme considérable; Jeanne ne négligea aucun moyen pour pouvoir la payer. En 1220 et en 1221, elle s'adressa successivement aux plus riches chapitres de ses

Etats, c'est-à-dire à ceux de Saint-Donat de Bruges, de Saint-Bavon de Grand, de Saint-Pierre de Lille, de Saint-Vaast d'Arras, en implorant leur générosité; puis elle eut recours à des usuriers: «Moi, Jeanne, comtesse de Flandre et de Hainaut, je fais savoir à tous ceux qui verront ces présentes lettres qu'afin de payer la rançon de mon époux Ferdinand, comte de Flandre et de Hainaut, détenu dans les prisons du roi de France, j'ai reçu de plusieurs marchands siennois, romains et autres, les sommes suivantes, savoir: de Cortebragne et de ses associés, onze mille quarante livres, pour lesquelles je leur payerai treize mille livres; d'Hubert de Châteauneuf trois mille quarante-huit livres, pour lesquelles je lui payerai quatre mille livres; de Jean le Juif, trois mille livres, pour lesquelles je lui rendrai trois mille cinq cent trente-six livres et cinq sous.» Ce n'était point assez que Jeanne, en se constituant la débitrice de quelques usuriers italiens, leur eût reconnu, à défaut de payement régulier, le droit de saisir les biens des marchands flamands aux foires tenues dans les domaines du comte de Champagne, elle se trouva également réduite à recourir dans la cité d'Arras, célèbre par ses usuriers, aux argentiers les plus décriés: aux noms de Cortebragne et de Jean le Juif viennent se joindre le nom de Baudouin Crespin, dont la postérité ne s'éteindra point, et cet autre nom si énergique de Richardus Incisor, qui nous rappelle le Shylock de Shakspeare.

Lorsque la comtesse de Flandre eut réussi au prix de tant d'humiliations à réunir les sommes qu'elle croyait nécessaires pour payer la rançon de Ferdinand, les évêques de Cambray, de Tournay et de Térouane se rendirent près du roi de France, pour les lui offrir en son nom. Philippe-Auguste ne voulut point les écouter: il avait pu encourager les espérances de Jeanne, mais il n'entrait point dans les desseins de sa politique de les exaucer, et peu de mois après, le 14 juillet 1223, prêt à rendre le dernier soupir, il conseillait encore à son fils de ne jamais délivrer ni le comte de Flandre, ni Renaud de Boulogne, mais de les laisser mourir dans leurs prisons.

Louis VIII marcha sur les traces de Philippe-Auguste. En même temps qu'il préparait une autre croisade contre les Albigeois, il se montrait hostile à la Flandre. Ce fut en vain que le pape Honorius le supplia de se montrer généreux vis-à-vis de Ferdinand et que les cardinaux joignirent leurs instances à celles du pape: il avait, disait-on, juré, comme son père, de ne jamais lui rendre la liberté.

Si Louis VIII restait inflexible, il semblait toutefois qu'au commencement d'un nouveau règne sa puissance dût être moins redoutable. Jeanne, moins docile aux avis des conseillers qui lui avaient été donnés, osa rompre ouvertement avec Jean de Nesle l'un d'eux, et lorsque le châtelain de Bruges vint lui demander justice, elle chargea un de ses chevaliers de lui répondre en lui proposant un duel en champs clos; mais Jean de Nesle préféra réclamer l'intervention du roi de France: ce fut l'origine de l'un des plus célèbres procès du moyen-âge.

Louis VIII avait désigné deux chevaliers pour qu'ils citassent la comtesse de Flandre à comparaître devant la cour des pairs, pour y voir juger ses contestations avec le châtelain de Bruges. Jeanne nia que la sommation fût valable, attendu que la pairie de Flandre lui donnait le droit d'être citée, non par deux chevaliers, mais par deux pairs. Sa protestation fut rejetée. Elle prétendit alors que les pairs de Jean de Nesle étaient les barons de Flandre, et ajouta qu'elle était prête à accepter leur arbitrage. Le châtelain de Bruges répliqua de nouveau que, puisque la comtesse de Flandre avait refusé jusqu'à ce moment de lui rendre justice, il avait formé appel, pour défaut de droit, au tribunal du roi, et qu'il ne voulait plus en connaître d'autre. La seconde demande de Jeanne fut repoussée comme la première.

La cour des pairs du royaume s'assembla. Louis VIII haïssait toutefois cette juridiction suprême, placée au-dessus de la royauté même. Pour qu'elle lui fût utile, il fallait se l'assujettir: il appela donc son chancelier, son boutillier, son chambellan, son connétable, et ordonna que les officiers de sa maison prissent place à côté des grands feudataires. Ils formaient la majorité, et bien que les pairs protestassent, ils invoquèrent des usages très-douteux, et se donnèrent raison en votant dans leur propre cause. La cour des pairs, que les bulles pontificales avaient investie d'une autorité médiatrice entre le seigneur suzerain et le vassal ne fut plus que la cour du roi.

Cependant le ressentiment de Jeanne contre le sire de Nesle était si profond, qu'il était devenu impossible qu'il conservât la châtellenie de Bruges; mais elle l'indemnisa en lui payant vingt-quatre mille cinq cent quarante-cinq livres, somme énorme, puisque Gui de Dampierre acheta, quarante années plus tard, tout le comté de Namur pour vingt mille livres.

Au mois de février 1224 (v. st.), Jean de Nesle avait reçu le prix de la vente de la châtellenie de Bruges. Au moment où la Flandre voyait s'éloigner ces trésors qui allaient accroître la puissance de ses ennemis, ses malheurs atteignaient les dernières limites. Ses campagnes étaient livrées aux inondations de la mer; des incendies avaient dévasté ses villes les plus importantes, et elles ne se relevaient point encore de leurs ruines, lorsqu'une famine désastreuse rendit la désolation universelle.

Vingt années à peine s'étaient écoulées depuis qu'un comte de Flandre, pèlerin aux bords du Bosphore, avait conquis le même jour le sceptre de Constantin et les richesses de Byzance. Ces souvenirs étaient présents à tous les esprits. Quelle que fût la contrée éloignée qui eût reçu le dernier soupir de Baudouin, son ombre généreuse ne devait-elle point s'arracher du silence de la tombe pour venger sa dynastie humiliée et ses amis proscrits? Pouvait-elle tarder à reparaître, lorsque la Flandre ne réclamait que l'autorité d'un nom glorieux pour réparer ses désastres et ses malheurs?

On trouvait en Flandre quelques hommes qui, ayant été récemment les témoins de tant d'événements étranges, n'ajoutaient plus foi à la mort de l'empereur de Constantinople. Les uns supposaient qu'agité par ses remords qui lui reprochaient d'avoir oublié Jérusalem, il avait voulu les apaiser par une longue pénitence; d'autres ajoutaient que ses plus vaillants compagnons d'armes avaient adopté la même résolution, et que plusieurs d'entre eux vivaient comme les cénobites au monastère de Saint-Barthélemy, près de Valenciennes. Le peuple n'était que trop disposé à accueillir ces récits, qui plaisaient à son imagination et flattaient ses illusions et ses espérances.

En 1138, on avait vu un imposteur, né à Soleure, soutenir qu'il était l'empereur Henri V, mort depuis treize années, trouver de nombreux partisans, et faire la guerre jusqu'à ce qu'il eût été pris et enfermé à l'abbaye de Cluny.

L'histoire de la Flandre présentait d'autres traditions non moins merveilleuses.

Vers 1176, un ermite, couvert d'un cilice, se construisit une cabane à Plancques, près de Douay: sa barbe blanche annonçait sa vieillesse; mais lorsqu'il se présentait dans quelque château pour y demander des aumônes, on remarquait qu'il taisait avec soin son origine et son nom; enfin, cédant aux prières des moines d'Honnecourt, il avoua qu'il était Baudouin d'Ardres que l'on croyait avoir succombé dans la croisade de Louis VII au port de Satalie, et que c'était afin de faire pénitence que depuis trente années il vivait dans la solitude. Le prieur du couvent d'Honnecourt se rendit aussitôt près du comte de Guines et du seigneur d'Ardres que l'ermite nommait son neveu: ils blâmèrent sa crédulité, et, peu de temps après, l'ermite disparut, ayant déjà reçu beaucoup d'argent des nobles et des abbés.

Ne se trouvait-il pas en Flandre, en 1225, quelque autre ermite assez habile pour se souvenir de la cabane de Plancques et pour se proclamer non plus le seigneur d'Ardres mort à Satalie, mais l'empereur de Constantinople que les Bulgares avaient emmené sans que jamais il reparût?

Dans la forêt de Glançon, située entre Valenciennes et Tournay, non loin d'un village qui porte aussi le nom de Plancques, s'élevait, au bord d'une fontaine, un humble abri formé de rameaux entrelacés: c'était la retraite d'un solitaire; mais quel que fût son désir d'échapper aux regards, de vagues rumeurs répétaient au loin qu'il n'était autre que l'empereur Baudouin. Plusieurs chevaliers le virent et le reconnurent. Or, quels étaient ces chevaliers? Les amis de la maison d'Avesnes, Sohier d'Enghien, Arnould de Gavre, Everard de Mortagne, à qui appartenait, il est important de l'observer, le domaine de Glançon. Bouchard, qui était revenu depuis peu de Rome, s'empressa de suivre leur exemple. Le solitaire persistait toutefois à répondre: «Ne m'appelez ni roi ni duc; je ne suis qu'un chrétien, et c'est pour expier mes péchés que je vis ici.» On ne voulait point le croire: les habitants de Valenciennes avaient quitté leurs foyers pour le saluer, et à sa vue ils s'étaient écriés comme les chevaliers: «Vous êtes notre comte, vous êtes notre seigneur!—Quoi! répliquait le solitaire, êtes-vous donc comme les Bretons qui attendent toujours leur roi Arthur!» Tandis qu'il cherchait encore à cacher son nom, la multitude l'entraînait déjà vers la cité de Valenciennes, et ce fut là que tout à coup il éleva la voix et dit: «Je l'avoue, je suis le comte de Flandre: vous verrez bientôt Matthieu de Walincourt et Renier de Trith accourir de l'Orient pour venir me rejoindre.» Puis il exposa longuement l'histoire de sa captivité: l'amour d'une princesse bulgare l'avait tiré des prisons de Joannice; mais il avait été deux fois coupable, d'abord en encourageant sa passion, puis en l'abandonnant et en étant la cause de sa mort. Telles étaient les fautes pour lesquelles il avait résolu de faire pénitence; il alléguait aussi ce mépris des vanités humaines qui, chez les grandes âmes, marque le déclin de la vie. Il ajoutait qu'à peine délivré des fers de Joannice, il avait été enchaîné par d'autres barbares et vendu sept fois comme esclave; enfin, un jour qu'il traînait la charrue, il avait aperçu des marchands allemands qui consentirent à le racheter, et, grâce à leur générosité, il avait pu quitter l'Orient et rentrer dans sa patrie.

L'enthousiasme qui animait les habitants de Valenciennes se propagea rapidement. Le solitaire de la forêt de Glançon arriva à Courtray le 1er avril, après avoir été reçu à Lille et à Tournay. Bruges et Gand l'accueillirent avec le même empressement. On chérissait le comte de Flandre; on respectait l'empereur de Constantinople; on vénérait surtout le martyr, qui montrait sur son corps les cicatrices des plaies qui lui avaient été faites chez les Bulgares; on recueillait l'eau dans laquelle il s'était baigné; on conservait les mèches de sa chevelure comme des reliques. Aux fêtes de la Pentecôte, le faux Baudouin tint une assemblée solennelle dans laquelle, revêtu de la chlamyde impériale, il arma dix chevaliers de sa propre main. Rien ne manquait à sa grandeur. Les ducs de Brabant et de Limbourg lui avaient envoyé des ambassadeurs, et il avait reçu du roi d'Angleterre Henri III des lettres ainsi conçues: «Très-cher ami, nous avons appris que, délivré de votre captivité par la miséricorde divine, vous êtes rentré dans vos Etats où vos hommes, accourant près de vous, vous ont reconnu pour leur seigneur: nous en avons ressenti une très-grande joie, espérant que notre amitié mutuelle confirmera tous les liens sur lesquels reposait l'alliance de vos prédécesseurs et des nôtres. Certes, il vous est assez connu que le roi de France nous a dépouillés l'un et l'autre; et si vous voulez nous assister de vos secours et de vos conseils contre lui, nous sommes également prêts à vous aider autant que nous le pourrons.» Le solitaire de Glançon n'osa point convoquer ses feudataires pour répondre à l'appel de Henri III, il lui semblait plus aisé d'imiter l'empereur Baudouin au milieu des pompes d'une cour adulatrice que sur un champ de bataille; son front s'était déjà habitué au poids d'une couronne lorsque sa main redoutait encore celui d'une épée.

Il préférait négocier: la dame de Beaujeu, sœur de Baudouin de Constantinople et tante du roi Louis VIII, lui avait promis sa médiation, non qu'elle l'eût reconnu et le soutînt, mais seulement afin de favoriser le succès des ruses qui devaient renverser sa puissance. Elle lui fit parvenir un sauf-conduit et l'engagea à aller voir à Péronne le roi Louis VIII, qui était son neveu, et dans lequel elle lui faisait espérer un allié et un protecteur.

Lorsque Louis VIII et Jeanne, qui se trouvaient à Paris, apprirent que l'imposteur consentait à paraître comme un accusé devant un tribunal résolu à ne voir en lui qu'un coupable, ils s'applaudirent de leur projet et conclurent une convention par laquelle la comtesse de Flandre s'obligeait à rembourser au roi tous les frais de la guerre qu'il soutiendrait contre celui qui se disait le comte Baudouin, après qu'il aurait passé à Péronne, *postquam transierit Peronnam*. Ainsi cette entrevue solennelle du jeune monarque et du vieux solitaire n'était qu'un mensonge et une déception: on voulait, en affectant l'apparence d'un examen sérieux, répandre des doutes sur ses prétentions, puis l'isoler de ses partisans et de ses amis.

Ce fut vers les derniers jours du mois de juin que le vieillard arriva à Péronne, tenant une baguette blanche à la main et porté dans une riche litière que précédait la croix impériale et que suivaient plus de cent chevaliers. Le roi Louis VIII vint au devant de lui jusqu'aux portes de son palais et le reçut en lui disant: «Sire, soyez le bien-venu, si vous êtes mon oncle Baudouin, empereur de Constantinople et comte de Flandre et de Hainaut.—Beau neveu, répliqua le vieillard, tel je suis et tel je devrais être; mais ma fille veut m'enlever mon héritage et refuse de me reconnaître pour son père: c'est pourquoi je vous prie, beau neveu, de m'aider à défendre mes droits.»

Un banquet était préparé: l'ermite de la forêt de Glançon y prit place avec le roi de France, et le récit qu'il fit de ses malheurs remplit d'émotion le cœur de tous ceux qui y assistaient. Puis le conseil du roi s'assembla: on y appela Baudouin pour l'interroger, comme si, en se prêtant à cette discussion de ses droits, il ne cessait pas d'être l'empereur de Constantinople. Dès ce moment, Louis VIII, abjurant toute réserve, affecta un langage rude et sévère, et tous les ministres du roi se levèrent en s'écriant qu'évidemment Baudouin n'était qu'un imposteur, puisqu'il ne pouvait répondre aux questions les plus simples. Un abbé se souvint aussitôt qu'il avait rencontré le même ermite dans les forêts de l'Argonne; l'évêque de Beauvais déclara également qu'il avait été autrefois enfermé dans sa prison, et que c'était là qu'il avait pu étudier l'histoire de la croisade. L'évêque d'Orléans confirma leur témoignage.

La nuit suivante, le solitaire, croyant sa vie ou sa liberté en péril, monte à cheval et s'enfuit de Péronne. A Valenciennes, il entend retentir autour de lui les mêmes acclamations que lorsqu'il avait quitté sa cabane de feuillage et de genêts fleuris; mais, sans s'y arrêter, il enlève ses trésors et poursuit sa route vers le village de Nivelles, voisin de la forêt de Glançon, où le même enthousiasme se reproduit: peut-être sont-ce les regrets et de secrets remords qui le ramènent vers ces ombrages où tout respire le silence et la paix. Cependant, peu rassuré sur les dangers qui le menacent, il disparaît de nouveau et s'éloigne de ces peuples qui portaient une foi si vive au culte du malheur.

Les échevins des villes de Flandre et de Hainaut avaient accepté l'amnistie de Jeanne. Les chevaliers qui avaient accompagné le faux Baudouin à Péronne l'avaient aussi abandonné: peut-être les largesses de Louis VIII avaient-elles dessillé leurs yeux, car peu de jours après, dans un traité conclu à Bapaume, la comtesse de Flandre reconnut que le roi, dont les hommes d'armes n'avaient point combattu, avait toutefois dépensé dix mille livres pour lui restituer ses Etats.

Il faut le remarquer, en ce moment même où la fortune de l'ermite de Glançon semblait s'évanouir, quelques-uns de ses amis racontaient encore qu'il s'était dirigé vers les bords du Rhin. L'archevêque Engelbert de Cologne lui avait, disaient-ils, fait grand accueil; il avait même, à sa prière, appelé près de lui l'évêque de Liége, qui, bien que l'un des ennemis de Baudouin, le connaissait parfaitement, puisqu'il lui devait sa dignité épiscopale. Ils ajoutaient que l'évêque de Liége avait reconnu le comte Baudouin, et que l'archevêque de Cologne, n'hésitant plus, avait supplié le prince proscrit de se rendre à Rome, afin que le père commun des fidèles proclamât la légitimité de ses droits du haut de la chaire apostolique.

Tandis que ceux qui étaient restés fidèles à l'imposteur cherchaient ainsi à expliquer sa fuite, un seigneur de Bourgogne, Erard de Chastenay, apercevant au marché de Rougemont un ménestrel nommé Bertrand de Rays, ancien serf du sire de Chappes, trouva dans ses traits une ressemblance extraordinaire avec ceux du solitaire de Glançon qu'il avait pu voir à Péronne. Il supposa qu'il avait renoncé à sa couronne pour reprendre sa vielle, et le fit arrêter, puis le céda, moyennant quatre cents marcs d'argent, à la comtesse de Flandre, qui ordonna qu'il fût pendu aux halles de Lille et attaché à un gibet. L'infortuné vieillard déclara avant de mourir qu'il n'avait été guidé que par sa piété en se retirant dans la forêt de Glançon, mais qu'il n'avait pu résister aux tentations de la puissance et de la grandeur. «Je sui, disait-il, un povres homme qui ne doit iestre, ne quens, ne rois, ne dus, ne emperères, et çou que je faisoie, faisoie-jou par le conselg des chevaliers, des dames et des bourgois de cest pays.» L'ermite de la forêt de Glançon n'était plus; mais le peuple n'en haïssait que davantage la comtesse de Flandre, parce qu'il lui reprochait d'avoir fait périr son père.

D'autres accusaient Jeanne d'oublier Ferdinand, et il semble en effet qu'elle ait cherché à obtenir du pape l'annulation de son premier mariage pour en contracter un second avec le comte Pierre de Bretagne, l'un des plus redoutables adversaires de l'autorité ambitieuse des rois de France. Des envoyés bretons s'étaient rendus à Rome, et là, en suppliant Honorius III de prononcer une sentence de divorce, ils déclarèrent que le comte de Bretagne agissait avec le consentement de la comtesse de Flandre.

Peu après, vingt jours environ avant les fêtes de Pâques 1226, Jeanne fut mandée à Melun. On ne lui refusait plus la liberté de Ferdinand, mais on exigeait qu'elle scellât l'engagement suivant: «Qu'il soit connu de tous que j'ai juré, en présence de mon très-illustre seigneur Louis, roi de France, de reconnaître solennellement, avant le dimanche des Rameaux, Ferdinand pour mon mari, et dès ce moment je le tiens pour tel...»

La comtesse de Flandre avait rempli sa promesse lorsque, le 12 avril, jour du dimanche des Rameaux, elle approuva le traité depuis si célèbre sous le nom de traité de Melun:

«Le roi de France délivrera le comte de Flandre aux fêtes de Noël; mais avant que Ferdinand sorte de sa prison, il payera au roi vingt-cinq mille livres, et lui remettra les villes de Lille, de Douay et de l'Ecluse, jusqu'à ce qu'il ait pu faire un second payement de vingt-cinq mille livres.

«Le comte de Flandre est tenu de remettre au roi les lettres du pape, où il est dit que si le comte ou la comtesse viole les conventions arrêtées entre le roi et eux, l'archevêque de Reims et l'évêque de Senlis pourront, quarante jours après une sommation faite par lettres ou par ambassadeurs, promulguer, au nom du pape, une sentence d'excommunication contre le comte de Flandre et ses adhérents, et mettre leurs terres en interdit, sans pouvoir révoquer ces sentences tant qu'il n'y aura point eu de réparation convenable selon le jugement des pairs de France.

«Le comte de Flandre fera garantir ce traité par les chevaliers et les communes de ses terres, et il bannira tous ceux qui n'y consentiront point.»

Un dernier acte de rigueur marqua cette année qui devait voir la fin de la captivité de Ferdinand. Louis VIII, irrité de la part que Bouchard d'Avesnes avait prise à la tentative du solitaire de Glançon, avait forcé d'abord Marguerite à sortir de la retraite où elle vivait depuis qu'elle avait quitté le sire d'Avesnes, exigeant d'elle qu'elle allât confirmer à Paris le traité qui précéda l'entrevue de Péronne; puis, voulant affermir de plus en plus l'obstacle qui la séparait du père de ses enfants, il l'obligea à violer la foi promise au pied des autels du Quesnoy et à accepter un nouvel époux, Guillaume de Dampierre.

En vain le pape Honorius chargea-t-il l'évêque de Soissons de rechercher s'il n'y avait point de liens de consanguinité qui s'y opposassent; en vain le peuple répétait-il que Guillaume de Dampierre était sous-diacre comme Bouchard d'Avesnes: le mariage fut célébré immédiatement. On méprisa les rumeurs populaires, et ce ne fut que quatre ans plus tard qu'une dispense ecclésiastique du chef de consanguinité fut accordée par le pape Grégoire IX.

Lorsque le roi de France expira le 7 novembre 1226, au château de Montpensier, il avait en trois années complété l'œuvre à laquelle Philippe-Auguste avait travaillé pendant près d'un demi-siècle. La royauté n'avait cessé d'étendre son autorité en même temps que les frontières de ses domaines; mais la mort de Louis VIII, qui ne laissait après lui qu'un enfant de onze ans, compromit tout ce qui avait coûté tant d'habileté et de persévérance.

Les barons de France, trop longtemps humiliés, commencèrent par demander la délivrance du comte de Flandre, et dès le mois de décembre 1226, le traité de Melun fut suivi d'un autre traité qui réduisit le nombre des cités à donner en gage à la seule forteresse de Douay, et où il ne fut plus fait mention de la rançon du prisonnier; peu de jours après, le 6 janvier, Ferdinand quitta la tour du Louvre, et se rendit en Flandre et de là en Allemagne. Le 28 mars suivant, il se trouvait à Aix pour y assister au couronnement de la reine des Romains. Il venait y réclamer un domaine qu'il avait remis, quinze ans auparavant, à l'évêque de Liége, Hugues de Pierrepont, pour qu'il le conservât jusqu'à ce que le duc de Brabant eût exécuté le traité conclu par sa médiation. Hugues de Pierrepont refusait de le restituer; il prétendait que le duc de Brabant n'avait jamais tenu ses promesses, et que le domaine que le comte de Flandre lui avait confié n'était qu'un fief relevant de son siége épiscopal. Sa justification fut accueillie par le roi Henri, fils de l'empereur Frédéric II.

Il ne restait plus à Ferdinand qu'à poursuivre ses réclamations auprès du duc de Brabant, et il en résulta une guerre dans laquelle les hommes d'armes de Flandre obtinrent près d'Assche une victoire complète. La paix ne tarda point à être rétablie; par un traité du 23 septembre 1227, le duc de Brabant promit de rembourser au comte de Flandre quinze mille livres qu'il avait jadis payées pour lui, et de lui faire une rente annuelle de huit cents livres pour l'indemniser de la perte du domaine que retenait Hugues de Pierrepont.

Ferdinand, vainqueur des Brabançons, put consacrer quelques loisirs à l'administration de ses Etats. Il modifia à Gand l'organisation de l'échevinage. Les treize échevins choisis par les quatre électeurs désignés par le comte, selon la charte de 1212, firent place à une magistrature composée de trente-neuf membres divisés en trois catégories, échevins, conseillers et *vaghes*. Les conseillers élus par les échevins étaient eux-mêmes échevins l'année suivante; puis, après être restés un an dans l'exercice de ces fonctions, ils devenaient *vagbes*, c'est-à-dire qu'ils ne conservaient plus d'attributions précises. Chaque année, aux fêtes de l'Assomption, la magistrature des Trente-Neuf devait se renouveler, puisant ainsi sans cesse en elle-même l'élément de sa perpétuité.

Dans les autres villes de Flandre, Ferdinand confirma les chartes des anciens comtes, et augmenta les priviléges qu'elles leur avaient accordés; douze années de captivité avaient calmé ses haines en dissipant ses illusions.

On voyait se manifester de toutes parts une réaction inévitable contre les tendances absolues de la royauté, telles que les avaient proclamées Philippe-Auguste et Louis VIII. Les barons de France, témoins de la confédération des nobles, des clercs et des communes, sous le règne de Jean sans Terre, avaient renoncé aux rêves stériles de la féodalité pour s'allier également aux clercs et aux communes. Imitant l'exemple que les barons anglais leur avaient donné aux mémorables assemblées de Saint-Edmond et de Stanford, ils se réunirent à Corbeil et présentèrent des requêtes à la reine pour obtenir le redressement des griefs de la nation; mais Blanche de Castille refusa de les écouter.

Alors éclata dans toute la France une guerre aussi terrible que celle qui avait agité l'Angleterre pendant les dernières années du règne du roi Jean. Les barons prenaient les armes dans toutes les provinces; il faut citer parmi eux les comtes de Bretagne, de la Marche, de Nevers, de Saint-Pol et de Boulogne.

Deux comtes restèrent fidèles à Blanche de Castille. Le premier fut le comte de Champagne; le second, le comte de Flandre. Dès que le comte de Boulogne, chef de la ligue des barons, eut envahi la Champagne, Ferdinand occupa le comté de Guines et dévasta les domaines du comte de Saint-Pol. Une anarchie confuse couvrait toute la France de sang et de désordres, lorsque, vers la fin de l'année, le comte de Bretagne appela le roi d'Angleterre, qui débarqua à Saint-Malo le 7 mai 1230. Louis IX marcha aussitôt au devant des Anglais jusqu'au camp d'Ancenis; les comtes de Champagne et de Flandre l'accompagnaient, mais ils ne tardèrent point à rentrer dans leurs Etats, de peur que leurs ennemis n'en prissent possession: leur retraite entraîna celle du roi.

Tandis que les Anglais s'avançaient, les discordes civiles se ranimaient plus violemment au cœur de la France: «Sire, disait au jeune prince Hugues de la Ferté dans l'une de ses chansons, appelez vos barons et réconciliez-vous avec eux. Que les pairs, à qui appartient le gouvernement de la nation, marchent les premiers et vous viennent en aide. Si vous voulez honorer les preux, ils feront repasser la mer aux Anglais. Dieu protége l'honneur de la France et sa baronnie!»

Ce vœu d'un trouvère était celui de toute la nation: il fut exaucé le 10 septembre 1230. Le roi se rendit au milieu de l'assemblée des barons, et dans cet autre pré de Runingsmead, «le roi et sa mère jurèrent qu'ils rétabliraient les droits de tous, et jugeraient tous les hommes du royaume selon les bonnes coutumes et ce qui était équitable pour chacun.»

Le serment du 10 septembre 1230 fut la base du règne le plus digne d'admiration que la France ait jamais connu. Ce fut en vain que le comte de Champagne, mécontent, voulut s'allier à Pierre de Bretagne; l'anarchie cessa, et le roi d'Angleterre se vit réduit à rentrer dans son royaume. Les menaces des invasions étrangères, comme celles des dissensions intérieures, étaient désormais impuissantes. Jean sans Terre était mort en maudissant la grande charte; Louis IX devait consacrer toute sa vie au développement pacifique et régulier des libertés françaises.

Les barons, qui s'étaient réconciliés avec la royauté, cherchèrent désormais à signaler leur courage par des exploits dont leur patrie pût se glorifier sans en porter le deuil. Un grand nombre allèrent combattre en Orient; d'autres (parmi ceux-ci se trouvait Guillaume de Dampierre) se rendirent en Italie pour défendre le pape contre les entreprises de l'empereur Frédéric II: mais la plupart des chevaliers de Flandre aimèrent mieux s'associer à une croisade dirigée contre les habitants de Staden, voisins des bords de l'Elbe, dont le pays semblait le dernier refuge des rites idolâtres du paganisme dans le Nord. Henri, fils du duc de Brabant, Arnould d'Audenarde, Guillaume de Béthune, Thierri de Dixmude, et d'autres nobles non moins illustres, quittèrent leurs foyers pour obéir à l'appel de l'évêque de Brême. Ce fut le 16 mai 1233 qu'ils rencontrèrent les Stadings, qui, au nombre de plus de sept mille, et groupés autour de leur chef monté sur un cheval blanc, opposèrent une longue résistance; enfin, Guillaume de Béthune s'élança au milieu d'eux et sema le désordre dans leurs rangs: ils ne se rallièrent plus, et tous ceux qui ne parvinrent point à se cacher dans leurs marais périrent dans ce combat. D'autres sectes semblables existaient en Frise: les croisés s'y arrêtèrent à la prière du comte de Hollande, et les mêmes succès y couronnèrent leurs efforts.

Lorsqu'ils revinrent en Flandre, Ferdinand de Portugal avait terminé à Douay une vie marquée par des événements importants, mais plus féconde en malheurs. A peine avait-il pu jouir avant sa fin de quelques années de repos. Jeanne semble les avoir entourées de ses consolations, car elle le rendit père d'une fille qui reçut le nom de Marie, en mémoire de Marie de Champagne, mère de la comtesse de Flandre: ce nom, qui rappelait les souvenirs d'une mort prématurée, ne lui présageait qu'une destinée trop prompte à s'accomplir. Déjà les barons de Flandre avaient adhéré au mariage qu'elle devait conclure, lorsqu'elle serait nubile, avec Robert d'Artois, frère du roi Louis IX; mais elle s'éteignit dans son berceau, ignorant encore toutes les agitations de la terre, elle-même presque ignorée des hommes de son temps, qui ne nous ont appris ni l'époque de sa naissance, ni celle de sa mort. Un siècle et demi doit s'écouler avant que l'union d'une princesse flamande et d'un descendant de Philippe-Auguste porte la souveraineté de la Flandre dans la maison des Capétiens.

Jeanne était réservée à d'autres épreuves. Simon de Montfort, l'un des fils du chef de la croisade des Albigeois, recherchait sa main; mais le roi de France crut devoir s'y opposer, craignant que ses prétentions, comme naguère celles du comte de Bretagne, ne se rapportassent à quelque complot politique: il obligea la comtesse de Flandre à lui remettre à Péronne, le jour de Pâques fleuries 1236, une promesse solennelle de rompre toute négociation à cet égard. Simon de Montfort, contraint à renoncer à ses projets, se rendit en Angleterre, où, deux ans après, il épousa Éléonore de Pembroke, sœur du roi Henri III.

L'année suivante vit la célébration du mariage de la comtesse de Flandre avec Thomas de Savoie, comte de Maurienne. Ce prince, issu d'une maison illustre, mais pauvre, était né à l'époque où la puissance de sa famille se développait le plus rapidement; sa sœur, comtesse de Provence, était mère de la reine de France et de la reine d'Angleterre, et leur influence favorisait l'élévation de tous les princes de la maison de Savoie. Les historiens du treizième siècle nous les représentent pieux, cléments et doux, mais avides d'honneurs et même de richesses, moins par avarice que par besoin de prodigalité. Tel était aussi Thomas de Savoie. Il se fit donner de fortes pensions par la comtesse Jeanne, et profita des relations industrielles de la Flandre et de l'Angleterre pour faire de fréquents voyages à Londres, où il ne passait toutefois que peu de jours, de peur de mécontenter le roi de France, ne s'y occupant point d'intérêts commerciaux ou politiques, mais beaucoup des intérêts de sa famille. L'un de ses frères fut archevêque de Canterbury; un autre, déjà évêque de Valence, aspirait au siége épiscopal de Liége.

Cependant il existait en Flandre un parti puissant qui ne cessait de protester contre ces alliances dictées par des influences étrangères: c'était celui de Bouchard d'Avesnes. Après la mort de Ferdinand, Jeanne n'avait cru la stabilité de son pouvoir assurée qu'en faisant conduire les enfants de sa sœur dans un château situé loin de la Flandre, au pied des montagnes de l'Auvergne, où ils furent confiés à la garde d'Archambaud de Bourbon, frère de Guillaume de Dampierre. Ils y restèrent pendant sept années; mais enfin en 1241, lorsque Guillaume de Dampierre ne fut plus, Archambaud de Bourbon leur ouvrit les portes de leur prison, et ils rentrèrent en Flandre, où ils promirent à la comtesse Jeanne de la servir comme leur dame. Bouchard d'Avesnes vivait encore: si Marguerite, redevenue libre, ne fit rien pour le revoir, il put du moins, avant de rendre le dernier soupir, recevoir les adieux de ses fils.

La comtesse de Flandre mourut à peu près vers la même époque que le sire d'Avesnes. Thomas de Savoie, qui avait conduit en Angleterre un secours de soixante chevaliers et de cent sergents d'armes dirigé contre les Ecossais, était à peine revenu dans ses Etats, quand la fin du règne de Jeanne mit également un terme à l'autorité qu'il n'y tenait que d'elle. Il quitta la Flandre presque aussitôt, fit confirmer par le roi Henri III la pension de six mille livres que Jeanne lui avait promise, et rentra dans sa patrie où il épousa Béatrice de Fiesque: de la postérité qu'il laissa en Italie devaient sortir les comtes de Piémont et les rois de Sardaigne.

Lorsque Marguerite, héritière des Etats de sa sœur, arriva en France pour y remplir ses devoirs de feudataire, ce fut la reine Blanche, mère de Louis IX, qui reçut son acte d'hommage, «pour ce que, y était-il dit, iceluy nostre sire le roy, grevé de maladie, estoit en tel estat que il n'estoit mie expédient que l'on luy fist parole sur ce, pour ce que, par aventure, il ne fust troublé de la mort de nostre dite sœur.»

Louis IX avait pris la croix pendant sa maladie; mais trois années devaient s'écouler avant qu'il exécutât son vœu. Pendant ces trois années, il rétablit l'ordre dans les finances, de telle sorte que le revenu des domaines royaux pût suppléer à tous les impôts et suffire aux frais des plus grandes guerres. Il réprima les abus de pouvoir de ses forestiers et de ses prévôts; il introduisit dans les cours de justice une équité si impartiale, que personne n'était plus empressé que lui-même à condamner les prétentions de ses officiers, dès qu'elles ne paraissaient point justifiées; enfin, il ordonna que tous les marchands étrangers venant en France y fussent protégés avec sollicitude, et favorisa l'extension des relations commerciales, «pourquoy li royaume fu en meilleur estat qu'il n'avait esté au temps de ses devanciers.»

Louis IX était le petit-fils d'Elisabeth de Hainaut: ses traits, raconte Philippe Mouskès, retraçaient ceux des princes dont le sang était le sien. Louis IX, assis sous le chêne de Vincennes, rappelait également ses aïeux les comtes de Hainaut, qui rendaient la justice sous les chênes de Hornu.

Louis IX était appelé à juger en Flandre la grande querelle des fils de Bouchard d'Avesnes et de ceux de Guillaume de Dampierre, «qui rendit cette époque si agitée et si malheureuse, observe le cordelier Jacques de Guyse, que celui qui en veut tracer le tableau ne doit écouter que sa conscience et son zèle pour la justice et la vérité.» Les fils de Bouchard d'Avesnes avaient adressé leurs réclamations à l'empereur Frédéric II, que la guerre de Liége avait irrité contre le comte de Flandre, et dès le mois de mars 1242 (v. st.) une sentence solennelle avait proclamé la légitimité de leur naissance. C'était en vertu de cette déclaration que Jean d'Avesnes demandait à pouvoir intervenir dans l'hommage de sa mère comme héritier de tous ses domaines. Cette discussion était pleine de doutes et d'incertitudes. Si Marguerite de Flandre s'était unie de bonne foi à Bouchard d'Avesnes, ignorant qu'il fût sous-diacre, Guillaume de Dampierre ne l'avait également épousée que parce qu'il considérait son premier mariage comme nul et sans effet. Les fils du sire d'Avesnes s'appuyaient, il est vrai, sur une sentence de l'empereur; mais ceux du sire de Dampierre leur opposaient trois bulles pontificales. Cependant la Flandre avait accepté la dynastie des Dampierre, tandis que le Hainaut persistait à la repousser.

Telle était la situation des choses, lorsque le roi de France obtint de tous les fils de Marguerite qu'ils adhérassent à un compromis par lequel ils choisissaient Louis IX et l'évêque de Tusculum pour arbitres, les autorisant à former deux parts différentes dans l'héritage de Baudouin de Constantinople.

Comme il était aisé de le prévoir, la sentence arbitrale, prononcée au mois de juillet 1246, attribua le Hainaut à Jean d'Avesnes, et la Flandre avec toutes ses dépendances à Guillaume de Dampierre. Les fils de Marguerite promirent de la respecter. Guillaume de Dampierre rendit immédiatement hommage au roi de France; mais Jean d'Avesnes, qui avait épousé, vers le mois de décembre 1246, Alix de Hollande, ne releva son fief de l'évêque de Liége, Henri de Gueldre, que le 26 septembre 1247.

Or, trois jours après, le 29 septembre, le comte Guillaume de Hollande, dont Jean d'Avesnes avait épousé la sœur, fut élu, à Woeringen, roi des Romains par dix-huit princes de l'empire. Jean d'Avesnes, qui trouvait en lui un protecteur puissant, ne tarda point à réclamer les îles de Walcheren, de Zud-Beveland, de Nord-Beveland, de Borssele et les autres îles de la Zélande, le pays des Quatre-Métiers, le pays de Waes et la terre d'Alost, ajoutant que le roi Louis IX n'avait pu accorder à Guillaume de Dampierre, comme dépendances de la Flandre, ces domaines qui ne relevaient pas de la France, mais de l'empire. Le roi des Romains profita des dissensions qui existaient entre la Flandre et la Hollande pour réunir une armée qui débarqua aux bords de l'Escaut et soumit rapidement toute la Flandre impériale. Elle se trouvait près de Termonde, sous les ordres de Jean d'Avesnes, lorsqu'elle surprit, au point du jour, les barons de Flandre qui s'avançaient pour l'attaquer et les réduisit à une fuite honteuse.

La médiation de Louis IX devint de nouveau nécessaire. Le roi de France, considérant que les termes du compromis en vertu duquel il avait exercé son arbitrage étaient absolus, obligea Jean d'Avesnes à renoncer à toutes ses conquêtes. Pour rétablir la paix, il avait fait ratifier par Marguerite et Guillaume de Hollande le traité conclu à Bruges le 27 février 1169 (v. st.). Florent, frère du comte de Hollande, reconnut dans les termes les plus précis les droits de la Flandre sur les îles de la Zélande, et promit d'aller, en forme d'amende honorable, se remettre au pouvoir de la comtesse de Flandre, jusqu'à ce que le duc de Brabant intercédât pour qu'il fût rendu à la liberté.

Cependant Jean d'Avesnes et son frère suppliaient le roi Louis IX de réhabiliter l'honneur de leur nom en confirmant la sentence impériale du mois de mars 1252. Le roi de France croyait que cette question appartenait à l'autorité ecclésiastique; mais il n'est point douteux que ses démarches auprès du pape, qui se trouvait alors à Lyon, n'aient contribué à préparer la bulle pontificale du 9 décembre 1248. Innocent IV y chargeait l'évêque de Châlons et l'abbé du Saint-Sépulcre à Cambray de procéder à une enquête sur la naissance de Jean et de Baudouin d'Avesnes, «attendu que toutes les recherches faites jusqu'à cette époque n'avaient produit aucun résultat.» Ce fut en vertu de cette bulle que l'évêque de Châlons et l'abbé du Saint-Sépulcre assignèrent, au mois de juillet 1249, tous les témoins pour qu'ils s'assemblassent, le 30 août suivant, dans la cathédrale de Soissons.

Là comparurent Gauthier de Pantegnies, qui déclara qu'il était âgé d'environ cent ans et qu'il avait entendu Marguerite, vingt-sept fois et plus, reconnaître Bouchard pour son époux; Gilles de Hautmont, qui déposa que déjà, à la fin du règne de Marguerite d'Alsace, Bouchard prenait part aux combats et aux tournois sans que l'on y connût le moindre empêchement; Roger de Novion, dont le frère avait officié dans la chapelle du Quesnoy; Thierri de la Hamaide, qui, lors de la captivité de Bouchard, avait été l'un de ses otages; Henri d'Houffalize, qui rappela que les deux fils du sire d'Avesnes étaient nés dans l'asile hospitalier que son père lui avait accordé sur les bords de la Meuse. Enfin, le 24 novembre 1249, l'évêque de Châlons et l'abbé de Liessies, délégué par l'abbé du Saint-Sépulcre, jugeant qu'il y avait des preuves suffisantes des faits allégués par Jean et Baudouin d'Avesnes, proclamèrent, après avoir pris l'avis des jurisconsultes, la légitimité de leur naissance.

Guillaume de Dampierre ne fit rien pour s'opposer à cette enquête; pendant qu'elle se poursuivait, il demandait aux rivages de l'Orient cette gloire des guerres lointaines qui assurait aux petits-fils du héros d'Arsur de si touchantes sympathies.

Dès que Louis IX eut vu le rétablissement de l'ordre et de la paix en Europe, il n'hésita plus à remplir le vœu qu'il avait fait d'aller combattre les infidèles; mais, portant les vertus d'un grand roi jusque dans l'accomplissement d'un devoir religieux, il voulait que cette croisade, bien différente des autres guerres saintes, où beaucoup de sang avait été répandu sans résultats durables, fût non-seulement la base de la délivrance de la Palestine, mais aussi celle de la destruction de l'islamisme, de la civilisation de l'Asie et de la prospérité de l'Europe.

Qu'on se représente, au dix-neuvième siècle, ce qu'était l'Asie au moment où Louis IX faisait creuser le port d'Aigues-Mortes pour s'y embarquer. Les nations tartares et mongoles s'étaient réunies sous Gengis-kan. Leur empire, dont une seule province embrassait toute la domination actuelle des czars des deux côtés de l'Oural, s'étendait de la Vistule au fleuve Jaune, depuis la Baltique jusqu'aux mers du Japon. Déjà elles avaient conquis la Pologne et la Hongrie, et elles envahissaient la Silésie. L'Allemagne tremblait, et en 1238, les pêcheurs de Gothie et de Frise n'osèrent pas sortir de leurs ports pour se rendre sur les côtes d'Ecosse, de crainte de ne plus retrouver à leur retour ni familles, ni foyers, ni patrie. Frédéric II eût voulu combattre les Mongols; Louis IX jugea qu'il était plus utile de les éclairer et de se les attacher par la foi et les lumières pour les opposer aux hordes dévastatrices des tribus nomades de l'Arabie. Il fallait donc former dans l'Orient un établissement considérable, d'où l'on pût à la fois tendre la main aux Mongols et rejeter les musulmans dans leurs déserts. Pour atteindre ce double but, Louis IX tourna ses regards vers les plaines du Nil: ces rivages qui, dans les siècles les plus reculés, avaient vu s'élever de leur sein la civilisation de l'antiquité, étaient de nouveau appelés à être le berceau d'une mission intellectuelle, la réconciliation de l'Europe et de l'Asie.

Louis IX voulait policer des peuples innombrables qui aujourd'hui sont retombés dans le néant et dans l'immobilité où ils languissaient il y a deux mille ans: il avait admirablement compris que la civilisation de l'Asie était le salut de l'Europe, dont les frontières cesseraient d'être menacées par de gigantesques invasions. En civilisant l'Asie, en sauvant l'Europe, Louis IX agrandissait les destinées de la France. Lorsqu'il se rendait de Paris à Beauvais, de Beauvais à Lyon, que rencontrait-il sur ses pas? Des campagnes où l'agriculteur, ruiné par les discordes civiles et les guerres étrangères, ne récoltait point assez de blé pour nourrir sa propre famille; des châteaux où dominaient des passions ambitieuses, source constante d'agitations et de luttes; des cités où les marchands venaient se plaindre des exactions qu'ils rencontraient dès qu'ils franchissaient les frontières du royaume. Louis IX vit dans la croisade l'extension de la puissance militaire de la France, le soulagement de ses peuples, le développement de ses richesses. Aux chevaliers les plus belliqueux, et parmi ceux-là se trouvait Guillaume de Dampierre, il offrait les palmes de la guerre sainte; il voulait aussi que les denrées que les républiques d'Italie cherchaient aux bords du Nil, et qui étaient restées jusqu'alors leur monopole, fussent envoyées en France pour favoriser l'accroissement de ses populations. Enfin il promettait aux marchands de leur donner le centre du commerce du monde, cette noble terre d'Egypte fécondée par le plus beau des fleuves, si riche en ports et en canaux, qui, assise aux bords de deux mers, dont l'une baigne la France et l'autre les Indes et la Chine, semble ne regarder l'Europe que pour lui offrir le sceptre de l'Afrique et de l'Asie.

Ce fut le 25 août 1248 que les croisés quittèrent la France. Tandis que Louis IX méditait le plan de ses colonies chrétiennes, les barons qui l'entouraient ne songeaient qu'aux combats qu'ils allaient livrer; et la même flotte portait les machines de guerre destinées à repousser les infidèles, et les charrues qui, après la victoire, devaient couvrir de sillons les plaines fertiles du Delta. Louis IX passa l'hiver dans l'île de Chypre. Enfin, vers les derniers jours du mois de mai 1249, la flotte chrétienne mit à la voile, et après quatre jours de navigation on découvrit l'Egypte. «Dieu nous aide! voici Damiette!» s'était écrié l'un des pilotes. A ce signal, le légat du pape leva l'étendard de la croix, et tous les princes se rendirent à bord du vaisseau du roi de France. Là se réunirent les ducs de Bourgogne et de Bretagne, les comtes de Saint-Pol, de Blois, de Soissons, Guillaume de Dampierre, qui était déjà connu sous le titre de comte de Flandre, Philippe de Courtenay, Robert de Béthune et d'autres barons. Ils décidèrent qu'on attaquerait les Sarrasins qui se pressaient sur le rivage.

Sur un autre navire, au milieu de ceux des croisés flamands, se trouvait un abbé de Middelbourg, qui, plus heureux dans ses efforts que les rois et les comtes, avait réussi à réconcilier les Isengrins et les Blauvoets. Il s'était placé à leur tête pour les conduire à la croisade, et ils y combattirent si vaillamment, qu'ils entrèrent les premiers dans les remparts de Damiette.

Les inondations du Nil et les discordes qui s'étaient manifestées parmi les princes d'Occident retinrent les croisés à Damiette jusqu'au 20 novembre. Pendant leur marche vers le Caire, l'autorité du roi fut de nouveau méconnue; et ce qui fut plus déplorable, le comte d'Artois, frère de Louis IX, donna lui-même l'exemple de la désobéissance et de l'insubordination. Il commandait l'avant-garde et avait traversé l'Aschmoûn, dont il devait garder le gué jusqu'à ce que toute l'armée en eût effectué le passage; mais loin d'exécuter les ordres qu'il avait reçus, il s'élança imprudemment à la poursuite des mameluks de Fakreddin jusqu'au bourg de Mansourah.

Louis IX ignorait ce qui avait eu lieu. Au moment où il abordait sur l'autre rive de l'Aschmoûn, ses troupes, que l'avant-garde eût dû protéger, se trouvèrent attaquées de toutes parts sans qu'elles eussent le temps de former leurs rangs. Une mêlée confuse s'engagea et le sang rougit la plaine. Le roi venait de donner l'ordre de se rapprocher de l'Aschmoûn pour maintenir ses communications avec l'arrière-garde commandée par le duc de Bourgogne, lorsqu'il apprit que le comte de Poitiers et Guillaume de Dampierre réclamaient un prompt secours: au même moment, Imbert de Beaujeu lui annonça que le comte d'Artois, entouré d'ennemis, allait succomber dans le bourg de Mansourah où il cherchait en vain à se défendre. Louis IX résolut aussitôt de marcher de nouveau en avant, au milieu des bataillons des infidèles; mais quels que fussent ses efforts, lorsque la nuit sépara les combattants, le comte d'Artois et tous ses compagnons avaient péri. Le comte de Poitiers, plus heureux que son frère, réussit à rejoindre les chrétiens avec le jeune comte de Flandre.

Le lendemain de ce combat fut le mercredi des cendres. Le deuil de la religion se confondait dans les douleurs qui accablaient toute l'armée. Les chevaliers français ne quittèrent point leurs tentes, où ils mêlaient en silence leurs larmes à celles du roi. Les combats recommencèrent le vendredi 11 février. Louis IX montra le même courage qu'à la bataille de Mansourah, et les croisés flamands se signalèrent en arrêtant toutes les attaques des mameluks. «Pource que la bataille le conte Guillaume de Flandres leur estoit encontre leur visages, dit le sire de Joinville, ils n'osèrent venir à nous, dont Dieu nous fist grant courtoisie... Monseigneur Guillaume, conte de Flandres, et sa bataille firent merveilles. Car aigrement et vigoureusement coururent sus à pié et à cheval contre les Turcs et faisoient de grans faiz d'armes.»

Les Sarrasins cessèrent pendant quelque temps d'inquiéter le camp des croisés. Ils savaient que de désastreuses épidémies s'y étaient déclarées, et avaient formé le projet de les affamer en interceptant tous leurs approvisionnements. Les barques musulmanes surprirent la flottille chrétienne qui se dirigeait de Damiette vers l'Aschmoûn. Un seul navire échappa à leur poursuite; c'était «un vaisselet au conte de Flandres;» il porta ces tristes nouvelles au roi de France.

On décida qu'il fallait retourner à Damiette, et le 5 avril toute l'armée chrétienne reprit la route qu'elle avait déjà suivie. Louis IX, épuisé par ces fatigues, se soutenait à peine sur son cheval; cependant il n'avait pas voulu quitter l'arrière-garde. Enfin, il s'arrêta à Minieh, et ses chevaliers, qui d'heure en heure s'attendaient à le voir expirer, se rendirent près des émirs sarrasins pour négocier une trêve: elle venait d'être conclue, quand une fausse alerte livra le roi de France aux infidèles. Guillaume de Dampierre et un grand nombre de barons partagèrent sa captivité.

Lorsqu'on connut en Europe les revers des croisés en Egypte, la désolation fut universelle. On vit dans les plaines de la Picardie et de la Flandre les laboureurs et les bergers s'assembler en disant que Dieu les appelait à combattre les Sarrasins, parce qu'il réprouvait l'orgueil des barons. Ils croyaient posséder le don de multiplier le pain et le vin, et racontaient que Notre-Dame leur était apparue, entourée des anges, pour leur annoncer qu'ils briseraient les portes de Jérusalem. Un vieillard qu'on nommait Jacques le Bohémien conduisait leurs troupes indisciplinées. Partout où elles passèrent, elles chassèrent les prêtres des églises et dévastèrent les domaines des nobles. D'Amiens, elles se dirigèrent vers Paris, et de là vers Orléans, où dans leur fureur aveugle elles exercèrent les mêmes ravages dans l'université que dans les synagogues juives; enfin elles furent dispersées aux bords du Cher.

Cependant Louis IX avait offert la restitution de Damiette pour sa délivrance, et une rançon d'un million de besants d'or pour celle de ses compagnons: au moment où ce traité allait être exécuté, une révolution de sérail renversa le sultan Almoadam. Déjà les prisonniers avaient été menés sur les barques qui devaient descendre le Nil, et leur terreur fut grande en voyant les mameluks qui venaient de massacrer le sultan s'élancer sur le navire où se trouvaient le comte de Bretagne, Guillaume de Dampierre et le sire de Joinville. Tous les chevaliers chrétiens crurent qu'ils allaient être mis à mort, et se confessèrent précipitamment à un religieux flamand qui était avec eux; les mameluks se contentèrent toutefois de les menacer et remplirent toutes les promesses d'Almoadam.

Le roi de France s'était embarqué à Damiette; loin de songer à retourner en France, il se rendit à Ptolémaïde. Bientôt les émirs des mameluks, ainsi que ceux d'Alep et de Damas, réclamèrent son alliance; Louis IX envoyait en même temps aux Tartares d'autres missionnaires, parmi lesquels se trouvait un moine, nommé Guillaume de Rubruk, qui paraît avoir suivi les croisés de Flandre; il attendait des secours d'Europe pour reconquérir Jérusalem, lorsque des messages successifs lui apprirent d'abord la mort de la reine Blanche, qui gouvernait la France en qualité de régente, puis la réunion d'une armée anglaise sur les frontières de la Normandie, et enfin la destruction d'une grande partie de la noblesse de ses Etats dans un sanglant combat livré au roi des Romains. Louis IX hésitait encore, mais les barons de Syrie eux-mêmes l'engageaient à ne point laisser la France en péril; il céda à leurs conseils, espérant pouvoir plus tard poursuivre cette croisade à laquelle il n'avait jamais cessé d'attacher toutes ses espérances.

Guillaume de Dampierre avait déjà quitté Ptolémaïde. A peine avait-il revu la Flandre qu'impatient de faire briller à tous les regards la gloire qu'il avait acquise en Egypte, il parut au tournoi de Trazegnies. Il y montra le même courage; tous ses adversaires cédaient à son impétuosité et à celle de ses compagnons d'armes, quand tout à coup une autre troupe de chevaliers les attaqua par derrière et les précipita sous les pieds des chevaux; parmi les cadavres que l'on releva vers le soir, se trouvait le corps du jeune comte de Flandre. Selon quelques historiens, sa mort ne fut que le résultat fortuit de la vivacité et de l'acharnement de la lutte; mais il en est d'autres qui accusent les sires d'Avesnes d'avoir préparé et fait exécuter cette trahison.

La comtesse Marguerite semblait surtout disposée à voir un crime dans le triste dénoûment du tournoi de Trazegnies, et quelles que fussent les protestations des sires d'Avesnes, elle sentit s'accroître la haine qu'elle leur portait. Son indignation fut grande en apprenant que le pape Innocent IV avait confirmé le jugement prononcé par l'évêque de Châlons et l'abbé de Liessies, et dès que l'évêque de Cambray, par ses lettres du 9 avril 1252, eut rendu publique la sentence pontificale, elle s'adressa directement au pape, le suppliant de changer de résolution, niant même l'impartialité de l'évêque de Châlons et demandant que d'autres évêques procédassent à une nouvelle enquête.

Jean et Baudouin d'Avesnes se hâtèrent d'exposer à Guillaume de Hollande les persécutions dirigées contre eux, et le roi des Romains résolut d'intervenir d'une manière éclatante en leur faveur contre la comtesse de Flandre. Le 11 juillet 1252, les princes de l'empire se réunirent au camp de Francfort pour déclarer que tous les feudataires impériaux étaient tenus de demander l'investiture de leurs domaines au roi Guillaume. Lorsque l'archevêque de Cologne eut ajouté que tous ceux qui, sommés de rendre hommage, n'avaient point obéi, dans le délai de six semaines et trois jours, avaient forfait leurs fiefs, l'évêque de Wurtzbourg se leva et dit que, bien que la comtesse de Flandre y eût été invitée à plusieurs reprises, elle ne s'était jamais présentée pour faire acte d'hommage, et que, par sa désobéissance, elle avait perdu tous les droits qu'elle possédait sur les terres qui relevaient de l'empire. Aussitôt après, le roi des Romains fit lire une charte par laquelle il confisquait la Flandre impériale et les pays des Quatre-Métiers, de Waes et d'Alost, ainsi que le comté de Namur, et en faisait don à son beau-frère, Jean d'Avesnes. Les ducs de Brabant et de Brunswick, les archevêques de Mayence et de Cologne, les évêques de Wurtzbourg, de Strasbourg, de Liége et de Spire confirmèrent la donation du roi des Romains, et Jean d'Avesnes prêta immédiatement le serment de fidélité.

Ainsi se trouvaient rompus tous les traités qui, avant le départ de Louis IX pour l'Egypte, avaient rétabli la paix de la Flandre. La guerre devint inévitable, et dès le mois de décembre 1252, les sires d'Avesnes appelèrent aux armes leurs alliés les plus intrépides, Rasse de Gavre, Jean d'Audenarde, Thierri de la Hamaide, Gilles de Berlaimont, Hugues d'Antoing, Jean de Dixmude et d'autres nobles chevaliers.

On ne tarda point toutefois à apprendre que le pape Innocent IV avait, par une bulle du 20 août 1252, chargé l'évêque de Cambray, l'abbé de Cîteaux et le doyen de Laon de reviser toutes les informations déjà produites relativement à la naissance des sires d'Avesnes: cette procédure ecclésiastique suspendit toutes les hostilités. Le 28 avril 1253, Jean et Baudouin d'Avesnes nommèrent des procureurs auxquels ils confièrent le soin de les défendre. Le 17 juin, Gui et Jean de Dampierre désignèrent également l'archidiacre d'Arras et le prévôt de Béthune pour soutenir leurs intérêts: triste enquête qu'une mère avait provoquée contre son fils, et où les accusateurs eux-mêmes n'étaient que leurs frères!

L'évêque de Cambray et les autres commissaires délégués par le pape entendirent de nombreux témoins et discutèrent leurs dépositions; puis, reconnaissant qu'il n'était point possible d'élever des doutes sur la célébration religieuse du mariage de Bouchard et de Marguerite, ils ratifièrent le jugement prononcé par l'évêque de Châlons et l'abbé de Liessies; mais Marguerite adressa de nouvelles lettres au pape, pour le supplier d'ordonner une troisième enquête, comme si le soin de son propre honneur lui importait moins que celui de ses vengeances.

Tandis que les sires d'Avesnes réclamaient la protection du roi des Romains, la comtesse de Flandre appelait à son aide les plus intrépides barons de France. Ils accoururent avec empressement à sa voix, et dès le printemps de l'année 1253, ils convoquèrent, dans toutes les provinces situées entre l'Escaut et la Loire, les hommes d'armes et les milices communales pour les conduire en Flandre. Le roi des Romains, qui n'ignorait point leurs desseins, se hâta aussi de charger son frère de rassembler dans l'île de Walcheren toutes les forces de ses Etats héréditaires, auxquelles se joignirent quelques princes allemands. Au milieu de ces préparatifs belliqueux, le duc de Brabant, Henri le Débonnaire, essaya de faire entendre les conseils de la prudence et de la modération. Sa médiation fut acceptée, et Guillaume de Hollande se rendit lui-même à Anvers pour assister aux conférences qui y avaient lieu.

Cependant Marguerite ne voyait dans la trêve qu'une occasion favorable de surprendre ses ennemis privés de leur chef, et le 4 juillet, trois flottilles recevaient, sur les rives de l'Escaut, ses partisans, divisés en trois corps principaux. Les deux premières abordaient à peine sur le territoire de West-Capelle, et les hommes d'armes n'avaient point eu le temps de se ranger en ordre de bataille sur les digues et au bord des marais, lorsque l'on entendit résonner les trompes et les buccines. Toute l'armée impériale, commandée par Florent de Hollande et Jean d'Avesnes, s'avançait en renversant devant elle les envahisseurs, dont les uns périssaient par le fer et les autres dans les flots, en cherchant à rejoindre leurs navires. En ce moment, la troisième flottille s'approchait de l'île de Walcheren, et le même sort attendait les chevaliers qui se hâtaient d'arriver au secours de leurs frères d'armes, jugeant que plus le péril était grand, plus il était honteux de les abandonner. Quelques récits fixent le nombre de ceux qui périrent dans ce combat, l'un des plus sanglants du treizième siècle, à cinquante mille hommes; d'autres l'évaluent à cent mille, dont cinquante mille mis à mort et cinquante mille noyés dans l'Escaut. Parmi les prisonniers se trouvaient Gui de Dampierre, blessé au pied, et son frère, Jean de Dampierre, le comte de Bar, qui avait eu un œil crevé dans la mêlée, le comte Arnould de Guines, le comte de Joigny, Siméon de Chaumont et plus de deux cents illustres chevaliers.

Pas un seul combattant, assure-t-on, n'avait échappé à ce désastre pour en porter la nouvelle à la comtesse Marguerite. Cependant on vit arriver bientôt en Flandre une multitude d'hommes à demi nus, auxquels Jean d'Avesnes avait rendu la liberté, espérant reconquérir quelque jour la souveraineté de la Flandre. Leurs récits n'étaient que trop tristes: une seule ville de la Flandre avait perdu dix mille de ses habitants. Une profonde désolation se répandit de toutes parts; le commerce et l'industrie languissaient, et un historien contemporain remarque que l'année 1253 fut une année malheureuse pour l'ordre de Cîteaux, parce que les tisserands flamands ne vinrent point acheter la laine de ses troupeaux. «Ce fut alors, dit Matthieu Paris, que les Français mandèrent au roi Louis IX qu'il revînt le plus tôt possible, car son trône était ébranlé et le funeste orgueil de la comtesse de Flandre avait mis en péril tout le royaume.»

Marguerite voyait ceux de ses fils, pour lesquels elle s'était imposé de si nombreux sacrifices, au pouvoir de ses ennemis. L'heure était arrivée où son âme altière allait fléchir, et ce fut avec des paroles suppliantes que les évêques de Tournay et de Térouane se rendirent en son nom au camp du roi des Romains; mais Guillaume de Hollande leur fit répondre que Marguerite, ayant violé tour à tour et la foi qu'elle devait à l'empire et le serment qu'elle avait prêté d'observer la trêve conclue à Anvers, ne devait point s'attendre à ce qu'il consentît à traiter avec elle. Il ne resta à Marguerite qu'à chercher à réparer la défaite de West-Capelle par l'intervention du comte d'Anjou, frère du roi de France. «Charles, dit Villani, était sage dans les conseils, intrépide dans les combats et avide d'acquérir, en quelque lieu que ce fût, des terres et des seigneuries.» Charles d'Anjou oublia aisément que Louis IX lui-même avait attribué le Hainaut à Jean d'Avesnes, et ce fut ce même comté de Hainaut, avec la ville de Valenciennes, que la comtesse de Flandre lui offrit pour prix de son alliance.

Dès que Charles d'Anjou eut réuni ses hommes d'armes, il fit défier le roi des Romains, en lui mandant qu'à certain jour il se rendrait en Brabant, dans la plaine d'Assche, et que, s'il ne l'y trouvait point, il irait le chercher dans ses Etats héréditaires de Hollande. «Je jure de l'attendre dans la plaine d'Assche, répondit le roi des Romains aux hérauts du comte d'Anjou, et voici quel est le gage de ma promesse.» En prononçant ces paroles, rendant défi pour défi, il leur remit la chaîne d'or que portait Gui de Dampierre le jour où il fut vaincu.

Tandis que le comte d'Anjou voyait les portes de Valenciennes se fermer à ses hommes d'armes, déjà mis en déroute par le sire d'Enghien dans les bois de Soignies, le roi des Romains conduisait dans la plaine d'Assche une armée de deux cent mille hommes; il y passa trois jours, mais personne ne se présenta pour lui livrer bataille.

Au milieu de cette confusion extrême, on annonça que le pape Innocent IV avait chargé le cardinal Cappochi de se rendre en Flandre pour y évoquer, pour la troisième fois, cette scandaleuse procédure où la mémoire de Bouchard d'Avesnes était traînée au pilori par sa veuve. Il semblait que rien ne pût mettre un terme à ces guerres cruelles, à ces enquêtes, qui, remontant quarante ans en arrière, rouvraient sans cesse les plaies les plus vives, lorsque le roi Louis IX, retournant d'Orient, arriva, le 4 septembre 1254, au château de Vincennes.

Peu de mois après, une trêve fut conclue entre la France et l'Angleterre, et dans les derniers jours d'octobre 1255, Louis IX vint lui-même en Flandre pour y rétablir la paix. Ses ambassadeurs engagèrent le roi des Romains à déposer les armes, et leur message réussit, tant était grand le respect que l'on portait au roi de France. «Quant le roy savoit, disent les chroniques de Saint-Denis, aucun haut prince qui eust aucune indignation ou aucune male volonté contre luy, lui le traioit à paix charitablement pour débonnaireté, et faisoit amis de ses ennemis en concorde et en paix.»

Cependant on ne tarda point à apprendre que Guillaume de Hollande avait péri au milieu de l'hiver, égorgé par quelques paysans dans un marais de la Frise. Louis IX était rentré en France avant que la paix fût conclue, mais Jean et Baudouin d'Avesnes avaient consenti à se trouver à Péronne au mois de septembre. La comtesse de Flandre y comparut également, et Louis IX jugea ses prétentions avec la même équité que si les intérêts de son frère y eussent été complètement étrangers.

Par une première convention, Jean et Baudouin d'Avesnes reconnurent, ainsi que Gui et Jean de Dampierre, que la décision arbitrale de 1246, telle que l'avaient prononcée le roi de France et l'évêque de Tusculum, devait être considérée comme une règle inviolable, garantie par leurs serments. Ils jurèrent de nouveau de la respecter. Les sires d'Audenarde, de Mortagne, de Gavre, de Ghistelles, de Rasseghem, de Boulers, de Rodes, de Beveren, de Trazegnies, de Chimay, de Barbançon, de Bousies, de Lens, de Ligne, d'Antoing, prirent le même engagement.

Par un second traité, daté du 25 septembre 1256, Charles d'Anjou déclara remettre à sa cousine, la comtesse de Flandre, la donation qu'elle lui avait faite, renonçant pour lui et ses héritiers à toute prétention au comté de Hainaut.

Par un troisième traité, Jean et Baudouin d'Avesnes abdiquèrent tous les droits qu'ils tenaient de la confiscation des domaines de Baudouin de Courtenay par le roi des Romains, et, de même que le comte d'Anjou avait renoncé à la donation du Hainaut, ils révoquèrent le transport qu'en vertu de cette confiscation ils avaient fait précédemment à Henri de Luxembourg de leurs prétentions sur le comté de Namur.

Quinze jours plus tard, d'autres conférences s'ouvrirent à Bruxelles par la médiation du duc de Brabant, mais sous l'influence de la mission conciliatrice de Louis IX. Là fut conclu, le 13 octobre, un traité que cimenta le mariage de Florent de Hollande et de Béatrice, fille aînée de Gui de Dampierre. Béatrice reçut pour dot les îles de la Zélande, situées entre Hedinzee et l'Escaut; mais il était expressément entendu qu'elles resteraient toujours un fief dépendant de la Flandre, et le 21 octobre, Florent de Hollande en fit hommage entre les mains de Marguerite. Gui et Jean de Dampierre, les comtes de Bar et de

Guines, et les autres nobles faits prisonniers à la bataille de West-Capelle, furent immédiatement rendus à la liberté.

La comtesse de Flandre s'efforçait, en abolissant les impôts onéreux qui pesaient sur les bourgeois et le peuple, d'alléger le souvenir de leurs malheurs. Elle avait naguère affranchi tous les serfs de ses domaines, afin qu'ils ne fussent plus soumis aux redevances et aux travaux qui accablaient leurs familles. La Flandre put enfin jouir d'un repos complet; mais ses princes et ses chevaliers, qui n'avaient vécu qu'au milieu des combats, ne cessèrent point d'aller chercher dans d'autres pays la guerre qui, désormais, respectait leurs propres frontières.

Le comte de Luxembourg, contestant à Jean d'Avesnes le droit de révoquer une donation confirmée par l'empereur, avait chassé de Namur l'impératrice Marie de Brienne, femme de Baudouin de Courtenay. Gui de Dampierre prit sa défense, espérant qu'en récompense de ses services elle lui abandonnerait tous ses droits. Des négociations eurent lieu: elles se terminèrent par le mariage de Gui de Dampierre avec Isabeau de Luxembourg, dont le comté de Namur forma la dot.

Robert, l'aîné des fils de Gui, issu de son premier mariage avec Mathilde de Béthune, avait environ dix-huit ans: il venait d'épouser l'une des filles de ce comte d'Anjou, dont nous avons raconté la déplorable alliance avec Marguerite. Dès ce moment, il s'associa à sa fortune, c'est-à-dire aux projets les plus ambitieux et aux plus aventureuses entreprises.

Un fils illégitime de Frédéric II avait usurpé le trône de Sicile: en même temps qu'il se déclarait le chef des Gibelins, il recrutait parmi les Sarrasins les armées qui maintenaient sa puissance. Ce fut dans ces circonstances que le pape Urbain IV prêcha une croisade contre Manfred: réfugié à Viterbe, il se souvenait qu'il était né Français en offrant à l'un des princes de la maison de France la gloire de vaincre Manfred et de recueillir son héritage. Charles d'Anjou accepta avec joie la couronne que le pape lui présentait. Il se hâta de s'embarquer au port de Marseille avec mille chevaliers, et le 24 mai 1265 il entrait à Rome.

La grande armée des guerriers d'Occident, qui portaient les croix blanches et vermeilles, n'avait point encore paru en Italie. Leur maréchal était Robert de Flandre, qui, trop jeune pour diriger leur expédition, écoutait les conseils du connétable de France, Gilles de Trazegnies. Vers le mois de juin 1265, ils traversèrent la Bourgogne et la Savoie, puis ils pénétrèrent, par les gorges du Mont-Saint-Bernard et du Mont-Cenis, au milieu des Alpes, dont leurs trompettes firent retentir les vallées. Dès qu'ils descendirent dans la Lombardie, ils se virent accueillis avec honneur par les amis du marquis de Montferrat. Vers le mois de novembre, ils s'étaient emparés de Verceil et avaient franchi les gués de l'Adda, lorsque le plus redoutable des alliés de

Manfred dans le nord de l'Italie, le marquis Pelavicini, quitta Brescia pour s'avancer contre eux; mais les forces dont il disposait étaient trop faibles, et loin d'arrêter l'invasion des croisés, il ne fit qu'irriter leur colère.

Robert de Flandre avait passé l'Oglio au pont de Calepi, que lui livra la trahison de Buoso de Doara: ses hommes d'armes pillèrent tous les domaines du marquis Pelavicini; ils brûlèrent ses châteaux et ses villes, emmenant à leur suite les populations captives et les accablant de tous les outrages dont le droit de la victoire autorise l'impunité. Ces dévastations durèrent neuf jours. Les habitants de Brescia s'abandonnaient au désespoir. Les uns avaient fui dans les bois; les autres avaient ouvert les sépulcres des morts pour y cacher leurs enfants sous la protection des froides reliques de leurs aïeux.

Cependant les croisés poursuivaient leur marche vers Mantoue, où ils attendaient les Guelfes de Florence: ils envahirent le territoire de Ferrare, puis se dirigèrent vers Bologne et de là vers Rome, où ils arrivèrent dans les derniers jours de décembre.

Le comte d'Anjou put enfin commencer la guerre: prêt à quitter Rome, il se rendit, aux fêtes de l'Epiphanie, dans la basilique de Saint-Jean-de-Latran, où les cardinaux délégués par le pape lui remirent le diadème des rois de Sicile et la bannière de l'Eglise. Manfred n'ignorait point les préparatifs de Charles d'Anjou; il avait chargé le comte de Caserte de veiller à la défense des frontières de ses Etats, et les croyait bien gardées; mais il apprit tout à coup que les croisés s'avançaient rapidement au delà du Garigliano, mettant en fuite les Siciliens et les Sarrasins, et s'emparant de tous les châteaux qui se trouvaient sur leur passage. Manfred rangea aussitôt son armée en ordre de bataille.

C'était le 26 février 1265 (v. st.); le jour était déjà avancé au moment où les croisés aperçurent les soldats de Manfred placés au pied des murailles de Bénévent. Charles d'Anjou voulait remettre la lutte au lendemain. Gilles de Trazegnies s'y opposa, déclarant, raconte Guillaume de Nangis, «que, quoi que li autres facent, la gent son enfant se combateroient.» Qu'on prenne donc les armes! répondit le comte d'Anjou, et les archers se mirent en mouvement. La mêlée fut sanglante. Un instant l'avantage parut appartenir aux Allemands du parti gibelin; mais Robert de Flandre et ses chevaliers, qui s'étaient placés vis-à-vis du corps que commandait Manfred lui-même, rétablirent bientôt les chances du combat. Ils s'élançaient au milieu des ennemis avec tant d'impétuosité qu'ils semblaient, dit un historien contemporain, aussi redoutables que la foudre. Manfred seul ne fuyait pas: il succomba sous les coups de deux écuyers du comté de Boulogne qui ne le connaissaient point.

Charles d'Anjou prit possession de son royaume; mais il y multiplia les exactions qui naguère avaient soulevé contre lui les populations du Hainaut; et, dès la fin de l'année 1267, les Gibelins appelaient comme un libérateur le jeune Conradin, fils de Conrad de Souabe. Le duc d'Autriche et d'autres princes allemands l'accompagnèrent en Lombardie. Pise et Sienne le saluèrent avec enthousiasme, et il traversa triomphalement toute l'Italie, jusqu'à ce qu'il arrivât près d'Aquila, dans la plaine de Tagliacozzo, en présence de Charles d'Anjou.

Conradin, vaincu, fut livré par les Sarrasins de Nocera. Si Charles d'Anjou fut cruel lorsqu'il eût pu être magnanime, Robert de Flandre, quoique son gendre, se montra du moins à Naples le digne chef des croisés de Flandre. Parmi tous les juges de Conradin, il n'y en avait qu'un seul qui eût osé le condamner, et ce fut celui-là qui lut la fatale sentence; mais au même moment, Robert de Flandre le renversa sans vie à ses pieds en lui disant: «Il ne t'appartient pas, misérable, de vouer à la mort un si noble prince!» Tous les chevaliers applaudirent; Charles d'Anjou seul restait inflexible. Conradin était monté sur l'échafaud dont il ne devait plus descendre. Il pleura en songeant au passé et s'écria: «O ma mère!» puis, portant ses pensées vers l'avenir auquel il laissait le soin de le venger, il jeta son gant au peuple, et toutes les cloches de Naples sonnèrent le glas funèbre: quelques années encore, et les cloches de Palerme sonneront aussi, mais ce sera pour annoncer les Vêpres siciliennes.

Le ciel semblait réclamer le dévouement du roi de France comme un sacrifice expiatoire pour le crime de son frère. Le 25 mars de cette même année, Louis IX avait pris la croix au milieu d'une nombreuse assemblée de barons. Treize années s'étaient écoulées depuis son retour de Ptolémaïde; il avait rétabli la paix de l'Europe et assuré celle de la France, en achevant ses Etablissements, plus admirables que les capitulaires de Karl le Grand. Il avait fait publier à Saint-Gilles l'ordonnance du mois de juillet 1254, le plus ancien monument, non-seulement dans les provinces du midi, mais aussi dans tout le royaume, de la participation du tiers état à la direction des affaires publiques. Par une autre ordonnance, il avait reconnu à toutes les communes le droit d'élire leurs maires. Des lois sévères réprimaient les abus des duels judiciaires, le désordre des mœurs, les concussions des magistrats. L'exemple du roi de France propageait tous les sentiments généreux. Tandis que le comte de Poitiers, frère de Louis IX, déclarait que tous les hommes naissent libres, le comte de Forez défendait de prononcer à l'avenir le nom de serf, qu'il assimilait aux termes les plus injurieux. Tel était le respect dont était entourée la puissance du roi de France, qu'après avoir été choisi par les barons anglais comme l'arbitre de leurs discordes politiques, il vit l'héritier de leurs rois réclamer l'honneur de combattre sous ses drapeaux. Un pareil enthousiasme animait les Castillans et les Aragonais, les Ecossais et les Frisons. En même temps que les bourgeoisies armaient leurs milices communales, les barons suivaient l'exemple de leur chef en jurant de l'accompagner dans la guerre sainte.

Dès le mois de juillet 1268, le pape Clément IV avait autorisé Gui de Dampierre à se faire remettre toutes les dîmes qui avaient été levées en Flandre pour la croisade, et il se trouve mentionné dans le tableau des chevaliers croisés avec cette mention: «Monsieur Gui de Flandres soy vingtiesme, six mil livres, et passage et retour de chevaux et mangera à court.»

Le départ des croisés ne devait avoir lieu que deux ans plus tard. On les employa à régler les préparatifs de la croisade et à discuter le but que l'on devait s'y proposer. Les considérations les plus graves paraissaient devoir faire décider qu'on se dirigerait de nouveau vers l'Orient. L'Egypte était affaiblie par ses discordes; les ambassadeurs des Mongols n'avaient point cessé d'offrir leur appui, enfin, il y avait encore en Syrie un grand nombre de barons français que Louis IX y avait laissés et qui attendaient son retour avec impatience. Le roi de France, qui, avant de quitter Ptolémaïde, avait fait un pèlerinage à Nazareth et au Mont-Thabor, appelait aussi de ses vœux le moment où il lui serait permis de saluer la vallée de Josaphat et les cimes du Calvaire. Cependant Charles d'Anjou s'opposait à ces projets: lié lui-même par le serment de la croisade, il représentait combien étaient tristes les souvenirs de la première expédition conduite en Egypte, et engageait le roi à ne point aborder sur des rivages où tout rappelait les malheurs et la honte de la France. Un double motif présidait aux conseils du roi de Sicile: il désirait ne point s'éloigner de ses Etats, dont la soumission restait douteuse, et il espérait qu'une expédition de quelques mois suffirait pour anéantir en Afrique la puissance des Sarrasins, qui envoyaient à leurs colonies d'Italie des auxiliaires toujours dévoués aux Gibelins. La domination des Sarrasins en Afrique n'était-elle point d'ailleurs le lien qui unissait aux califes d'Asie les califes d'Espagne? Ne pouvait-on pas présumer que le sultan de Tunis demanderait le baptême dès qu'il se verrait menacé de l'invasion des croisés? et le premier fruit de sa conversion ne serait-il point la destruction de ces corsaires qui parcouraient la Méditerranée en pillant les vaisseaux des marchands français? Louis IX consentit à le croire, parce que sa piété lui parlait le même langage que l'intérêt de son peuple.

Le 4 juillet 1270, le roi de France s'embarqua au port d'Aigues-Mortes, que les anciens connaissaient sous le nom d'Aquæ-Marianæ; il allait retrouver, sur d'autres rivages, le souvenir de Marius.

La même flotte portait le roi de Navarre, les comtes de Poitiers, de Bretagne, de Flandre, de Guines et de Saint-Pol. Gui de Dampierre était accompagné de ses deux fils Robert et Guillaume, et parmi les nobles princesses qui avaient quitté leurs châteaux pour suivre l'expédition d'outre-mer, on remarquait la jeune comtesse de Flandre qui portait un enfant dans ses bras. Le 18 juillet, les croisés abordèrent en Afrique, et dès le lendemain ils s'emparèrent d'un vieux château dont les galeries souterraines étaient cachées sous les roseaux. C'était Carthage. En voyant briller sur le rivage les riches pavillons de la reine de Navarre et de ses compagnes, quelques chevaliers se souvinrent que les ruines qu'ils foulaient aux pieds étaient celles du palais de Didon; d'autres, tout entiers à la guerre, répétaient que commander à Carthage c'était régner en Afrique.

Cependant le sultan de Tunis ne paraissait point au camp des chrétiens, et les Mores se montraient en armes sur toutes les collines. Les chaleurs de l'été étaient extrêmes, et les vents du désert répandaient une poussière brûlante: bientôt la peste se déclara et joignit ses ravages à ceux qui étaient le résultat des fatigues et des privations de l'armée. Plusieurs chevaliers avaient succombé, lorsqu'on apprit que la contagion avait atteint le roi de France. Tous ses amis étaient plongés dans le deuil: ceux-là mêmes qu'accablaient les mêmes douleurs les oubliaient pour songer à celles de leur prince. D'heure en heure le mal s'aggravait, et Louis IX, étendu sur sa couche de cendres, ne tarda point à rendre le dernier soupir, en s'écriant: «Jérusalem! Jérusalem!»

L'armée des croisés n'avait plus de chef; mais ils ne quittèrent le rivage de l'Afrique qu'après avoir forcé le sultan de Tunis à payer un tribut et à délivrer tous les esclaves chrétiens; puis ils transportèrent sur leur flotte les restes du roi qu'on vénérait déjà comme les reliques d'un saint. Une tempête dispersa leurs navires; cependant lorsque les barons chrétiens abordèrent en Sicile, ils jurèrent qu'à trois ans de là ils se réuniraient de nouveau pour combattre les infidèles.

En effet, quelques années plus tard, Gui de Dampierre forma le projet de tenter une autre croisade: le grand maître des hospitaliers, en lui annonçant la mort du grand maître de l'ordre du Temple, Guillaume de Beaujeu, l'avait vivement engagé à ne point tarder plus longtemps à secourir la terre sainte; mais il se contenta d'accompagner, en 1276, Philippe le Hardi dans son expédition contre le roi de Castille. La vieillesse de sa mère et l'agitation qui règne dans nos grandes communes l'obligent à renoncer désormais aux périls et aux hasards des expéditions lointaines, et bientôt s'ouvrira cette triste période de notre histoire où les guerres et les discordes, succédant à la prospérité et à la paix, doivent apprendre à la Flandre à regretter de plus en plus la pieuse protection de saint Louis.

LIVRE NEUVIÈME.
1278-1301.

Puissance de Gui de Dampierre.
Prospérité des communes flamandes.
Intrigues de Philippe le Bel.—Troubles et guerres.

Depuis plusieurs années, Gui de Dampierre gouvernait la Flandre; mais ce ne fut que le 29 décembre 1278 que la comtesse Marguerite, alors âgée de soixante et seize ans, le mit solennellement en possession de son héritage. Le roi Philippe le Hardi confirma son abdication au mois de février: une année après, Marguerite ne vivait plus.

Le comte de Flandre avait reçu son nom de son aïeul Gui de Dampierre, seigneur de Bourbon, dont l'arrière-petite-fille épousa Robert, fils de saint Louis. Les sires de Dampierre, bien qu'assez pauvres, appartenaient à la noblesse la plus illustre de la Champagne, et lors de la croisade de Baudouin, c'était à Renaud de Dampierre que le comte Thibaud avait légué tous ses trésors, afin qu'il prît sa place parmi les princes franks ligués pour la conquête de l'Orient.

Gui de Dampierre s'était montré, aussi bien que son frère, fidèle à ces glorieux souvenirs; et si sa jeunesse l'avait empêché de partager la captivité du roi de France en Egypte, il avait du moins reçu son dernier soupir sur la plage de Tunis. Porté par son ambition à concevoir les desseins les plus vastes, et non moins capable de les accomplir; joignant le courage à l'habileté, l'habileté à la persévérance, il ne devait succomber dans la grande lutte qui l'attendait que parce que deux conditions de force et de stabilité manquèrent à son gouvernement. D'une part, le prince, nourri des traditions de la féodalité, se méfia de la Flandre, pays de priviléges et de libertés; d'autre part, les communes de Flandre s'éloignèrent du prince, parce que sa dynastie avait trouvé son origine dans leurs malheurs et dans leurs revers.

La réunion du comté de Flandre et du comté de Namur avait accru la puissance de Gui de Dampierre, en lui assurant une influence prépondérante depuis le rivage de la mer jusqu'aux bords de la Meuse. Tous les princes le traitaient avec respect et avec honneur, et l'on voyait en France les barons les plus illustres, tels que le comte de Dreux, Humbert de Beaujeu et Raoul de Clermont, tous deux connétables, et le maréchal Jean d'Harcourt, recevoir de lui des pensions qu'on nommait alors *fiefs de bourse*, et à ce titre lui rendre hommage. Pendant vingt ans, sa cour fut la plus brillante de l'Europe. L'art vivait de ce luxe qu'il ennoblissait, et les bienfaits d'une prodigalité non moins splendide étaient assurés à la poésie, cette sœur de l'art, qui, dans un autre langage, promet également aux princes qui la protégent l'indulgente reconnaissance de la postérité. Gui de Dampierre, cousin de Thibaud de

Champagne, aimait les vers comme lui, et tandis que ses chevaliers, à l'exemple de Michel de Harnes et de Quènes de Béthune, consacraient leurs loisirs aux romans de chevalerie ou à de légères et gracieuses chansons, il se plaisait lui-même à écouter les chants de ses ménestrels. Adam de la Halle l'accompagna dans sa croisade d'Afrique. Adenez le Roi et Jacques Bretex le célébrèrent comme le plus courtois des princes de son temps. Le goût de la poésie s'était répandu de toutes parts. Au treizième siècle, chaque ville avait ses poètes. Arras joignait aux noms d'Adam de la Halle et de Jacques Bretex celui de Jean Bodel, qui se rendit fameux par ses *Jeux partis*. Alard et Roix de Cambray, Jean et Durand de Douay, Jacques d'Hesdin, Baudouin de Condé, Gilbert de Montreuil, Guillaume de Bapaume, Éverard de Béthune, Marie de Lille, Pierre et Mahieu de Gand, à défaut de nom plus illustre, portaient chacun celui de leur ville natale, dont la gloire dut ainsi quelque chose à l'obscurité même de leur naissance. C'était en Flandre et en Artois que la poésie française brillait alors du plus vif éclat, et l'on ne peut contester aux princes de la maison de Dampierre la gloire de leur fécond patronage.

Tandis que la puissance du comte de Flandre s'élevait de jour en jour, les cités flamandes avaient pris un développement non moins remarquable. «Jamais, dit Meyer, la situation des bourgeois de Gand ne fut plus heureuse, ni plus prospère. La ville s'orna d'un grand nombre de monuments importants et ses limites furent reculées. On creusa la Lieve. Les faubourgs qui s'étendaient au delà de l'Escaut, la terre de Mude, le vieux bourg de Saint-Bavon et la plaine de Sainte-Pharaïlde furent compris dans l'enceinte de la cité, en même temps que l'on construisait le pont du comte et le chœur de l'église de Saint-Jean.» La Lieve ouvrait la mer au commerce de Gand, et bientôt il fallut de nouveau étendre ses limites. A Bruges, les ruines des maisons détruites par de nombreux incendies se relevaient à peine, que déjà on y réclamait une enceinte moins étroite. A Ypres, centre de la fabrication des draps, la population était si considérable qu'en 1247 les échevins s'adressèrent au pape Innocent IV, pour le prier d'augmenter le nombre des paroisses de leur ville, qui contenait environ deux cent mille habitants.

La prospérité des communes flamandes reposait sur des institutions désormais complètes. La sagesse de leurs dispositions était célèbre au loin. On citait notamment la loi de Termonde comme un modèle, et la charte qui fut accordée en 1228 à la ville de Saint-Dizier en Champagne se référait sans exception à la charte d'Ypres. Jamais aucun peuple n'obéit à des lois qu'il modifia plus rarement et pour lesquelles il combattit avec plus d'héroïsme. Pendant la paix, les progrès de l'agriculture, de l'industrie et du commerce faisaient apprécier leurs bienfaits, et même pendant la guerre, il n'était point de goutte de sang versée pour leur défense qui ne les rendît plus vénérables et plus sacrées.

Il serait difficile de trouver dans l'étude de l'organisation politique au moyen-âge une matière plus vaste que la comparaison approfondie de la législation de la Flandre et des législations contemporaines: ce serait justifier à la fois l'enthousiasme qui animait nos communes et celui qu'elles réveillaient chez les communes voisines de Brabant, de Hainaut, de Hollande, de France et d'Angleterre. Dans la limite plus étroite de notre récit, nous nous bornerons à signaler l'influence que les institutions de la Flandre exercèrent sur le développement de son industrie et de ses richesses. Les lois qui gouvernaient la Flandre étaient éminemment protectrices. C'est par ce caractère de sa législation que la Flandre s'était séparée de bonne heure de la société féodale, qui ne connaissait d'autre droit que celui de l'épée, et l'on comprend aisément que le commerce, l'industrie et les arts aient cherché un asile où, au lieu des vexations de tout genre, des tailles arbitraires, des épreuves judiciaires par le feu ou le duel, l'on rencontrait les règles stables et fixes d'une organisation régulière. D'une part, on voit la loyauté commerciale de l'ouvrier garantie par le corps de métier et par la ville, également intéressés à veiller à ce qu'aucune atteinte ne soit portée à l'honneur et à la renommée de la fabrication; d'autre part, les règlements des métiers protègent l'ouvrier en réglant le salaire d'après le travail et le travail d'après les forces. A côté de ces dispositions d'ordre intérieur viennent se placer des règles morales. L'ouvrier n'est admis dans les corps de métier qu'après avoir juré de contribuer de tout son pouvoir à maintenir la corporation dans la grâce de Dieu, et de servir le comte de tout son cœur, de tout son sang et de tout son bien, à son honneur et à l'honneur de sa patrie; si on l'avertit qu'en se rendant coupable de quelque délit ou seulement de mauvaises mœurs, il sera immédiatement exclu de la corporation, on lui promet aussi, s'il est loyal et probe, d'entourer de soins sa vieillesse et ses infirmités.

Ce fut grâce à ces institutions généreuses que la Flandre vit les marchands étrangers rechercher son hospitalité, tandis que son commerce se développait à la fois au dedans par le travail de ses tisserands, dont l'habileté était déjà renommée chez les Romains du temps de Pline, au dehors par les efforts de ses marins, dignes fils de ces intrépides navigateurs qui harponnaient les baleines sur les côtes du Fleanderland.

Les foires de Flandre étaient depuis longtemps fameuses. Les historiens du douzième siècle mentionnent tour à tour celle de Thourout, où la hache de Baudouin VII protégeait les marchands osterlings, et celle d'Ypres, où la mort de Charles le Bon sema la terreur parmi les orfévres lombards. La foire de Bruges était la plus importante. Là venaient s'échanger les produits du Nord et ceux du Midi, les richesses recueillies dans les pèlerinages de Novogorod et celles que transportaient les caravanes de Samarcande et de Bagdad, la poix de la Norwége et les huiles de l'Andalousie, les fourrures de la Russie et les dattes de l'Atlas, les métaux de la Hongrie et de la Bohême, les figues de

Grenade, le miel du Portugal, la cire du Maroc, les épices de l'Egypte, «par coi, dit un ancien manuscrit, nulle terre n'est comparée de marchandise encontre la terre de Flandre.»

Telle était la protection dont les marchands étrangers jouissaient aux foires flamandes, que, bien que Marguerite eût fait saisir en 1272, par mesure de représailles, les laines anglaises à Bruges et à Damme, un marchand gallois n'hésita point à se rendre à la foire de Lille malgré la comtesse de Flandre, qui fut, sur sa plainte, condamnée à une amende considérable par la cour du roi. Lorsqu'en 1274 Charles d'Anjou invita Gui de Dampierre à chasser de ses Etats les Génois, qui soutenaient en Italie le parti des Gibelins, l'on n'écouta pas davantage ses instances: la Flandre était une terre hospitalière. «La Flandre, écrivait Robert de Béthune à Edouard Ier, doit sa prospérité au commerce, et elle est devenue une patrie commune pour les marchands qui y affluent de toutes parts.» Et les échevins de Bruges répondaient à peu près dans les mêmes termes à Edouard II: «Votre Majesté ne peut ignorer que la terre de Flandre est commune à tous les hommes, en quelque lieu qu'ils soient nés.»

Cependant, ce n'était point assez que la Flandre fût devenue le port où abordaient de nombreux navires. Ses marchands, auxquels les foires de Saint-Denis, de Troyes ou de Provins ne suffisaient plus, tentaient eux-mêmes les plus longs et les plus périlleux voyages. Dès la fin du douzième siècle, ils avaient obtenu des priviléges importants dans les cités des bords du Rhin, et bientôt leurs courses aventureuses s'étendirent des comptoirs de la Baltique et de la Livonie jusqu'aux rives du Bosphore, où l'industrie flamande régnait encore par ses flottes lorsque le trône fondé par le glaive de Baudouin de Constantinople n'existait déjà plus.

A mesure que ces relations se développaient, les gildes des métiers, longtemps divisées et étrangères les unes aux autres, sentaient de plus en plus le besoin de se rapprocher et de s'aider mutuellement. Enfin elles se réunirent pour fonder la grande hanse flamande qu'on appela la hanse de Londres: l'unité commerciale devint l'un des caractères de l'unité politique.

Le mot teutonique *hanse* était autrefois synonyme de gilde: comme le nom de la *minne*, il était employé fréquemment pour désigner la coupe qui circulait dans le banquet des frères conjurés. Dans l'interprétation du moyen-âge, il indique la réunion de plusieurs gildes pour faire le commerce chez les nations étrangères.

On l'appelait la hanse de Londres parce que, depuis longtemps, le grand comptoir des marchands flamands se trouvait fixé sur les bords de la Tamise. Ni les brebis qui paissaient dans les vastes enclos des abbayes de Flandre, ni celles que l'ordre de Cîteaux entretenait en Champagne et en Bourgogne, ne pouvaient suffire aux besoins de la fabrication flamande. Le pays qui l'alimentait, c'était l'Angleterre, cette contrée aux vertes collines couvertes d'innombrables troupeaux, où, jusqu'au quatorzième siècle, les taxes extraordinaires exigées par le roi se prélevaient, non en argent, mais en sacs de laine. Dès l'année 1127, les marchands de Flandre avaient un établissement à Londres. Leurs priviléges avaient été confirmés à plusieurs reprises, et récemment encore, en 1275 et en 1278, ils avaient été ratifiés par Edouard Ier. La hanse de Londres, fondée par des Brugeois, s'était bientôt étendue aux habitants d'Ypres, de Damme, de Lille, de Bergues, de Furnes, d'Orchies, de Bailleul, de Poperinghe, d'Oudenbourg, d'Yzendike, d'Ardenbourg, d'Oostbourg et de Ter Mude. Parmi les villes qui y adhérèrent plus tard, il faut citer Saint-Omer, Arras, Douay et Cambray; enfin, cette association comprit des cités plus éloignées, telles que Valenciennes, Péronne, Saint-Quentin, Beauvais, Abbeville, Amiens, Montreuil, Reims et Châlons.

Un bourgeois de Bruges, que l'on nommait le comte de la Hanse, gouvernait la hanse de Londres. On ne pouvait y entrer qu'à Londres ou à Bruges, en payant trente sous trois deniers sterling, ou seulement cinq sous trois deniers si l'on était fils d'un membre de la hanse. Les teinturiers «ki teignent de leurs mains mesmes et ki ont les ongles bleus, ciaus ki afaitent les caudières et les chaudrons, ki vont criant aval les rues, foulons, teliers, tondeurs, carpentiers, faiseurs de sollers, batteurs de laine,» étaient exclus de la hanse, à moins que depuis un an au moins ils ne se fussent fait recevoir dans quelque corps de métier. Les membres de la hanse jouissaient, dans toutes les villes où elle existait, de priviléges importants. Les magistrats locaux ne pouvaient les poursuivre que pour les délits qu'ils y avaient commis: leurs contestations commerciales étaient soumises à des arbitres choisis parmi les marchands des principales villes de Flandre.

On comprend aisément que les arts se soient développés et aient fleuri là où venaient se confondre tous les produits de la civilisation. Les marchés mêmes qui les abritent sont des palais, comme l'a observé Villani. Aujourd'hui encore, lorsque nos regards se reposent sur les halles d'Ypres ou sur les halles de Bruges, ces magnifiques monuments, tels que n'en vit peut-être élever aucune autre cité du moyen-âge, nous y trouvons écrites, en caractères ineffaçables, la grandeur et la puissance des corps de métier et des communes. La vie du commerce et de l'industrie s'en est retirée; mais dans le silence de ces vastes ruines plane encore toute la majesté des souvenirs de la grande époque qu'ouvrit Baudouin de Constantinople. Le génie fécond du treizième siècle se révèle surtout par ses inspirations et son symbolisme, dans l'architecture religieuse. A Ypres, l'église de Saint-Martin est construite à côté des halles, et son clocher est à peine séparé du beffroi, comme pour indiquer l'alliance de la société chrétienne et de la société politique de ce temps. Bruges et Gand offrent des monuments non moins remarquables, et jusque dans Ardenbourg, l'on admire une des plus splendides églises du treizième siècle.

Plus loin, au milieu des campagnes ou des bois, sur les bruyères, dans les sables mêmes de la mer, on découvre ces célèbres monastères des Dunes, de Thosan, d'Oudenbourg, de Saint-André, d'Afflighem, dont la vaste enceinte a recueilli les titres les plus précieux de la science de l'antiquité à l'ombre des chefs-d'œuvre de l'art religieux, monuments d'un autre temps et d'une autre civilisation. Tandis que leurs brillants vitraux inondent d'une lumière mystérieuse le peuple agenouillé au pied des autels, leurs ogives élancées, leurs tours sveltes et dentelées, invitent le regard et la pensée à se détacher de la terre pour chercher le ciel.

A Sainte-Pharaïlde de Gand, à Saint-Donat de Bruges, à Saint-Martin d'Ypres, on trouve des écoles où se pressent les jeunes clercs qui viennent demander à la rhétorique ses ornements, à la dialectique ses armes irréfragables. Plus tard ils se rendront soit à l'université de Bologne, où la Flandre forme l'une des dix-huit nations transalpines, soit à l'université de Paris pour y entendre Albert le Grand ou saint Thomas d'Aquin, et parmi ceux d'entre eux qui auront à leur tour leur chaire et leur école, nous citerons Henri de Gand, *le docteur solennel*, Alain de Lille, *le docteur universel*, Jean de Weerden, l'une des gloires de l'ordre de Cîteaux, Siger de Courtray, qui compta Dante parmi ses élèves, Jean d'Ardenbourg, François de Dixmude, Odon de Douay, presque tous appelés par saint Louis à coopérer à la fondation de la Sorbonne.

Il faut placer vis-à-vis de cet enseignement public, consacré aux études théologiques, les écoles industrielles qui, dans certains couvents des villes, réunissaient les fils des tisserands, et les écoles agricoles établies au dehors dans les *grangiæ* des monastères, où l'on apprenait aux frères convers et aux jeunes gens à construire des digues et à défricher les marais et les bruyères. Ces écoles moins célèbres, mais plus nombreuses, ne connaissaient point les sept muses du *trivium* et du *quadrivium*, chantées dans les vers virgiliens de l'*Anti-Claudien* d'Alain de Lille; mais elles avaient aussi leur poésie, la vraie poésie populaire, toute empreinte des sentiments qui agitaient les masses, soit qu'elle s'élevât par l'enthousiasme, soit qu'elle s'aiguisât par l'ironie. Sous cette dernière forme, le Roman du Renard fut surtout fameux. Epuré, mais dénaturé par les imitations françaises qu'en firent Jacquemars Giélée de Lille et d'autres poètes, il offrait dans la langue même que parlaient les communes de Flandre une verve plus hardie et plus amère. A la fin du treizième siècle, Guillaume Uutenhove écrivait d'après des sources plus anciennes son *Reinaert de Vos*, où il déplore et les progrès de la science de maître Renard, et l'empressement que montrent des hommes envieux et avides de richesses à ne suivre d'autre règle que celle qu'il prêche dans sa tanière. Non moins véhéments, non moins énergiques étaient les vers où Jacques de Maerlant gémissait sur les brebis égarées au milieu des loups, devenus pasteurs depuis que l'orgueil et l'avarice donnent à quiconque possède de l'or le droit de parler dans le conseil des princes. Il existait sans doute dans ces satires mille allusions qu'il est aujourd'hui difficile de saisir, et au moment même où les ménestrels célébraient dans leurs chansons françaises la générosité et la magnificence du comte de Flandre, plus d'un bourgeois applaudissait sans doute aux vers flamands, où l'on montrait la source de cette générosité et de cette magnificence dans les taxes et dans les emprunts imposés aux communes par un prince hostile à leurs franchises.

Dès le commencement du gouvernement de Gui de Dampierre, de sérieuses contestations avaient éclaté entre le comte et les villes. Au mois d'août 1280, un incendie terrible avait consumé les anciennes halles de Bruges, où étaient déposées toutes les chartes municipales. Gui de Dampierre refusa de les renouveler, et, afin d'apaiser des murmures qui devenaient de plus en plus menaçants, il n'hésita point à faire décapiter, hors de la porte de la Bouverie, cinq des plus notables habitants de la cité de Bruges: Baudouin Priem, Jean Koopman, Lambert Lam, Jean et Lambert Danwilt. Les bourgeois, de plus en plus mécontents, portèrent leurs réclamations à Philippe le Hardi; et nous trouvons mentionné, aux registres de la cour du roi de l'année 1281, un arrêt qui ordonne au comte de Flandre de ne pas s'opposer à ce que les bourgeois de Bruges aient un libre recours à la juridiction royale. Ils ne nous apprennent point les détails de ce procès; mais nous savons que, le 25 mai 1281, fut octroyée une nouvelle charte à la ville de Bruges.

Cependant les bourgeois se plaignaient de ce que le comte Gui, loin de confirmer les priviléges qui leur avaient été accordés par Philippe d'Alsace, leur avait substitué des dispositions qui plaçaient tous leurs droits en son pouvoir. En effet, il y était dit que le comte pourrait abroger toutes les ordonnances des échevins, qu'il pourrait forcer les magistrats à lui rendre compte de leur administration chaque année, et que, de plus, il se réservait pour lui et ses successeurs la faculté de modifier toutes les concessions faites dans cette charte. Une émeute éclata à Bruges, et l'un des officiers du comte, nommé Thierri Vranckesoone, y périt. «Ce fut, dit Oudegherst, la première *wapeninghe* qui advint en Flandre, dont les histoires facent mémoire; laquelle commotion s'appela *de groote moerlemay*. Depuis lequel temps, lesdicts de Bruges ne portèrent oncques amitié, ny affection au comte Guy, ains luy furent toujours contraires.»

A Ypres, la grande émeute qu'on nomma la *kokerulle* rappela la *moerlemay* de Bruges; mais c'était surtout à Gand que la lutte du comte avec la commune avait acquis une extrême gravité. En 1274, la ville de Gand avait conclu une alliance avec les villes de Bruxelles, de Louvain, de Lierre, de Tirlemont et de Malines, et il y avait été expressément déclaré qu'aucune d'elles ne donnerait asile aux membres des corps de métier qui auraient cherché à détruire ou à modifier leurs lois et leurs priviléges. Il semble que cet acte des Trente-Neuf ait accru la haine que leur portait Marguerite. Elle se rendit elle-même à Gand, et supprima l'organisation municipale établie en 1228, pour la remplacer par un conseil de trente personnes, composé de treize échevins, de treize conseillers et de quatre trésoriers. Pour exécuter plus aisément son projet, elle avait fait répandre parmi les ouvriers et les habitants les plus pauvres le bruit que les Trente-Neuf géraient infidèlement les affaires de la commune. Une lettre fut adressée en leur nom au roi de France: c'était en même temps un acte d'accusation contre les Trente-Neuf et un panégyrique de la conduite de Marguerite. «Raconter le triste état de la ville de Gand serait chose longue et peut-être irritante pour quelques personnes; car nous n'avons point entendu dire que depuis neuf ans les échevins aient rendu leurs comptes, et l'on assure qu'ils ont chargé la ville de Gand de dettes énormes... Puisse votre royale prudence connaître la vérité de nos plaintes comme Dieu la connaît! Que votre royale grandeur apprenne aussi que noble dame Marguerite, comtesse de Flandre et de Hainaut, cédant à nos prières multipliées, est venue dans notre ville et y a assisté à l'assemblée de la commune qui formait une multitude presque innombrable; elle a entendu les effroyables clameurs des habitants de Gand; elle a prêté l'oreille à leurs tristes supplications, car ils s'écriaient tout d'une voix:—Notre ville est abandonnée et nous-mêmes nous la quitterons, si vous ne modifiez l'organisation de l'échevinage; nos magistrats nous oppriment comme si nous étions des serfs...—Ladite dame, prenant pitié de notre malheureuse situation, a jugé convenable d'abolir l'ancienne organisation des échevins pour la reformer aussitôt, afin qu'une ville aussi importante que la nôtre ne reste point sans magistrature... Nous supplions donc humblement votre royale clémence d'approuver tout ce qui a eu lieu.»

Trois bourgeois de Gand avaient été choisis pour porter ces plaintes à Paris (c'étaient Guillaume et Pierre Uutenhove et Hugues Uutenvolderstraete); mais la comtesse Marguerite changea tout à coup d'avis, et le 7 novembre, elle ordonna à ses tabellions de copier de nouveau les mêmes lettres, en y omettant tout ce qui se rapportait à l'envoi des trois députés: elle avait jugé préférable de les faire sceller par les abbés de Saint-Pierre et de Saint-Bavon, et d'y joindre une déclaration des frères mineurs et des frères prêcheurs de Gand conçue en ces termes: «Nous, prieur, gardien et moines des couvents de l'ordre des Frères Prêcheurs et de l'ordre des Frères Mineurs, à Gand, faisons savoir à tous que nous croyons que Marguerite, comtesse de Flandre et de Hainaut, n'a agi que selon sa conscience et son désir de faire le bien.»

Les Trente-Neuf avaient interjeté appel devant le roi de France, alléguant qu'ils avaient été condamnés sans avoir été entendus, au mépris de toutes les règles de la justice. Philippe le Hardi interposa aussitôt sa médiation, et en vertu d'un compromis rédigé par le comte de Blois et Henri de Vézelay, il fut convenu que deux ambassadeurs français se rendraient à Gand pour prendre connaissance de tous les griefs et examiner à la fois la conduite des Trente-

Neuf et celle de la comtesse de Flandre. Le comte de Ponthieu et Guillaume de Neuville furent chargés de ce soin. Ils se contentèrent de révoquer Everard de Gruutere et six de ses collègues, maintinrent les autres, et confirmèrent la charte octroyée par le comte Ferdinand et la comtesse Jeanne, en supprimant le nouvel échevinage créé par la comtesse de Flandre. Cette décision fut ratifiée par le roi le 22 juillet 1277.

Deux ans plus tard, Gui de Dampierre voulut imposer aux magistrats de Gand l'obligation de lui présenter annuellement leurs comptes. Il leur contestait également d'autres priviléges; mais en 1280, une transaction eut lieu. Le comte reçut quarante-huit mille livres parisis, et confirma les anciennes franchises de la ville, en s'attribuant seulement le contrôle des dépenses et la juridiction criminelle des cas réservés. Ces cas réservés étaient ceux de haute trahison et d'attentats dirigés contre l'autorité du comte: il fut toutefois aisé à Gui d'en étendre l'interprétation, et il ne tarda point à faire charger de chaînes, sous des prétextes plus ou moins vraisemblables, les bourgeois qu'il n'aimait pas. Les magistrats de Gand adressèrent leurs protestations au comte, et comme il n'y faisait pas droit, ils le citèrent de nouveau à la cour du roi *pour défaut de droit*. C'était l'un des principes les plus remarquables de la législation du moyen-âge que cette fixation précise des limites de toutes les juridictions, protégée par le droit d'appel et sanctionnée par les peines les plus graves. Si le comte était condamné, il perdait une souveraineté dont il avait abusé; une amende considérable devait lui être payée, si les Gantois succombaient: c'est ce qui eut lieu. Les Gantois ne purent établir qu'ils avaient mis le comte en demeure de se prononcer dans les délais pendant lesquels il pouvait leur rendre justice, et ils furent renvoyés à la cour du comte qui les condamna à une amende de soixante mille livres.

Le ressentiment de Gui de Dampierre contre les Trente-Neuf n'était point satisfait; il les accusa d'avoir forfait leurs biens, et voulut les en dépouiller; mais les magistrats de Gand soutenaient que leur délit était effacé par l'amende. Cette nouvelle contestation fut déférée à la cour du roi, qui décida qu'ils conserveraient leurs biens en payant une seconde amende de quarante mille livres tournois, et un troisième arrêt de la cour du roi ordonna que cette amende et tous les frais de cette affaire seraient pris sur les biens de la commune de Gand.

Ces démêlés n'avaient point atteint leur terme. Le comte de Flandre s'opposait à ce que les amendes fussent levées selon l'arrêt de la cour du roi, alléguant que les Trente-Neuf en profitaient pour demander aux bourgeois des sommes plus considérables. Des commissaires nommés par la cour du roi furent chargés d'examiner si cette accusation était fondée; quoi qu'il en fût, lorsque les Trente-Neuf lui présentèrent le compte annuel de leur administration, Gui refusa de l'approuver, et les Gantois eurent de nouveau recours à la cour du roi, qui le ratifia. Cependant le comte de Flandre ne cessait de représenter que la magistrature des Trente-Neuf, loin de protéger la commune, l'opprimait sous le joug d'une autorité tyrannique, et la cour du roi lui permit, en 1284, de faire ouvrir à Gand une enquête publique, où les principaux bourgeois seraient consultés sur les améliorations à introduire dans la forme de leur gouvernement municipal. Pour se rendre leur opinion plus favorable, Gui de Dampierre crut devoir semer la terreur parmi ses adversaires: la plupart des magistrats furent arrêtés et jetés dans les prisons du Vieux-Bourg; les autres ne durent leur salut qu'à une fuite rapide.

Ce fut dans ces circonstances qu'eut lieu l'enquête de 1284. Là comparurent les Borluut, les Uutenhove, les Bette, les Rym et d'autres notables bourgeois. Guillaume Uutenhove, qui avait été, en 1275, l'un des trois députés auxquels la comtesse Marguerite avait voulu un instant confier le soin de sa justification, prit le premier la parole pour demander qu'on substituât à la magistrature des Trente-Neuf un échevinage annuel de treize membres, et Gauthier Uutendale appuya son avis. La plupart des bourgeois émirent la même opinion dans les termes les plus laconiques, se référant timidement à ce qui avait déjà été dit, comme s'ils n'étaient pas libres d'exprimer leur pensée. Enfin, le vingt-neuvième bourgeois interrogé, «Jehans de Wettre, markans et bourgois hirritavles de Gand,» ose dire «ke il se accorde mieus as Trente-Neuf.» Invité à faire connaître ses motifs, il ajoute que leur autorité émane «des bone gens,» et se tait. Jean de Gruutere et d'autres bourgeois partagent l'avis de Jean de Wetteren, mais ils craignent de s'expliquer, et tous leurs témoignages se terminent par cette même formule: «Il ne dist plus.» Ils laissent toutefois échapper par moments la révélation de leur inquiétude et de l'effroi que leur inspire l'autorité menaçante du comte. C'est ainsi que Guillaume Bette maintient «ke les Trente-Neuf sont plus fort à tenir l'éritage de la ville ke trèse, pour ce ke on osteroit les trèse de an en an, et ke ils ne seroient mie si grant, ne si fort de tenir l'éritage de la ville contre le seigneur et contre autres; et il ne dist plus.» Jean de Bailleul dit aussi «ke li Trente-Neuf lui samblent plus profitables, pour ce ke li Trente-Neuf auroient plus de povoir de tenir le droict de la ville.»

Au milieu de ces débats, d'autres préoccupations vinrent assiéger le comte de Flandre: c'étaient les prétentions souvent calmées, mais sans cesse renaissantes de la maison d'Avesnes. La comtesse Marguerite était à peine descendue au tombeau, lorsque le comte de Hainaut renouvela ses réclamations relatives aux fiefs de la Flandre impériale. Le roi des Romains, Rodolphe de Hapsbourg, qui n'était pas moins favorable que Guillaume de Hollande aux descendants de Bouchard d'Avesnes, ne tarda point à confirmer la charte du 11 juillet 1252, qui leur avait attribué les pays d'Alost et de Grammont, et ceux de Waes et des Quatre-Métiers. Peu de mois après, une déclaration solennelle prononcée à Worms mit le comte de Flandre au ban de l'empire, et l'on apprit que les archevêques de Cologne et de Mayence s'étaient rendus dans le Hainaut pour donner l'investiture impériale à Jean d'Avesnes. Celui-ci venait de s'allier au sire d'Audenarde et à d'autres barons pour combattre Gui de Dampierre, et déjà le roi des Romains lui avait promis l'appui des hommes d'armes du comte de Luxembourg et du comte de Hollande.

Cependant Gui de Dampierre travaillait activement à se créer entre l'Escaut et le Rhin un boulevard qui le défendît des mauvais desseins du roi des Romains. En 1273, il avait donné une de ses filles au duc Jean de Brabant, et il avait profité de la puissance de son gendre pour soutenir les sires de Beaufort dans leur querelle contre les Liégeois. Grâce à l'influence que cette expédition lui avait assurée sur les bords de la Meuse, il parvint, en 1281, après la mort de Jean d'Enghien, à élever l'un de ses fils au siége épiscopal de Liége, quoique déjà une grande partie des clercs eussent élu un prince de Hainaut. Lorsqu'on 1284 la mort de sa fille rompit les liens qui l'attachaient au duc de Brabant, il s'allia au comte de Gueldre et obtint que celui-ci, pour prix de son union avec Marguerite de Flandre, déjà veuve d'Alexandre d'Ecosse, s'engageât à remettre aux chevaliers flamands toutes les forteresses du duché de Limbourg, et plus tard le comté même de Gueldre.

Gui de Dampierre, père de neuf fils et de huit filles, cherchait sans cesse à leur faire conclure des mariages qui servissent les intérêts de sa politique. L'aîné de ses fils, Robert, avait eu tour à tour pour femmes Blanche d'Anjou, fille du roi de Sicile, et Yolande de Nevers, veuve de Tristan de France. Un autre, nommé Philippe, qui avait quitté les bancs de l'université de Paris pour suivre Charles d'Anjou en Italie, y avait reçu la main de la comtesse de Thieti, Mathilde de Courtenay, fille de Raoul de Courtenay et d'Alice de Montfort, qui lui transmit ses droits au comté de Bigorre. J'ai déjà nommé Marguerite, reine d'Ecosse, puis comtesse de Gueldre, sa sœur, duchesse de Brabant. Parmi les filles du comte de Flandre, il en était aussi une qui était comtesse de Juliers. Enfin, en 1280, il avait été convenu que, dès qu'une autre de ses filles, nommée Philippine, aurait atteint l'âge nubile, elle épouserait l'héritier de la couronne d'Angleterre.

Des négociations semblables avaient été entamées avec les puissantes maisons de Nesle, de Clermont, de Châtillon, de Coucy, et c'était afin de rendre la dot de ses enfants plus considérable que Gui ne cessait d'acheter de nombreux domaines: il avait acquis successivement les seigneuries de Dunkerque et de Bailleul, les châtellenies de Cambray et de Saint-Omer, et le château de Peteghem.

Ainsi tout semblait tendre à l'extension de la puissance de Gui de Dampierre. Bruges et Ypres avaient payé les amendes qu'il exigeait: à Gand, la magistrature des Trente-Neuf paraissait prête à lui abandonner toute l'autorité. Au dehors, les circonstances n'étaient pas moins favorables. Le comte de Hollande, Florent V, se réconciliait avec Gui et faisait célébrer son mariage avec sa fille, qui lui était depuis si longtemps fiancée. Le comte de Hainaut, récemment créé vicaire général de l'empire en Toscane, annonçait déjà des intentions moins hostiles. Le roi de France lui avait imposé des trêves successives, et les contestations relatives à la Flandre impériale avaient été déférées à l'arbitrage des évêques de Liége et de Metz, le premier, fils du comte de Flandre, le second, fils du comte de Hainaut.

Enfin le roi de France, auquel le comte de Flandre avait fait prêter quelques sommes par les bonnes villes de ses Etats pour l'expédition d'Aragon, lui avait adressé cette déclaration mémorable: «Nous volons et otroions ke li prêt ke cil de la tière de Flandre nous ont fait et feront encore, ke ce soit sauve la droiture le comte et ses hoirs en toutes choses, et ke par ces près faits et à faire, nule servitude, ne nul drois soit acquis à nous ne à nos hoirs, ains soit comme pure grace.»

Ce fut au retour de la conquête de l'Aragon que Philippe le Hardi mourut à Perpignan. Il eut pour successeur, dit la chronique du moine d'Egmond, «un roi de France, nommé aussi Philippe, que dévorait la fièvre de l'avarice et de la cupidité.» C'est Philippe le Bel.

Dès ce moment tout change: la fortune de Gui de Dampierre s'ébranle et s'abaisse; à la paix succèdent les discordes et les guerres.

Philippe le Bel devait représenter, au treizième siècle, les tendances les plus mauvaises de la royauté absolue. Il avait résolu que le roi gouvernerait seul le royaume, et que, dans les domaines de ses vassaux, rien ne se ferait sans son assentiment. Il alla chercher dans la lie des courtisans Pierre Flotte, les frères le Portier, qui s'intitulèrent seigneurs de Marigny, Nogaret, l'un des juges-mages de Nîmes, Plasian, petits-fils d'un hérétique albigeois, dont il fit ses ministres; et ce fut avec le concours de ces chevaliers ès lois, comme ils s'appelaient eux-mêmes, qu'il aborda l'accomplissement de son œuvre. La Flandre se présenta la première à ses regards; ses princes étaient l'appui le plus solide de l'influence des grands vassaux, et il avait compris qu'à l'ombre de leur autorité se cachait l'élément non moins redoutable de la puissance des communes. Les divisions que Gui avait excitées si imprudemment dans les principales cités semblaient lui offrir l'occasion de détruire à la fois le pouvoir des comtes et la prospérité des bourgeois, en encourageant leurs haines mutuelles: tous les efforts de Philippe le Bel tendront à atteindre ce but.

Dès les premiers jours de son règne, il exige que Gui de Dampierre jure l'observation du traité de Melun, et cela ne lui suffit point: il veut que les chevaliers et les communes de Flandre prêtent le même serment, comme si les règnes de Louis IX et de Philippe III n'avaient déjà point effacé les tristes souvenirs de la captivité de Ferdinand. Ces prétentions soulèvent une longue opposition en Flandre, enfin elles triomphent: et dans une assemblée solennelle tenue à Bergues, les députés du roi, Jacques de Boulogne et Nicolas de Molaines, reçoivent les engagements des bourgeois et des nobles: il n'est point permis à la Flandre d'oublier que sa liberté ne lui appartient plus.

Si le roi de France établit manifestement l'existence de ses droits sur la Flandre, ce n'est point afin de s'attribuer, comme son pieux aïeul, le soin d'y maintenir la paix. N'est-il pas conforme aux intérêts de sa politique que la maison d'Avesnes renouvelle ses interminables luttes avec la maison de Dampierre? L'arbitrage des évêques de Metz et de Liége n'avait produit aucun résultat; le roi des Romains ratifia à l'assemblée de Wurtzbourg la sentence qui accordait aux fils de Bouchard d'Avesnes toutes les terres situées au nord et à l'est de l'Escaut, et le 7 avril 1286 (v. st.), l'évêque de Tusculum somma le comte de Flandre d'y obéir sous peine d'excommunication. Cependant, dès le 10 mai 1287, Gui de Dampierre fit publier, au château de Male, une protestation où il rappelait que les comtes de Flandre ses aïeux avaient joui, dans tous les temps et sans opposition, des terres d'Alost, de Grammont, des Quatre-Métiers et de Waes, ainsi que des îles de Walcheren, de Beveland, de Borssele et des autres îles de la Zélande, et interjetait appel au pape.

Gui n'avait point cessé de conserver la possession des pays situés à l'est de l'Escaut. Il avait aussi exercé paisiblement ses droits sur les îles de la Zélande. La souveraineté des comtes de Flandre sur toutes les terres situées entre l'Escaut et Hedinzee, formellement reconnue par le traité du 27 février 1167 (v. st.), avait été confirmée de nouveau en 1256, lorsque Marguerite, en cédant les îles de la Zélande à Florent de Hollande, s'en réserva expressément l'hommage. Pendant longtemps, l'alliance de la Hollande et de la Flandre parut stable et sincère. Cependant, quelques années plus tard, des dissensions fondées sur des jalousies commerciales se manifestèrent. Le roi Édouard Ier, considérant les sentiments hostiles que Marguerite et Gui avaient montrés à plusieurs reprises, transporta à Dordrecht l'étape, c'est-à-dire le dépôt de toutes les marchandises anglaises, quoiqu'il avouât lui-même que «ni les portz, ni les arrivages de Hollande, ne sont mie si bons, ne si connus des mariners come ceux de Flandres.» Les bourgeois flamands virent avec indignation les priviléges accordés aux marchands zélandais, et Gui s'associa à leurs sentiments. A cette époque, la plupart des nobles de Zélande, que le comte Florent poursuivait de ses exactions et de ses violences, avaient formé un complot pour le renverser, et ils saisirent avec empressement le prétexte de recourir à l'autorité de leur chef-seigneur pour donner à leurs démarches l'apparence de la légitimité en même temps qu'ils fortifiaient leur faction. Jean de Renesse, Thierri de Brederode, Wulfart, Florent et Rasse de Borssele, Hugues de Cruninghe et d'autres chevaliers ne tardèrent point à engager le comte de Flandre à envoyer une armée dans l'île de Walcheren; peut-être Gui se souvenait-il que Florent de Hollande avait été l'un des vainqueurs de West-Capelle, et espérait-il réparer sa honte sur les rivages qui en avaient été les témoins. Middelbourg, où s'était réfugiée la comtesse de Hollande, fut assiégé par les hommes d'armes de son père, et Florent s'étant avancé jusqu'à Biervliet, où il devait avoir une entrevue avec Gui, y fut retenu prisonnier, puis conduit à Gand.

Cependant la paix fut conclue presque aussitôt, grâce à la médiation du duc de Brabant; Florent V se reconnut vassal du comte de Flandre pour les îles de la Zélande, et lui remit l'arbitrage de tous les différends qui existaient entre les nobles confédérés et lui. Gui de Dampierre allait cesser de combattre l'influence anglaise: le 6 avril 1292, il avait obtenu un sauf-conduit pour aller à Londres, et le 8 mai suivant, il signa un traité où il rappelait «qu'il s'était rendu en personne près du roi Edouard pour apaiser toutes les discordes et rétablir la paix.» Six années s'étaient à peine écoulées depuis l'avénement de Philippe le Bel, lorsque le pupille des héros de Bouvines se vit réduit à s'allier au petit-fils de Jean sans Terre.

Philippe le Bel poursuivait activement l'accomplissement de la tâche que l'impopularité de Gui de Dampierre rendait plus aisée. Il voulait réduire le comte de Flandre à être le docile instrument de ses ordres, et lorsque l'exécution de ses ordres mêmes aurait rendu son autorité plus sévère, persuader au peuple que le roi de France était son unique protecteur et renverser le comte de Flandre. Dès 1287, Philippe le Bel intervient dans les querelles des magistrats de Gand et du comte de Flandre pour soutenir les Trente-Neuf. Deux ans plus tard, il envoie le prévôt de Saint-Quentin à Gand, et, afin qu'il puisse prendre connaissance de la situation de toutes les affaires, il exige qu'elles soient traitées en langue française. Par d'autres ordonnances, il déclare que les biens des Gantois ne pourront point être saisis pour délit de désobéissance vis-à-vis du comte, sans l'assentiment du roi, et s'attribue le droit de recevoir tous les appels.

Ce n'est pas assez que Philippe le Bel ébranle l'autorité du comte de Flandre: il a recours à d'autres moyens pour l'appauvrir et le ruiner. En élevant la valeur des monnaies royales, il arrête la circulation des monnaies du comte dont l'alliage est le même; puis il s'empare en Flandre, sous je ne sais quel prétexte de croisade en Orient, de tous les legs pieux; enfin, après y avoir fait arrêter tous les marchands lombards sans que Gui ait part à leurs dépouilles, il s'allie aux argentiers d'Arras dont l'usure n'est pas moins criante que celle des Lombards. Le plus célèbre d'entre eux, Jaquemon Garet dit le Louchard, issu d'une famille de Juifs de Hongrie, n'est en 1289 que sergent du roi, mais déjà il possède des armoiries qui ne sont autres que les fleurs de lis royales; un an après, il est panetier de la cour de France. Tel est l'orgueil de cet homme qu'en 1288 il oblige les magistrats de Bruges à lui faire élever une statue dans l'église de Saint-Donat. Philippe le Bel le protége sans cesse, afin que les créances de Louchard deviennent entre ses mains un moyen d'étendre son influence sur ses débiteurs, c'est-à-dire sur le comte et sur les villes de Flandre.

Gui se trouvait en France, où il s'était rendu pour répondre à l'assignation d'un chevalier de Bourgogne, nommé Guillaume de Montaigu, lorsque l'aîné de ses fils, Robert de Béthune, dont le caractère énergique s'était déjà signalé dans les guerres d'Italie, crut pouvoir sauver la Flandre et l'autorité de son père des piéges que l'habileté de Philippe le Bel avait tendus de toutes parts. Il accourut à Gand, et là il proposa aux Trente-Neuf et aux bourgeois une réconciliation sincère et l'oubli réciproque de tous leurs différends, qui furent, à sa demande, soumis à l'arbitrage des échevins de Saint-Omer. Quelque humiliant que fût le jugement de ces longs démêlés, où toutes les exactions du comte furent successivement rappelées et condamnées, Gui le confirma à son retour et promit de l'exécuter. En même temps il permit aux bourgeois de Gand, de Bruges et d'Ypres, de fortifier leurs remparts. Il n'ignorait point que, par ces mesures, il violait les dispositions de la paix de Melun; mais peu lui importait d'être coupable, si les bourgeois étaient ses complices: le ressentiment de Philippe le Bel ne pouvait que les réunir dans une même alliance pour défendre leurs intérêts communs contre le roi de France.

Philippe le Bel était trop habile: il dissimula et feignit d'ignorer les atteintes portées au traité du 12 avril 1225. Son langage, naguère si menaçant, était devenu doux et affectueux: il semblait ne chercher qu'à convaincre Gui de Dampierre que, malgré leurs longues contestations, l'autorité du roi était toujours la protection la plus assurée de la sienne, et qu'il avait écouté de mauvais conseils en reconnaissant aux villes flamandes le droit de juger mutuellement les différends qu'elles auraient avec lui. Gui le crut trop aisément, et un arrêt de la cour du roi cassa la sentence arbitrale des magistrats de Saint-Omer.

Philippe le Bel, dont les efforts tendaient à prévenir ou à rompre tout rapprochement entre le comte et les communes, encourageait Gui de Dampierre dans ce que ses projets avaient de plus hostile aux Gantois. Lorsqu'il eut réussi à envenimer toutes ces querelles à un tel point qu'une réconciliation n'était plus possible, il abandonna tout à coup le comte de Flandre.

D'autres considérations semblent ne point avoir été étrangères à ce changement remarquable que nous apercevons dans la conduite du roi de France. Un nouvel empereur venait d'être élu: c'était Adolphe de Nassau. De même que ses prédécesseurs, il ne cachait point ses desseins ambitieux, et disait tout haut qu'il fallait redemander au roi de France les fiefs que ses aïeux avaient enlevés à l'empire, notamment la ville de Valenciennes, dont les habitants avaient chassé les hommes d'armes du comte de Hainaut pour y appeler ceux de Gui de Dampierre. Le roi de France crut ne pouvoir mieux s'assurer l'alliance du comte de Hainaut qu'en annonçant l'intention de lui remettre Valenciennes: il faisait même briller à ses yeux l'espoir de reconstituer les vastes Etats de son aïeule Marguerite de Constantinople, en réunissant la Flandre au Hainaut.

Dès ce jour, Philippe ne crut plus avoir besoin de l'appui du comte de Flandre, et il sacrifia tous ses engagements vis-à-vis de lui aux nouveaux liens qu'il venait de former: il n'ignorait point qu'il serait facile au comte de Hainaut d'entraîner dans la même confédération son neveu, Florent de Hollande. Des ennemis redoutables devaient entourer la Flandre de toutes parts, afin qu'elle fût réduite à accepter docilement un joug odieux, et c'était au moment où les discordes intérieures affaiblissaient toutes ses forces que les haines étrangères menaçaient sa liberté.

Gui de Dampierre se voyait trahi par le roi lorsqu'il croyait pouvoir se reposer sur sa protection. On l'entendit proférer d'effroyables menaces contre les bourgeois de Gand, et dès les derniers jours du mois de juin 1291, plusieurs membres de la magistrature des Trente-Neuf furent arrêtés, malgré la protection d'un sergent royal qui avait reçu de Philippe le Bel l'ordre de ne point les quitter; les autres furent réduits à se cacher. Gand n'avait plus de magistrats, et le scel de la ville avait été déposé entre les mains de l'abbé de Saint-Pierre.

Le comte de Flandre semblait se confier exclusivement dans l'appui de l'Angleterre. En 1293, le comte de Pembroke était arrivé au château de Winendale pour renouer les négociations qui avaient été entamées treize ans auparavant pour le mariage d'Edouard, fils aîné du roi d'Angleterre, avec Philippine, fille du comte. Pendant quelque temps, Philippe le Bel ne s'était pas montré contraire à ce projet; mais ses dispositions n'étaient plus les mêmes lorsqu'il fallut en régler définitivement les conditions. Des hostilités avaient éclaté en Gascogne entre les hommes d'armes anglais et français, et le roi Edouard Ier venait de révoquer tous les sauf-conduits accordés pour traiter de la paix. On jugea dès ce moment utile de rendre ces négociations plus secrètes; et, comme cela avait été arrêté d'avance, l'évêque de Durham et Roger de Ghistelles se rencontrèrent dans les Etats du duc de Brabant. On y décida, après quelques pourparlers, que Philippine recevrait en dot deux cent mille livres tournois, et que le comté de Ponthieu serait assigné pour son douaire. Le traité qui reproduisait ces conventions fut signé à Lierre le 31 août 1294.

Philippe le Bel était trop bien servi par ses espions pour ne point être aussitôt instruit du résultat des conférences de l'évêque de Durham et du sire de Ghistelles; et peu de jours seulement s'étaient écoulés depuis leur départ de Lierre, lorsque le comte de Flandre fut invité de se rendre «à Paris, à un certain jour, pour avoir conseil avecques luy et avecques les autres barons, de l'estat du royaume.» Gui hésita quelque temps; enfin il prit avec lui ses fils Jean et Gui, et se dirigea vers Paris pour assister à l'assemblée des barons. Là, s'approchant humblement de Philippe le Bel, il lui annonça l'union prochaine de sa fille et du prince anglais, déclarant qu'il ne continuerait pas moins à le servir loyalement comme son seigneur. Mais le roi, n'écoutant que son ressentiment, lui répondit aussitôt: «Au nom de Dieu, sire comte, il n'en sera pas ainsi. Vous avez fait alliance avec mon ennemi; vous ne vous éloignerez plus.» Et pour le convaincre de sa trahison, il lui montrait des lettres d'alliance adressées au roi d'Angleterre. Il est en effet assez probable que les conventions de Lierre avaient été accompagnées d'engagements politiques qui ne sont point parvenus jusqu'à nous; mais Gui de Dampierre protesta «que c'estoit une fausse letre scelée d'un faus scel.»

Cependant le comte de Flandre fut conduit avec ses fils à la tour du Louvre, où tout leur rappelait les tristes souvenirs de la captivité de Ferdinand de Portugal. Ils y passèrent six mois; pendant ce temps le roi faisait saisir les biens des Anglais attachés au service du comte de Flandre, chassait les marchands flamands des foires de Champagne, et envoyait ses sergents d'armes prendre possession de Valenciennes, en vertu d'une sentence de son conseil. Le comte devait être jugé par la cour du roi; mais Philippe le Bel, qui espérait le retenir désormais sous le joug, crut utile aux intérêts de sa politique qu'il ne fût point condamné: il feignit de se rendre aux prières de Gauthier de Nevel et de Gauthier de Hondtschoote, députés des barons flamands, qu'appuyait la médiation du pape Boniface VIII et du comte Amédée de Savoie, et le 5 février 1294 (v. st.), dans une assemblée solennelle à laquelle assistaient le duc de Bourgogne, les archevêques de Reims et de Narbonne, les évêques de Beauvais, de Laon, de Châlons, de Paris, de Tournay et de Térouane, il accepta la promesse de Robert de Béthune, fils aîné du comte, qui se porta garant que son père ne conclurait jamais aucune alliance avec les Anglais; mais il exigea en même temps que Philippine de Dampierre vînt elle-même se remettre comme otage entre ses mains. Si Philippe brisait les fers du vieux comte de Flandre, c'était pour les faire peser jusqu'à la mort sur une jeune fille, dont le seul crime était d'être la fiancée de l'héritier du trône d'Angleterre.

Gui était rentré tristement en Flandre, où l'attendaient d'autres épreuves. Une expédition en Zélande se termine par des revers désastreux. Douze cents hommes d'armes périssent à Baerland, et la ville de l'Ecluse est incendiée par les vainqueurs. En même temps, une flotte française croise devant les ports de Flandre, pour en écarter tous les navires étrangers, tandis que les sergents du roi s'emparent de toutes les marchandises qui y sont déposées, sous le prétexte qu'elles appartiennent aux Anglais. Enfin, le 1er novembre 1295, l'évêque de Tournay, Jean de Vassoigne, chancelier du roi de France, auquel il doit son élection, allègue des difficultés peu importantes, relatives à la prévôté de Saint-Donat, pour mettre la Flandre en interdit.

A cette époque, Philippe le Bel fait à la fois la guerre au roi d'Angleterre et à l'empereur d'Allemagne. Ses intrigues s'étendent en Hollande, en Brabant, en Espagne, en Italie. Partout, il a des espions fidèles, des serviteurs zélés; mais ils sont avides comme leur maître. La falsification des monnaies ne suffit plus: on a recours aux lois somptuaires. En 1294 (v. st.), le roi de France mande au comte de Flandre qu'il fasse publier dans ses domaines que toute personne possédant moins de six mille livrées de terre ait à remettre, dans le délai de quinze jours, aux monnaies royales, le tiers de sa vaisselle d'or et d'argent, coupes, hanaps, dorés ou non dorés, dont la valeur sera déterminée par le roi; il est défendu, sous peine de perdre corps et biens, de transporter hors du royaume de la monnaie d'or, d'argent ou de billon. Au mois de juillet 1295, le roi fait publier de nouveau cette ordonnance; mais ses résultats ne sont point assez complets. Il se voit réduit à recourir à l'impôt général, à la maltôte, puisqu'il faut conserver le nom qui lui resta comme une énergique protestation de ceux qui le subirent. L'ambition et le soin de leur défense mutuelle contre l'Allemagne avaient rapproché le roi et le comte en 1292: en 1295, ils se réunirent pour partager les trésors que devait produire la levée de la maltôte dans le pays le plus riche et le plus prospère de l'Europe. Du moins Gui de Dampierre chercha plus tard à se justifier en cachant l'égoïsme de ses desseins sous le voile de l'intérêt de son peuple, qui réclamait depuis longtemps le terme des mesures oppressives ordonnées par Philippe le Bel. «Le roi et son conseil m'y engageaient, dit-il dans son manifeste du 9 janvier 1296 (v. st.); on me donnait à entendre que si je le faisais, de grands biens en résulteraient pour moi et ma terre; le roi et ses gens promettaient de me traiter avec douceur et amitié; le roi devait faire cesser les persécutions de ses sergents, qui causaient de grands dommages à mon peuple par des saisies faites sans raison et à tort; il devait me restituer les biens des Lombards, rétablir le cours légal de ma monnaie, et permettre l'introduction en Flandre des laines anglaises qui n'y arrivaient plus depuis trois ans, ce qui mettait le pays en grande pauvreté.»

Le 6 janvier 1295 (v. st.), le comte de Flandre déclara consentir à ce que le roi fît lever dans ses terres un cinquantième des biens meubles et immeubles. La moitié de cet impôt devait être attribuée au comte, et il était convenu que ses domaines et ceux de ses chevaliers n'y seraient point soumis.

Voici quels étaient les avantages que le roi avait accordés au comte de Flandre:

Pour indemniser les bourgeois des pertes que leur avait fait souffrir l'interruption des relations commerciales avec l'Angleterre, il leur remettait une amende de quatre-vingt-quinze mille livres qu'ils avaient encourue pour atteinte portée à l'ordonnance sur les monnaies.

Il permettait au comte de punir à son gré ceux de ses officiers dont il avait à se plaindre, lors même qu'ils seraient devenus hommes du roi.

On excluait de tout le royaume les draps et les fromages étrangers pour favoriser ceux de Flandre.

Le roi s'engageait à restituer aux marchands lombards habitant la Flandre les biens qu'il leur avait enlevés.

Les sergents du roi ne devaient plus agir en Flandre, si ce n'est munis de lettres scellées du roi, dans les cas de ressort, seigneurie ou souveraineté.

Le roi annulait toutes les plaintes que les Gantois lui avaient adressées, et autorisait Gui à modifier la magistrature des Trente-Neuf comme il le jugerait convenable.

Peu de jours après, le 20 janvier, le roi ordonne à Guillaume de Trapes, son envoyé à Gand, d'y cesser ses fonctions et de se rendre à Montargis, où il aura à répondre aux griefs que le comte de Flandre allègue contre lui et contre ses collègues. Cinq jours après, l'évêque de Tournay lève la sentence d'interdit.

Lorsque les Trente-Neuf apprirent que l'autorité de Gui de Dampierre était rétablie à Gand, la plupart s'enfuirent en Hollande: ceux qui ne s'éloignèrent pas perdirent leurs fonctions, et leurs biens furent confisqués. Gui nomma lui-même leurs successeurs en déterminant leurs attributions, «de manière, dit Pierre d'Oudegherst, qu'il devint maistre de la ville, de laquelle il povoit faire du tout à son plaisir et vouloir.»

Les exactions que motivait la levée du cinquantième accrurent l'impopularité du comte. Il avoue lui-même «qu'il fist esploitier sur sa gent pour avoir cel cinquantiesme par prison, et par prendre du leur, et en autre manière le plus songneusement qu'il pot.» Pendant ce temps, les cinq villes de Flandre s'adressaient directement au roi et lui offraient, s'il consentait à renoncer au cinquantième, des sommes beaucoup plus fortes que celles qui représentaient sa part dans cet impôt. Philippe le Bel se rendit d'autant plus volontiers à leur demande, que sa politique était cette fois d'accord avec son avarice. Il allait recevoir beaucoup d'or en paraissant clément et généreux, tandis que Gui, qui n'avait encore recueilli aucun bénéfice pécuniaire, avait soulevé de toutes parts les murmures les plus violents contre son autorité qui, de jour en jour, devenait plus odieuse.

Le roi de France venait de conclure un traité avec le comte Florent de Hollande. Pour reconnaître la médiation du comte de Hainaut qui y avait contribué puissamment, il résolut de le rétablir, comme depuis longtemps il le lui avait promis, dans la possession de la ville de Valenciennes. Toutefois, comme le traité qu'il avait fait précédemment avec ses habitants l'obligeait à les prévenir deux mois d'avance pour qu'ils eussent le temps de chercher un autre protecteur, il leur annonça son intention en leur rappelant les prétentions du comte de Hainaut; mais les bourgeois de Valenciennes protestaient qu'ils ne se soumettraient jamais à la maison d'Avesnes; et le 29 mars 1296, les prévôts, jurés, échevins et consaulx de la commune, déclarèrent, au son des cloches, qu'étant hors de la main du roi de France et libres de tout lien d'obéissance, ils choisissaient le comte de Flandre pour leur droit seigneur, jurant de lui rester fidèles, lors même que le roi voudrait s'y opposer.

La colère de Philippe le Bel fut extrême: il nia qu'il eût ôté sa main de Valenciennes, et somma le comte de Flandre d'en faire sortir ses chevaliers; Gui de Dampierre se justifiait en alléguant ses droits héréditaires confirmés récemment par l'élection libre des bourgeois; mais Philippe le Bel, voyant qu'il ne se hâtait pas d'obéir, le déclara déchu du comté de Flandre et l'ajourna à comparaître à Paris. Déjà le bailli d'Amiens allait de ville en ville, suivi de deux chevaliers, pour proclamer la saisie ordonnée par le roi, promettant aux bourgeois qui voudraient écouter ses conseils que le roi prendrait leurs corps et leurs biens en sa garde, les dédommagerait de tous les torts que leur ferait le comte, et insérerait des réserves en leur faveur dans tous les traités qui pourraient être conclus.

Lorsque Gui de Dampierre quitta la Flandre pour obéir au mandement de Philippe le Bel, son autorité n'y était plus reconnue. Les échevins de Douay invoquaient les ordres du roi pour fermer leurs portes aux chevaliers qui accompagnaient son fils aîné, Robert de Béthune; et l'infortuné comte de Flandre, en se rendant à Paris, put voir de loin les flammes auxquelles le comte de Hainaut livrait la ville de Saint-Amand. Cependant le malheur avait réveillé la fierté de son âme, et dès son arrivée à Paris il osa accuser le roi d'avoir saisi ses domaines, «par violence et à force, à tort, senz cause et senz raison, encontre coustume et encontre droit, senz loy et senz jugement.» Car le roi n'était point son juge: il n'en reconnaissait point d'autres que les pairs de France. Si Philippe alléguait le droit commun et les coutumes du royaume pour établir la compétence de son conseil, il était évident toutefois que lorsqu'il s'agissait de la saisie d'une pairie à la requête du roi, les pairs seuls pouvaient en prononcer la validité; le comte de Flandre le prouvait par des arguments irréfutables et de nombreux exemples. Philippe le Bel consentit enfin à faire juger cette question de compétence, mais foulant aux pieds, par une amène ironie, toutes les garanties d'impartialité et de justice, il la porta devant les membres de son conseil, qui chargèrent le chancelier Jean de Vassoigne de déclarer en leur nom qu'en eux seuls résidaient tous les pouvoirs de la juridiction suprême. Quoique Gui protestât, les débats continuèrent. En vain offrit-il la preuve publique que le roi avait retiré sa main de Valenciennes avant qu'il en prît possession; il fut condamné à en faire sortir sans délai les hommes d'armes qu'il y avait envoyés.

Dès les premiers jours du mois d'août, les bourgeois de Bruges avaient nommé des députés pour accuser le comte en présence du roi: c'étaient Nicolas Aluwe, Jean de Courtray, Jean Schynckele, Gilles Pem, Gilles de la Motte, Matthieu Hooft, Alard Lam, Jean d'Agterd'halle et Nicolas de Biervliet. L'un d'eux, Alard Lam, venait demander compte, à Gui de Dampierre, du sang qu'il avait versé au commencement de son gouvernement. Les magistrats de Gand, que Gui avait si longtemps persécutés, portaient également leurs plaintes à Paris, et le 23 août, le comte fut condamné à leur restituer leur ancien sceau et les clefs des portes de leur ville, quoiqu'il prétendît qu'il ne le pouvait faire, à cause de la saisie de son comté par le roi.

Ce n'était point assez que le comte de Flandre eût amendé les griefs de ses sujets; la réparation qu'exigeait le roi ne devait pas être moins éclatante, comme l'attestent les registres du parlement: «Le comte remit humblement, par la tradition du gant, en la main du roi, les bonnes villes de Flandre, savoir: Bruges, Gand, Ypres, Lille et Douay, ainsi que tous les droits de juridiction qui lui avaient appartenu, promettant de l'en investir réellement aussitôt qu'il le pourrait; et alors le roi de France, voulant faire merci au comte, retira sa main de tout le comté de Flandre, à l'exception de la ville de Gand. Le roi se réserva aussi le pouvoir de placer, aussi longtemps qu'il le jugerait convenable, dans chacune des cinq bonnes villes, une personne chargée de savoir et de lui rapporter quelle était la conduite du comte.» Enfin, Gui s'engagea à ne rien entreprendre contre les bourgeois des bonnes villes qui avaient fait bon accueil aux ambassadeurs français et avaient juré de leur obéir.

Cependant Gui est à peine revenu en Flandre qu'oubliant la confédération du roi de France et du roi d'Ecosse contre l'Angleterre, il fait arrêter, à la prière du comte de Blois, les biens de quelques marchands écossais. Par une lettre du 6 septembre, le roi s'en plaint vivement et annonce au comte de Flandre que, s'il ne les restitue immédiatement, il l'y fera contraindre par le bailli d'Amiens. En effet, la saisie du comté de Flandre est de nouveau presque aussitôt prononcée.

A la fin de 1296, une crise est imminente. Il semble évident que Gui n'a plus rien à attendre de Philippe le Bel, et que la guerre ouverte contre son seigneur suzerain est sa dernière ressource. Pendant deux années, tant qu'il espérait que sa fille lui serait rendue, il a souffert tous les outrages avec résignation; mais Philippe n'encourage plus ces illusions de la douleur paternelle, et c'est au roi d'Angleterre, qui partage la honte de la captivité de Philippine de Flandre, que Gui confie le soin de la venger.

Longtemps avant que cette lutte commençât, Edouard Ier avait cherché à séparer la Hollande du parti de Philippe le Bel. Mais le comte Florent V avait repoussé toutes ces ouvertures et s'était rendu lui-même près du roi de

France, à Paris, d'où il revint de plus en plus zélé pour l'alliance française. Les derniers liens qui l'attachaient à la Flandre s'étaient rompus, le 24 mars 1295 (v. st.), par la mort de sa femme Béatrice de Dampierre, pieuse princesse dont il n'avait point imité les vertus, et bientôt un complot se forma contre lui. Wulfart de Borssele et Jean de Renesse en étaient les chefs: quelques nobles moins illustres, Gérard de Velzen, Gilbert d'Amstel, Herman de Woerden, en furent les instruments. Le 23 juin 1296, Florent V est arrêté dans une partie de chasse, près d'Utrecht, et enfermé au château de Muiden, aux bords du Zuiderzee. On veut l'envoyer en Angleterre, mais les barques frisonnes qui observent le rivage ne permettent point d'exécuter ce projet. Les conjurés, qui se voient réduits à conduire leur illustre captif dans quelque château de Flandre ou de Brabant, se sont déjà éloignés de Muiden quand les bourgeois de Naerden s'opposent à leur fuite; Herman de Woerden et Gérard de Velzen n'hésitent plus, et craignant le ressentiment du comte s'il recouvre la liberté, ils l'immolent sous leurs coups. Le comte de Hainaut profita de l'indignation générale qu'avait excité ce crime pour se faire reconnaître régent de Hollande, et réussit presque aussitôt à repousser une tentative de Gui de Dampierre, dirigée contre Middelbourg. Il se trouvait à Harlem lorsqu'on apprit qu'une flotte anglaise avait porté le jeune héritier du comté, Jean de Hollande, au port de Ter Vere, qui appartenait à Wulfart de Borssele; à cette nouvelle, Jean d'Avesnes se vit abandonné de tous ses partisans, et le sire de Borssele gouverna, sans opposition, au nom du comte Jean Ier.

Tandis que Humphroi de Bohun et Richard Clavering recevaient d'Edouard Ier la mission de soutenir ses intérêts en Hollande, Hugues Spencer, soutenu par le duc de Brabant et le comte de Bar, pressait en Flandre la conclusion d'une alliance offensive. Vers le milieu du mois de novembre, le roi d'Angleterre aborda lui-même en Flandre, et se dirigea vers Grammont où devaient se réunir tous ses alliés. Là arrivèrent successivement l'empereur Adolphe de Nassau, le duc de Brabant, le comte de Bar, le comte de Flandre, le comte de Juliers. On y résolut de porter la guerre dans les Etats du roi de France. «Or, dit la chronique de Flandre, quand le roy Philippe de France entendit que le comte Guy de Flandres estoit allié avec le roy d'Angleterre son ennemy, si assembla ses pers et leur monstra l'injure que le comte de Flandres avoit faite à la couronne de France, et ils jugèrent qu'ils fust adjourné en propre personne, par main mise, pour amender l'outrage qu'il avoit fait. Tantost fut mandé le prévost de Monstreuil (qui estoit appelé Simon le Moine) et un lieutenant du roy à Beauquesne (qui fut nommé Jehan le Borgne) et leur furent livrées les commissions; et se partirent du roy, si vindrent à Winendale, où ils trouvèrent le comte Guy et ses enfants et tout plein d'autres hauts hommes. Ainsi que le comte Guy issit de sa chapelle et avoit ouy messe, les sergens meirent tantost main au comte et luy commandèrent qu'il livrast son corps en prison, dans quinze jours, en Chastelet, à Paris, sur tant qu'il pouvoit méfaire. Quand sire Robert, le fils du comte, et son frère veirent qu'ils avoient mis la main au comte, si dirent qu'autre gage ne laisseroient que le poing et qu'ils leur apprendroient à mettre la main à si haut homme que le comte de Flandres. Mais quand le comte veit ce, si dit à ses enfants: Beaux seigneurs, que demandez-vous à ces pauvres varlets, qui servent leur seigneur loyaument, en faisant son commandement? Il n'appartient pas que vous preniez la vengeance sur eux, mais quand vous viendrez aux champs et que vous verrez ceux qui ceste chose conseillèrent au roy, si vous vengerez sur eux.»

Cette nouvelle insulte hâta la conclusion du traité de Gui avec Edouard Ier. Ce fut à Ipswich, dans le comté de Suffolk, que se rendirent les ambassadeurs des princes de Flandre et de Hollande, et par deux conventions arrêtées le même jour, Edouard Ier donna sa fille Elisabeth au comte de Hollande et fiança à son fils la plus jeune sœur de l'infortunée Philippine, Isabelle de Flandre. «Nous voulons que tous sachent, dit Gui dans son traité avec Edouard, qu'il est des personnes de haut état et de grande puissance, qui ne se conduisent point comme elles le devraient, selon la raison, mais selon leur volonté, en ne s'appuyant que sur leur pouvoir. Cependant la raison doit être souveraine pour tous. Il n'est aucun homme, quelque grand qu'il soit, qui puisse empêcher de conclure des alliances, soit pour obtenir une postérité, selon la loi de la nature, soit pour s'attacher des amis avec l'aide desquels on puisse maintenir ses droits et repousser les outrages et les violences... Chacun sait, ajoute-t-il, de combien de manières le roi de France a méfait vis-à-vis de Dieu et de la justice; tel est son orgueil qu'il ne reconnaît rien au-dessus de lui, et il nous a réduit à la nécessité de chercher des alliés qui puissent nous défendre et nous protéger.» Par ce traité, Edouard Ier promettait d'envoyer une armée en Flandre, et de payer au comte, tant que durerait la guerre, une rente annuelle de soixante mille livres tournois noirs. Les priviléges les plus étendus étaient accordés aux marchands flamands sur toutes les mers qui séparent l'Adour de la Tamise, et ce fut à cette époque que s'établit à Bruges cette célèbre étape des laines qui contribua si puissamment aux progrès de l'industrie flamande.

Henri de Blanmont, Jean de Cuyk et Jacques de Deinze jurèrent, au nom de Gui, dans la chapelle de Notre-Dame de Walsingham, l'observation de ces traités, tandis que le roi Edouard, qui n'avait pas voulu s'engager lui-même par serment, chargeait l'évêque de Coventry et le comte Amédée de Savoie de les faire ratifier par les bonnes villes de Flandre.

Le comte n'avait plus qu'un dernier devoir à remplir. C'était le défi pour défaut de droit, tel que le définissaient les Etablissements de Louis IX «quand li sires vée le jugement de sa cort.» Le 9 janvier 1296 (v. st.), c'est-à-dire deux jours après le traité d'Ipswich, le comte de Flandre adressa au roi la lettre suivante: «Nous, Gui, comte de Flandre et marquis de Namur, faisons savoir à tous, et spécialement à très-haut et très-puissant homme, le roi Philippe de

France, que nous avons choisi pour nos ambassadeurs les abbés de Gemblours et de Floreffe, afin qu'ils déclarent pour nous et de par nous, au roi dessus nommé, qu'à cause de ces méfaits et défauts de droit nous nous tenons pour délié de toutes alliances, obligations, conventions, sujétions, services et redevances auxquels nous avons pu être obligé envers lui.» A cette lettre était joint un long mémoire, dans lequel le comte de Flandre exposait toutes les ruses de Philippe le Bel et son refus constant de convoquer la cour des pairs, dont résultait le défaut de droit.

Le 21 janvier 1296 (v. st.), Philippe le Bel repoussa, dans une assemblée solennelle, l'appel du comte de Flandre, et sept jours après, les évêques d'Amiens et de Puy reçurent l'ordre de se rendre près de lui. Les lettres qu'ils devaient lui présenter ne portaient que cette suscription: «A Gui de Dampierre, marquis de Namur, se prétendant, dit-on, comte de Flandre;» mais on leur avait remis de nouveaux priviléges pour les bourgeois de Bruges, que le roi désirait s'attacher. Gui les reçut à Courtray, et une chronique lui prête ces paroles: «Dites au roi qu'il recevra ma réponse aux frontières de Flandre.» Cependant un procès-verbal authentique, dressé par un notaire le 18 février 1296 (v. st.), nous a conservé, dans toute son exactitude, le récit de cette conférence. Les deux évêques demandèrent d'abord au comte s'il était vrai que les lettres portées à Paris par les abbés de Gemblours et de Floreffe eussent été écrites par ses ordres, et s'il avait eu l'intention de défier le roi; puis ils lui offrirent, sur tous ses griefs, le jugement des pairs formant la cour du roi: ils rappelèrent aussi aux fils du comte l'engagement qu'ils avaient pris de garantir la fidélité de leur père; mais ceux-ci prétendaient que cet engagement ne leur avait été arraché que par violence; le comte de Flandre déclarait également qu'il maintenait tout ce que contenait le message des abbés de Floreffe et de Gemblours, et il ajouta qu'après avoir si longtemps réclamé en vain le redressement de ses plaintes, il croyait devoir d'autant moins écouter les nouvelles propositions du roi, qu'on ne lui donnait déjà plus, dans les lettres qui lui étaient adressées, le titre de comte de Flandre. «Vous-même, sire comte, interrompit l'évêque d'Amiens, vous ne donnez plus le nom de seigneur au roi de France.» Cette dernière démarche des ambassadeurs de Philippe le Bel n'avait servi qu'à marquer plus vivement combien étaient profondes les haines qui le séparaient du comte de Flandre.

Dès le 25 janvier, Gui avait fait lire, dans le chœur de l'église de Saint-Donat de Bruges et dans les autres églises de Flandre, une longue déclaration par laquelle il se plaçait sous la protection du pape. Peut-être espérait-il éviter ainsi la sentence d'interdit dont la Flandre était menacée; mais il ne tarda point à être instruit que l'archevêque de Reims et l'évêque de Senlis s'étaient rendus à Saint-Omer pour exécuter la bulle du pape Honorius III: il ne lui restait plus qu'à soutenir son appel au siége pontifical, en envoyant à Rome des ambassadeurs, parmi lesquels il faut citer Michel Asclokettes, chanoine de

Soignies, Jacques Beck et Jean de Tronchiennes; ils étaient chargés de remettre à Boniface VIII une requête signée de tous les abbés, prévôts et doyens de Flandre, où on le suppliait de protéger le comte contre les injustes prétentions du roi de France.

Cependant on avait appris en Flandre que Philippe le Bel réunissait soixante mille hommes sous les ordres de trente-deux comtes, et que Jean de Hainaut devait le rejoindre avec quinze cents hommes d'armes. Quelques chevaliers des marches d'Allemagne ou des bords de la Meuse, séduits par une vague prophétie qui promettait aux Flamands la conquête de la France, étaient venus se ranger sous les bannières de Gui; mais on ne voyait arriver ni l'armée du roi d'Angleterre, ni celle de l'empereur d'Allemagne.

Un parlement convoqué à Londres dans les derniers jours du mois de janvier avait été dissous pour avoir refusé tout subside, et Edouard Ier avait cherché à y suppléer par des tailles et des exactions arbitraires. Il éleva notamment la taxe qu'on percevait sur la vente de chaque sac de laine d'un demi-marc à quarante sous, et ordonna à tous les propriétaires de bergeries de vendre immédiatement leurs laines, sous peine de confiscation. Cet ordre fut si rigoureusement exécuté, que le 23 avril toutes les laines saisies par les sergents du roi furent portées sur des navires pour être envoyées en Flandre: Edouard Ier espérait pouvoir ainsi se concilier l'affection des communes et des corporations flamandes, dont la principale richesse était la fabrication des draps; «car la Flandre, dit un historien anglais, semblait presque privée de vie depuis que ses bourgeois ne recevaient plus les laines et les cuirs de l'Angleterre qui occupaient autrefois de nombreux ouvriers.» Cependant l'opposition des barons devenait de plus en plus vive. Ils s'étaient réunis dans la forêt de Wyre et avaient déclaré qu'ils ne quitteraient point l'Angleterre. «Nous ne devons pas service en Flandre, disaient-ils au roi Edouard Ier, car jamais nos ancêtres n'y ont servi les vôtres.» Le roi s'approchait déjà du rivage de la mer, lorsque de nouveaux obstacles ralentirent sa marche. Des députés de tous les ordres de l'Etat étaient venus le conjurer à Winchelsea de renoncer à son expédition, lui représentant combien il était imprudent d'aller, déjà menacé au nord par les Ecossais, se confier aux Flamands dont les dispositions étaient inconnues. Edouard Ier se contenta de répondre qu'il prendrait l'avis de son conseil. Or, plusieurs de ses ministres l'avaient déjà précédé en Flandre, et il attendait impatiemment le moment où il pourrait aller les y rejoindre.

Tandis que ces retards se prolongeaient en Angleterre, d'autres obstacles non moins graves s'élevaient en Allemagne; l'empereur rassemblait ses hommes d'armes pour les réunir en Flandre à ceux d'Edouard Ier, quand un complot éclata parmi les princes allemands gagnés par Philippe le Bel: Adolphe de Nassau devait payer de sa couronne et de sa vie la résurrection des projets ambitieux qui avaient conduit Othon IV à Bouvines.

Le comte de Flandre, réduit à soutenir seul le premier effort de l'armée de Philippe le Bel, se préparait à une énergique défense. Tandis que Robert de Béthune se rendait à Lille avec les sires de Cuyk et de Fauquemont, Guillaume, autre fils du comte, s'avançait jusqu'à Douay avec Henri de Nassau. Les comtes de Juliers et de Clèves, et Jean de Gavre, occupaient Bergues et Cassel. Le duc de Brabant s'était arrêté à Gand pour y surveiller les bourgeois, que d'anciens démêlés avaient à jamais éloignés de Gui de Dampierre. Le jeune comte de Hollande vint aussi l'y rejoindre; mais on raconte qu'y ayant rencontré les sires d'Amstel et de Woerden, il tint les yeux baissés tant qu'il se trouva devant eux pour ne point apercevoir les meurtriers de son père, et il retourna aussitôt qu'il le put en Hollande.

Ce fut le 23 juin 1297 que l'armée française, commandée par le roi lui-même, mit le siége devant Lille. Le comte de Valois et Robert d'Artois, qui était revenu de Gascogne, le suivaient avec des forces considérables. Lille, détruite naguère par Philippe-Auguste, se relevait à peine de ses ruines lorsque ses murailles résistèrent aux assauts de Philippe le Bel. Les assiégés se conduisirent si vaillamment que leur défense coûta aux Français la mort de plus de quatre mille hommes, parmi lesquels se trouvait le comte de Vendôme. Ils réussirent aussi dans une sortie à emmener prisonniers le roi de Majorque et trois cents chevaliers, et tout faisait espérer que leur résistance se prolongerait assez pour permettre aux Anglais de les secourir.

Toutes les campagnes qui entourent Lille avaient été livrées à la dévastation; elle s'étendit bientôt jusqu'à la Lys. Les Français, conduits par Charles de Valois et Gui de Saint-Pol, surprirent le pont de Commines, et, après un combat où le jeune comte de Salisbury tomba en leur pouvoir, ils s'avancèrent vers Courtray, qui ouvrit ses portes. A leur retour, ils brûlèrent les faubourgs et les moulins d'Ypres, et se retirèrent vers la Lys en livrant aux flammes la ville de Warneton.

Cependant une seconde expédition, dirigée par Robert d'Artois, s'avançait vers Furnes, après avoir soumis successivement Béthune, Bailleul, Saint-Omer, Bergues et Cassel. On y remarquait les comtes de Boulogne, de Dreux, de Clermont, et l'élite des chevaliers français. Le châtelain de Bergues dirigeait la marche des Français: il avait fait préparer un somptueux banquet dans le château de Bulscamp qui lui appartenait, et le comte d'Artois se trouvait encore à table lorsqu'on vint lui annoncer que l'armée flamande, commandée par le comte de Juliers et le sire de Gavre, profitant du désordre qu'avait causé le passage du pont de Bulscamp, attaquait vivement les Français. Le sire de Melun demandait des renforts. Le fils du comte d'Artois accourut le premier; mais à peine s'était-il élancé dans la mêlée, qu'il fut renversé et emmené prisonnier. A cette nouvelle, le comte d'Artois, s'élançant à cheval, se précipita lui-même avec ses chevaliers vers le pont de Bulscamp. Le combat y devenait de plus en plus acharné, lorsque le bailli de Furnes, Baudouin

Reyphins, jeta à terre la bannière du comte de Juliers qui lui avait été confiée, et alla se ranger, avec d'autres chevaliers, dans les rangs français, près du châtelain de Bergues, autre transfuge qui lui avait donné l'exemple et peut-être le conseil de la trahison. Ainsi se déclara, au milieu d'une bataille, la défection d'une partie de la noblesse flamande qu'avait corrompue l'or de Philippe le Bel: à la bataille de Bulscamp commence l'histoire de la faction des *Leliaerts* (20 août 1297).

Les Flamands, troublés par cette trahison imprévue, ne résistent plus. Le jeune comte d'Artois est délivré, couvert de blessures qui ne tarderont point à le conduire au tombeau. Guillaume de Juliers, Henri de Blanmont, Jean de Petersem, Gérard de Hornes rendent leur épée. Le comte de Spanheim et le vaillant sire de Gavre ont péri à leurs côtés. Rien ne s'opposait plus à ce que les vainqueurs poursuivissent leurs succès; vers le soir, seize mille cadavres jonchaient la route qui sépare le pont de Bulscamp des portes de Furnes. Robert d'Artois ne s'arrêta qu'un instant dans cette ville pour ordonner qu'elle fût livrée aux flammes. Impatient de venger la perte de son fils, il avait fait charger de chaînes le jeune comte de Juliers, dont la mère était fille du comte de Flandre. Sans respect pour sa naissance et son courage, il voulut qu'il fût enfermé dans un chariot sur lequel flottait une bannière fleurdelisée. On le promena ainsi dans toute la France, de ville en ville, de prison en prison, jusqu'à ce que la mort vînt mettre un terme à cet ignominieux supplice.

La nouvelle de la déroute de Bulscamp se répandit bientôt jusqu'à Lille, où elle sema la désolation parmi les assiégés. Robert de Béthune, privé de tout espoir d'être secouru, obtint que tous les habitants eussent la vie sauve, et qu'il lui fût permis de se retirer à Gand, avec ses chevaliers et ses hommes d'armes; lorsqu'il traversa le camp français, il y aperçut le comte de Hainaut qui s'était placé sur son passage, revêtu des insignes du comté de Flandre. Robert de Béthune ne répondit rien à ce défi: il laissait à l'avenir le soin d'instruire Jean de Hainaut que, si Philippe le Bel avait tiré l'épée, ce n'était point pour défendre les droits de la maison d'Avesnes.

La capitulation de Lille avait eu lieu le 29 août; peu de jours après, le roi de France se rendit à Courtray, et ce fut dans cette ville que, pour récompenser les services du duc de Bretagne et du comte d'Artois, il leur accorda, par deux chartes mémorables, le droit de siéger parmi les pairs du royaume.

C'était à Courtray que Philippe le Bel avait convoqué ses hommes d'armes, pour s'opposer aux Anglais qui venaient d'arriver en Flandre. Edouard Ier s'était embarqué, le 23 août, à Winchelsea et avait abordé, le 27, près de l'Ecluse. Les historiens anglais ont tracé un brillant tableau du nombre de ses navires, de ses chevaliers et de ses hommes d'armes; mais leurs récits sont évidemment exagérés. Guillaume de Nangis assure qu'il n'avait sous ses ordres que fort peu de monde, et cela paraît d'autant plus probable que, privé de l'appui de ses barons et de ses communes, il s'était vu contraint à n'amener avec lui que des mercenaires gallois et quelques prisonniers écossais. Une semblable armée présentait peu d'espérances de succès, encore moins de garanties de discipline. Les Anglais étaient encore dans le port de l'Ecluse, lorsque éclata une rixe de matelots dans laquelle furent brûlés vingt-cinq navires. Ils trouvèrent à Bruges le comte de Flandre, fort occupé de ses démêlés avec les bourgeois, qui s'opposaient à ce que l'on fortifiât leur ville; Edouard Ier, qui écrivait peu de jours auparavant à Gui qu'il voulait «en ceste commune besoigne, prendre avecque lui le bien et le meschief que Dieu y vodra envoier,» demandait instamment qu'au lieu de s'enfermer à Bruges l'on marchât de suite vers l'ennemi. Une éclatante victoire pouvait, en effaçant le souvenir récent de la bataille de Bulscamp et de la reddition de Lille, arrêter à la fois l'invasion étrangère et les discordes civiles; mais Gui ne voyait autour du roi d'Angleterre qu'un si petit nombre d'hommes d'armes que, loin de pouvoir repousser les grandes armées du roi de France et du comte d'Artois, ils ne lui paraissaient pas même assez redoutables pour le défendre contre les bourgeois de Bruges, qu'il avait vainement cherché à apaiser en leur restituant leurs anciens priviléges. «Sire, dit-il à Edouard Ier, vos troupes sont trop fatiguées pour combattre immédiatement. Il vaux mieux attendre le moment où toutes nos forces seront prêtes et une occasion favorable. Jusque-là, nous pourrons nous tenir à Gand. Cette ville est entourée de murailles épaisses, et sa situation est des plus sûres.» Gui de Dampierre faisait allusion aux fleuves qui baignent les remparts de Gand et qui la rendaient, selon l'expression de Villani, «d'un des endroits les plus forts qu'il y ait au monde.»

Edouard Ier approuva ce conseil, et partit précipitamment pour Gand avec le comte de Flandre, sous la protection des archers gallois. Les hommes d'armes qui étaient restés à bord des navires anglais jusqu'au port de Damme reçurent également l'ordre de l'y suivre; mais avant leur départ, ils cherchèrent querelle aux bourgeois, en massacrèrent deux cents, et pillèrent les marchandises déposées dans leurs entrepôts, comme si l'expédition d'Edouard Ier devait être marquée, à chaque pas, par des désordres d'autant plus odieux que c'étaient ses amis et ses alliés qui en étaient les victimes.

La retraite des Anglais hâta le triomphe des *Leliaerts*. Dans les premiers jours du mois d'octobre, le roi de France s'avança jusqu'à Ingelmunster où les magistrats de Bruges vinrent lui offrir les clefs de leur ville. Le comte de Valois et Raoul de Nesle en prirent possession, et peu s'en fallut qu'ils ne s'emparassent au port de Damme de la flotte anglaise qui eut à peine le temps de s'éloigner.

Edouard Ier n'avait point quitté Gand: il ne cessait d'apprendre les progrès de l'agitation qui régnait en Angleterre, et ce fut afin de la calmer qu'il confirma, le 9 novembre 1297, au milieu des communes flamandes, la grande charte de Jean sans Terre, si chère aux communes anglaises.

Si Edouard Ier rétablit la paix en Angleterre, il lui fut plus difficile de troubler celle dont jouissait la France. Prêt à s'embarquer pour la Flandre, il avait écrit de Waltham au comte de Savoie, pour l'engager à réunir toutes ses forces contre Philippe le Bel, et avait conclu en même temps de nouveaux traités d'alliance avec le comte d'Auxerre, le comte de Montbéliard et d'autres seigneurs de Bourgogne. Le comte de Bar, qui dès le mois de juin avait traversé la Flandre pour retourner dans ses Etats, leur avait donné l'exemple de l'agression en envahissant la Champagne; mais il avait été repoussé par Gauthier de Châtillon, et ce revers semblait avoir refroidi le zèle de tous ses confédérés.

Ce fut dans ces circonstances que le roi Edouard Ier chargea Hugues de Beauchamp de se rendre le 9 octobre à Vyve-Saint-Bavon pour y négocier, avec les ambassadeurs français, une trêve qui devait durer jusqu'à l'octave de la Saint-André. En vain le comte de Flandre essaya-t-il de remonter aux conseillers anglais que le roi de France allait être contraint par les pluies de l'hiver à se retirer, et qu'on touchait au moment le plus favorable pour lui enlever toutes ses conquêtes; il ne put rien obtenir: cependant, deux jours avant que la trêve commençât, Robert de Béthune rassembla quelques hommes d'armes flamands et anglais, et se dirigea vers le port de Damme qu'il surprit: quatre cents Français y périrent, un plus grand nombre y furent faits prisonniers; et Robert de Béthune, encouragé par ce succès, espérait pouvoir, par une attaque imprévue, rentrer à Bruges, lorsqu'une querelle éclata entre les Flamands et les Anglais au sujet du butin de Damme, et le força à renoncer à son projet.

Quinze jours avant l'expiration de cette trêve, les ambassadeurs des deux rois entamèrent de nouvelles négociations. Ils se réunirent le 23 novembre près de Courtray, à l'abbaye de Groeninghe, fondée par Béatrice de Dampierre. Ces voûtes pieuses, sous lesquelles se tenaient alors les conférences pour la paix, devaient bientôt résonner du bruit des chants de guerre et des gémissements des mourants.

La nouvelle trêve qui fut conclue ne devait durer que jusqu'au mois de février. Edouard Ier avait juré de ne point traiter de la paix tant que le roi n'aurait point restitué toutes ses conquêtes à Gui de Dampierre. Il paraît qu'à cette époque ce serment était sincère, car, dès le lendemain de la convention de Groeninghe, il écrivit à Hugues de Mortimer, à Jean de Latymer et à d'autres nobles anglais, pour qu'ils s'embarquassent à Sandwich le jour de l'octave de la Saint-André. Le 14 décembre, il adressait de nouvelles lettres en Angleterre pour que d'autres seigneurs, dont il espérait l'appui, se rendissent à Londres le lendemain de la fête de la Circoncision. Cependant ses intentions se modifièrent tout à coup. L'un de ses plénipotentiaires, Guillaume de Heton, archevêque de Dublin, qui avait autrefois étudié la théologie à Paris, y avait peut-être conservé quelques relations avec le roi de France: il est vraisemblable que ce fut ce prélat qui sut persuader au roi de rentrer dans ses Etats pour s'opposer aux invasions des Ecossais; et l'on apprit avec étonnement qu'une trêve de deux ans avait été arrêtée entre les deux rois, et qu'ils avaient remis tous leurs différends à l'arbitrage du pape Boniface VIII. Le comte de Flandre était compris dans cette longue suspension d'armes qui devait commencer le jour de l'Epiphanie 1297 (v. st.).

Les archers gallois, dont l'avidité n'avait pas été satisfaite par le pillage de Damme, virent avec mécontentement se dissiper toutes les espérances qu'ils avaient fondées sur la guerre contre les Français. A défaut d'ennemis, ils résolurent de dépouiller les habitants de la Flandre, et ils formèrent un complot pour mettre le feu à la ville de Gand et la piller à la faveur du désordre. Mais dès que les Gantois remarquèrent l'incendie qui s'allumait, ils soupçonnèrent les projets qui les menaçaient et négligèrent le soin de combattre la flamme pour frapper ceux qui violaient ainsi toutes les lois de l'hospitalité. Six cents Anglais périrent, et la vie du roi lui-même fut en péril. Il fallut que le comte de Flandre intervînt et recourût aux plus humbles prières pour que l'on permît aux Anglais de sortir de Gand: ce ne fut toutefois qu'après avoir défilé à pas lents devant les portes de la ville, sous les yeux des bourgeois, qui leur enlevaient tout ce qui semblait ne point leur appartenir légitimement. Le 3 février 1297 (v. st.), ils se dirigèrent vers Ardenbourg, puis continuèrent leur marche vers l'Ecluse, où Edouard Ier, désormais hostile aux Flamands, attendit plus d'un mois les vaisseaux qui le portèrent au port de Sandwich.

Le théâtre et le caractère de la lutte se modifient: c'est au delà des Alpes qu'il faudra suivre la marche des négociations auxquelles sont attachées les dernières espérances de Gui de Dampierre. Dès que les trêves avaient été proclamées, Michel Asclokettes avait quitté la Flandre pour rejoindre Jacques Beck à Rome. Voici en quels termes il rendait compte de la première audience que lui accorda Boniface VIII: «Dès le jour de mon arrivée, j'ai été admis en la présence du pape; je lui présentai vos lettres et je lui exposai, par telles paroles que Dieu plaça dans ma bouche, l'état de vos affaires, ce qu'il écouta avec bonté. Il me répondit fort affablement pour vous, sire, en rappelant la grande affection et l'amour qu'il portait depuis longtemps à la maison de Flandre; et il ajoutait qu'avec l'aide de Dieu il chercherait à remettre vos affaires dans une bonne situation, puisque les démêlés des rois de France et d'Angleterre allaient être soumis à son arbitrage, car il ne doute pas qu'il n'en résulte une bonne paix. Nous visitâmes ensuite tous les cardinaux; nous leur présentâmes vos lettres en leur recommandant votre besogne; et chacun d'eux, nous répondant séparément, nous a assuré qu'ils conserveraient votre Etat et votre honneur, et l'honneur de la maison de Flandre. Fasse Dieu que ces affaires viennent honorablement à bonne fin, comme nous en avons grand espoir!» Les illusions des ambassadeurs flamands furent courtes. Jean de Menin, qui suivit de près Michel Asclokettes à Rome, put leur apprendre que le roi de France semblait déjà si assuré de l'amitié du roi d'Angleterre, qu'il ne respectait plus la trêve à l'égard des Flamands. Non-seulement il refusait de rendre la liberté au sire de Blanmont et aux autres prisonniers de la bataille de Bulscamp, mais les actes d'hostilité étaient nombreux. Les campagnes n'avaient pas cessé d'être livrées à la dévastation, et Philippe avait même fait saisir les biens des monastères dont les abbés avaient adhéré à l'acte d'appel du comte de Flandre.

Cependant, Robert de Béthune et son frère Jean, déjà connu sous le nom de Jean de Namur, n'avaient pas tardé à se rendre en Italie pour soutenir l'appel interjeté par le comte de Flandre. On a conservé le mémoire qu'ils remirent à Boniface VIII. «Robert, Philippe et Jean, fils du noble comte de Flandre, supplient très-humblement Votre Sainteté, autant que le leur permet le soin de l'honneur et de la dignité de leur père qu'ils remettent avec confiance entre vos mains, de vouloir bien terminer le plus tôt possible leur contestation avec le roi de France, afin qu'ils puissent vivre en paix; et si cette affaire ne peut être terminée actuellement, ils vous supplient d'ordonner que le roi rende du moins immédiatement la liberté à la fille du comte de Flandre, au sire de Blanmont et aux autres prisonniers... Ils vous supplient aussi de veiller à ce que les trêves soient exactement observées...» Le passage le plus important de ce mémoire est celui où ils s'occupent des engagements antérieurs qui ne permettaient point au fils du roi d'Angleterre de conclure un second projet de mariage. «Saint père, votre fils très-dévoué le comte de Flandre s'afflige, et il aura de plus en plus sujet de s'en attrister, de ce que l'union de sa fille avec le fils du roi d'Angleterre, qui était garantie par des serments solennels, ne s'accomplit point. Car c'était une grande chose que d'avoir pour gendre le fils du roi d'Angleterre, et de pouvoir espérer que, lorsque sa fille serait reine, des liens étroits de parenté et d'amitié l'attacheraient à un monarque puissant... C'était aussi une grande chose pour ses sujets que d'être assurés de la paix et de la concorde entre la terre d'Angleterre et celle de Flandre, dont les relations ont été si souvent interrompues, au grand dommage des personnes et de la prospérité générale; car ces terres sont voisines, elles sont accoutumées à avoir fréquemment des rapports commerciaux pour le transport des laines d'Angleterre et des draps de Flandre, et des objets innombrables que l'on trouve dans l'un ou l'autre pays.»

Quels que fussent les efforts de Robert de Béthune, il ne put rien obtenir. Boniface VIII lui avait dit expressément que la seule voie de salut qui restât au comte de Flandre était «de li mettre sa besoigne en main;» et il avait ajouté qu'on ne devait pas craindre qu'il réunît la Flandre à la France, puisque déjà le roi de France avait des possessions trop étendues. Robert de Béthune y consentit à regret et en quelque sorte par nécessité, de peur d'indisposer le pape en restant l'unique obstacle à la paix de la chrétienté. Le 25 juin, les trois fils de Gui de Dampierre se rendirent au palais de Saint-Pierre pour y demander, avec de nouvelles instances, que la Flandre fût comprise dans le traité entre la France et l'Angleterre, puisque le roi d'Angleterre s'était engagé à ne pas traiter sans Gui de Dampierre; mais Boniface VIII leur répondit sévèrement que les affaires de la Flandre ne pouvaient point retarder les négociations entre Edouard Ier et Philippe le Bel. La déclaration pontificale, dont le sens n'était plus douteux, fut publiée deux jours après. Boniface VIII y louait le zèle des deux rois pour faire cesser la guerre et leur projet de confirmer la paix par le mariage du prince de Galles avec Isabelle, fille de Philippe le Bel. «Nous ne voulons point, y disait le pape, que les conventions arrêtées autrefois entre le roi Edouard et le comte de Flandre puissent empêcher le mariage conclu entre les rois de France et d'Angleterre, et par suite le rétablissement de la paix; c'est pourquoi, en vertu de notre autorité apostolique, nous les cassons et annulons complètement.»

Robert de Béthune quitta Rome peu après: sa mission était terminée, et il rentra tristement en Flandre, après s'être arrêté d'abord à Florence pour y recourir à un emprunt onéreux chez les usuriers de la maison des Bardi, puis à Lausanne pour s'y reposer de ses fatigues et de ses inquiétudes aggravées par la fièvre qui l'avait saisi dans les gorges du mont Saint-Bernard.

Gui de Dampierre refusa longtemps de croire à la mauvaise foi d'Edouard Ier. «Cher sire, lui écrivait-il au mois d'août 1298, je suis chaque jour le témoin des grands dommages que me cause le roi de France, et c'est ce qui me porte à recourir si souvent à vous, en qui, après Dieu, je place toute ma confiance et tout mon espoir; car si quelque salut peut exister pour moi, c'est de vous qu'il me doit venir.» Edouard Ier se contentait de répondre qu'il ferait ce qu'il devait faire; mais sa conduite, comme Gui de Dampierre l'écrivait à Jean de Menin, s'accordait mal avec ses paroles.

Un instant le comte de Flandre avait pu espérer qu'à défaut de l'appui de l'Angleterre, celui de l'Allemagne, que lui avait enlevé la mort d'Adolphe de Nassau, lui serait rendu. Philippe le Bel avait voulu profiter de la victoire de Gœlheim pour élever son frère, le comte de Valois, à l'empire. Albert d'Autriche, fils de Rodolphe de Hapsbourg, n'avait combattu que pour reconquérir l'héritage paternel et il refusait de l'abandonner: il se sépara immédiatement du roi de France, et Gui de Dampierre se rendit près de lui à Aix pour assister à son couronnement et recevoir l'investiture de tous les fiefs de Flandre qui relevaient de l'empire. Mais ces espérances furent courtes: Albert d'Autriche ne prit point les armes, et l'évêque de Vicence, qui avait été chargé par le pape de présider à la conclusion du traité de paix entre Edouard Ier et Philippe le Bel, ne tarda pas à se rendre en Flandre. Ce fut probablement l'évêque de Vicence qui remit à Robert de Béthune et à sa fille, la dame de Coucy, une bulle où Boniface VIII reprochait à Gui de ne point écouter ses conseils. «Qu'il considère que ses années, penchant de plus en plus vers leur déclin, le rapprochent chaque jour du terme de la vie; et s'il ne doit désirer que plus vivement de pouvoir faire passer son héritage à ses fils et de laisser ses sujets en paix, qu'il cherche donc, avant d'être arrivé à la fin des trêves, à éloigner tout sujet de dissentiment. Et vous, mon fils, continuait Boniface VIII en s'adressant à Robert de Béthune, considérez en vous-même quels seront tous les biens qui résulteront de la paix, recherchez-la, et sachez que si vous écoutez nos exhortations salutaires, nous vous accorderons notre généreuse faveur; s'il en était autrement, la désobéissance du comte ne paraîtrait à tous que le résultat de son orgueil, et comme nous ne voulons point que notre appui manque au roi dans le cours de sa justice, nous n'hésiterons pas à employer notre autorité apostolique comme nous le croirons le plus utile à sa cause.»

La position de Gui devenait de plus en plus précaire; chaque jour, les chevaliers français trouvaient quelque prétexte pour violer les trêves. Ils avaient d'abord prétendu que la possession des villes de Bruges et de Courtray leur donnait le droit d'occuper tout le territoire des châtellenies qui y étaient attachées, mais ils n'y bornaient plus leurs excursions et les poussaient parfois jusqu'aux portes d'Ypres et de Cassel. Charles de Valois n'avait pas quitté Bruges. Il employa la plus grande partie de l'année 1298 et l'année suivante à y faire construire des fortifications importantes. On approfondit les anciens fossés, près des portes de la Madeleine et de Sainte-Croix; on en creusa de nouveaux depuis la Bouverie jusqu'au Sablon, et de là vers la porte Saint-Jacques. Philippe le Bel, qui craignait d'autant plus les murmures des Brugeois que leur commerce était à demi ruiné, venait de confirmer leurs priviléges. Dans les premiers jours de juillet 1299, le connétable, Raoul de Nesle, leur remit solennellement les lettres revêtues du sceau du roi. Guillaume de Leye, qui les avait cherchées à Montreuil, ne reçut que quarante sous, mais les magistrats firent distribuer quatorze livres aux serviteurs du connétable; de plus, lorsque le chancelier, Pierre Flotte, vint à Bruges, ils lui firent don d'un beau cheval qu'ils avaient acheté à Pierre Heldebolle.

Dans cette triste situation, le comte de Flandre resserrait les liens qui l'unissaient à la Hollande et au Brabant; mais il voyait se rompre tous ceux qu'il avait essayé de former en Allemagne. Dans les derniers jours de novembre 1299, Philippe le Bel et Albert d'Autriche eurent une entrevue à Vaucouleurs; il fut convenu que les frontières françaises seraient portées de la Meuse jusqu'au Rhin, et ce fut au prix de ces concessions que le roi de France lui sacrifia toutes les prétentions de son frère.

Cependant le pape Boniface VIII n'avait point approuvé l'élection du duc d'Autriche, et s'indignait d'apprendre que Philippe avait traité avec lui à Vaucouleurs. On l'entendit s'écrier: «C'est à moi qu'il appartient de défendre les droits de l'empire.» Les ambassadeurs du comte de Flandre à Rome comprirent admirablement la mission qu'ils avaient à remplir. Prenant l'initiative de la grande lutte qui se préparait, ils invoquèrent les droits de la Flandre opprimée comme le champ le plus noble et le plus légitime où la souveraineté pontificale, réunissant le pouvoir spirituel et le pouvoir temporel, pût combattre les injustices et les usurpations du roi de France. Après avoir rappelé la triste captivité de Philippe de Flandre, les nombreuses violations de la trêve, la dévastation de plusieurs monastères, ils continuaient en ces termes: «Que le pape soit le seul juge compétent et celui que le comte doit nécessairement invoquer, c'est ce que nous chercherons à établir. D'abord le pape est le juge suprême, non-seulement pour les choses spirituelles, mais aussi pour les choses temporelles, car il est le vicaire de Jésus-Christ tout-puissant et le successeur de Pierre, à qui ont été remis tous les droits de la puissance céleste et terrestre. Ne lit-on pas dans les saintes Ecritures: Tout ce que vous aurez lié sur la terre sera lié dans le ciel? Et ailleurs: Je vous ai établi au-dessus des nations? Les disciples de Jésus-Christ ne trouvèrent-ils pas deux glaives avant qu'il se rendît sur la montagne des Oliviers? Quoique d'autres exercent la juridiction temporelle, et bien que ce soit un devoir pour les chrétiens d'être soumis au roi comme à celui qui possède la puissance supérieure, et à ses chefs comme envoyés de lui, le pape se trouve dans une situation différente de celle des autres hommes, puisqu'il occupe sur la terre la place de Jésus-Christ. Lorsqu'on considère que toute puissance vient de Dieu, il ne paraît plus douteux que la juridiction de toutes les choses spirituelles et temporelles n'appartienne pleinement à son vicaire... Le pape ne peut-il point déposer l'empereur qui est le premier de tous les princes séculiers? N'a-t-il pas aussi le droit de déposer le roi de France qui ne reconnaît aucun prince au-dessus de lui?... Le pouvoir pontifical n'a-t-il point été, à toutes les époques, le refuge des opprimés.»

La réponse de Boniface VIII ne se fit pas longtemps attendre. Le 6 janvier, jour de la fête de l'Epiphanie, le cardinal Matthieu d'Aquasparta, qui prêchait publiquement en présence du pape et des cardinaux dans l'église de Saint-Jean-de-Latran, déclara, du haut de la chaire, que le pape était seigneur souverain, temporel et spirituel, de tous les hommes quels qu'ils fussent, étant le vicaire de Dieu, par le don fait à saint Pierre et à ses successeurs, et il ajouta que quiconque voudrait s'y opposer méritait que la sainte Eglise, en vertu de sa divine autorité, le frappât, comme hérétique, par l'épée spirituelle et par l'épée temporelle. Le 15 janvier le pape dit lui-même aux ambassadeurs flamands que le roi de France suivait de mauvais conseils. «On raconte, et nous le tenons pour certain, écrivaient-ils le même jour au comte de Flandre, que l'alliance qui a été faite entre le roi de France et le roi d'Allemagne déplaît fort au pape, et que c'est par haine contre le roi d'Allemagne qu'il vient de créer archevêque de Trèves Thierri de Nassau, frère de l'ancien empereur Adolphe; on assure que le pape ne cherche qu'à le renverser, car il lui semble que le roi d'Allemagne et le roi de France veulent tout ébranler. Nous avons aussi entendu dire que les siéges de Cologne et de Mayence seront vacants plus tôt qu'on ne le pense, et le pape y placera des personnes dont il pourra s'aider contre le roi d'Allemagne; il pourrait même arriver que votre neveu, le prévôt de Maestricht, Guillaume de Juliers, obtînt l'une de ces dignités, grâce à votre appui et à celui de vos amis et des siens. Sachez aussi que votre neveu, Gui de Hainaut, eût eu l'archevêché de Trèves, si l'on n'eût connu l'alliance de son frère avec le roi de France.»

La protestation du pape contre les rois ligués contre lui fut le grand jubilé de l'an 1300. Il appela toute l'Europe à Rome, et l'Europe y accourut. L'Angleterre, l'Allemagne et la France, malgré les princes qui les gouvernaient, la Flandre, malgré ses divisions et ses guerres, envoyèrent au delà des Alpes un si grand nombre de pèlerins que la multitude qui se pressait aux bords du Tibre pour visiter les reliques des martyrs effaça les plus pompeux souvenirs du peuple roi; ce fut à la fois la révélation d'un immense enthousiasme religieux et la manifestation de la puissance dont l'autorité pontificale restait armée aux yeux des peuples.

Le pape avait prolongé la trêve; mais le roi de France, loin de la respecter, annonçait hautement l'intention de recommencer la guerre. Déjà Charles de Valois avait assemblé une armée dans laquelle on comptait quinze cents chevaliers. Le jour même où expirait la trêve de deux ans, concilie autrefois par les députés du roi d'Angleterre (6 janvier 1299) (v. st.), le comte de Valois surprit Douay. Poursuivant sa marche et ses succès, il traversa Bruges, défit les hommes d'armes qu'avait réunis le sire de Maldeghem, et vint mettre le siége devant Damme. Les habitants, sachant qu'ils n'avaient point de merci à espérer, avaient fui, et lorsque les Français y pénétrèrent, ils n'y trouvèrent qu'une vieille femme assise à son foyer. Enfin, le 8 mai 1300, les magistrats de Gand, qui avaient vu de leurs remparts l'incendie de Nevele et des villages environnants, vinrent offrir les clefs de leur ville. «Les bourgeois des villes de Flandre, dit un historien allemand, étaient tous corrompus par les dons ou par les promesses du roi de France, qui n'eût jamais osé envahir leurs frontières s'ils avaient été fidèles à leur comte.»

Gui de Dampierre avait appris qu'une insurrection, dans laquelle avait péri Wulfart de Borssele, avait rétabli en Hollande la tutelle de Jean d'Avesnes. Son petit-fils, le duc de Brabant, l'avait abandonné. Succombant sous le double poids de la vieillesse et du malheur, il remit, dans une assemblée des députés du pays tenue à Audenarde, toute l'autorité à Robert de Béthune, et se retira à Rupelmonde; cependant, lorsqu'il vit la Flandre menacée d'une destruction complète, il céda aux instances de son fils Guillaume, qui avait épousé une fille de Raoul de Nesle, et alla trouver à Ardenbourg Charles de Valois, pour le supplier de mettre un terme aux ravages de la guerre. Gui n'avait pu oublier ni sa captivité en 1294, ni le long supplice de sa fille; mais la générosité du roi de France était devenue la dernière ressource de la Flandre: il se dévoua et écouta les conseils de Charles de Valois, qui, en le pressant de se rendre à Paris, lui avait promis qu'il pourrait librement quitter la France, s'il ne parvenait point à conclure la paix. Deux de ses fils, Robert et Guillaume, l'accompagnaient, et parmi les chevaliers et les nobles bourgeois qu'il avait jadis associés à sa puissance, il y en eut plusieurs qui voulurent partager, à l'heure des revers, sa destinée quelle qu'elle dût être. L'histoire doit enregistrer les noms de ces héros de la fidélité, qui en étaient en même temps les martyrs. C'étaient les sires de Hontschoote, de Gavre, de Sotteghem, d'Haveskerke, de Dudzeele, de Somerghem, de Watervliet, Jean de Gand, Sohier de Courtray, Arnould d'Audenarde, Antoine de Bailleul, Jean de Menin, Gérard de Moor, Baudouin de Knesselaere, Jean de Valenciennes, Alard de Roubaix, Gui de Thourout, Gérard de Verbois, Michel et Jean de Lembeke, Baudouin de Quaet-Ypre, Valentin de Nieperkerke, Jean de Rodes, Jean et Baudouin de Heyle, Guillaume d'Huysse, Gauthier et Guillaume de Nevele, Roger de Ghistelles, Philippe d'Axpoele, Jean de Wevelghem, Jacques d'Uutkerke, Gauthier de Lovendeghem, Baudouin de Passchendaele, Jean de Volmerbeke, Geoffroi de Ransières, Gauthier de Maldeghem, Michel de Merlebeke, Guillaume de Cockelaere, Philippe de Steenhuyse, Guillaume de Mortagne, Thomas et Ywain de Vaernewyck, Jean de Bondues, Thierry Devos, Henri Eurebar, Richard Standaert, Jean Baronaige, Guillaume Wenemare, Thierri de la Barre, Jean Van de Poele.

Lorsque le comte de Flandre entra à Paris, il aperçut, à l'une des fenêtres du palais, la reine dont l'orgueil insultait à son humiliation: il baissa les yeux et ne salua point. Robert suivit l'exemple de son père; mais Guillaume se découvrit. Arrivés près de l'escalier du palais, ils descendirent de cheval, et s'approchant du roi ils se placèrent en sa merci. Charles de Valois voulut ajouter quelques mots, mais Philippe le Bel l'interrompit: «Je ne veux point avoir de paix avec vous, dit-il à Gui; si mon frère a pris quelques engagements vis-à-vis de vous, il n'en avait pas le droit.» Et il ordonna au comte d'Artois de conduire au Châtelet Gui de Dampierre, ses fils et tous ses chevaliers. Ils y restèrent dix jours, pendant qu'on célébrait les noces du duc d'Autriche avec Blanche de France; mais bientôt Philippe le Bel jugea à propos de les éloigner. Le comte de Flandre fut enfermé dans la tour de Compiègne; Robert de Béthune à Chinon, avec le sire de Steenhuyse; son frère Guillaume, à Issoudun. Les autres chevaliers reçurent pour prison Montlhéry, Janville, Falaise, Loudun, Niort ou la Nonnette.

Dans quelques châteaux, les captifs parvinrent à adoucir la sévérité de leurs gardes, ils leur donnaient des autours, des faucons, des hanaps dorés; ils faisaient venir pour leurs femmes des cammelins de Cambray, des draps rayés de Gand, voire même de belles vaches de Flandre; on vit aussi l'un des geôliers recevoir une pension de vingt livres de rente de Gauthier de Nevele et lui en rendre foi et hommage; mais il y eut d'autres prisons où ils furent traités avec une extrême rigueur. A Chinon, l'un des *mestres de la garde*, Perceval du Pont, insulta Guillaume de Steenhuyse en présence de Robert de Béthune. A Falaise, on contraignit les prisonniers à se nourrir à leurs dépens, puis on arrêta leurs viandes et on fit répandre leur vin. A la Nonnette, pauvre château d'Auvergne, les plaintes furent encore plus vives contre la cruauté de Guillaume de Rosières. Là, ils furent enfermés dans une tour et chargés de chaînes. Guillaume de Rosières ne cessait de leur répéter: «Je voudrais que le roi m'ordonnât de vous trancher la tête à tous; je le ferais moi-même volontiers.» Le vendredi, il prétendait qu'ils ne devaient pas avoir de vivres, attendu que c'était un jour de jeûne. Quelles que fussent leurs représentations, il se contentait de leur répondre que s'ils osaient faire connaître leurs murmures, on ajouterait plutôt foi à ses déclarations qu'à celles de tous les chevaliers captifs; et du reste que s'ils périssaient dans leur prison, «il plairoit bien au roi.»

La captivité de Gui de Dampierre avait hâté la chute de son autorité dans toute la Flandre. Audenarde, Termonde, Ypres, vaillamment défendue par le sire de Maldeghem, avaient subi le joug étranger, et l'un des fils du comte, Gui de Namur, qui pendant quelques jours avait prolongé la résistance au sein des héroïques populations du pays de Furnes, s'était retiré aux bords de la Meuse avec ses frères Jean et Henri. Le connétable Raoul de Nesle, *tenant le lieu du roi de France dans sa terre de Flandre nouvellement acquise*, exerçait en son nom l'autorité souveraine dans cette ville de Bruges, dont ses ancêtres avaient autrefois reçu la châtellenie des princes de la maison de Flandre, aujourd'hui dépouillée de son héritage et profondément humiliée; mais son gouvernement fut du moins doux et pacifique; il se souvenait qu'il n'était point étranger au sang de Thierri d'Alsace, et que sa fille avait épousé l'un des fils de Gui de Dampierre.

Au mois de mai 1301, Philippe le Bel résolut de visiter ses conquêtes. La reine de France apportait dans ce voyage toutes les joies de l'orgueil et de la vengeance. Issue par son père de la maison des comtes de Champagne, si souvent rivaux des comtes de Flandre, elle appartenait par sa mère à celle des comtes d'Artois; une haine de plus en plus vive l'animait contre la Flandre depuis le jour où le fils de Robert d'Artois avait été mortellement blessé près de Furnes, et c'était un frère du vainqueur de Bulscamp, Jacques de Châtillon, comte de Saint-Pol, qu'elle amenait avec elle, afin qu'une sévère oppression succédât désormais à l'administration paternelle du connétable.

Le 18 mai, le roi et la reine de France, suivis d'une cour nombreuse, arrivèrent à Tournay. De là ils se rendirent, par Courtray, Peteghem et Audenarde, à Gand, où ils se trouvèrent le second jour de la Pentecôte. Toute la population de cette puissante cité s'était portée au devant du roi, quoique la variété des costumes revêtus par les bourgeois indiquât la diversité de leurs opinions. Malgré l'opposition des Trente-Neuf, qui profitaient, disait-on, des impôts prélevés sur la bière et l'hydromel, Philippe le Bel n'hésita pas à les supprimer, afin de se concilier la faveur des Gantois. Après un séjour d'une semaine à Gand, il poursuivit son voyage vers Bruges, où il fit son entrée solennelle le 29 mai. Toutes les maisons y étaient couvertes d'ornements précieux; sur des estrades, auxquelles étaient suspendues les tapisseries les plus riches, se pressaient les dames de Bruges dont la beauté et les joyaux éveillèrent dans le cœur de la reine une ardente jalousie; mais le peuple, auquel les échevins avaient défendu, sous peine de mort, de faire entendre aucune réclamation semblable à celle des Gantois, restait muet. Son silence effraya Philippe le Bel; ce fut en vain qu'il appela près de lui les bourgeois et fit proclamer les joutes les plus brillantes: il y avait déjà du sang sur les pavés de Bruges. «Ces fêtes, dit Villani, furent les dernières que les Français connurent de notre temps, car la fortune, qui s'était jusqu'alors montrée si favorable au roi de France, tourna tout à coup sa roue, et il faut en trouver la cause dans l'injuste captivité de l'innocente damoiselle de Flandre et dans la trahison dont le comte de Flandre et ses fils avaient été les victimes.»

FIN DU TOME PREMIER.

Milton Keynes UK
Ingram Content Group UK Ltd.
UKHW011058250424
441751UK00004B/248